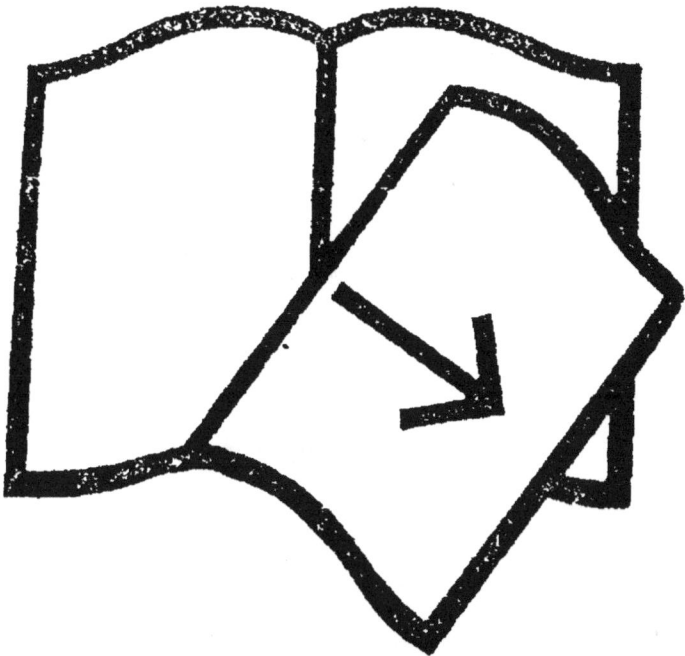

Couvertures supérieure et inférieure
manquantes

LE

# DROIT FRANÇAIS

MIS A LA PORTÉE DE TOUS

OU

## LES CODES ANALYSÉS

# NOUVEAU
# CODE NAPOLÉON

## ARRANGÉ PAR ORDRE ALPHABÉTIQUE,

### EXPLIQUÉ

ET MIS A LA PORTÉE

## DES PROPRIÉTAIRES ET DES COMMERÇANTS

AUGMENTÉ

DES PRINCIPALES LOIS ET ORDONNANCES COMMERCIALES ET ADMINISTRATIVES

QUI ONT PARU JUSQU'A CE JOUR

ET CONTENANT

Les notions sur le droit civil, commercial, administratif, avec toutes les formules des actes sous seing-privé et le tarif du droit d'enregistrement sur chacun d'eux

PAR

M. Gabriel DUPERRON, Avocat.

PARIS

A. DURAND, LIBRAIRE,

RUE DES GRÈS, 7.

1862.

# PRÉFACE.

Animé du plus vif désir d'être utile à mon pays, j'ai pensé que je lui rendrais un véritable service en éclairant, sur ses lois, les populations commerçantes et laborieuses des villes et des campagnes que leurs occupations habituelles éloignent des études spéciales du droit.

Cette idée m'a surtout paru heureuse, aujourd'hui que des populations nouvelles, régies naguère par des lois qui leur sont devenues étrangères, ont été annexées à la France, et vont par conséquent être administrées et jugées suivant les lois françaises.

Ces lois, exécutoires pour tous, sont réputées connues de tous, à dater de leur promulgation : c'était une nécessité; mais les populations nouvellement françaises et la majorité de celles de notre vieille France n'en ont pas les premières notions.

Il est donc urgent de les éclairer, et pour cela, il ne faut pas leur donner des livres trop volumineux ou trop fatigants à étudier, de crainte qu'elles ne se rebutent au premier abord.

J'ai compris qu'il était nécessaire, indispensable même, d'élaguer une foule de commentaires et de controverses en laissant aux lois leur sens vrai et succinct.

C'est ce que je me suis efforcé de faire dans cet ouvrage purement élémentaire et pratique, que malgré moi j'ai vu grossir sous ma plume, — conséquence fatale de ce nombre incalculable de lois et de décrets qui va chaque jour croissant.

En publiant mes travaux, je les recommande spécialement :

*A tous les Propriétaires* d'immeubles urbains ou ruraux, aux propriétaires de bois et forêts;

*A MM. les Maires et Adjoints,* soit pour l'administration de leur commune, soit comme étant chargés de constater les délits et contraventions en matière rurale et forestière;

*A MM. les Curés et Desservants,* en leur faisant connaître le Concordat, la loi sur les fabriques des églises, et diverses autres lois qui les concernent;

*A tous les Instituteurs, aux Géomètres et Experts,* qui, par leur position, sont souvent appelés à donner leur avis, à trancher des difficultés ou à rédiger des conventions et des baux;

*A tous les Négociants, Marchands, Manufacturiers, etc.,* pour l'analyse des principes généraux qui régissent le commerce;

*A toutes les personnes*, enfin, qui, instruites dans d'autres sciences que celles du droit, n'ont pu se livrer à l'étude des commentaires de nos lois, mais qu'un esprit d'ordre et le sentiment du devoir portent à ne pas rester étrangères à l'administration de leur fortune ou aux intérêts de leur famille.

L'ouvrage serait incomplet, si je ne joignais à la fin du volume un formulaire de tous les actes sous seing privé.

Aussi ai-je choisi une série de formules qui pourront servir à tous. A la fin de chacune d'elles se trouve le tarif des droits d'enregistrement perçus.

J'ai suivi, tant pour l'analyse des lois que pour le classement des formules, l'ordre alphabétique qui m'a paru le plus simple. Je serais heureux si je pouvais contribuer à mettre un terme à ces procès qui dévorent trop souvent le patrimoine des familles.

Après avoir exposé mon but, il ne me reste plus qu'à demander une indulgence que la nature de mon entreprise et les circonstances dans lesquelles je l'ai exécutée peuvent me faire espérer.

Si c'est un titre pour l'obtenir, que de sentir toute l'étendue du travail qu'on s'impose, je crois qu'elle ne me sera pas refusée.

. La bienveillance qui a accueilli mes premiers essais a pu seule me faire oublier que mes forces n'étaient point en proportion avec la difficulté du succès.

G. D.

Paris, février 1861.

Nous avons cru utile de placer au commencement de cet ouvrage la loi qui sert de base à toutes nos institutions politiques, qui régit les grands corps de l'État et qui oblige tous les citoyens.

# CONSTITUTION

FAITE EN VERTU DES POUVOIRS DÉLÉGUÉS PAR LE PEUPLE FRANÇAIS A

## LOUIS-NAPOLÉON BONAPARTE

PAR LE VOTE DES 20 ET 21 DÉCEMBRE 1851.

Le Président de la République,

Considérant que le peuple français a été appelé à se prononcer sur la résolution suivante :

Le peuple veut le maintien de l'autorité de Louis-Napoléon Bonaparte et lui donne les pouvoirs nécessaires pour faire une constitution d'après les bases établies dans sa proclamation du 2 décembre ;

Considérant que les bases proposées à l'acceptation du peuple étaient :

« 1º Un chef responsable nommé pour dix ans ;

» 2º Des ministres dépendant du pouvoir exécutif seul ;

» 3º Un conseil d'État formé des hommes les plus distingués, préparant les lois et en soutenant la discussion devant le corps législatif ;

» 4º Un corps législatif discutant et votant les lois, nommé par le suffrage universel, sans scrutin de liste qui fausse l'élection ;

» 5º Une seconde assemblée, formée de toutes les illustrations du pays, pouvoir pondérateur, gardien du pacte fondamental et des libertés publiques. »

Considérant que le peuple a répondu affirmativement par sept millions cinq cent mille suffrages,

Promulgue la constitution dont la teneur suit :

## TITRE 1.

ART. 1er. — La Constitution reconnaît, confirme et garantit les grands principes proclamés en 1789, et qui sont la base du droit public des Français.

## TITRE II.

### FORME DU GOUVERNEMENT DE LA RÉPUBLIQUE.

ART. 2. — Le gouvernement de la République française est conféré pour dix ans au prince Louis-Napoléon Bonaparte, président actuel de la République.

ART. 3. — Le Président de la République gouverne au moyen des ministres, du conseil d'État, du sénat et du corps législatif.

ART. 4. — La puissance législative s'exerce collectivement par le président de la République, le sénat et le corps législatif.

## TITRE III.

### DU PRÉSIDENT DE LA RÉPUBLIQUE.

ART. 5. — Le président de la République est responsable devant le peuple français, auquel il a toujours le droit de faire appel.

ART. 6. — Le président de la République est le chef de l'État; il commande les forces de terre et de mer, déclare la guerre, fait les traités de paix, d'alliance et de commerce, nomme à tous les emplois, fait les règlements et décrets nécessaires pour l'exécution des lois.

ART. 7. — La justice se rend en son nom.

ART. 8. — Il a seul l'initiative des lois.

ART. 9. — Il a le droit de faire grâce.

ART. 10. — Il sanctionne et promulgue les lois et les sénatus-consultes.

ART. 11. — Il présente tous les ans au sénat et au corps législatif, par un message, l'état des affaires de la République.

ART. 12. — Il a le droit de déclarer l'état de siége dans un ou plusieurs départements, sauf à en référer au sénat dans le plus bref délai.

Les conséquences de l'état de siége sont réglées par la loi.

ART. 13. — Les ministres ne dépendent que du chef de l'État; ils ne sont responsables que chacun en ce qui le concerne des actes du gouvernement; il n'y a point de solidarité entre eux; ils ne peuvent être mis en accusation que par le sénat.

ART. 14. — Les ministres, les membres du sénat, du corps législatif et du conseil d'État, les officiers de terre et de mer, les magistrats et les fonctionnaires publics, prêtent le serment ainsi conçu :

*Je jure obéissance à la constitution et fidélité au président.*

ART. 15. — Un sénatus-consulte fixe la somme allouée annuellement au président de la République pour toute la durée de ses fonctions.

ART. 16. — Si le président de la République meurt avant l'expiration de son mandat, le sénat convoque la nation pour procéder à une nouvelle élection.

ART. 17. — Le chef de l'État a le droit, par un acte secret et déposé aux archives du sénat, de désigner au peuple le nom du citoyen qu'il recommande, dans l'intérêt de la France, à la confiance du peuple et à ses suffrages.

ART. 18. — Jusqu'à l'élection du nouveau président de la République, le président du sénat gouverne avec le concours des ministres en fonctions, qui se forment en conseil du gouvernement, et délibèrent à la majorité des voix.

## TITRE IV.

### DU SÉNAT.

ART. 19. — Le nombre des sénateurs ne pourra excéder cent cinquante ; il est fixé pour la première année à quatre-vingts.

ART. 20. — Le sénat se compose :

1o Des cardinaux, des maréchaux et des amiraux ;

2o Des citoyens que le président de la République juge convenable d'élever à la dignité de sénateur.

ART. 21. — Les sénateurs sont inamovibles et à vie.

ART. 22. — Les fonctions de sénateur sont gratuites ; néanmoins, le président de la République pourra accorder à des sénateurs, en raison de services rendus et de leur position de fortune, une dotation personnelle qui ne pourra excéder 30,000 fr. par an.

ART. 23. — Le président et les vice-présidents du sénat sont nommés par le président de la République et choisis parmi les sénateurs.

Ils sont nommés pour un an.

Le traitement du président du sénat est fixé par un décret.

ART. 24. — Le président de la république convoque et proroge le sénat. Il fixe la durée de ses sessions par un décret.

Les séances du sénat ne sont pas publiques.

ART. 25. — Le sénat est le gardien du pacte fondamental et des libertés publiques. Aucune loi ne peut être promulguée avant de lui avoir été soumise.

ART. 26. — Le sénat s'oppose à la promulgation :

1o Des lois qui seraient contraires ou qui porteraient atteinte à la constitution, à la religion, à la morale, à la liberté des cultes, à la liberté individuelle, à l'égalité des citoyens devant la loi, à l'inviolabilité de la propriété et au principe de l'inamovibilité de la magistrature.

2o De celles qui pourraient compromettre la défense du territoire.

ART. 27. — Le sénat règle par un sénatus-consulte :

1° La constitution des colonies et de l'Algérie ;

2° Tout ce qui n'a pas été prévu par la constitution et qui est nécessaire à sa marche.

3° Le sens des articles de la constitution qui donnent lieu à différentes interprétations.

ART. 28. — Ces sénatus-consultes seront soumis à la sanction du président de la République et promulgués par lui.

ART. 29. — Le sénat maintient ou annule tous les actes qui lui sont déférés comme inconstitutionnels par le gouvernement ou dénoncés pour la même cause par les pétitions des citoyens.

ART. 30. — Le sénat peut, dans un rapport adressé au président de la République, poser les bases des projets de loi d'un grand intérêt national.

ART. 31. — Il peut également proposer des modifications à la constitution. Si la proposition est adoptée par le pouvoir exécutif, il y est statué par un sénatus-consulte.

ART. 32. — Néanmoins, sera soumise au suffrage universel toute modification aux bases fondamentales de la constitution, telles qu'elles ont été posées dans la proclamation du 2 décembre et adoptées par le peuple français.

ART. 33. — En cas de dissolution du corps législatif, et jusqu'à nouvelle convocation, le sénat, sur la proposition du président de la République, pourvoit, par des mesures d'urgence, à tout ce qui est nécessaire à la marche du gouvernement.

## TITRE V.

### DU CORPS LÉGISLATIF.

ART. 34. — L'élection a pour base la population.

ART. 35. — Il y aura un député au corps législatif à raison de trente-cinq mille électeurs

ART. 36. — Les députés sont élus par le suffrage universel, sans scrutin de liste.

ART. 37. — Ils ne reçoivent aucun traitement.

ART. 38. — Il sont nommés pour six ans.

ART. 39. — Le corps législatif discute et vote les projets de loi et d'impôt.

ART. 40. — Tout amendement adopté par la commission chargée d'examiner un projet de loi sera renvoyé, sans discussion, au conseil d'État par le président du corps législatif.

Si l'amendement n'est pas adopté par le conseil d'État, il ne pourra pas être soumis à la délibération du corps législatif.

ART. 41. — Les sessions ordinaires du corps législatif durent trois mois ; ses séances sont publiques, mais la demande de cinq membres suffit pour qu'il se forme en comité secret.

ART. 42. — Le compte-rendu des séances du corps législatif par les journaux ou tout autre moyen de publication ne consistera que dans la reproduction du procès-verbal dressé à l'issue de chaque séance par les soins du président du corps législatif (*Voir le décret du 24 novembre 1860 ci-après*).

ART. 43. — Le président et les vice-présidents du corps législatif sont nommés par le président de la République pour un an; il sont choisis parmi les députés. Le traitement du président du corps législatif est fixé par un décret.

ART. 44. — Les ministres ne peuvent être membres du corps législatif.

ART. 45. — Le droit de pétition s'exerce auprès du sénat. Aucune pétition ne peut être adressée au corps législatif.

ART. 46. — Le président de la République convoque, ajourne, proroge et dissout le corps législatif. En cas de dissolution, le président de la République doit en convoquer un nouveau dans le délai de six mois.

## TITRE VI.

### DU CONSEIL D'ÉTAT.

ART. 47. — Le nombre des conseillers d'état en service ordinaire est de quarante à cinquante.

ART. 48. — Les conseillers d'État sont nommés par le Président de la République, et révocables par lui.

ART. 49. — Le conseil d'État est présidé par le président de la République, et en son absence, par la personne qu'il désigne comme vice-président du conseil d'État.

ART. 50. — Le conseil d'État est chargé, sous la direction du président de la République, de rédiger les projets de loi et les règlements d'administration publique, et de résoudre les difficultés qui s'élèvent en matière d'administration.

ART. 51. — Il soutient, au nom du gouvernement, la discussion des projets de loi devant le sénat et le corps législatif. Les conseillers d'État chargés de porter la parole au nom du gouvernement sont désignés par le président de la République.

ART. 52. — Le traitement de chaque conseiller d'État est de vingt-cinq mille francs.

ART. 53. — Les ministres ont rang, séance et voix délibérative au conseil d'État.

## TITRE VII.

### DE LA HAUTE COUR DE JUSTICE.

ART. 54. — Une haute cour de justice juge, sans appel ni recours, en cassation, toutes personnes qui auront été envoyées devant elle comme prévenues de crimes, attentats ou complots contre le président de la République et contre la sûreté intérieure ou extérieure de l'État.

Elle ne peut être saisie qu'en vertu d'un décret du président de la République.

ART. 55. — Un sénatus-consulte déterminera l'organisation de cette haute-cour.

## TITRE VIII.

### DISPOSITIONS GÉNÉRALES ET TRANSITOIRES.

ART. 56. — Les dispositions des codes, lois et règlements existants, qui ne sont pas contraires à la présente constitution, restent en vigueur jusqu'à ce qu'il y soit légalement dérogé.

ART. 57. — Une loi déterminera l'organisation municipale. Les maires seront nommés par le pouvoir exécutif, et pourront être pris hors du conseil municipal.

ART. 58. — La présente constitution sera en vigueur à dater du jour où les grands corps de l'État qu'elle organise seront constitués.

Les décrets rendus par le président de la République à partir du 2 décembre jusqu'à cette époque auront force de loi.

Fait au palais des Tuileries, le 14 janvier 1852.

LOUIS-NAPOLÉON.

Vu et scellé du grand sceau :

*Le garde des sceaux, ministre de la justice,*
E. ROUHER.

---

# DÉCRET DU 24 NOVEMBRE 1860

### MODIFIANT LA CONSTITUTION DE 1852.

—

NAPOLÉON, par la grâce de Dieu et la volonté nationale, empereur des Français, à tous présents et à venir, salut :

Voulant donner aux grands corps de l'État une participation plus directe à la politique générale de notre gouvernement et un témoignage éclatant de notre confiance,

Avons décrété et décrétons ce qui suit :

ART. 1er. — Le sénat et le corps législatif voteront tous les ans, à l'ouverture de la session, une adresse en réponse à notre discours.

ART. 2. — L'adresse sera discutée en présence des commissaires du gouvernement, qui donneront aux chambres toutes les explications nécessaires sur la politique intérieure et extérieure de l'empire.

ART. 3.— Afin de faciliter au corps législatif l'expression de son opinion dans la confection des lois et l'exercice du droit d'amendement, l'art. 54 de notre décret du 22 mars 1852 est remis en vigueur, et le règlement du corps législatif est modifié de la manière suivante :

« Immédiatement après la distribution des projets de loi et au jour fixé
« par le président, le corps législatif, avant de nommer sa commission,
« se réunit en comité secret; une discussion sommaire est ouverte sur
« le projet de loi et les commissaires du gouvernement y prennent part.

« la présente disposition n'est applicable ni aux projets de la loi d'inté-
« rêt local ni dans les cas d'urgence. »

ART. 4. —Dans le but de rendre plus prompte et plus complète la reproduction des débats du sénat et du corps législatif, le projet du sénatus-consulte suivant sera présenté au sénat :

« Les comptes-rendus des séances du sénat et du corps législatif, rédi-
« gés par des secrétaires-rédacteurs placés sous l'autorité du président
« de chaque assemblée, sont adressés chaque soir à tous les journaux.
« En outre, les débats de chaque séance sont reproduits par la sténo-
« graphie et insérés *in extenso* dans le journal officiel du lendemain. »

ART. 5.— Pendant la durée des sessions, l'Empereur désignera des ministres sans portefeuille pour défendre devant les chambres, de concert avec le président et les membres du conseil d'État, les projets de loi du gouvernement.

ART. 6. — Etc...........................................................................

........................................................................................................

ART. 14.— Notre ministre d'État est chargé de l'exécution du présent décret.

Fait au palais des Tuileries, le 24 novembre 1860.

NAPOLÉON.

Par l'Empereur :

*Le ministre d'État,*

A. WALWESKI.

# LE
# DROIT FRANÇAIS

## MIS A LA PORTÉE DE TOUS

ou

## LES CODES ANALYSÉS.

———————————

### ABANDON.

On entend par *abandon* le dessaisissement d'un droit, d'une chose, d'un objet mobilier.

#### I. — Abandon d'animaux.

Les dégâts que les bestiaux de toute espèce laissés à l'abandon font sur les propriétés d'autrui, soit dans l'enceinte des habitations, soit dans un enclos rural, soit dans les champs ouverts, sont payés par les personnes qui ont la jouissance des bestiaux. Si elles sont insolvables, ces dégâts seront payés par celles qui en ont la propriété.

Le propriétaire qui éprouve des dommages est en droit de saisir les bestiaux sous l'obligation de les faire

conduire dans les vingt-quatre heures au lieu du dépôt désigné à cet effet par la municipalité.

Si les bestiaux ne sont point réclamés, ils sont
vendus, et le prix de vente sert à payer le dommage,
si ce dommage n'a pas été payé dans la huitaine du
jour du délit.

Si ce sont des volailles de quelque espèce qu'elles
soient qui causent le dommage, le propriétaire, le détenteur ou le fermier qui l'éprouve peut les tuer, mais
seulement sur les lieux et au moment du dégât. (Code
rural, art. 12 et suiv.)

Ceux qui laissent courir les chevaux, bêtes de trait,
de charge ou de monture, dans l'intérieur d'un lieu
habité, se rendent passibles d'une amende de 6 fr. à
10 fr. (Code pénal, art. 475.)

## II. — Abandon d'enfants.

L'art. 349 du Code pénal est ainsi conçu : « Ceux
» qui auront exposé et délaissé en un lieu solitaire un
» enfant au-dessous de l'âge de sept ans accomplis;
» ceux qui auront donné l'ordre de l'exposer ainsi, si
» cet ordre a été exécuté, seront, pour ce seul fait,
» condamnés à un emprisonnement de six mois à deux
» ans et à une amende de 16 fr. à 200 fr.

» La peine portée au précédent article sera de deux
» ans à cinq ans et l'amende de 50 fr. à 400 fr. contre
» les tuteurs ou tutrices, instituteurs ou institutrices
» de l'enfant exposé et délaissé par eux ou par leur
» ordre.

» Si, par suite de l'exposition ou du délaissement,
» l'enfant est demeuré mutilé ou estropié, l'action sera

» considérée comme blessures volontaires à lui faites
» par la personne qui l'a exposé ou délaissé, et si la
» mort s'en est suivie, l'action sera considérée comme
» meurtre. »

Si l'enfant est abandonné dans un lieu non solitaire,
l'emprisonnement est de trois mois à un an, et l'amende
de 16 fr. à 100 fr.

---

## ABANDONNEMENT.

On appelle contrat d'abandonnement la cession qu'un
débiteur fait de ses biens à ses créanciers, pour éviter
des poursuites ou pour avoir la liberté de sa personne.

Nous ne nous occuperons ici que de la cession de
biens *volontaire*.

La cession de biens volontaire peut être faite par
quelque débiteur que ce soit; elle peut ne comprendre
qu'une portion des biens de ce débiteur.

Il faut que tous les créanciers acceptent l'abandonnement. Celui qui ne paraîtrait pas dans l'acte pourrait
toujours continuer ses poursuites.

Le contrat d'abandonnement peut être fait par acte
authentique ou par acte sous seing-privé. On peut y
stipuler : 1º que le débiteur sera entièrement libéré
vis-à-vis de ses créanciers; 2º que la cession ne comprendra que tels ou tels biens; 3º que les créanciers
pourront faire vendre les biens aux enchères publiques,
à leur requête, sans autres formalités que celles qu'il
leur conviendrait de faire.

Dans ces sortes de contrats, les créanciers sont dans

2

l'habitude de se réunir en société et de confier à l'un ou à quelques-uns d'entre eux la gestion des affaires. Cette convention se nomme *contrat d'union* ou *de direction*.

Le contrat d'abandonnement ne paie les dettes que jusqu'à concurrence des biens cédés, à moins que l'acte même ne contienne remise du surplus de ces dettes.

Les créanciers n'acquièrent pas la propriété des biens cédés, ils n'ont que le droit d'administrer et de vendre.

Si les créanciers, d'après le traité, acquéraient la propriété des biens, il y aurait alors *dation en paiement*.

Les créanciers doivent un compte fidèle au débiteur de la vente de ses biens ; l'excédant sur le montant de leurs créances appartient au débiteur.

Les créanciers n'étant pas propriétaires, mais seulement mandataires, ne peuvent prescrire la propriété des biens abandonnés.

## ABEILLES.

Les abeilles à l'état sauvage, c'est-à-dire qui n'ont été recueillies par personne dans des ruches ou autrement, appartiennent, comme le miel et la cire qu'elles produisent, à celui qui s'en empare.

Mais du moment qu'elles ont été recueillies, elles deviennent la propriété de celui qui les possède.

Si un essaim s'est échappé d'une ruche, le propriétaire peut le ressaisir et le réclamer, sous la condition de n'avoir pas cessé de le suivre et de ne pas l'avoir perdu de vue.

L'essaim d'abeilles appartient au fonds sur lequel il est venu se fixer, et le fermier ou l'usufruitier ont le droit d'en jouir.

L'autorité administrative peut défendre l'établissement de ruches dans les villes, bourgs, sur le bord des grandes routes.

## ABSENCE.

L'absence est l'état d'une personne qui a disparu du lieu de sa résidence, dont on n'a pas de nouvelles, et dont par conséquent l'existence est incertaine.

S'il y a nécessité de pourvoir à l'administration de tout ou partie des biens laissés par une personne présumée absente et qui n'a point de procureur fondé, il y sera statué par le tribunal de première instance sur la demande des parties intéressées.

Le tribunal, à la requête de la partie la plus diligente, commettra un notaire pour représenter les présumés absents dans les inventaires, comptes, partages et liquidations dans lesquels ils seront intéressés. Le procureur impérial demeure spécialement chargé de veiller aux intérêts de la personne présumée absente: il sera entendu sur toutes les demandes qui la concernent.

### De la déclaration d'absence.

Lorsqu'une personne aura cessé de paraître au lieu de son domicile ou de sa résidence, et que depuis quatre ans on n'en aura point eu de nouvelles, les parties intéressées pourront se pourvoir devant le tribunal de première instance, afin que l'absence soit déclarée.

Pour constater l'absence, le tribunal, d'après les pièces et documents produits, ordonnera qu'une enquête soit faite contradictoirement avec le procureur impérial dans l'arrondissement du domicile et celui de la résidence, s'ils sont distincts l'un de l'autre.

Le tribunal, en statuant sur la demande, aura d'ailleurs égard aux motifs de l'absence et aux causes qui ont pu empêcher d'avoir des nouvelles de l'individu présumé absent.

Le procureur impérial enverra, aussitôt qu'ils seront rendus, les jugements tant préparatoires que définitifs au ministre de la justice qui les rendra publics.

Le jugement de déclaration d'absence ne sera rendu qu'un an après le jugement qui aura ordonné l'enquête.

### Des effets de l'absence relativement aux biens que l'absent possédait au jour de sa disparition

Dans le cas où l'absent n'aurait point laissé de procuration pour l'administration de ses biens, ses héritiers présomptifs, au jour de sa disparition ou de ses dernières nouvelles, pourront, en vertu du jugement définitif qui aura déclaré l'absence, se faire envoyer en possession provisoire des biens qui appartenaient à l'absent au jour de son départ ou de ses dernières nouvelles, à la charge de donner caution pour la sûreté de leur administration.

- Si l'absent a laissé une procuration, les héritiers présomptifs ne pourront poursuivre la déclaration d'absence et l'envoi en possession provisoire, qu'après dix années révolues depuis sa disparition ou depuis ses dernières r. uvelles.

Il en sera de même si la procuration vient à cesser; et dans ce cas, il sera pourvu à l'administration des biens de l'absent.

Lorsque les héritiers présomptifs auront obtenu l'envoi en possession provisoire, le testament, s'il en existe un, sera ouvert à la réquisition des parties intéressées ou du procureur impérial près le tribunal; et les légataires, les donataires, ainsi que tous ceux qui avaient sur les biens de l'absent des droits subordonnés à la condition de son décès, pourront les exercer provisoirement à la charge de donner caution.

L'époux commun en biens, s'il opte pour la continuation de la communauté, pourra empêcher l'envoi provisoire de tous les droits subordonnés à la condition du décès de l'absent, et prendre ou conserver par préférence l'administration des biens de l'absent. Si l'époux demande la dissolution provisoire de la communauté, il exercera ses reprises et tous ses droits légaux et conventionnels, à la charge de donner caution pour les choses susceptibles de restitution.

La femme, en optant pour la continuation de la communauté, conservera le droit d'y renoncer ensuite.

La possession provisoire ne sera qu'un dépôt qui donnera à ceux qui l'obtiendront l'administration des biens de l'absent, et qui les rendra comptables envers lui, en cas qu'il reparaisse ou qu'on ait de ses nouvelles.

Ceux qui auront obtenu l'envoi provisoire, ou l'époux

qui aura opté pour la continuation de la communauté, devront faire procéder à l'inventaire du mobilier et des titres de l'absent, en présence du procureur impérial près le tribunal de première instance, et d'un juge de paix requis par ledit procureur impérial.

Le tribunal ordonnera, s'il y a lieu, de vendre tout ou partie du mobilier. Dans le cas de vente, il sera fait emploi du prix ainsi que des fruits échus.

Ceux qui auront obtenu l'envoi provisoire pourront requérir, pour leur sûreté, qu'il soit procédé par un expert nommé par le tribunal à la visite des immeubles, à l'effet d'en constater l'état; son rapport sera homologué en présence du procureur impérial; les frais en seront pris sur les biens de l'absent.

Ceux qui, par suite de l'envoi provisoire ou de l'administration légale, auront joui des biens de l'absent, ne seront tenus de lui rendre que le cinquième des revenus s'il reparaît avant quinze ans révolus depuis sa disparition, et le dixième s'il ne reparaît qu'après les quinze ans.

Après trente ans d'absence, la totalité des revenus leur appartiendra.

Tous ceux qui ne jouiront qu'en vertu de l'envoi provisoire ne pourront aliéner ni hypothéquer les immeubles de l'absent.

Si l'absence a continué pendant trente ans depuis l'envoi provisoire, ou depuis l'époque à laquelle l'époux commun aura pris l'administration des biens de l'absent, ou s'il s'est écoulé cent ans révolus depuis la naissance de l'absent, les cautions seront déchargées, et tous les ayants droit pourront demander le partage des biens de

l'absent et faire prononcer l'envoi en possession définitive, par le tribunal de première instance.

La succession de l'absent sera ouverte du jour de son
décès prouvé, au profit des héritiers les plus proches à
cette époque, et ceux qui auraient joui des biens de
l'absent seront tenus de les restituer sous la réserve des
fruits par eux acquis.

Si l'absent reparaît, ou si son existence est prouvée,
pendant l'envoi provisoire, les effets du jugement qui
aura déclaré l'absence cesseront, sans préjudice, s'il y
a lieu, des mesures conservatrices.

Si l'absent reparaît, ou si son existence est prouvée,
même après l'envoi, il recouvrera ses biens dans l'état
où ils se trouveront, le prix de ceux qui auraient été
aliénés ou les biens provenant de l'emploi qui aurait été
fait du prix de ses biens vendus.

Les enfants et descendants directs de l'absent pourront également dans les trente ans, à compter de l'envoi
définitif, demander la restitution de ses biens, comme
il est dit en l'article précédent.

Après le jugement de déclaration d'absence, toute
personne qui aurait des droits à exercer contre l'absent
ne pourra les poursuivre que contre ceux qui auront été
envoyés en possession des biens, ou qui en auront l'administration légale.

### Des effets de l'absence relativement aux droits qui peuvent compéter à l'absent.

Quiconque réclamera un droit échu à un individu
dont l'existence ne sera pas reconnue, devra prouver
que ledit individu existait quand le droit a été ouvert :

jusqu'à cette preuve, il sera déclaré non recevable dans la demande.

S'il s'ouvre une succession à laquelle soit appelé un individu dont l'existence n'est pas reconnue, elle sera dévolue inclusivement à ceux avec lesquels il aurait eu le droit de concourir, ou à ceux qui l'auraient recueilli à son défaut.

Les dispositions des deux paragraphes qui précèdent auront lieu sans préjudice des actions en pétition d'hérédité et d'autres droits, lesquels compéteront à l'absent ou à ses représentants ou ayants-cause, et ne s'éteindront que par le laps de temps établi par la prescription.

Tant que l'absent ne se représentera pas, ou que les actions ne seront pas exercées de son chef, ceux qui auront recueilli la succession gagneront les fruits par eux perçus de bonne foi.

### Des effets de l'absence relativement au mariage.

L'époux absent, dont le conjoint a contracté une nouvelle union, sera seul recevable à attaquer ce mariage, par lui-même ou par son fondé de pouvoirs, muni de la preuve de son existence.

Si l'époux absent n'a point laissé de parents habiles à lui succéder, l'autre époux pourra demander l'envoi en possession provisoire des biens.

### De la surveillance des enfants mineurs du père qui a disparu.

Si le père a disparu, laissant des enfants mineurs issus d'un commun mariage, la mère en aura la surveillance et elle exercera tous les droits du mari, quant à leur éducation et à l'administration de leurs biens.

Six mois après la disparition du père, si la mère était décédée lors de cette disparition, ou si elle vient à décéder avant que l'absence du père ait été déclarée, la surveillance des enfants sera déférée, par le conseil de famille, aux ascendants les plus proches, et, à leur défaut, à un tuteur provisoire.

Il en sera de même dans le cas où l'un des époux, qui aura disparu, laissera des enfants issus d'un mariage précédent.

## ACTE.

*Acte* se dit en général d'une manifestation quelconque d'un fait accompli par l'homme; le législateur l'emploie quelquefois dans cette acception; dans certains cas, il signifie le fait lui-même, comme acte d'héritier, acte contraire aux lois; en droit, ce mot s'applique plus particulièrement à la preuve ou à la justification de quelque chose : Actes de l'état civil, etc.

On appelle encore acte, tout écrit pouvant servir de preuve littérale.

Pris dans ce sens, les actes se divisent en deux grandes classes : les uns sont authentiques ou publics, c'est-à-dire reçus par des officiers ayant mission et pouvoir de les dresser, tels que : les notaires, les juges de paix, les officiers de l'état civil, les administrateurs, etc.; les autres sont privés, c'est-à-dire émanant de simples particuliers, et sont loin de présenter la même garantie que les premiers. En effet, les actes publics font foi jusqu'à inscription de faux ; les autres, au contraire, ne font foi qu'autant qu'ils sont reconnus émaner de la personne à laquelle on les oppose.

Sont actes authentiques :

1° Les actes du pouvoir législatif ;

· 2° Les arrêtés des autorités administratives ;

3° Les jugements et actes de l'autorité judiciaire ;

4° Les procès-verbaux des gardes forestiers ou des préposés de l'administration des douanes, des contributions indirectes, etc., auxquels la loi a donné le droit d'être crus jusqu'à inscription de faux ;

5° Les actes notariés ;

6° Les registres de certaines administrations publiques, comme ceux des receveurs de l'enregistrement, des conservateurs des hypothèques, etc. ;

7° Les registres de l'état civil.

Nous ne saurions trop prémunir les habitants des campagnes contre ces actes sous signature privée qui sont une source de procès et de discordes dans les familles, soit par la perte du titre, soit par son défaut de clarté.

### § I. — Rédaction des actes.

Les notaires et autres officiers publics, chargés de rédiger des actes, doivent les écrire en français.

Quant aux actes sous seing privé, ils peuvent être rédigés dans l'idiome qui convient aux parties.

Et dans tous les cas, ils doivent être clairs et précis, et ceux qui les rédigent doivent éviter d'employer des expressions à double sens.

Les officiers publics et commerçants sont, de plus, tenus d'exprimer dans leurs actes :

1o Les poids et mesures par les dénominations légales ;

2o La numération décimale ;

3o Et les indications du calendrier grégorien.

### § II. — Exécution des actes.

Les actes ont, entre les parties, le même caractère et la même force que la loi. Cependant il y a, quant à leur exécution, une grande différence entre l'acte authentique et l'acte sous signature privée.

Les premiers, reçus par des fonctionnaires publics, portent le même intitulé que les lois : *Napoléon, par la grâce de Dieu et la volonté nationale, Empereur des Français, à tous présents et à venir, salut....,* et sont terminés par un mandement ou ordre aux officiers de justice et commandants des forces militaires de les faire mettre à exécution, et ces derniers ne peuvent s'y refuser. C'est ce qu'on appelle formule exécutoire.

L'acte sous seing privé, au contraire, ne donne qu'une action, encore faut-il que l'écriture ne soit pas déniée par la partie à qui on l'oppose.

Ici une nouvelle différence existe encore entre les actes revêtus de la formule exécutoire et les actes privés, en ce que celui qui invoque, à l'appui de sa demande, un acte authentique, n'est pas obligé d'en prouver la vérité ; au contraire, celui qui invoque un acte sous seing privé est obligé de prouver la vérité de cet acte au moyen de la vérification d'écriture, si le défendeur la dénie.

Les jugements et actes passés en pays étrangers n'ont en France que l'effet de simples promesses. Pour qu'ils soient susceptibles d'exécution en France, il faut que les tribunaux français les ait rendus exécutoires, et la cour de cassation a décidé que les juges français devaient rendre un nouveau jugement (Arrêt du 19 avril 1819).

Il en est autrement si les traités entre les nations autorisent de plein droit cette exécution.

### § III. — De la preuve de l'existence des actes.

Il y a deux moyens de prouver une chose : ou par témoins, ou par écrits. La preuve par témoins est celle qui résulte de la déclaration des personnes présentes au fait qu'il s'agit d'éclaircir ; l'autre est celle qui résulte d'un titre authentique ou sous signature privée.

Le législateur s'est défié de la preuve testimoniale ; car l'expérience lui avait démontré qu'il est facile de trouver des gens qui ne craignent pas d'attester, sous la foi du serment, des faits qu'ils ignorent complétement.

Aussi a-t-il exigé, sous peine, pour ceux qui ne s'y conformeraient pas, de voir leur demande rejetée en justice, de rédiger acte devant notaire ou sous signature privée de toutes choses excédant la somme ou valeur de *cent cinquante francs*, et il a ajouté (art. 1341 du Code Napoléon) qu'il ne serait reçu aucune preuve par témoins, contre et outre le contenu aux actes, ni sur ce qui serait allégué avoir été dit avant, lors ou depuis les actes, encore qu'il s'agisse d'une somme ou valeur moindre de 150 fr.

Cependant il est fait exception à cette règle lorsqu'il existe un commencement de preuve par écrit.

On appelle ainsi tout écrit, toute déclaration émanée de celui contre lequel la demande est formée ou de celui qu'il représente et qui rend vraisemblable le fait allégué ; comme, par exemple, lorsque ne pouvant représenter le titre original d'une obligation souscrite à mon profit, je présente une copie, ou bien la transcription de mon titre au bureau de l'enregistrement, avec le répertoire du notaire contenant mention de l'acte.

La preuve par témoins est encore admise sans égard pour la valeur, lorsqu'il s'agit de dépôts nécessaires faits en cas d'incendie, ruine, tumulte, naufrage, révolution, pour les effets et marchandises déposés par les voyageurs dans une hôtellerie, le tout suivant la qualité des personnes et les circonstances ; ou enfin lorsque le créancier a perdu le titre qui lui servait de preuve littérale par suite d'un cas fortuit, imprévu et résultant de force majeure.

### § IV. — Nullité des actes.

En général, la nullité des actes ne peut être prononcée qu'autant qu'elle a été attachée formellement par la loi à l'omission de telle ou telle formalité, ou à raison de l'incompétence ou de l'incapacité de l'officier qui les aurait reçus. En outre, la Cour de cassation a jugé qu'un acte à l'égard duquel une formalité substantielle avait été omise, devait être déclaré nul, bien que la loi n'eût pas, pour ce cas, prononcé la nullité (Arrêt du 5 juin 1823).

Néanmoins, l'acte annulé peut faire preuve, contre les parties qui l'ont souscrit, des faits qu'elles ont reconnus.

Si la nullité provient de l'incompétence ou de l'incapacité de l'officier public qui a reçu l'acte, par exemple
d'un notaire suspendu de ses fonctions, ce titre vaut
entre les parties comme écriture privée.

Les actes contraires aux lois, aux bonnes mœurs et
à l'ordre public, sont entachés d'une nullité radicale.

### ACTES CONSERVATOIRES.

On appelle acte conservatoire la mesure que l'on prend
pour empêcher le droit que l'on a de péricliter.

Ainsi, par exemple, sont de cette nature d'actes, les
inventaires, les appositions de scellés, les protêts de
lettre de change, etc.

Comme il nous serait imposible, dans cet article,
d'énumérer tous les cas où il est nécessaire de faire des
actes conservatoires, nous nous bornerons à spécifier
les principaux.

Voici des exemples cités par la loi :

1° L'héritier peut, dans l'intérêt de la succession et
sans que l'on puisse lui opposer qu'il a pris qualité, faire
tous les actes conservatoires, tels que : apposition de
scellés, inventaire, perception de loyers, fermages, etc.,
et, avec l'autorisation de justice obtenue par requête
adressée au président du tribunal, faire vendre par le
ministère d'un officier public, tout ou partie du mobilier,
et, en général, les objets trop dispendieux à conserver,
etc., etc. (Voir *acte d'héritier*).

2° La femme, pendant le procès en séparation de
biens peut également faire tous les actes conservatoires.
C'en est une conséquence; car, puisqu'elle demande la

séparation de biens pour conserver ce qui peut lui appartenir, il faut nécessairement qu'elle puisse faire tous les actes qui tendent à sauvegarder ses droits;

3° Cette faculté est encore accordée aux hospices et autres administrations en attendant l'autorisation du gouvernement pour accepter les dons et legs;

4° En cas de présomption d'absence d'un individu, les parties intéressées peuvent demander de faire des actes conservatoires dans l'intérêt de l'absent.

## ACTES DE COMMERCE.

Un acte est commercial, soit à raison de sa nature, soit à cause de la qualité des personnes qui figurent dans l'opération.

Deux raisons principales rendent nécessaire la connaissance parfaite de ce qu'on entend par acte de commerce: la première, c'est que toutes les contestations qui s'élèvent à ce sujet sont du ressort du tribunal de commerce, et que si on portait sa plainte devant un tribunal civil, dans les villes où il y a un tribunal de commerce, l'action serait repoussée, les juges se déclarant incompétents; la seconde, c'est que la contrainte par corps est, en général, attachée aux obligations qui ont des actes de commerce pour objet.

La loi répute acte de commerce tout achat de denrées et marchandises pour les vendre, soit en nature, soit après les avoir travaillées et mises en œuvre, ou même pour en louer simplement l'usage; toute entreprise de manufacture, de commission, de transport par terre ou par eau; — toute entreprise de fournitures, d'agences, bureaux d'affaires, établissements de vente à l'encan, de spectacles publics; — toute opération de banque, de change et de courtage; — toutes les opérations de banques publiques; —toutes les obligations entre négociants, marchands et banquiers; —et, *entre toutes personnes commerçantes ou non, les lettres de changes ou remises d'argent faites de place en place.*

La loi répute également acte de commerce toute entreprise de construction et tous achats, ventes et reventes de bâtiments pour la navigation intérieure et extérieure; —toutes expéditions maritimes; — tout achat ou vente d'agrès, apparaux et avitaillements, etc. (Voir plus loin *comnierçants.*)

### ACTES D'HÉRITIER.

Nul n'est tenu d'accepter une succession qui lui est échue, et, *pour conserver ce droit, il ne faut pas avoir fait des actes d'héritier,* c'est-à-dire des actes qui puissent faire supposer, de la part d'un héritier, des intentions formelles d'accepter la succession avec toutes ses dettes et charges. Les actes conservatoires de surveillance et d'administration provisoire ne sont pas des actes d'adition d'hérédité, si l'on n'a pas pris le titre ou la qualité d'héritier.

Toute cession, vente ou donation qu'un héritier pourrait faire de ses droits, soit à un étranger, soit à un cohéritier, emporte nécessairement de sa part acceptation de la succession; il en est de même: 1° de la renonciation, même gratuite, que fait un des héritiers au profit d'un ou de plusieurs de ses cohéritiers; 2° de la renonciation qu'il fait, même au profit de tous ses cohéritiers indistinctement, lorsqu'il reçoit le prix de sa renonciation, car, dans ces cas, l'habile à succéder a agi comme propriétaire, pusqu'il a cédé ou donné ses droits à la succession.

La cour de Caen a même décidé, le 17 janvier 1824, que le paiement des droits de mutation, de la part du successible, entraîne la qualité d'héritier.

Nous ne saurions trop recommander aux personnes qui n'ont pas l'habitude des affaires, de bien déterminer leur position avant de rien entreprendre, surtout lorsqu'elles se trouvent en présence d'une succession dont l'actif et le passif ne sont pas connus, et de bien réfléchir à la nature de l'acte qu'elles se proposent de faire et dont les suites peuvent être très-graves, en les privant du bénéfice d'inventaire et en mettant à leur charge personnelle toutes dettes de la succession, même celles qui excéderaient son actif. (Voyez *bénéfice d'inventaire.*)

Quant à l'acceptation pure et simple d'une succession, elle est expresse ou tacite : expresse, quand on prend la qualité d'héritier dans un acte authentique ou privé ; tacite, quand on fait un acte qui suppose l'intention d'accepter et qu'on ne peut faire qu'en qualité d'héritier.

Les femmes mariées ne peuvent accepter une succession sans l'autorisation de leur mari ou de justice.

## ACTES DE L'ÉTAT CIVIL.

Ce sont les actes destinés à constater les naissances, les adoptions, les mariages et les décès.

Trois principaux événements signalent le passage de l'homme sur la terre : sa naissance, son mariage, sa mort.

Par sa naissance, l'homme prend rang dans la société

où il a reçu le jour et dans la famille qui le lui a donné. Pour que son état ne soit point exposé aux chances du hasard, il est de la plus grande importance de constater authentiquement le fait de la naissance et de la filiation; l'un attribue à l'individu la qualité de Français, et l'autre lui assure tous les droits de famille.

Plus tard, l'homme se marie. Cette union qu'il forme doit être soumise à des règles fixes qui lui donnent un caractère légal pour en assurer les effets.

Enfin à sa mort, tous les liens qui l'attachaient à ses semblables sont rompus; mais, en cessant de vivre, il transmet ses droits à d'autres individus appelés à le remplacer. Cet événement doit aussi être constaté d'une manière solennelle.

Toute personne a le droit de se faire délivrer une expédition des actes de l'état civil. Ces expéditions sont délivrées par les maires. (Voir plus loin: *Naissance*, *Publications*, *Mariage*, *Légitimation*, *Adoption*, *Reconnaissance*, *Décès*.)

### ACTES JUDICIAIRES. — EXTRAJUDICIAIRES.

L'acte judiciaire est celui qui a pour objet la décision d'une contestation et qui émane directement du juge.

L'acte extrajudiciaire est celui qui n'a pas immédiatement pour objet la décision d'un différend, par exemple celui qui détermine un partage de succession, etc.

### ACTE NOTARIÉ.

L'article 1er de la loi du 28 ventôse an XI, sur le notariat, le définit ainsi: Tous les actes et contrats auxquels les parties doivent ou veulent faire donner le caractère d'authenticité qu'ont les actes de l'autorité publique.

Les actes notariés se divisent en originaux et en copies; les originaux prennent le nom de *minutes* ou *minutes-brevets*, suivant qu'ils restent déposés chez le notaire, ou qu'ils n'y restent pas; ils sont reçus par deux notaires, ou par un notaire et deux témoins. Pour les testaments seulement, la loi exige quatre témoins, si les deux notaires ne sont pas présents.

Les actes des notaires sont écrits en un seul et même contexte, lisiblement, sans abréviation, blanc, lacune, intervalle. Ils énoncent en toutes lettres les sommes et les dates, le tout à peine de vingt francs d'amende contre le notaire contrevenant.

Les renvois et apostilles ne pourront, sauf l'exception ci-après, être écrits qu'en marge; il seront signés ou paraphés, tant par les notaires que par les autres signataires, à peine de nullité des renvois et apostilles. Si la longueur du renvoi exige qu'il soit transporté à la fin de l'acte, il devra être non seulement signé ou paraphé comme les renvois écrits en marge, mais encore expressément approuvé par les parties, à peine de nullité du renvoi.

. Il n'y aura ni surcharge, ni interlignes, ni addition dans le corps de l'acte; et les mots surchargés, interlignés ou ajoutés seront nuls. Les mots qui devront être rayés le seront de manière que le nombre puisse en être constaté à la marge de leur page correspondante ou à la fin de l'acte, et approuvé de la même manière que les renvois écrits en marge : le tout à peine de dix francs d'amende contre le notaire.

Les actes doivent énoncer en outre :

1° Le lieu où ils sont passés, sous peine de nullité;

2° L'année et le jour où l'acte est passé, sous la même peine;

3° La lecture qui a été faite de l'acte aux parties, à peine de vingt francs d'amende et de la nullité dans certains cas, comme s'il s'agit d'un testament;

4° La signature des parties ou la cause qui les empêche de signer.

Tous les actes, et par conséquent les actes notariés, ne doivent contenir de conventions contraires aux lois et à la morale, par exemple une convention usuraire.

Pour l'enregistrement, voir ci-après.

## ACTE DE NOTORIÉTÉ.

On appelle *actes de notoriété* des actes passés par-devant notaire ou par des juges de paix, et par lesquels des témoins certifient l'exactitude et la vérité d'un fait et suppléent ainsi, par leurs déclarations, à des preuves par écrit.

En général, deux témoins suffisent; il existe cependant des cas où la loi en exige un plus grand nombre.

Les témoins appelés à ces actes peuvent être du sexe féminin et même étrangers, à la différence des témoins appelés pour un testament ou pour un acte notarié. Dans l'acte de notoriété, les témoins viennent attester un fait, tandis que, dans les actes ordinaires, les témoins viennent donner à l'acte qu'ils signent une sorte de solennité.

Il y a beaucoup de circonstances où il est indispensable de produire un acte de notoriété :

1º Lorsque celui qui veut contracter un mariage se trouve dans l'impossibilité de se procurer son acte de naissance, il pourra y suppléer par un acte de notoriété délivré par le juge de paix du lieu de sa naissance ou de celui de son domicile.

Cette déclaration est faite par sept témoins de l'un ou de l'autre sexe.

Le but principal de cette déclaration est de constater l'âge des époux.

L'acte de notoriété, relativement au majeur, peut être suppléé par la déclaration des aïeuls ou aïeules, qui atte~'ent le décès des père et mère des futurs mariés (Avis du Conseil d'État du 23 juillet 1805).

L'acte de notoriété doit être présenté au tribunal de première instance du lieu où doit se célébrer le mariage, et le tribunal, après avoir entendu le procureur impérial, donnera ou refusera son homologation, suivant qu'il trouvera suffisantes ou insuffisantes les déclarations des témoins;

2º Lorsque l'État est appelé à une succession par droit de déshérence;

3º En cas d'adoption, il peut être nécessaire de faire constater que celui qui se propose d'adopter a donné pendant un certain temps des soins à l'adopté;

4º Lorsqu'un militaire a disparu de son corps, un acte de notoriété peut être utile pour constater sa disparition;

5º Enfin, un acte de notoriété est indispensable quand il s'agit de toucher une rente sur l'État, qui appartenait à un défunt, ou pour rectifier les qualités prises par un individu dans un acte public, etc.

## ACTES RESPECTUEUX.

Le fils de famille qui n'a pas atteint l'âge de vingt-cinq ans accomplis, la fille qui n'a pas atteint l'âge de vingt-un ans accomplis, ne peuvent contracter mariage sans le consentement de leurs père et mère; en cas de dissentiment, le consentement du père suffit.

Après cet âge seulement, les enfants de famille qui n'ont pas le consentement voulu par la loi sont tenus de le demander à leurs parents par actes respectueux. Si les père et mère sont décédés ou dans l'impossibilité de manifester leur volonté, ils s'adresseront à leur aïeul ou aïeule.

Depuis l'âge de vingt-cinq ans jusqu'à trente, pour les fils, et de vingt-un ans jusqu'à vingt-cinq, pour les filles, l'acte respectueux doit être renouvelé deux autres fois, de mois en mois.

Les fils qui ont passé l'âge de trente ans, et les filles qui ont passé celui de vingt-cinq, n'ont besoin que d'un acte respectueux, mais ils ne peuvent s'en dispenser quel que soit leur âge. Ces dispositions s'appliquent également aux enfants naturels légalement reconnus.

L'acte respectueux doit être fait par deux notaires, ou par un seul, en présence de deux témoins. Le procès-verbal de notification qui doit être dressé, doit contenir la réponse des parents.

L'enfant peut se faire représenter par un fondé de pouvoirs (Arrêt de la cour d'Amiens).

L'acte respectueux doit être fait en termes révérentiels, et non pas comme une sommation ordinaire.

Aussi la cour de Bordeaux a-t-elle déclaré nul, par arrêt du 12 fructidor an XIII, un acte par lequel une fille avait *requis* et *sommé* son père et sa mère de donner leur consentement, parce qu'elle était dans la *ferme résolution* d'agir malgré leur refus et qu'elle *protestait*, etc.

L'art. 1033 du Code de procédure ne s'applique pas aux actes respectueux. Le jour de la notification et celui de l'échéance sont compris dans le délai général (Cour de Paris, 19 octobre 1809).

Il ne peut être procédé au mariage qu'un mois après le dernier acte respectueux, et l'officier de l'état civil qui aurait fait la célébration en l'absence d'actes respectueux, dans le cas où ils sont prescrits, encourt une amende qui peut aller jusqu'à 300 fr. et un emprisonnement qui ne peut être moindre d'un mois.

## ACTE SOUS SEING PRIVÉ.

Sous la dénomination générale d'acte sous seing privé, on comprend toute écriture privée contenant obligation ou décharge ; il y en a de plusieurs sortes :

1º L'acte sous seing privé proprement dit ;

2º Les registres des marchands ;

3º Les registres et papiers domestiques des personnes non marchandes ;

4º L'écriture mise au dos, à la marge ou à la suite d'un titre ou d'une quittance ;

5º Et enfin les quittances.

De plus, l'art. 109 du Code de commerce porte que

les achats et ventes se constatent par la correspondance des parties.

Nous ne parlerons ici que de l'acte sous seing privé en général, de ses effets par rapport aux parties, leurs héritiers et ayants-cause, de l'époque où ces actes ont une date certaine à l'égard des tiers.

## SECTION Ire.

### § 1. — De l'acte sous seing privé en général et de ses effets entre les parties, et leurs héritiers et ayants-cause.

Comme son nom l'indique, l'acte sous seing privé est celui qui a été passé entre les parties, sans le ministère d'un notaire ou d'un autre officier public.

Suivant l'art. 1322 du Code Napoléon, l'acte sous seing privé reconnu par celui à qui on l'oppose, ou légalement tenu pour reconnu, a, entre ceux qui l'ont souscrit et entre leurs héritiers ou ayants-cause, la même foi que l'acte authentique.

Lorsque l'acte sous seing privé est légalement reconnu, c'est-à-dire si, au jugement, après une instruction qu'on nomme vérification d'écritures ou sous-vérification, le défendeur ne dénie pas l'acte ou ne comparaît pas, il sera décidé que cet acte a réellement été fait par telle personne, on doit y ajouter la même foi qu'à l'acte authentique; car l'authenticité ne sert qu'à prouver qu'un acte a été consenti par la personne qui a comparu devant l'officier public. Si cette personne reconnaît cet acte, ou si un jugement déclare qu'il est émané d'elle, il devient aussi certain que l'acte lui appartient que si un officier public l'eût attesté.

L'acte sous seing privé, comme l'acte authentique,

fait également foi contre les tiers, non pas à l'effet de
les obliger, car les conventions n'obligent que les parties
et les héritiers, mais en ce sens qu'il prouve, à compter
du jour où il a acquis date certaine, le fait même de la
convention; il prouve aussi *rem ipsam* comme l'acte
authentique; il peut, comme lui, servir de base à la
prescription de dix ou vingt ans.

Celui à qui on oppose un acte sous seing privé est
obligé d'avouer ou de désavouer formellement son écriture ou sa signature.

Ses héritiers ou ayants-cause peuvent se contenter de
déclarer qu'ils ne connaissent point l'écriture ou la signature de leur auteur.

Dans le cas où la partie désavoue son écriture ou sa
signature, et dans le cas où ses héritiers ou ayants-
cause déclarent ne les point connaître, la vérification
en est ordonnée en justice.

Il est parlé, dans l'article, de l'écriture ou de la signature, parce qu'il est des cas où l'écriture seule a
effet; tels sont les registres et papiers domestiques et
les écritures mises au dos, à la suite ou à la marge
d'un titre ou d'une quittance; et d'autres fois, il n'y a
que la signature de celui à qui l'acte est opposé, l'écriture du corps de l'acte étant de la main d'un autre.

Le porteur d'un acte sous seing privé peut assigner
en reconnaissance de l'écriture ou de la signature,
même avant l'échéance de la dette. Le Code de procédure, art. 193, lui donne le droit d'assigner, sans permission du juge, à trois jours, pour avoir acte de la
reconnaissance ou pour faire tenir l'écrit pour reconnu.
Cet article ajoute que si le défendeur ne dénie pas la
signature, tous les frais relatifs à la reconnaissance ou

à la vérification, même ceux de l'enregistrement de l'écrit, sont à la charge du demandeur.

De ce que l'art. 193 du Code de procédure met à la charge du demandeur les frais relatifs à la reconnaissance et à la vérification, ainsi que ceux de l'enregistrement de l'écrit, dans le cas où le défendeur ne dénie pas sa signature, il n'en faut pas conclure, *contrario*, que le défendeur doit les supporter dans tous les cas où il y a eu une vérification et où cette vérification a été favorable au demandeur; il faut d'abord distinguer si cette vérification a eu lieu en vertu d'un écrit attribué au défendeur lui-même ou bien à son auteur.

Lorsqu'il s'agit d'un écrit attribué au défendeur lui-même, qui a dénié son écriture ou sa signature, tous les frais sont à sa charge, encore que la demande ait été formée avant l'echéance ou l'exigibilité de la dette.

Mais si, au contraire, il s'agit d'un écrit attribué, non au défendeur lui-même, mais à son auteur, si le défendeur a été simplement assigné en reconnaissance d'écriture avant l'échéance, et que, usant de la faculté qui lui est accordée par l'art. 1323 du Code Napoléon, il déclare qu'il ne connait point l'écriture ou la signature de son auteur, les frais de la vérification ne sont point à sa charge, non plus que ceux de l'enregistrement de l'écrit.

Si l'assigné en reconnaissance de l'écrit ne comparaît pas, l'écrit doit être tenu pour reconnu, sauf au défendeur à former opposition. S'il reconnait l'écrit, le jugement donne acte de la reconnaissance au demandeur.

Si le défendeur dénie la signature à lui attribuée, ou déclare ne pas reconnaître celle attribuée à un tiers, la vérification peut-être ordonnée, tant par titre, que par experts et par témoins.

La vérification peut même être faite par témoins pour une somme excédant 150 fr., l'article ne distinguant pas quant à la somme.

Si celui auquel est attribué l'écrit l'a reconnu dans un acte authentique, ou même dans un acte sous signature privée, qu'il ne désavoue pas, cet écrit fait désormais foi contre lui comme un acte authentique.

Mais, par la même raison que l'exécution de l'acte authentique est suspendue par la plainte en faux suivie de la mise en accusation, de même l'acte sous seing privé reconnu est suspendu par la plainte en faux que peut former la partie, si la mise en accusation est prononcée.

On peut pareillement, d'après l'art. 214 du Code de procédure civile, s'inscrire en faux incident civil contre un acte sous seing privé, encore que l'acte ait été vérifié en justice être de la partie ou de son auteur.

§ II. — *Formalités relatives aux actes sous seing privé.*

Le législateur ne prescrit, en général, aucune formalité particulière pour les actes sous seing privé, sauf ce qui est établi aux art. 1325 et 1326, dont nous parlerons bientôt. La loi n'exige pas que les actes contiennent la mention du lieu où ils ont été passés, ni même qu'ils soient datés, quoique la date eût été une formalité très-utile, afin qu'en cas de procès ont pût savoir le lieu et l'époque où l'acte avait été souscrit.

Nous ajouterons que les actes sous seing privé peuvent

être écrits, non seulement par les parties ou par des tiers, mais encore par des notaires ou autres officiers publics (arrêt de la Cour de cassation du 30 novembre 1807, et avis du conseil d'État du 26 mars 1808).

## Section II.

### De quelle époque les actes sous seing privé ont date à l'égard des tiers.

L'acte sous seing privé pouvant facilement s'antidater pour frauder les droits acquis des tiers, on a établi en principe que les actes n'ont de date certaine, à l'égard des tiers, que du jour seulement où ils ont été enregistrés, ou du jour de la mort de celui ou de l'un de ceux qui les ont souscrits, ou du jour où leur substance a été constatée dans des actes dressés par des officiers publics, tels que procès-verbaux de scellés ou d'inventaire.

Sans ces précautions, on n'aurait aucun moyen de parer à la fraude, on pourrait facilement s'entendre afin d'antidater un acte. Je vous vends aujourd'hui une maison, je pourrais demain faire un autre acte en faveur d'une autre personne et le dater de l'année dernière. Si vous n'avez pas fait enregistrer et transcrire (voir ci-après au titre de la *Transcription*) votre contrat, le dernier acquéreur pourra vous déposséder, sauf votre action en garantie contre moi, car son titre porte une date antérieure au vôtre, et comme ni l'un ni l'autre n'est revêtu des formalités qui lui donnent une date certaine, on est obligé de suivre l'ordre des dates. Si, au contraire, vous avez fait enregistrer votre acte, cette formalité, qui lui donne une date certaine, préviendra la fraude, et le titre du second acquéreur, n'ayant pas de date certaine, sera présumé antidaté.

Les actes sous seing privé qui ont acquis date certaine de l'une de ces manières, font foi aussi à l'égard des tiers, du fait même de la convention, ils prouvent *rem ipsam* comme les actes authentiques, et, en conséquence, ils peuvent servir de base à la prescription de dix et vingt ans à partir du jour où ils ont acquis date certaine; et celui qui aura acheté un immeuble par acte sous seing privé, ayant acquis date certaine de l'une des manières exprimées ci-dessus, et ayant été transcrit, sera préféré à un acquéreur par acte authentique du même immeuble auquel la même personne l'aurait vendu postérieurement.

Le législateur n'a pas dû s'intéresser bien vivement au tort des actes sous seing privé, quand il s'agit surtout de l'intérêt des tiers, si l'on songe que ceux qui ne font point enregistrer les actes ont le plus souvent en vue d'éviter les droits qui sont perçus en faveur du fisc, et qu'ils exposent ainsi les mêmes tiers à contracter avec des individus qui ne peuvent plus disposer de ce qu'ils vendent, parce qu'ils en ont déjà disposé en faveur d'autres personnes. La loi a eu raison d'attacher peu de faveur à ces sortes d'actes, ils sont peu dignes de faveur lorsqu'ils sont opposés à des tiers; celui qui les produit doit s'imputer la faute de ne leur avoir pas assuré une date qui pût attester leur existence à telle époque, puisque la loi lui en offrait les moyens.

Nous devons faire observer que l'art. 1328, relatif à la date des actes sous seing privé, n'est généralement pas applicable aux créanciers d'un failli qui se présentent pour être admis à participer aux distributions du dividende commun, ou pour concourir au concordat, s'il y a lieu d'en faire un avec le failli. On ne peut point exclure les créanciers sur le seul fondement que leurs titres n'ont point acquis une date certaine antérieurement à l'ouverture de la faillite : ce serait anéantir la confiance si nécessaire au commerce.

Ordinairement, parmi les créanciers, il n'y a que ceux qui ont été obligés de faire protester, pour défaut de paiement, leur effet de commerce, qui aient fait enregistrer leurs titres. Ceux dont les titres n'étaient pas encore exigibles n'ont pas eu de motifs pour remplir cette formalité. Or, si les autres créanciers étaient en droit de les exclure sous le seul prétexte que leurs titres n'ont pas acquis date certaine au moment de l'ouverture de la faillite, ou que les actes ont pu être antidatés par le failli depuis sa faillite, le dividende commun n'appartiendrait qu'à un petit nombre de créanciers.

On est dans l'usage de les admettre au passif de la faillite, sauf au tribunal, s'il s'élève des contestations sur la sincérité de leurs créances, à apprécier les circonstances de la cause et à rejeter la créance s'il apparaît qu'elle n'est point légitime.

## ADJUDICATION.

C'est un marché fait aux enchères publiques et avec concurrence. Les adjudications sont volontaires, judiciaires ou administratives.

Les adjudications volontaires sont celles que les
parties, majeures, capables de contracter, font devant
un notaire.

Elles ne sont soumises par la loi à aucune règle
spéciale; il appartient aux parties d'en régler les conditions et les formes comme elles l'entendent. *(Arrêt de
la Cour de cassation du 24 janvier 1814).* Cependant,
elles sont définitives commes les autres, car il y a
contrat entre l'acheteur ou l'adjudicataire et le vendeur.
L'acte étant passé devant notaire, il a force exécutoire
entre les parties.

Les formes de l'adjudication volontaires n'ont pas été
réglées par la loi; mais, par analogie, on suit les règles
de l'adjudication judiciaire. Ainsi, elles sont précédées
d'affiches et d'un cahier des charges, pour faire connaître
les clauses et conditions de la vente.

Le mode d'adjudication se fait à l'*extinction des feux*,
en brûlant des bougies dont la durée doit être d'une
minute au moins. Le nombre des feux nécessaires pour
l'adjudication est réglé d'avance par le cahier des
charges.

Ce sont celles qui ont lieu par suite d'une décision de
la justice, soit devant le tribunal qui les a ordonnées,
soit devant un notaire nommé à cet effet.

Elles ont lieu dans le cas d'expropriation forcée, ou
quand il s'agit de biens appartenant à des incapables,
tels que les mineurs, les absents, les interdits; ou

dépendant de successions vacantes en déshérence, ou de faillites.

(Voir plus loin, au titre de la *Vente judiciaire.*)

### § III. — Adjudications administratives.

Ce sont celles qui sont faites par l'autorité adminis-trative, les préfets, les maires, les directeurs des forêts ou des douanes, etc.

Elles ont pour objet :

1o Les ventes d'immeubles appartenant à l'État, aux départements et aux communes;

2o Les ventes de coupes de bois impériaux et commu-naux;

3o Les fournitures, travaux publics et les travaux des communes et établissements publics;

4o Les ventes de fruits et les baux de fermage et de loyer des propriétés communales;

5o Les ventes d'objets saisis à la frontière.

Toutes les ventes ou adjudications de fournitures ou de travaux doivent être précédées d'affiches apposées, un mois à l'avance, dans les différentes communes du ressort, et indiquant les objets à vendre ou la nature des travaux à exécuter, et la mise à prix. Cette publi-cation est constatée par un certificat du maire, au bas de l'affiche.

Le cahier des charges et les devis, s'il s'agit de tra-vaux, restent déposés, pendant le même temps, au secrétariat du siège où doit se faire l'adjudication, pour que chacun puisse en prendre connaissance.

S'il s'agit de travaux à exécuter, chaque enchérisseur

doit déposer au même secrétariat une soumission cachetée, indiquant sa mise à prix.

Le jour indiqué pour l'adjudication préparatoire, le président de l'adjudication, assisté des différentes personnes intéressées, et en présence des soumissionnaires, procède à l'ouverture des soumissions, se fait remettre par eux le double certificat de solvabilité et de capacité pour l'exécution des travaux, et proclame le contenu des soumissions.

Celle qui présente les prix les plus avantageux sert de base à la mise à prix.

L'adjudication définitive est ensuite indiquée, à moins qu'il ne soit convenu d'y procéder immédiatement entre toutes les parties intéressées; c'est même ce qui a lieu le plus ordinairement. Dans ce cas, les enchères sont ouvertes entre les soumissionnaires seulement.

La durée, soit provisoire, soit définitive des feux, et le montant des enchères, sont fixés, séance tenante, par le président.

L'adjudication est ensuite tranchée après l'extinction des feux définitifs.

L'adjudicataire proclamé est tenu de présenter sa caution dans les vingt-quatre heures, sous peine d'être déchu de son adjudication et de payer son enchère.

Pour les coupes de bois, le Code forestier porte, art. 24, que, faute par l'adjudicataire de fournir les cautions exigées par le cahier des charges, dans le délai prescrit, il sera déclaré déchu de l'adjudication par un arrêté du préfet, et il sera procédé à une nouvelle adjudication de la coupe, à sa folle-enchère. L'adjudicataire déchu sera tenu, par corps, de la différence

# ADJUDICATION.

entre son prix et celui de la revente, sans pouvoir réclamer l'excédant, s'il y en a.

Les adjudications sont données : 1° devant les préfets, lorsqu'il s'agit de fournitures ou de travaux départementaux ou de travaux communaux au-dessus de 20,000 fr.;

2° Devant le sous-préfet, lorsque le montant de l'adjudication ne s'élève pas à 20,000 fr., et devant les maires des communes rurales, lorsqu'elles sont au-dessous de 1,000 fr.

Les travaux et fournitures sont préalablement autorisés par les préfets, les ministres, ou par l'Empereur.

Les ventes de bois sont faites par le sous-préfet, pour les bois de l'arrondissement. Le sous-préfet est assisté des agents forestiers, des receveurs des finances et des domaines, et, enfin, du maire, s'il s'agit de bois communaux.

### § IV. — De ceux qui peuvent se rendre adjudicataires.

Toute personne peut se rendre adjudicataire, si elle a la capacité de contracter, et si d'ailleurs elle remplit les conditions de solvabilité et les connaissances spéciales exigées en certains cas par le cahier des charges, surtout en matière de travaux et de fournitures.

Cette double capacité, indépendante de la capacité civile, doit être prouvée avant les enchères.

Ne peuvent se rendre adjudicataires :

1° Les tuteurs, des biens dont ils ont la tutelle;

2° Les mandataires, des biens qu'ils sont chargés de vendre;

3º Les administrateurs, des biens confiés à leur surveillance;

4º Les magistrats de l'ordre judiciaire, des bien contentieux qui s'adjugent dans l'étendue de leur ressort;

5º Les officiers publics, des biens dont les ventes se font par leur ministère.

## § V. — Des entraves apportées à la liberté des enchères.

Ceux qui, dans les adjudications de la propriété, de l'usufruit ou de la location des choses mobilières ou immobilières, d'une entreprise, d'une fourniture, d'une exploitation ou d'un service quelconque, auront entravé ou troublé la liberté des enchères ou des soumissions, par voies de fait, violences ou menaces, soit avant, soit pendant les enchères ou les soumissions, seront punis d'un emprisonnement de quinze jours au moins, de trois mois au plus, et d'une amende de 5 fr. au moins et de 5,000 fr. au plus. La même peine aura lieu, contre ceux qui, par dons ou promesses, auront écarté les enchérisseurs.

## ADOPTION.

L'adoption est un contrat qui, sans faire sortir un majeur de sa famille naturelle, établit entre lui et celui qui l'adopte des rapports de paternité et de filiation.

Elle a pour but de consoler, par une paternité fictive, celui qui ne peut connaître la paternité réelle; c'est, en un mot, la loi qui donne au citoyen les enfants que la nature lui refuse.

Pour pouvoir adopter un individu, il faut avoir plus de cinquante ans, n'avoir ni enfants, ni descendants légitimes, et au moins quinze ans de plus que celui que l'on veut adopter, et encore faut-il que l'adopté ait, pendant six ans au moins, dans sa minorité, reçu des secours ou des soins de l'adoptant, et ensuite soit devenu majeur.

Celui qui voudra adopter et celui qui voudra être adopté se présenteront devant le juge de paix du domicile de l'adoptant pour y passer acte de leur consentement respectif; expédition de cet acte est adressée au procureur impérial du lieu; ce dernier soumet le tout à l'homologation du tribunal, qui, après avoir pris les renseignements nécessaires, prononce, sans énoncer de motifs : *il y a lieu* ou *il n'y a pas lieu à l'adoption*.

L'adopté, sans sortir de sa famille naturelle, prend le nom de l'adoptant, qu'il ajoute ordinairement au sien.

## AFFOUAGE.

C'est le droit qu'ont les habitants d'une commune, ou d'une section de commune, de prendre dans une forêt le bois de chauffage qui est nécessaire à leur usage.

L'affouage, comme l'indique son nom, tient au foyer; il a pour objet de satisfaire aux besoins du chauffage de chaque ménage. C'est pour cela qu'une des conditions substantielles de ce droit est d'une part la résidence, et d'autre part, le feu et le ménage séparés.

S'il n'y a titre contraire, le partage des *bois d'affouage* se fera par feux, c'est-à-dire par chefs de famille ou de maison ayant domicile réel et fixe dans la commune.

Sous le nom de *feux*, on ne doit pas seulement entendre un ménage de gens mariés, mais encore un ménage de célibataire, et il a été cité, comme exemple, lors de la discussion de la loi, qu'un curé, un desservant, ont droit, comme les autres habitants, à l'affouage; mais il faut que ce ménage soit séparé : ainsi, les ouvriers travaillant à l'année chez un maître qui les nourrit n'ont aucun droit à l'affouage, parce qu'ils ne sont pas considérés comme chefs de maison; mais si l'ouvrier tient un ménage pour son compte, et de manière qu'on ne puisse pas le regarder comme étant sous la dépendance absolue du propriétaire, il a droit à l'affouage.

Les coupes à partager en nature, pour l'affouage des habitants, ne peuvent être opérées qu'après que la délivrance en aura été préalablement faite par les agents forestiers.

Cette délivrance est faite au maire, auquel est confié le soin d'en effectuer le partage entre les habitants. La coupe est faite par un entrepreneur spécial, nommé par le conseil municipal et agréé par l'administration forestière.

Le droit d'affouage ayant été établi spécialement pour les besoins et les usages des habitants, la loi a défendu que l'on fît spéculation des bois reçus à ce titre, et l'article 52 du Code forestier interdit aux usagers, sous peine de 10 à 100 fr. d'amende, de vendre ou d'échanger les bois de chauffage qui leur sont délivrés.

Le rôle de répartition arrêté par le conseil municipal, doit être approuvé par le préfet, qui le rend exécutoire.

## AGENT DE CHANGE ET COURTIER.

On entend par agents de change, des personnes qui, recevant les demandes et les offres, connaissent les maisons où ils pourront trouver ce que l'un désire acheter, et placer ce qu'un autre veut vendre.

Les agents de change sont nommés par l'Empereur, dans les lieux où il existe des bourses de commerce; dans les autres villes, ces professions sont libres.

Les agents de change et courtiers sont chargés de constater les divers cours, dans les formes que prescrivent les lois des 12 et 20 octobre 1795 (20 et 28 vendémiaire an IV), et les articles 24, 25 et 26 de l'acte du 16 juin 1802 (17 prairial an X). Les certificats qu'ils délivrent font foi en justice. Ces certificats sont la publication des diverses opérations qu'ils ont faites.

Dans tous les lieux où les bourses de commerce sont établies, il est expressément défendu à toute autre personne et à quelque autre titre que ce soit, de se livrer à des opérations de change et de courtage; il est pareillement défendu à tout commerçant de confier ses négociations, ventes et achats, ou de payer, sous le nom de commission ou courtage, des rétributions pour lesdites négociations, à d'autres qu'auxdits agents de change et courtiers.

Une des premières obligations imposées aux agents de change et courtiers est de consigner sur des carnets les opérations qu'ils ont consommées, et de se montrer respectivement cette mention. Ils sont en outre tenus de transcrire chaque jour sur un livre coté et paraphé comme ceux des commerçants, et par ordre de dates, sans ratures, interlignes, transpositions, abréviations ni chiffres, toutes les conditions des ventes, achats, assurances et autres négociations faites par leur ministère, et en général toutes leurs opérations ; et de délivrer à tout intéressé, au plus tard le lendemain de l'opération, un extrait de leur journal, relativement à sa négociation. Mais ils ne sont pas obligés de délivrer sans le consentement de l'un des intéressés, ou du moins sans être autorisés par justice, ces sortes d'extraits à des individus qui n'ont aucune part à l'opération.

Les salaires et émoluments que les agents de change et courtiers ont droit de recevoir sont déterminés par des ordonnances impériales rendues sur le rapport du ministre de l'intérieur. Les agents de change et courtiers ne peuvent personnellement se livrer à aucune spéculation ou opération commerciale : ils ne peuvent donc pas faillir, et leur insolvabilité se nomme *déconfiture*.

Toutes les règles qui précèdent sont communes aux agents de change et aux courtiers ; il y a cependant entre eux une différence que nous allons faire ressortir :

Les fonctions d'agent de change consistent à servir d'intermédiaire dans les ventes et achats de matières métalliques, les lettres de change, billets ; ils sont indispensables lorsqu'il s'agit de négocier des effets publics, rentes sur l'État, des actions émises par des compagnies de banque ou de commerce, des actions ou obligations des chemins de fer ou autres compagnies industrielles ; ils sont civilement garants de la vérité de la dernière signature des lettres de change ou autres effets qu'ils négocient. Assez souvent ils attestent cette vérité par leur signature qu'on nomme improprement aval.

Les courtiers n'ont pas autant de prérogatives que les agents de change; ils ne peuvent vendre et quittancer en leur nom, sans un pouvoir spécial.

Il y a diverses sortes de courtiers :

Ceux de marchandises ;

Ceux d'assurances ;

Les courtiers-interprêtes et conducteurs de navires ;

Les courtiers de transport par terre et par mer ;

Enfin les courtiers gourmets-piqueurs, créés par acte du gouvernement du 15 décembre 1813, pour la dégustation des vins.

Nous pensons qu'il est inutile d'entrer dans plus de détails au sujet de cet article, l'espace qui nous est accordé étant trop restreint.

## ALIGNEMENT.

On entend par alignement, l'action ou l'acte par lequel on détermine sur quelle ligne doivent être placés le mur, la haie ou le fossé servant à clore un héritage. On entend aussi par alignement la ligne formée par la cloture existante.

Il ne faut pas confondre le mot alignement avec le mot bornage. Ce dernier ne signifie qu'une opération matérielle, consistant à planter des bornes ou limites, tandis que l'alignement est l'action de déterminer sur quelle ligne les bornes doivent être posées.

### § I. — Alignement relatif aux propriétés particulières contiguës entre elles.

S'il n'y a jamais eu de séparation entre les héritages, ou s'il n'en reste aucune trace, ce sont les titres de propriété, et à leur défaut, la possession qui servent de base à l'alignement du mur, de la haie ou du fossé que se proposent de faire les deux propriétaires ou l'un des deux seulement.

Mais quoiqu'il s'agisse de faire, soit mur, haie ou fossé, l'un des deux propriétaires ne peut rien entreprendre sans prévenir l'autre.

Tous propriétaires majeurs et maîtres de leurs droits peuvent procéder entre eux et à l'amiable à l'alignement des travaux à exécuter. S'ils prennent des experts, ils doivent leur donner pouvoir par écrit. S'il y a des mineurs ou des incapables (*voir plus loin ces deux mots*), l'alignement doit être donné en justice.

Lorsque l'alignement est déterminé, soit par justice, soit par des experts, soit encore à l'amiable, on choisit dans le terrain de l'un ou l'autre des propriétaires voisins quelques objets non sujets à être remués et peu éloignés de l'endroit où le mur, le fossé ou la haie doivent être établis. Par exemple, une pierre formant l'angle d'une maison ou d'un mur existant, un arbre, et on y fait une marque qu'on nomme *repère*.

A défaut d'objets propres à servir de *repères*, on place des bornes aux endroits convenables.

Habituellement les experts dressent un plan des propriétés limitées, ce qui rend la désignation plus facile.

Si l'expertise est la suite d'un accord amiable, les

experts procèdent comme en matière d'arbitrage, et leur rapport est signé des parties (art. 1325, C. N.).

### § II. — N° 1. — De l'alignement relatif aux bâtiments, murs de clôture, haies ou fossés des propriétés particulières contiguës aux routes, chemins, rues et places publiques.

Ces alignements concernent la *grande* et la *petite voirie*.

Les alignements de *grande voirie* indiquent la ligne qui sépare les propriétés particulières des *routes impériales* ou *départementales*. Ceux de *petite voirie* indiquent la ligne qui sépare les propriétés des particuliers des *chemins*, *rues et places appartenant aux communes*.

Lorsqu'il s'agit de l'ouverture d'une rue ou d'un chemin vicinal, elle ne peut avoir lieu qu'autant que, préalablement, l'utilité publique aura été reconnue et que l'expropriation en aura été faite dans les formes prescrites par la loi (*Voir expropriation pour cause d'utilité publique*).

Tout plan d'alignement pour rectification de rues existantes ou pour construction de rues à ouvrir doit être arrêté et approuvé par l'autorité supérieure, d'où il résulte que tout propriétaire bordant une grande route ou une rue ne peut faire de nouvelles constructions ou rebâtir les anciennes sans avoir préalablement demandé l'alignement, et, comme ils peuvent être tenus de reculer ou d'avancer, ils ne peuvent faire aucune réparation à leurs maisons sans en avoir obtenu l'autorisation de l'administration. Cette défense ne s'applique pas aux réparations intérieures.

## Nº 3. — Autorisations à demander pour construire, reconstruire ou réparer.

Un plan général de toutes les routes impériales ou départementales a été dressé.

Tout particulier qui veut construire doit obtenir un plan d'alignement qui lui est donné conformément au plan général, sous peine de démolition des ouvrages à ses frais, de confiscation des matériaux et d'une amende. Cette amende peut même s'étendre aux ouvriers employés à la construction.

Lorsqu'il s'agit de routes impériales ou départementales, l'alignement est donné par le préfet, lors même que ces routes traverseraient des villes ou des villages.

L'arrêté du préfet peut être attaqué devant le ministre de l'intérieur; la répression des contraventions à ces arrêtés est soumise en premier ressort au conseil de préfecture et en appel au conseil d'État.

Dans les villes, l'autorisation est donnée par le maire qui doit se conformer au plan adopté à l'avance s'il en existe un.

Si l'alignement n'est pas suivi, le maire dresse procès-verbal et le contrevenant est poursuivi devant le tribunal de simple police.

## ALIMENTS.

On entend par ce mot, non-seulement la nourriture mais encore toutes choses nécessaires à la vie, telles que le logement et le vêtement. Aliment signifie encore l'argent nécessaire à se les procurer.

Les père et mère doivent nourrir, élever et entretenir leurs enfants (Art. 303, C. N.).

Les enfants naturels peuvent aussi réclamer des aliments de leurs père et mère, lorsqu'ils ont été légalement reconnus.

Les enfants adultérins ou incestueux ont les mêmes droits, pourvu que leur filiation soit constatée, indépendamment de toute reconnaissance qui est prohibée.

Les père et mère doivent des aliments, non-seulement à leurs enfants propres, mais à leurs gendres, brus ou belles-filles, et à leurs enfants ou descendants.

L'obligation des aliments est réciproque entre les ascendants et les descendants.

Ainsi, les enfants doivent des aliments à leurs père et mère et autres ascendants qui sont dans le besoin.

Le tout dans la limite des facultés de chacun.

Les époux se doivent également entre eux des aliments, lors même qu'il y aurait séparation de corps prononcée judiciairement.

## ALLIANCE.

L'alliance est l'affinité qui est produite par le mariage entre l'un des époux et les parents de l'autre.

Mais cette affinité est limitée; il n'y en a point entre les parents du mari et ceux de la femme : un frère n'est pas l'allié de la belle-sœur, de son frère; ni un père l'allié de la femme dont son fils aura épousé la fille.

En général, l'alliance donne lieu aux mêmes empêchements que la parenté. Ainsi, les notaires ne peuvent passer des actes pour leurs alliés, ni se servir de témoins qui seraient leurs alliés.

Les alliés ne peuvent être entendus comme témoins contre leurs alliés.

L'alliance produit, à certains degrés, empêchement au mariage (Art. 161 à 163 et 348, C. N.).

L'alliance se dissout avec le mariage qui la produisait; mais les effets qui en résultent survivent quand la loi n'a pas dit le contraire (Art. 206, C. N.).

## ALLUVION.

L'alluvion est un amas de terre qui se forme par la vase ou le sable que les rivières apportent le long des rivages.

On donne encore ce nom aux terres que les eaux laissent à découvert en se retirant, soit naturellement, soit par le fait de l'homme.

L'alluvion profite au propriétaire riverain, soit qu'il s'agisse d'un fleuve ou d'une rivière navigable ou flottable ou non, mais à la charge, dans le premier cas, de laisser le marche-pied ou chemin de hallage (Art 556, C. N.).

L'alluvion n'a pas lieu à l'égard des lacs et étangs dont le propriétaire conserve toujours le terrain que l'eau couvre quand elle est à la hauteur de la décharge de l'étang, encore que le volume d'eau vienne à diminuer. Réciproquement, le propriétaire de l'étang n'acquiert aucun droit sur les terres riveraines que son eau vient à couvrir dans les crues extraordinaires.

Si un fleuve ou une rivière enlève par une force subite une partie considérable et reconnaissable d'un champ riverain et la porte vers un champ inférieur ou sur la rive opposée, le propriétaire de la partie enlevée peut réclamer sa propriété, mais il est tenu de former sa demande dans l'année. Après ce délai, il ne sera plus recevable, à moins que le propriétaire du champ auquel la partie enlevée a été unie n'eût pas encore pris possession de celle-ci.

Les îles, îlots ou attérissements qui se forment au milieu de ses fleuves ou rivières navigables ou flottables appartiennent à l'Etat, s'il n'y a titre ou prescription contraire.

S'il s'agit de rivières non navigables, ces îlots ou attérissements appartiennent au propriétaire riverain, et s'ils ne sont pas formés d'un seul côté, ils appartiennent aux propriétaires riverains des deux côtés, à partir de la ligne qu'on suppose tracée au milieu de la rivière.

Si une rivière ou un fleuve change de lit, le lit ancien profite au propriétaire du nouveau.

L'alluvion profite à l'usufruitier, à la communauté, au fonds dotal et même au fermier pendant sa jouissance.

## AMENDE.

C'est une peine pécuniaire imposée par la loi, pour contravention à des règles ou à des devoirs.

## ARBITRES.

---

En nomme *arbitres* de simples particuliers investis, soit par la volonté libre des parties, soit en vertu de la loi du droit de prononcer sur une contestation.

Cette matière est réglée par les dispositions du Code de procédure, art. 1003 à 1028, et du Code de commerce, art. 51 à 64.

### I.

Le choix des arbitres, forcés ou volontaires, est entièrement libre. Cependant, il y a des incapacités légales ou physiques qui ne permettent pas à certaines personnes d'en remplir les fonctions.

Ainsi, ceux qui ne sont pas citoyens, comme les domestiques à gages, les faillis non réhabilités, les condamnés à une peine infamante, le mort civilement (1), les interdits et les foux ne peuvent pas être arbitres.

Aucune loi n'exclut les femmes; cependant, leur sexe, qui les éloigne de toute fonction publique, doit les faire considérer comme incapables.

Un mineur ou un étranger peuvent être choisis comme arbitres, s'ils sont acceptés par toutes les parties.

### II.

La récusation des arbitres est fixée, en général, à l'appréciation des tribunaux. Les arbitres volontairement choisis ou acceptés ne peuvent être récusés que pour cause postérieure au compromis.

---

(1) Voir à ce sujet *Mort civile*.

Ils peuvent toujours être révoqués, du consentement unanime des parties. (Cod. de proc., 1008.)

A l'égard des arbitres forcés, les tribunaux sont seuls compétents pour statuer sur leur récusation.

### III.

L'instruction d'une affaire est faite par tous les arbitres, à moins que le compromis qui les désigne ne les autorise à commettre l'un d'entr'eux.

Les arbitres peuvent ordonner tous les actes préparatoires, tels que enquêtes, interrogatoires sur faits et articles, visites de lieux, etc., qui leur paraissent nécessaires.

Ils peuvent également prononcer sur tous les incidents qui se rattachent immédiatement à l'objet du compromis; ils le constatent par procès-verbaux.

Le jugement est signé par tous les arbitres. S'il y en a plus de deux, et que la minorité refuse de signer, la majorité en fait mention, et le jugement a le même effet que s'il était signé par tous.

### IV.

Les arbitres ne peuvent connaître que de ce qui touche les intérêts privés des parties. Tout ce qui intéresse l'ordre public leur est complètement interdit.

### V.

On appelle *tiers arbitre* celui qui est nommé, soit par les parties, lors du compromis ou depuis, soit par les arbitres eux-mêmes, à ce autorisés par le compromis, pour les départager, s'ils sont d'avis différents.

Le tiers arbitre est tenu de juger dans le mois du jour de son acceptation, à moins que ce délai n'ait été prolongé par l'acte de la nomination.

## VI.

Les arbitres régulièrement nommés sont investis d'une sorte de caractère public, et la décision arbitrale fait foi, de sa date, vis-à-vis des parties compromettantes, indépendamment de l'enregistrement.

Le jugement arbitral fait foi, par rapport aux parties de toutes les mentions et déclarations y insérées.

## VII.

La minute du jugement arbitral est déposée, dans les trois jours, au greffe du tribunal de première instance dans le ressort duquel il a été rendu.

Ces jugements arbitraux sont rendus exécutoires par une ordonnance du président du tribunal ou de la cour, au greffe desquels ils sont déposés.

S'il s'agit d'une affaire commerciale, ce jugement est déposé au greffe du tribunal de commerce.

## VIII.

Les fonctions d'arbitres sont gratuites de leur nature; ils ne peuvent exiger d'honoraires, mais il ne leur est pas interdit d'en recevoir.

Cependant, ils ont une action, et toutes les parties sont solidairement tenues au remboursement de tous les frais qu'ils ont pu faire.

## IX.

On peut se pourvoir contre une sentence arbitrale par :

L'opposition à l'ordonnance d'exécution;

La demande en nullité;

L'appel;

Et la requête civile.

## X.

Les arbitres doivent écrire leurs actes sur papier timbré.

Il leur est défendu, sous peine d'amende, d'agir en vertu d'un acte, registre ou effet de commerce non écrit sur papier timbré ou non visé pour timbre.

---

## ARBRES.

Les arbres comme toutes les autres productions du sol, sont la propriété de celui sur le terrain duquel ils sont plantés (Art. 553, C. N.).

Celui qui plante sur son terrain un arbre appartenant à autrui ne peut être forcé à l'arracher, mais seulement à en payer la valeur.

Il n'est permis de planter des arbres à hautes tiges qu'à la distance de deux mètres de la ligne séparative de deux héritages et à la distance d'un demi-mètre pour les autres arbres et haies vives.

Les arbres de haute tige sont ceux qui s'élèvent ordinairement à une hauteur assez considérable, comme les chênes, les cerisiers, les noyers, les saules, les peupliers, les mûriers, etc., etc.

Le voisin peut exiger que les arbres et haies plantés à une moindre distance soient arrachés. Celui sur la propriété duquel avancent les branches du voisin peut exiger qu'elles soient coupées, mais il ne peut les couper lui même, à moins d'autorisation du propriétaire.

Ce droit peut même être exercé par le fermier.

Les arbres qui se trouvent dans une haie mitoyenne

sont mitoyens et chacun des deux propriétaires peut exiger qu'ils soient abattus ; le produit se partage alors
par moitié.

La destruction ou mutilation des arbres est punie d'un
emprisonnement de six jours à six mois, pour chaque
arbre abattu ou mutilé, sans toutefois que cet emprisonnement puisse excéder cinq ans.

Les arbres plantés, au compte de l'Etat, sur les bords
des grandes routes, sont la propriété de l'Etat ; les arbres plantés sur la bordure de ces routes, au nom ou par
des particuliers, sont la propriété de ces derniers, qui ne
peuvent cependant les abattre sans l'autorisation du préfet. Ils peuvent les élaguer sans son autorisation.

## ARRHES.

C'est ce que l'on donne pour assurer la conclusion ou
l'exécution d'une convention, d'un marché.

Il y a deux espèces d'arrhes ;

Celles données en signe de marché conclu ;

Celles données comme prix de la faculté de dédit,
que se réservent les parties ou l'une d'elles.

Dans le premier cas, ces arrhes sont considérées
comme un à-compte et doivent être imputées sur le prix,
si elles son données en argent. Si les parties annulent le
contrat par un mutuel dissentiment, elles doivent être
restituées,

Dans le second, celui des contractants qui refuse d'accomplir le contrat doit, si c'est l'acheteur, perdre les

arrhes qu'il a données, et si c'est le vendeur, en restituer le double.

Il est quelquefois difficile de savoir si les arrhes ont
été données pour une vente projetée ou arrêtée : les
juges doivent alors décider la question d'après leurs lu-
mières et les circonstances de la cause.

On est dans l'usage de donner des arrhes dans les
contrats de vente ou de louage.

## ASSURANCE.

Le contrat d'assurance est celui par lequel une personne, qu'on nomme *assureur*, se charge, envers un autre
qu'on nomme *assuré*, moyennant un certain prix, appelé *prime d'assurance*, du risque des cas fortuits auxquels une chose est exposée. L'acte qui renferme cette
convention se nomme *police d'assurance*.

Toutes choses qui sont sujettes à des risques peuvent
faire l'objet du contrat d'assurance,

Ainsi ont peut assurer des maisons contre les dangers
du feu, des fruits pendants contre les dangers de la
grêle, des marchandises expédiées par terre ou par mer,
ou sur des rivières et canaux.

On peut même assurer ce qui n'est pas vénal, *sa
vie*, par exemple.

Ainsi une personne peut stipuler que si elle venait à
mourir, soit avant telle époque, soit dans des circonstances prévues, un accident de chemin de fer, par exemple, une somme sera payée à ses héritiers. C'est l'assurance *sur la vie*.

## AUTORISATION.

C'est le consentement, exprès ou tacite, donné à un acte fait par une personne qui est dans notre dépendance et qui ne peut agir soit pour elle, soit pour nous, sans notre participation.

Un tuteur, par exemple, ne peut faire certains actes sans l'autorisation du conseil de famille ; un mineur émancipé sans celle de son curateur.

Un mineur émancipé, âgé de dix-huit ans, ne peut faire le commerce sans y être autorisé par son père, sa mère ou son conseil de famille.

La femme mariée ne peut contracter ni citer en jugement sans l'autorisation de son mari.

Les communes et autres établissements publics ont besoin d'autorisation pour plaider et pour accepter les donations et legs faits à leur profit.

## AVOCATS.

C'est le titre que l'on donne à ceux qui, ayant pris des grades de licence dans une faculté de droit, se consacrent à défendre de vive voix, ou par écrit, les intérêts de leurs concitoyens.

La profession d'avocat est incompatible avec toutes les fonctions de l'ordre judiciaire, à l'exception de celle de suppléant ; avec les fonctions de préfet, de sous-préfet et de secrétaire général de préfecture ; avec celles de greffier, de notaire et d'avoué ; avec les emplois à gage et ceux d'agent comptable ; avec toute espèce de négoce. En sont exclues toutes personnes exerçant la profession d'agent d'affaires.

*(Ordonnance du 20 novembre 1822, art. 42.)*

L'avocat ne peut être tenu de révéler les faits dont il n'a connaissance que parce qu'ils lui ont été confiés dans son cabinet.

Ni interrogé sur les faits et articles relativement aux affaires dont il a été chargé comme avocat.

Les avocats ont une action pour le paiement de leurs honoraires, qui ne sont pas soumis à la prescription de deux ans introduite contre les avoués.

## AVOUÉ.

L'avoué est un officier ministériel chargé de représenter et défendre les parties devant le tribunal auquel il est attaché.

On voit par cette définition que les avoués ont deux fonctions principales.

La première, ou représentation des parties, comprend le proit de postuler et de conclure.

Postuler, c'est procéder à l'instruction d'une affaire d'un procès.

Conclure, c'est présenter au tribunal les diverses questions sur lesquelles il doit prononcer.

La seconde fonction des avoués est la défense des plaideurs. Cette défense résulte de l'instruction ou des plaidoiries et mémoires.

Les avoués ne peuvent refuser leur ministère, à moins

qu'il ne s'agisse d'une demande contraire aux lois ou évidemment mal fondée.

Tous les avoués sont tenus d'avoir un registre, coté et paraphé par le président ou par un juge commis, sur lequel ils inscrivent eux-mêmes, par ordre de date, toutes les sommes qu'ils reçoivent des parties.

Ils doivent représenter ce registre toutes les fois qu'ils en sont requis, ou lorsqu'ils forment des demandes en condamnation de frais ; faute de représentation ou de tenue régulière, ils doivent être déclarés non recevables.

Ils ne peuvent réclamer que ce qui leur est alloué par le tarif.

Les parties peuvent exiger les mémoires de frais et les faire taxer par le président du tribunal ou par un juge commis.

L'action des avoués en paiement des frais qui leur sont dus se prescrit par deux ans à compter du jugement ou de la conciliation des parties, ou encore depuis la révocation de leurs pouvoirs.

De leur côté, les avoués sont déchargés des pièces du procès cinq ans après le jugement du procès.

Les avoués peuvent se faire rembourser leurs avances, avec intérêt, du jour où ces avances ont été constatées.

## AYANT-CAUSE.

C'est celui à qui les droits d'une personne ont été transmis par legs, donation, vente, échange, etc.

On est ayant-cause soit à titre universel, soit à titre particulier.

Par exemple, un héritier est un ayant-cause à titre universel, parce qu'il tient la place d'une personne dont il a hérité ; tandis qu'un acquéreur, un donataire, un légataire, ne sont que des ayants-cause à titre singulier.

Cette distinction est importante parce qu'elle sert à établir l'étendue des droits et des devoirs des ayants-cause.

La qualité d'ayant-cause doit être prononcée contre celui à qui un acte sous seing privé est opposé; jusque-là il n'est qu'un tiers.

# BAIL.

—

Le bail est un contrat par lequel une personne qui s'appelle *bailleur* ou *locateur*, transfère à une autre, que l'on nomme *preneur* ou *locataire*, la jouissance d'une chose pour un temps convenu et moyennant un certain prix.

## DIVISION.

## I. — Nature du contrat de bail.

Le bail diffère de la vente en ce qu'il n'a rapport qu'à la jouissance, tandis que la vente, au contraire, transfère à l'acquéreur tous les droits de propriété sur la chose.

Un bail n'a lieu qu'avec le concours de trois circonstances substantielles :

1° La chose louée ;

2° Un prix, loyer ou fermage ;

3° Le consentement mutuel.

Toutes choses soit meubles ou immeubles peuvent faire l'objet d'un bail. Quant aux choses fongibles, c'est-à-dire qui se consomment par l'usage et qui s'apprécient à la quantité, comme du vin, de l'huile ou autres denrées, leur restitution se fait en choses de même nature, qualité et quantité.

## § II. — Des personnes qui peuvent louer.

Le louage n'étant de sa nature qu'un acte d'administration, il n'est pas nécessaire d'avoir la capacité d'aliéner pour donner à bail ; il suffit d'avoir la disposition et la jouissance des revenus de l'objet loué.

Le mineur émancipé, le tuteur, la femme séparée de corps et de biens, ou de biens seulement, les administrateurs, les envoyés en possession provisoire, peuvent louer les biens qu'ils possèdent ou qu'ils administrent.

L'usufruitier peut également louer le bien soumis à son usufruit ; il peut même arriver que le nu-propriétaire soit alors le fermier de son propre bien.

Les biens d'un interdit doivent être affermés par le curateur chargé de gérer sa fortune.

Pour que le bail conserve le caractère d'acte d'administration, il ne faut pas qu'il soit d'une trop longue durée; la loi a fixé à neuf ans la durée des baux de biens ruraux et de maisons (Voir § 4 ci-après).

Lorsqu'un bien appartient à plusieurs propriétaires par indivis, l'un d'eux ne peut engager les autres, et tous ceux qui n'ont pas consenti peuvent demander la nullité du bail; le fermier en ce cas n'a droit qu'à des dommages-intérêts contre le bailleur.

Celui dont la propriété est saisie ne peut plus la louer; et pour que le bail pût être maintenu, il devrait avoir date certaine avant le commandement tendant à l'expropriation.

## § III. — Forme des baux.

La loi n'impose aucune forme particulière pour la rédaction des baux.

On peut louer par écrit ou verbalement.

S'il n'y a pas de convention écrite et que l'une des parties nie le bail, on ne peut en faire preuve par témoins, quelque modique qu'en soit le prix, et lors même qu'il y aurait eu des arrhes données, le serment peut seulement être déféré à celui qui nie le bail.

Si l'existence du bail est admise et s'il y a commencement d'exécution, on ne serait pas non plus recevable à faire la preuve par témoins, des clauses et conditions qui le constituent; le propriétaire est alors cru sur son serment, si mieux n'aime, le locataire recourir à une estimation par experts.

Dans le cas ou des quittances seraient représentées, elles feraient foi du prix convenu.

Le bail sous seing privé doit être fait en autant de double qu'il y a de parties ayant un intérêt distinct.

## § IV. — Durée des baux.

La durée des baux dépend en général de la convention et de la volonté des parties.

S'il n'y a pas d'écrit, le bail est censé fait pour le temps qui est nécessaire, afin que le preneur recueille tous les fruits de l'héritage affermé.

Ainsi, le bail d'un pré, d'une vigne ou de tout autre fonds, dont les fruits se recueillent en entier dans le cours de l'année, est censé fait pour un an.

Le bail des terres labourables, lorsqu'elles se divisent par soles ou saisons, est censé fait pour autant d'années qu'il y a de soles.

En ce qui concerne les maisons, la loi renvoie aux usages locaux.

Si, à l'expiration du bail écrit, le preneur reste ou est laissé en possession, il s'opère un nouveau bail dont la durée se règle comme pour le cas où il n'y a point d'écrit. Il résulte alors du consentement réciproque et tacite des parties un nouveau bail sans écrit qui prend le nom de *tacite reconduction*.

Mais il faut que le séjour du preneur, après l'expiration du bail, ait duré assez de temps pour faire présumer le consentement respectif des parties de continuer le bail. C'est aux tribunaux à apprécier le fait.

Il arrive souvent que la durée d'un bail est incertaine, c'est lorsque le preneur ou le bailleur se réservent réciproquement la faculté de le résoudre au bout d'un laps de temps indiqué, trois ou six ans, par exemple.

Les baux que le mari seul a fait des biens de sa femme ou un usufruitier, de ceux de son usufruit, pour un temps qui excède neuf ans, ne sont, en cas de dissolution de la communauté ou de l'extinction de l'usufruit, obligatoires vis-à-vis de la femme, de ses héritiers ou du nu-propriétaire que pour le temps qui reste à courir, soit de la première période de neuf ans si les parties s'y trouvent encore, soit de la seconde, et ainsi de suite, de manière que le fermier n'ait que le droit d'achever la jouissance de la période de neuf ans où il se trouve. *(Voir en outre l'article 1430, Cod. Nap.)*

### § V. — Des prix des baux.

Un prix est comme dans la vente de l'essence du louage ; faute de prix la convention deviendrait simplement un prêt à usage.

Ce prix prend le nom de loyer ou fermage, il consiste ordinairement en argent ; quelquefois aussi il se compose de denrées en nature, soit pour une quantité fixe, soit pour une quantité proportionnée à la récolte.

Le prix d'un bail peut-être laissé à l'arbitrage d'un tiers.

Le prix stipulé dans les baux doit comme celui de la vente être sérieux, en ce sens que sa stipulation soit arrêtée avec l'intention réelle que l'exigibilité en soit la suite.

Le prix ne saurait être considéré comme sérieux, s'il était tellement faible qu'il n'eût aucun rapport avec la valeur de la chose louée.

### § VI. — Du bailleur, ses obligations, ses droits.

Par la nature du contrat et sans qu'il soit besoin d'aucune stipulation, le bailleur est obligé :

1o De délivrer au preneur la chose louée ;

2o De faire, pendant la durée du bail, toutes les réparations nécessaires, autres que les locatives ; si ces réparations durent plus de quarante jours, le locataire est fondé à demander des dommages-intérêts ou même la résiliation du bail ;

3o D'en faire jouir paisiblement le preneur pendant la durée du bail, et de le garantir de tous troubles qu'il pourrait éprouver de la part des tiers, par suite d'une action concernant la propriété du fonds ;

4o De garantir le preneur de tous les vices ou défauts de la chose louée, qui empêchent l'usage quand bien même il ne les aurait pas connus lors du bail ;

5o De ne pas changer pendant la durée du bail, la forme de la chose louée ;

6o De délivrer en même temps que la chose, tous les accessoires ; cette délivrance est faite aux frais du bailleur, puisqu'il s'engage à remettre, à livrer la chose, de manière à en faire jouir le preneur.

Le bailleur peut exiger que les lieux loués soient suffisamment garnis de meubles, bestiaux ou ustensiles.

Ces différents objets sont la garantie de l'exécution complète du bail par le locataire, et il a sur tous les objets mobiliers et sur les fruits un privilège pour le paiement du prix du bail.

## § VII. — Du preneur, ses obligations, ses droits.

Le preneur doit garnir les lieux loués, de meubles, bestiaux, ustensiles ou agrès suffisants pour répondre des loyers ou fermages.

N'user de la chose que suivant sa destination ;

Jouir en bon père de famille ;

Payer le prix du bail ;

Supporter certaines charges ;

Voilà les principales obligations du preneur.

Jouir en bon père famille, c'est avoir le même soin pour conserver la chose louée, qu'un bon et soigneux père de famille aurait pour la sienne propre.

S'il s'agit de terres labourables, le fermier est tenu de les labourer, fumer, cultiver et ensemencer, selon l'usage du pays.

Les pailles et fumiers ne doivent être employés qu'à l'engrais des terres.

Il doit veiller à ce que, durant le cours du bail on n'usurpe pas les terres qu'il doit cultiver. Ainsi dans le cas où un tiers acquerrait une possession d'un an et un jour, il serait tenu, à cet égard, des dommages-intérêts envers le bailleur ; il est juste qu'il soit responsable du préjudice que sa négligence a occasionné.

En cas d'incendie le preneur est responsable, à moins qu'il ne justifie que cet incendie est arrivé par cas fortuit, ou que le feu a été communiqué par une maison voisine.

S'il y a plusieurs locataires, ils sont tous responsables jusqu'à ce qu'ils aient prouvé sur qui cette responsabilité doit peser exclusivement.

Si le bail n'indique pas l'époque de l'exigibilité du prix, on suit alors l'usage des lieux.

Il doit être payé au domicile du preneur, à moins de conditions contraires.

Les impôts fonciers sont à la charge du bailleur, à moins de conventions expresses.

Le preneur doit rendre les choses dans l'état où elles lui ont été remises; il est de son intérêt de faire signer par le propriétaire un chargé pour justifier de l'état des lieux. A défaut de cette formalité, il est présumé les avoir reçus en bon état de réparations locatives et devrait les rendre tels, sauf la preuve contraire.

Toutes les contestations qui s'élèvent entre le propriétaire et le locataire au sujet des réparations locatives ou des dégradations alléguées par le bailleur, sont du ressort du juge de paix.

Le preneur perçoit tous les fruits et avantages de la chose louée.

Il a le droit de sous-louer et même de céder son bail, si cette faculté ne lui a pas été formellement interdite; elle peut l'être pour le tout ou pour partie, et cette clause est toujours de rigueur.

Si malgré la prohibition le locataire sous-loue, le bailleur peut demander la résiliation du bail, et le juge doit la prononcer sans pouvoir accorder de délai.

Si des réparations nécessaires durent plus de quarante jours, le preneur a droit à une diminution du prix du bail, à proportion du temps et de la partie de la chose louée dont il a été privée, et cela à compter du jour où les réparations ont été commencées.

Il y a des cas où le preneur a le droit de demander la remise des fermages en tout ou en partie:

1º Dans le cas ou par suite d'un accident imprévu, il a souffert dans sa jouissance une altération ou une diminution très-considérable, il peut demander qu'on lui diminue proportionnellement son fermage;

2º Si pendant la durée du bail, la totalité ou la moitié d'une récolte au moins est enlevée par des cas fortuits, le preneur a aussi droit à une remise proportionnelle de ses fermages.

En effet, il est facile de comprendre que si le fermier paie le prix du loyer pour recueillir les fruits, il est en droit de demander une diminution ou une suppression de prix, si la plus grande partie des fruits où la totalité disparaît; ce qui peut arriver par suite d'une inondation, d'un gel ou d'une grêle.

Mais pour fixer la quotité de l'indemnité on doit attendre la fin du bail! Car si la perte d'une année se trouve compensée en tout ou en partie par l'abondance des autres, ce qui se détermine en comparant le produit effectif de la chose louée avec celui qu'il y avait lieu d'espérer vraisemblablement; le preneur n'a plus de recours à exercer, ou doit restreindre ses prétentions.

Le preneur peut, par une stipulation expresse, être chargé des cas fortuits, ce qui ne s'entend que des cas fortuits ordinaires, tels que grêle, feu du ciel, gelée, etc., et non des cas extraordinaires, tels que les ravages de la guerre ou une inondation, à moins que le preneur n'ait été chargé de tous les cas fortuits prévus ou imprévus.

### § VIII. — Cessation et résolution des baux.

Le bail fait sans écrit ne cesse qu'autant que l'une

des parties a donné congé à l'autre, en observant les délais fixés par l'usage des lieux.

Le congé peut être donné d'un consentement mutuel, sur un simple écrit, signé des deux parties ; mais, pour être plus régulier, le congé doit être donné par huissier.

Lorsque le bail a été fait par écrit, il n'est pas nécessaire de donner congé ; la jouissance du preneur cesse, de plein droit, à l'expiration du terme fixé.

Si l'une des parties ne remplit pas ses engagements, l'autre peut demander la résiliation du bail.

Si le locataire ne garnit pas les lieux de meubles ou effets suffisants pour répondre des loyers, le bailleur peut la demander également.

Il en est de même si le locataire change l'usage de la chose louée.

Et enfin si le locataire ne paye pas le prix de son bail.

La résolution du bail est demandée en justice, et les tribunaux, dans certaines circonstances, ont le droit d'accorder des délais ; ils peuvent, en la prononçant, allouer des dommages-intérêts.

Si dans un bail, le locateur s'est réservé la faculté d'expulser le locataire en cas de vente, cette stipulation profite à l'acquéreur, quoiqu'il n'en ait pas été fait mention dans l'acte de vente.

En cas d'expulsion, l'acquéreur doit donner congé et suivre l'usage des lieux ; il doit avertir le fermier des biens ruraux au moins un an d'avance, et cela lors même que le bail serait verbal.

Le fermier sortant doit aussi laisser les pailles et engrais de l'année, s'il les a reçus lors de son entrée en jouissance, et quand même il ne les aurait pas reçus, le propriétaire pourrait les retenir suivant l'estimation.

## § IX. — Différentes sortes de baux.

BAIL ADMINISTRATIF. — Nous comprenons sous cette désignation les baux de biens qui, n'appartenant pas à des particuliers, sont confiés à des administrateurs temporaires. Tels sont les biens de l'Etat, ceux des communes ou des établissements publics.

Ces baux sont exceptés, par une disposition du Code Napoléon (art. 1712), des règles générales.

Ils sont faits par adjudication, aux enchères, devant un fonctionnaire administratif, dans l'ordre légal de ses attributions.

BAIL D'ANIMAUX. — Ce n'est ni le bail à cheptel, ni le bail à nourriture de bestiaux, exemple : Un propriétaire loue six vaches à un particulier pour trois ans, à raison de 50 fr. par an. Les vaches sont désignées : si elles périssent par la faute du preneur, ce dernier paiera 200 fr. par vache morte ; si elles périssent par cas fortuit ou par mort naturelle, le preneur n'aura rien à payer, mais il rapportera la peau des vaches mortes et un certificat constatant leur mort naturelle.

BAIL D'UN BATIMENT POUR UNE CASERNE DE GENDARMERIE. — Ce bail s'établit d'une manière toute spéciale : Un particulier possède un bâtiment qui paraît convenable pour le casernement d'une brigade de gendarmerie ; il fait sa soumission sur *papier timbré*, pour la location de ce bâtiment moyennant *tel* prix, et la remet au préfet du département. (*Circul. du 9 septembre 1807.*)

Le préfet envoie copie de la soumission au ministre de la guerre et au ministre de l'intérieur, pour obtenir leur autorisation.

Si l'autorisation est donnée et que la soumision soit suffisante pour servir de bail, elle est enregistrée dans les vingt jours de la réception de la dernière autorisation à la préfecture.

S'il est passé un bail en forme, il doit être enregistré dans le même délai.

BAIL DE BOIS. — On peut louer des bois comme toute espèce d'autres immeubles, les coupes annuelles représentant les fruits ou revenus annuels.

Mais il faut que les bois soient aménagés en coupes réglées; s'il s'agissait d'une coupe prête à être abattue, soit des arbres épars, soit du bois en coupes non réglées, livrés à la charge de les abattre en plusieurs années, moyennant un prix pour chacune d'elles, dans ce cas, il n'y aurait plus bail, mais vente avec terme pour la livraison et le paiement du prix.

BAIL DE CARRIÈRES, MINES OU TOURBIÈRES. — La cession de ce genre de produit est considérée comme vente lorsque la faculté de faire l'exploitation est concédée jusqu'à l'épuisement de la mine, carrière ou tourbière, ou lorsque la durée de la jouissance n'est pas limitée. Il y a, au contraire bail, si la faculté d'extraire n'est donnée que pour un temps limité, et moyennant un prix annuel déterminé, ou une portion des produits.

BAIL DE CHASSE. — Les maires des communes sont autorisés à affermer le droit de chasser dans les bois communaux, à la charge de faire approuver la mise en ferme par le préfet et le ministre de l'intérieur.

BAIL A CHEPTEL. — C'est un contrat par lequel l'une des parties donne à l'autre un fonds de bétail pour le garder, le nourrir et le soigner, sous des conditions convenues entre elles.

Il y a plusieurs sortes de cheptel :

*Le cheptel simple* ou ordinaire est celui dans lequel le bailleur fournit en entier le fonds de bétail au preneur, qui n'est ni son fermier, ni son colon partiaire, sous la condition que celui-ci profitera de la moitié du croît et supportera la moitié des pertes. (C. Nap., 1804.)

Le preneur profite seul des laitages, du fumier et du travail des animaux ; il est par là indemnisé des soins de leur garde et des frais de leur nourriture.

*Le cheptel à moitié* est une modification du cheptel simple ; c'est une société dans laquelle chacun des contractants fournit la moitié des bestiaux, et de la communauté du fonds résulte nécessairement la communauté des profits et pertes. (Cod. Nap., 1818.)

*Le cheptel donné à ferme*, désigné aussi sous le nom de *cheptel de fer*, se compose du fonds ou capital de bestiaux attaché au domaine que le propriétaire donne, ou a déjà donné à ferme, à la charge par le preneur d'en laisser, à l'expiration du bail, pour une valeur égale au prix de l'estimation de ceux qu'il reçoit. (Cod. Nap., 1821.)

BAIL EMPHYTÉOTIQUE. — C'est la concession d'un immeuble quelconque faite pour un long espace de temps, à la charge d'une redevance annuelle, plus à la charge, par le preneur, désigné sous le nom d'*emphytéote*, d'y faire des augmentations et améliorations, plus ou moins considérables, en constructions, plantations ou autrement, lesquelles resteront au bailleur à la fin du bail.

BAIL A FERME. — On appelle ainsi le bail des héritages ruraux, c'est-à-dire des terres labourables, près, vignes et autres fonds de terre à la campagne.

Les règles de ces baux ont été développées plus haut dans les principes généraux, nous renvoyons pour le surplus aux formules.

BAIL A LOYER. — On appelle ainsi le louage des maisons et celui des meubles. Ce contrat est également soumis aux régles générales précédemment exposées, nous renvoyons pour le surplus aux formules

BAIL A VIE. — C'est la cession de la jouissance ou de l'usufruit d'un immeuble moyennant un prix annuel payable pendant la vie du preneur.

## BAN.

On appelle *ban de vendanges* l'arrêté que le maire de la commune a le droit de faire et de publier, par lequel est fixée l'ouverture des vendanges à l'égard des vignes non closes. *( Loi du 6 oct. 1791 sur la police rurale.)*

Ceux qui y contreviendraient en vendangeant avant le jour marqué seraient punis d'une amende de 6 à 10 fr. (Code pénal, art. 475.)

On appelle encore ban, les publications qui précèdent les mariages, tant à l'église qu'à la mairie. (Voyez *Publications.*)

## BANQUE.

Ce mot, pris en général, désigne tout établissement fondé pour faciliter les opérations commerciales.

La banque de France ouvrit ses bureaux le 20 février 1800, elle fut régulièrement et définitivement constituée par la loi du 14 avril 1803, qui lui donna le privilége d'émettre des *billets au porteur*. Une autre loi du 22 avril 1806 apporta quelques modifications dans son administration. Enfin un décret du 16 janvier 1808 sanctionna les statuts qu'elle avait rédigés.

La banque de France se livre à cinq espèces d'opérations :

1º Elle escompte les lettres de changes ou autres effets de commerce à ordre à des échéances déterminées qui n'excédent pas trois mois et souscrits par des commerçants ou autres personnes d'une solvabilité notoire.

2º Elle reçoit en compte-courant les sommes qui lui sont versées par des particuliers et des établissements publics, paie les dispositions faites sur elle et les engaments pris à son domicile jusqu'à concurrence des sommes encaissées ;

3º Elle se charge, pour le compte des particuliers ou établissements admis à avoir un compte-courant, de recouvrer les effets qui lui sont remis;

4º Elle tient une caisse de dépôts volontaires pour tous titres, lingots et monnaies d'or et d'argent de toute espèce ;

5º Enfin elle fait des avances sur les effets qui sont remis en recouvrement et dont les échéances lui sont déterminées.

## BANQUEROUTE.

Ce mot exprime l'état du commerçant failli qui, dans ses opérations, a commis des fautes graves ou s'est livré à des actes frauduleux (C. de c., 438).

Il y a deux espèces de banqueroutes : la banqueroute *simple*, la banqueroute *frauduleuse*.

La première est jugée par les tribunaux correctionnels; la seconde, par les cours d'assises (C. de c., 439).

Il y a forcément lieu de poursuivre en banqueroute simple dans les quatre cas suivants :

1° Si les dépenses de la maison du failli, qu'il est tenu d'inscrire mois par mois, sont jugées excessives;

2° S'il a consommé de fortes sommes au jeu ou à des opérations de pur hasard ;

3° S'il résulte de son dernier inventaire que, son actif étant de 50 p. cent au-dessous de son passif, il a fait des emprunts considérables, ou s'il a revendu des marchandises à perte et au-dessous du cours;

4° S'il a donné des signatures de crédit ou de circulation pour une somme triple de son actif, selon son dernier inventaire (C. de c., 586).

La poursuite en banqueroute est simplement facultative dans les quatre cas suivants :

1° Si le failli n'a pas déclaré sa faillite, dans les trois jours de la cessation de ses paiements, au greffe du tribunal de commerce ;

2° Si, faisant partie d'une société, il n'a pas indiqué dans sa déclaration les noms et domiciles des associés solidaires;

3º Si, après s'être absenté, il ne se présente pas aux agents ou syndics dans les délais fixés et sans empêchement légitime ;

4º S'il ne présente pas tous les livres qu'il doit avoir, ou si ceux qu'il présente sont tenus irrégulièrement, lors même qu'ils ne contiendraient aucun indice de fraude.

Le banqueroutier simple est privé de l'avantage de faire un concordat, mais il peut être admis au bénéfice de cession ou de réhabilitation, ce que n'obtiendront jamais les banqueroutiers frauduleux.

En cas de banqueroute frauduleuse, la poursuite est également forcée ou facultative.

Il y a banqueroute frauduleuse :

1º Si le failli a supposé des dépenses ou des pertes, ou s'il ne justifie pas l'emploi de toutes ses recettes ;

2º S'il a détourné des sommes, des créances, des marchandises, des denrées ou des effets mobiliers ;

3º S'il a fait des ventes, négociations ou donations simulées ;

4º S'il a supposé des dettes entre lui et des créanciers fictifs, en faisant des écritures simulées ou en se constituant débiteur, sans cause ni valeur, par des actes publics ou par des engagements sous signature privée ;

5º Si, ayant été chargé d'un mandat spécial ou constitué dépositaire d'argent, d'effets de commerce, de denrées ou de marchandises, il a appliqué à son profit les fonds ou la valeur des objets sur lesquels portait, soit le mandat, soit le dépôt ;

6º S'il a acheté des immeubles ou des effets mobiliers à l'aide d'un prête-nom ;

7º Enfin, s'il a caché ses livres (C. de c., art. 593).

Il y a encore banqueroute frauduleuse, mais alors la poursuite est seulement facultative et subornée aux circonstances :

1º Si le failli n'a pas tenu de livres, ou si ceux qu'il a tenus ne présentent pas sa véritable situation active et passive;

2º Si, après avoir obtenu un sauf-conduit, il ne se présente pas à la justice (C. de c., art 594).

Un failli reconnu banqueroutier frauduleux est puni des travaux forcés à temps, et l'arrêt qui le condamne est affiché et inséré dans le journal du département (Voir au mot *Faillite*).

## BANQUIER.

On appelle banquier un commerçant qui tient une maison dans laquelle on trouve, *en tout temps*, du papier sur les principales villes de commerce de France et de l'étranger.

## BÉNÉFICE D'INVENTAIRE.

On entend par bénéfice d'inventaire le privilége que la loi accorde à tout héritier de prendre connaissance des forces et des charges d'une succession, afin de savoir s'il est plus avantageux pour lui de l'accepter ou de la répudier.

## § I.

Pour jouir du bénéfice d'inventaire, il faut être :

Ou héritier du sang,

Ou héritier institué,

Ou légataire universel,

Ou héritier institué par contrat de mariage,

Parce qu'eux seuls sont tenus des dettes de la succession.

L'héritier majeur et maître de ses droits est libre d'accepter purement et simplement ou sous bénéfice d'inventaire.

Quant à l'héritier mineur ou interdit, on ne peut accepter pour lui que sous bénéfice d'inventaire.

## § II.

L'héritier qui entend n'accepter une succession que sous bénéfice d'inventaire est tenu d'en faire sa déclaration au greffe du tribunal de l'ouverture de la succession.

Cette déclaration de l'héritier doit être publique, afin que les créanciers sachent bien qu'il ne s'engage à payer les dettes que jusqu'à concurrence des biens de la succession.

Cette déclaration n'a d'effet qu'autant qu'elle est précédée ou suivie d'un inventaire exact de tous les biens de la succession (Art. 793 et 794, C. N.).

Des inexactitudes ou des omissions dans l'inventaire lui feraient perdre sa qualité de bénéficiaire, à moins qu'il fût constaté qu'elles ne sont pas de son fait.

A dater du jour de l'ouverture de la succession, l'héritier a trois mois pour faire faire inventaire, et à l'expiration des trois mois ou du jour de la clôture de l'inventaire, la loi lui accorde un nouveau délai de quarante jours pour délibérer sur son acceptation ou sur sa renonciation.

Outre ces délais le tribunal peut, si le cas l'exige, en accorder de nouveaux.

L'héritier qui fait procéder à l'inventaire doit y appeler les héritiers présomptifs *directs ou collatéraux*, et les créanciers qui ont formé opposition à la levée des scellées.

Les autres créanciers ont seulement le droit d'intervenir à l'inventaire.

S'il existe dans la succession des objets susceptibles de dépérir ou dispendieux à conserver, l'héritier, sans prendre qualité, pourra se faire autoriser par justice à procéder à la vente de ces effets.

L'héritier bénéficiaire peut être tenu, si les créanciers l'exigent, de donner caution de la valeur du mobilier ou de la portion du prix des immeubles non déléguée aux créanciers hypothécaires.

## § III.

L'héritier bénéficiaire administre les biens de la succession ; il rend compte de son administration aux créanciers et aux légataires, qui profitent de tout ce qu'il a fait dans l'intérêt commun de l'hérédité.

Il reçoit toutes les sommes dues à la succession, soit en intérêts ou arrérages, soit en capitaux.

Il n'a pas le droit de transiger ou de compromettre sur les affaires de la succession.

Il peut louer, affermer *les biens de la succession*, pourvu qu'il le fasse sans fraude. Il fait faire toutes *réparations de simple entretien ou d'absolue nécessité*.

L'héritier peut, pour payer les créanciers, faire vendre *les meubles de la succession; pour cela, il se fait autoriser par justice, et la vente est faite par un officier public, aux enchères, après les annonces et publications indiquées dans le Code de procédure, art. 945, 989.*

Si l'héritier est mineur, le tuteur autre que le père ou la mère ne peut se dispenser de faire vendre le mobilier.

Quant à la vente des immeubles, les formes en sont indiquées dans les art. 987 et 786 du Code de procédure, et l'héritier qui ne s'y conforme pas est réputé héritier pur et simple.

L'héritier qui administre liquide la succession; il convoque les créanciers pour les payer par contribution.

Si quelques créances sont privilégiées, les créanciers sont tenus de les faire connaître à l'héritier.

Les créanciers qui ne se présentent qu'après trois ans depuis l'apurement du compte n'ont de recours contre personne.

Les effets du bénéfice d'inventaire sont :

1° De donner à l'héritier l'avantage de n'être pas tenu du paiement des dettes et charges de la succession, en sus de la valeur des biens qu'il en a recueillis;

2° De pouvoir se décharger du paiement de ces dettes et charges, et de l'administration des biens de la succession, en faisant abandon de ces biens aux créanciers et aux légataires;

3° De ne pas confondre ses biens personnels avec ceux de la succession ;

4° Et enfin, de pouvoir comme tout autre créancier, réclamer, contre la succession, le paiement de ses créances sur le défunt (Cod. Nap., art. 802).

## § v.

L'héritier bénificiaire est déchu du privilége que la loi lui accorde :

1° Lorsqu'il s'est rendu coupable de recel ou qu'il a, sciemment et de mauvaise foi, omis de comprendre dans l'inventaire des effets de la succession (Cod. Nap., article 801);

2° Lorsqu'il a librement disposé du mobilier de la succession sans en avoir préalablement fait dresser inventaire (C. cass., 15 juin 1826);

3° Lorsque après l'inventaire, il a fait vendre les meubles et immeubles sans remplir les formalités voulues par la loi (Cod. Nap., 805, 806) ;

4° Lorsque, après sa déclaration de n'accepter que bénéficiairement, il a vendu les droits successifs sans avoir procédé à un inventaire, et que l'acquéreur, toujours sans inventaire, a disposé de ces biens;

5° Lorsque, sans prendre la qualité d'héritier, il a vendu ses droits dans l'hérédité commise à son administration ;

6° Lorsqu'il a consenti des hypothèques sur les immeubles, soit au profit des créanciers de la succession, soit au profit de ses créanciers personnels;

7° Lorsqu'il signe un compromis sur une contestation relative à la succession;

8° Lorsqu'il ne prend pas la qualité d'héritier bénéficiaire, soit dans les actes, soit en justice ;

9° Enfin, lorsque malgré les oppositions, il a payé quelques créanciers au préjudice des autres.

## BIENS MEUBLES, IMMEUBLES.

On comprend sous le mot *biens* tout ce que l'homme possède en immeubles, en meubles, en argent ou en créances.

Les meubles sont les objets qui peuvent se transporter d'un lieu dans un autre, sans détériorations.

Les immeubles, ceux qui ne sont susceptibles ni de se mouvoir, ni d'être déplacés.

Les meubles tombent dans la communauté des époux; les immeubles n'y tombent pas.

Les immeubles sont susceptibles d'hypothèques et non les meubles.

On divise aussi les biens en *corporels* et *incorporels*.

Les biens *corporels* sont ceux qui peuvent être perçus par les sens, qui ont une existence matérielle, comme une maison, un fonds de terre, un vêtement, etc.

Les biens *incorporels* n'ont qu'une existence abstraite : tels sont ceux qui ne consistent que dans un droit, comme un usufruit, une créance, une servitude.

Les biens incorporels sont meubles ou immeubles.

## § I. — Immeubles.

Les biens sont immeubles ou par leur nature, ou par leur destination.

Sont immeubles par leur nature : les fonds de erre, les bâtiments, les usines et moulins fixés sur piliers, les mines.

Les récoltes pendantes par racines et les fruits des arbres non cueillis sont immeubles. Dès que les grains sont coupés ou les fruits détachés, ils deviennent meubles.

Les coupes ordinaires de bois taillis ou de futaies, mises en coupes réglées, ne deviennent meubles qu'au fur et à mesure que les arbres sont abattus.

Les animaux que le propriétaire du fonds livre au fermier, pour la culture, sont immeubles tant qu'ils demeurent attachés au fonds; ceux qui sont donnés à cheptel, à d'autres qu'au fermier, sont meubles.

Sont encore immeubles les matières à extraire des mines ou carrières; après leur extraction, elles deviennent meubles.

Sont immeubles par destination, quand ils ont été placés par le propriétaire, pour le service et l'exploitation d'un fonds, les animaux attachés à la culture, les ustensiles aratoires, les semences données au fermier ou colon partiaire, les pigeons des colombiers, les lapins des garennes, les ruches à miel, les poissons des étangs, les pressoirs, chaudières, alambics, cuves et tonnes; les ustensiles nécessaires à l'exploitation des forges, papeteries et autres usines; les pailles et engrais. Enfin, sont immeubles par destination tous les objets mobiliers que le propriétaire a attachés au fonds à perpétuelle demeure.

Sont immeubles, par l'objet auquel ils s'appliquent, l'usufruit des choses immobilières, les servitudes ou services fonciers, les actions qui tendent à revendiquer les immeubles.

### § II. — Des meubles.

Sont meubles par leur nature tous les corps animés ou inanimés qui peuvent être transportés d'un lieu à un autre sans détérioration.

Les choses mobilières se divisent encore en choses *fongibles* et choses *non fongibles*.

Les choses *fongibles* sont celles qui se consomment par l'usage et qui, destinées à être rendues ou remboursées dans le même genre, font fonction l'une de l'autre. Telles sont les choses qui se livrent au nombre, poids ou mesure, comme le vin, le blé, l'huile et autres semblables.

Les choses fongibles sont susceptibles du contrat de louage, ou encore de compensation avec des sommes liquidées et exigibles.

Les choses *non fongibles* sont celles qui, ne pouvant être exactement représentées par d'autres, doivent être rendues identiquement.

Les biens sont meubles par leur nature ou par la détermination de la loi.

*Meubles par leur nature.*—Les bateaux, bacs, navires et tous bâtiments de mer, les moulins, bains sur bateaux, et généralement toutes usines non fixées par des

piliers et ne faisant point partie de l'édifice ; les matériaux provenant de la démolition, volontaire ou fortuite,
d'un édifice, ceux assemblés ou travaillés pour en construire un nouveau, jusqu'à ce qu'ils soient employés à
la construction.

*Meubles par la détermination de la loi.* — Ce sont les
actions qui ont pour objet des sommes ou des effets
mobiliers, les actions ou intérêts dans les compagnies
de finances, de commerce ou d'industrie, encore que
les meubles dépendant de ces entreprises appartiennent
aux Compagnies. Ces actions ou intérêts sont des droits
mobiliers par rapport à chaque associé, tant que dure
la société, même lorsqu'elle possède des immeubles.

Les rentes perpétuelles ou viagères, soit sur l'État,
soit sur particulier, sont aussi meubles par la détermination de la loi.

La vente du droit d'exploiter une carrière et des
ustensiles destinés à l'exploitation est une vente mobilière.

Les offices ministériels sont meubles. Il en est de
même de la propriété littéraire, des produits des beaux-
arts, des brevets d'invention et de tous autres produits
du talent et de l'industrie.

Est encore meuble un fonds de commerce, l'achalandage, les marchandises et objets nécessaires à
l'exploitation.

Il arrive souvent, dans l'usage, qu'on emploie indistinctement les mots *meubles, bien meubles, meubles
meublants, mobilier, effets mobiliers*; ces expressions
ont, en droit, des significations différentes.

Le mot *meuble* employé seul, dans les dispositions de
la loi ou de l'homme, sans autre addition ni désignation,

7

ne comprend pas l'argent comptant, les pierreries, les dettes actives, les livres, les médailles, les instruments de sciences, des arts et métiers, le linge de corps, les chevaux, équipages, grains, vins, foins et autres denrées ; il ne comprend pas non plus ce qui fait l'objet d'un commerce (art. 523 du Cod. Nap.).

Les *meubles meublants* ne comprennent que les meubles destinés à l'usage et à l'ornement des appartements, comme tapisseries, lits, siéges, glaces, pendules, tables, porcelaines et autres objets de cette nature. Les tableaux, les statues qui décorent un appartement y sont aussi compris, mais non pas les collections qui peuvent être dans des galeries ou piéces particuliéres (Cod. Nap., art. 534).

Les meubles meublants comprennent la batterie de cuisine, le linge de table. L'argenterie n'est pas meuble meublant.

L'expression *biens meubles*, celle de *mobilier* ou d'*effets mobiliers* comprend généralement tout ce qui est censé meubles, d'après les régles ci-dessus établies.

La vente ou le don d'une maison meublée ne comprend que les *meubles meublants*. Les bestiaux ou ustensiles servant à faire valoir la terre y seraient compris.

La vente ou le don d'une maison, *avec tout ce qui s'y trouve*, ne comprend pas l'argent comptant, ni les dettes actives et autres droits dont les titres peuvent être déposés dans la maison (Cod. Nap., art. 536).

Les biens qui sont dans le commerce appartiennent à l'État, aux communes ou à d'autres établissements publics, à des particuliers, ou enfin ils n'appartiennent à personne, tels que les objets perdus, les animaux sauvages.

## BILAN.

—

C'est l'état de l'actif et du passif d'un débiteur en déconfiture ou en faillite.

C'est ordinairement le failli qui rédige son bilan; il doit y énumérer et évaluer tous ses effets mobiliers et immobiliers; il y expose l'état de ses dettes actives et passives; il dresse le tableau de ses profits et pertes et celui de ses dépenses. On doit y trouver tous les renseignements capables d'éclairer sur les causes et sur les circonstances de sa faillite.

Pour remplir le vœu de la loi, le bilan doit présenter cinq chapitres différents: celui de l'actif, — celui du passif, — celui des profits, — celui des pertes, — celui des dépenses.

Quelques auteurs prétendent que le bilan doit remonter au jour de l'ouverture du commerce, mais nous pensons, avec d'autres, qu'un négociant, n'étant tenu de conserver ses livres que pendant dix ans, le bilan ne doit rigoureusement comprendre que cette période.

Le bilan doit être certifié véritable, daté et signé par le débiteur. S'il ne sait signer, il peut le faire rédiger par un notaire ou par un tiers, et le déposer, soit lui-même, soit par un fondé de pouvoirs, au greffe du tribunal de commerce.

Si à l'époque de l'entrée en fonction des agents, le failli n'avait pas dressé son bilan, il devrait le rédiger en leur présence ou en présence de la personne qu'ils auraient préposée, ou bien charger de cette rédaction un fondé de pouvoirs, dans le cas où un sauf-conduit lui aurait été refusé.

On doit indiquer la cause des dettes, le nom des créanciers, si quelque propriété est douteuse, si quelque créance est difficile à recouvrer, enfin tout ce qui peut éclairer sur les circonstances de la faillite.

Dès que le bilan est dressé, il doit être déposé entre les mains du juge-commissaire, qui fait faire la liste des créanciers et les convoque.

Un bilan doit être rédigé sur papier timbré. (*Voir la formule.*)

---

## BILLET.

Ce mot, pris dans son acception légale, désigne une obligation ou promesse de payer une somme d'argent.

Il y a plusieurs espèces de billets :

1o Les billets simples ;
2o Les billets à ordre ;
3o Les billets à domicile ;
4o Les billets au porteur ;
5o Les billets de change ;
6o Les billets de banque.

### 1o *Billets simples.*

Les billets simples sont ceux qui doivent être payés à la personne au profit de laquelle ils sont nominativement faits.

On les nomme encore sous seing privé, parce qu'ils sont habituellement faits sans le ministère d'un notaire, à moins que le débiteur ne sache signer.

Il doit être écrit en entier de la main du débiteur, ou contenir au moins, outre sa signature, un *bon pour...*, et énoncer la somme due et portée au corps du billet.

Cependant les marchands, artisans, laboureurs, vignerons, gens de journée et de service, sont exceptés de cette disposition.

Lorsqu'il y a une différence entre la somme énoncée dans le corps du billet et celle exprimée au *bon pour....* l'obligation n'est présumée que de la somme moindre.

Le billet n'étant qu'une reconnaissance de dette avec promesse de payer, ne se fait pas à double. Il faut y mentionner la cause qui le fait souscrire. On accepte cependant comme suffisante pour la cause l'expression : *Je reconnais devoir....*

Le billet doit se faire sur papier de timbre proportionnel.

Un billet *souscrit solidairement par un mari et sa femme*, est nul à l'égard de cette dernière, si d'après les règles de son contrat de mariage, elle ne peut s'obliger, et, en outre, s'il ne contient pas de sa part un *bon* ou *approuvé* en toutes lettres de la somme.

Un billet *souscrit par un mineur émancipé*, est bon s'il n'excède pas les revenus dont il peut disposer.

### 2º *Billets à ordre.*

Le billet à ordre est un engagement par lequel une personne s'engage à payer une somme déterminée, au créancier dénommé, ou à quiconque en sera porteur légitime par l'effet de l'endossement.

Il se fait ordinairement sous seing privé, mais il peut avoir lieu devant notaire.

Le billet à ordre doit être daté, il doit énoncer la somme à payer, le nom de celui à l'ordre de qui il est souscrit, l'époque à laquelle le paiement doit s'effectuer, le lieu du paiement, la valeur qui a été fournie, en espèces, en marchandises en compte, ou de toute autre manière. (Cod. de Com., art. 188.)

Le billet qui ne réunit pas ces conditions doit être assimilé à une simple promesse.

Il doit être écrit en entier de la main du souscripteur, ou exprimer l'approbation de la somme en toutes lettres.

Les billets à ordre ne sont pas toujours des actes commerciaux; ils le deviennent seulement ou par la qualité des souscripteurs ou par leur objet. Ainsi, s'ils sont souscrits par des commerçants, receveurs, payeurs, percepteurs, ou autres comptables de deniers publics, ils sont actes de commerce, à moins qu'ils ne contiennent l'énonciation d'une cause qui écarte l'idée qu'ils ont été faits pour le commerce de celui qui les a signés. (Cod. Com., art. 638.) Ils sont encore actes de commerce lorsqu'ils sont souscrits par des non-commerçants pour une opération commerciale.

On ne peut écrire deux billets à ordre sur la même feuille de papier.

On se sert de papier ayant le timbre proportionnel.

La prescription de cinq ans éteint les actions relatives aux billets à ordre souscrits par des commerçants, et à ceux qui, étant souscrits par des non-commerçants, ont pour objet des dettes de commerce.

Le défaut de paiement du billet à ordre à son échéance est constaté par un protêt. Le billet à ordre peut être garanti par un aval, comme la lettre de change ; il peut l'être aussi par une hypothèque.

Si à l'échéance le souscripteur du billet ne paie pas, le porteur a son recours contre tous les endosseurs.

### 3º *Billets à domicile.*

Ce sont des billets à ordre payables dans un lieu différent de celui où ils ont été faits. Il ne faut pas les confondre avec les lettres de change.

Le signataire d'une lettre de change est toujours justiciable des tribunaux de commerce et peut être soumis à la contrainte par corps ; il n'en est pas de même du signataire d'un billet à domicile.

Le paiement de ce billet devant être réclamé non en la demeure du souscripteur, mais au domicile indiqué, c'est là aussi, à peine de nullité, que le protêt doit être fait.

Les protêts doivent toujours être faits en temps utile, sous peine de perdre recours contre les endosseurs.

### 4º *Billets au porteur.*

On appelle *billet au porteur*, celui qui n'indique pas pour créancier une personne déterminée, mais qui doit être payé à quiconque le présente.

La transmission de ces billets se fait légalement de main en main, et leur propriété résulte de la simple tradition au profit de ceux qui en sont porteurs.

### 5º *Billets de change.*

Un billet de change est celui par lequel le souscripteur promet de payer une somme pour prix de lettres de change à lui fournies, ou celui par lequel il promet de fournir de pareilles lettres pour la valeur qu'il en aurait reçue.

Il peut être billet simple ou billet à ordre.

### 6° *Billets de banque.*

Ce sont les billets que mettent en circulation les banques légalement autorisées; ils sont presque considérés comme monnaie; car les individus qui les falsifieraient seraient considérés comme de faux monnayeurs. (Cod. pén., art. 139.)

Ces billets ne sont, du reste, qu'une monnaie de confiance; nul ne peut être forcé de la recevoir en paiement.

Nous citerons seulement pour exemple les billets de la *Banque de France*, qui sont en même temps des billets au porteur; leur moindre coupure est de 100 francs. Ils ont été créés par la loi des 12-14 avril 1803.

Les contrefacteurs sont punis des travaux forcés à perpétuité.

# BOIS ET FORÊTS.

On désigne sous le nom de *bois* ou de *forêts* une grande étendue de terre couverte d'arbres propres, soit au chauffage, soit à la construction ou à tous autres usages.

Cette matière est très-importante, et, pour la rendre plus claire, nous allons la subdiviser.

## DIVISION.

§ I. — *Notions générales sur les différentes espèces de bois,*

§ II. — *De l'administration forestière.*

§ III. — *Des bois et forêts de l'État.*

§ IV. — *Des bois de la Couronne.*

§ V. — *Des bois des communes et autres établissements publics.*

§ VI. — *Des bois des particuliers.*

§ VII. — *Des bois indivis.*

§ VIII. — *Des arbres épars sur les chemins ou terrains communaux.*

§ IX. — *Affectations spéciales des bois aux services publics de la marine.*

§ X. — *De la police et conservation des bois.*

§ XI. — *Des poursuites, peines et condamnations pour délits forestiers.*

§ XII. — *De l'exécution des jugements.*

### § I. — Notions générales sur les différentes espèces de bois.

Les bois ont quatre dénominations principales :

1o Le *bois vif*, celui vivant et portant fruit ;

2o Le *bois mort*, celui tombé et gisant à terre, ou sec debout, qui ne peut servir qu'à brûler ;

3o Le *mort-bois* (de *mau bois* ou *mauvais bois*), celui qui, quoique vert et sur pied, est appelé ainsi à raison de son peu de valeur, tels que l'épine, l'aune, le saule, le sureau, etc. ;

4° Le *blanc bois*, tels que le charme, le tremble, le bouleau, l'érable et tous autres bois ne produisant aucuns fruits.

On distingue encore dans les bois : 1° ~~le~~ *bois d'entrée*, celui qui est entre vert et sec, c'est-à-dire dont quelques branches sont vertes et d'autres sèches ; 2° le *bois abrouté*, celui qui a été brouté par les bêtes ; 3° le *bois encroué*, celui qui, coupé par le pied et abattu, tombe sur un arbre auquel il reste accroché ; 4° le *bois chablis*, celui que le vent a abattu ; 5° le *bois délit*, celui qui a été illégitimement coupé.

Enfin, la loi fait une dernière distinction des bois en *taillis* et *haute futaie*.

Tous les bois au-dessous de l'âge de trente ans sont réputés *taillis*.

Le bois *futaie* est celui qu'on laisse trente ans sans le couper. On appelle *haute futaie* le bois qui a de 75 à 200 ans, ou, pour mieux dire, qui ne profite plus.

Pour connaître l'âge du bois, on le scie par le pied et l'on voit combien il y a de cercles ; autant de cercles autant d'années.

Les bois se divisent en :

Bois de l'État, bois de la Couronne, bois des communes et des établissements publics, bois indivis entre l'État, la Couronne, les communes, les établissements publics et les particuliers.

Les bois des particuliers ne sont pas soumis au régime forestier. Ce sont les lois de la propriété qui forment le droit commun, et ce n'est que par exception qu'ils sont assujettis à certaines restrictions, peu nombreuses, propres à concilier l'intérêt général avec le droit de propriété, comme la soumission au martelage de la marine, la défense de défricher, etc.

### § II. — De l'administration forestière.

C'est le directeur des forêts qui autorise, après délibération du conseil d'administration, dans les bois de l'État, des communes et des établissements publics :

1° Les coupes ordinaires de chaque année; 2° la coupe des arbres endommagés, ébranchés, morts ou dépérissant; 3° le recépage des bois incendiés ou abroutés; 4° les élagages sur les routes et les lisières des bois soumis au régime forestier; 5° le remboursement des déficits de mesure, lorsqu'ils n'excèdent pas la somme de 500 fr.; 6° les extractions de minerais ou de matériaux dans les forêts; 7° la concession des terrains vagues, à charge de repeuplement, lorsque la contenance des terrains ne dépasse pas cinq hectares, et la durée de la concession, six années.

Les employés de l'administration des forêts doivent avoir vingt-cinq ans accomplis; les élèves sortant de l'École forestière peuvent seuls obtenir des dispenses d'âge.

Les emplois de l'administration des forêts sont incompatibles avec toutes autres fonctions administratives ou judiciaires.

Les agents et gardes de l'administration forestière ne peuvent, à peine de révocation, faire le *commerce de bois*, exercer *aucune* industrie où le bois serait employé comme matière principale, tenir auberge ou vendre des boissons en détail.

Il leur est interdit de rien exiger ni recevoir des communes, des établissements publics ou des particuliers pour les opérations qu'ils ont faites à raison de leurs fonctions.

### § III. — Des bois et forêts de l'État.

La partie du domaine de l'État, composée de bois et forêts, provient : 1º des bois qu'on appelait autrefois *forêts du roi;* 2º de ceux des anciens apanages ; 3º de ceux du clergé et de tous les établissements religieux, supprimés depuis 1789 ; 4º de quelques acquisitions.

Cette propriété a été transportée à la caisse d'amortissement par la loi du 27 mars 1827.

Les bois de l'État sont limités le long des bois riverains par les agents de l'administration, après un arrêté du préfet, pris deux mois d'avance, qui annonce l'opération, qui est publié et affiché dans les communes limitrophes, et signifié aux propriétaires riverains ou à celui de leurs fermiers, gardes ou agents.

Lorsqu'il ne s'agit que d'un bornage, l'opération est faite à frais communs. Si on pratique des fossés, ils sont faits aux frais de la partie qui les réclame et en entier sur son terrain.

On entend par *aménagement* la division en coupes successives, ce qui se rapporte à quatre choses principales : 1º l'ordre des coupes ; 2º leur quotité cu leur étendue ; 3º l'âge des coupes ; 4º le nombre de baliveaux qui doivent être réservés.

Toutes les ventes de coupes de bois ont lieu par adjudication publique, à peine de nullité et d'une amende de 3 à 6,000 fr. contre les agents qui auraient effectué la vente, et contre l'acquéreur, d'une amende égale à la valeur du bois vendu.

Les ventes doivent, à peine de nullité, être annoncées au moins quinze jours d'avance par des affiches apposées au chef-lieu du département, dans le lieu des bois à couper et dans les communes environnantes.

Toute association secrète ou *manœuvre* entre les marchands de bois ou autres, tendant à nuire aux enchères, à les troubler ou à obtenir les bois à plus bas prix, est punie des peines portées par l'art. 412 du Code pénal. L'adjudication faite au profit des auteurs des manœuvres est nulle.

Toute déclaration de command doit être faite immédiatement après l'adjudication et séance tenante (Code forestier, art. 23).

Toute personne capable et solvable est admise jusqu'au lendemain de l'adjudication à faire une surenchère, qui ne peut être moindre du cinquième du prix de l'adjudication.

L'adjudicataire ne peut changer l'assiette des coupes qui ont été vendues (C. forest., art. 29).

Il ne peut en commencer l'exploitation avant d'en avoir obtenu l'autorisation écrite de l'agent forestier (C. forest., art. 30).

Il doit respecter tous les arbres marqués ou désignés pour demeurer en réserve. Il ne peut encore, à moins d'autorisation expresse, écorcer les arbres sur pied. — Aucune coupe ni enlèvement de bois ne peuvent être faits avant le lever ni après le coucher du soleil,

L'adjudicataire est responsable des dégâts ou délits commis par les garde-vente, ouvriers, bucherons, voituriers et tous autres qu'il emploie.

Après la coupe, on procède au réarpentage, afin de
vérifier si elle a été faite conformément à la loi et au
cahier des charges.

### § IV. — Des bois de la Couronne.

Leur régime est le même que celui des bois de l'État,
sauf qu'ils sont administrés par un délégué de la maison
de l'Empereur.

### § V. — Bois des communes et autres établissements publics.

Les bois des *communes* et autres *établissements publics* sont en général soumis au régime des bois de
l'État.

Ces bois ne peuvent être défrichés sans une autorisation expresse et spéciale du gouvernement.

Les gardes des bois des communes sont choisis par
les maires, et ceux des établissements publics, par les
administrateurs de ces établissements. Ils doivent les
uns et les autres être agréés par l'administration forestière. Ils sont soumis à l'autorité des agents de l'État,
aux mêmes peines que les gardes des bois de l'État.

### § VI. — Des bois des particuliers.

Les particuliers exercent sur leurs bois tous les droits
résultant de la propriété, sauf quelques restrictions.

L'une des restrictions les plus importantes consiste
dans le droit de choix et de martelage conféré aux
agents de la marine. (Voir § 9).

Les droits de pâturage, parcours, passage et glandée

ne peuvent être exercés que dans les parties des bois
déclarées défensables par l'administration forestière.
Les chemins par lesquels les bestiaux doivent passer
pour aller au pâturage et pour en revenir sont désignés
par le propriétaire.

Les ventes des coupes de bois des particuliers ne
sont soumises à aucune règle spéciale.

Les particuliers ne sont pas obligés d'avoir des gardes
pour la conservation de leurs bois; les gardes qu'ils
choisissent doivent être agréés par le sous-préfet; ils
prêtent serment devant le tribunal avant d'entrer en
fonctions (C. forest., art. 117).

Ces gardes encourent, comme ceux de l'État, en cas
de négligence ou de malversation, la responsabilité et
les peines prévues par les art. 6 et 207 du Cod. for.

### § VII. — Des bois indivis.

Les bois que l'État ou la Couronne, les communes
ou les établissements publics possèdent indivisément
avec des particuliers sont soumis au régime des bois de
l'État, et ces particuliers, quoique propriétaires, ne peuvent faire aucune coupe ni vente, mais ils ont droit,
proportionnellement à ce qui leur appartient, aux restitutions et dommages-intérêts prononcés contre les
délinquants.

### § VIII. — Des arbres épars sur les chemins ou terrains communaux.

Les arbres épars, soit de la commune, soit des particuliers, sont soumis au choix de la marine, comme les
arbres des forêts.

Les arbres plantés sur le bord des grandes routes ne peuvent être abattus que lorsqu'il donnent des signes de dépérissement ou sur une permission de l'administration. La permission est également nécessaire pour l'élagage.

## § IX. — Affectations spéciales des bois aux services publics de la marine.

Les bois destinés à la marine sont choisis et martelés par les agents de la marine dans les forêts de l'État, dans celles des particuliers et même parmi les arbres épars sur les propriétés, destinés à être coupés, excepté dans les lieux clos attenant aux habitations et non aménagés. (Cod. for., art. 122 et 124.)

Ils sont compris dans les adjudications et livrés à la marine par les adjudicataires. (Art. 123, Cod. for.)

Tous les propriétaires soumis au martelage sont tenus de faire six mois d'avance, à la sous-préfecture, la déclaration des arbres ayant quinze décimètres de tour à un mètre du sol qu'ils ont l'intention d'abattre, à peine de quarante-cinq francs par mètre de tour pour chaque arbre. Cette déclaration doit être renouvelée un an après, si l'abatage n'a pas eu lieu.

Le fermier est soumis à la même déclaration.

Les propriétaires traitent de gré à gré avec la marine pour le prix de leurs arbres; en cas de contestation ce prix est réglé par experts à frais communs.

La marine a, jusqu'à l'abatage des arbres, la faculté d'annuler le martelage.

L'abatage pour réparations et constructions personnelles ne peut être fait qu'après que le besoin en aura été constaté par le maire de la commune et les arbres ne doivent être employés qu'à l'usage indiqué sous la peine énoncée ci-dessus. (Cod. for. 131.)

### § X. — De la police et de la conservation des bois.

Toute extraction ou enlèvement non autorisé de pierre, sable, minerai, terre ou gazon, tourbe, bruyères, genêts, herbages, feuilles vertes ou mortes, engrais existant sur le sol des forêts, glands, faînes, et autres fruits ou semences des bois et forêts donne lieu à des amendes.

Il est défendu sous diverses amendes et peines plus graves, selon les cas :

1º D'aller dans les bois et forêts, hors des routes et chemins ordinaires, avec des instruments propres à couper les arbres.

2º De conduire les voitures, bestiaux, animaux de charge ou de monture dans les forêts hors des routes ou chemins ordinaires.

3º De porter ou d'allumer du feu dans l'intérieur et à la distance de 200 mètres des bois et forêts.

Tous usagers qui, en cas d'incendie, refuseront de porter du secours dans les bois soumis à leur droit d'usage, seront traduits en police correctionnelle, privés de ce droit pendant un an au moins et cinq ans au plus, outre les peines portées en l'art. 475 du Code pénal. Cod. for. 149.)

### § XI. — Des poursuites, peines et condamnations pour délits forestiers.

L'administration est chargée de poursuivre, par ses

agents, devant les tribunaux correctionnels les délits et contraventions commis dans les bois soumis au régime forestier, sans préjudice du droit qui appartient au ministère public.

Les agents et arpenteurs, dans le territoire pour lequel ils sont commissionnés, les gardes dans l'arrondissement du tribunal près lequel ils sont assermentés, constatent par procès-verbaux les délits et contraventions.

Les gardes sont autorisés à saisir les bestiaux trouvés en délit et les instruments, voitures et attelages des délinquants et à les mettre en séquestre.

Les gardes arrêtent et conduisent devant le juge de paix ou le maire tout inconnu pris en flagrant délit; ils ont le droit de requérir directement l'assistance de la force publique.

Les bestiaux saisis sont vendus à l'enchère après cinq jours de séquestre sans réclamation ou à défaut de caution valable.

Les procès-verbaux régulièrement dressés et signés par deux gardes forestiers font preuve complète jusqu'à inscription de faux.

Les procès-verbaux dressés par les gardes des bois des particuliers ne font foi que jusqu'à preuve contraire.

Il n'est pas admis de circonstances atténuantes pour les délits forestiers.

Les amendes sont proportionnées à la valeur des arbres.

L'amende est de un franc par décimètre, augmentée de dix centimes par chaque décimètre en sus, si les arbres sont de la première classe et ont deux décimètres de tour.

Pour les bois qui ont moins de deux décimètres de tour, l'amende est, pour chaque charretée, de dix francs par bête attelée, de cinq francs par chaque charge de bête de somme et de deux francs par fagot, fouée ou charge d'homme.

S'il s'agit d'arbres semés ou plantés, l'amende est de trois francs par chaque arbre, outre un emprisonnement de six à quinze jours.

L'amende est de dix francs et l'emprisonnement de quinze jours à un mois si les plantes ont été arrachées dans un semis ou plantation exécutés de main d'homme.

Toute mutilation d'arbres, dans les bois et forêts, et l'enlèvement des chablis et bois de délit sont punis de la même peine que l'abatage, et les instruments qui ont servi au délit sont confisqués.

L'amende est double si le délit est commis dans la nuit ou s'il y a récidive.

### § XII. — De l'exécution des jugements.

Les jugements rendus en matière forestière sont signifiés par simple extrait qui contient le nom des parties et le dispositif du jugement. Cette signification fait courir les délais de l'opposition et de l'appel.

Les receveurs d'enregistrement sont chargés de poursuivre, même par corps, cinq jours après un simple commandement, les recouvrements d'amendes, de restitutions, frais et dommages-intérêts prononcés par les jugements.

Si les condamnés sont insolvables, ils sont mis en liberté, savoir · après quinze jours de détention si l'amende est de quinze francs, après un mois pour une condamnation de quinze à cinquante francs, et après deux mois quelle que soit la quotité des condamnations.

La durée de la détention est du double en cas de récidive.

— — — — —

## BOISSONS.

—

On entend par boissons : le vin, l'eau-de-vie, le cidre, la bière, le poiré, l'hydromel, et généralement tous les esprits et liqueurs classés dans les attributions de la régie des contributions indirectes, et, comme tels, assujettis à des droits, soit à la fabrication, soit à la vente.

### DIVISION.

§ I. — *Droit de circulation.*
§ II. — *Droit d'entrée.*
§ III. — *Droit et vente en détail.*
§ IV. — *Des débitants.*
§ V. — *Du droit de licence.*
§ VI. — *Des abonnements.*
§ VII. — *Des contraventions et des peines.*

### § I. — Droit de circulation.

Ce droit est perçu, soit au départ de la marchandise, soit à son arrivée au lieu de sa destination.

Avant l'enlèvement ou le transport d'une boisson quelconque, l'expéditeur ou l'acheteur doivent faire une déclaration préalable au bureau de la régie, et le conducteur doit se munir d'un titre, ou expédition, qui constate l'accomplissement de cette formalité, quelle que soit du reste la quantité.

Néanmoins, les voyageurs peuvent, pour leur usage et sans expédition, porter trois bouteilles; le citadin qui revient de sa maison de campagne ne jouit pas de cette faculté.

On appelle *congé* l'expédition qui accompagne les vins, cidres et poirés, dont les droits sont payés au moment même de la mise en circulation.

L'*acquit à caution* ou de précaution se délivre à l'expéditeur d'esprits, liqueurs et eaux-de-vie, qui ne doit acquitter les droits qu'au lieu de destination.

Le *passavant* est l'expédition dont tout propriétaire doit se munir pour transporter ses vins d'une cave dans une autre.

Les propriétaires ou marchands en gros qui n'ont pas dans leur résidence de bureau de régie se délivrent à eux-mêmes, sur papier timbré, des *laisser-passer* valables jusqu'au premier bureau de passage.

Tous conducteurs sont tenus de produire leur expédition, soit *passavants, congés, acquits à caution* ou *laisser-passer* à toute réquisision des employés des contributions indirectes, des douanes et des octrois, sous peine de saisie.

## § II. — Droit d'entrée.

Ce droit est perçu pour les boissons introduites à l'intérieur, soit aux portes ou aux barrières des villes, soit à un bureau central.

Avant de décharger les boissons qu'ils transportent,

les conducteurs doivent, sous peine de saisie de la marchandise, produire les congés, acquits à caution ou passavants dont ils sont porteurs, en acquitter les droits ou en consigner le montant, suivant la destination des boissons.

Quand ils ne font que traverser un lieu, ils doivent se munir d'un *passe-debout* ou déclarer le *transit*.

Les déclarations d'entrepôt doivent être faites avant l'introduction des chargements, et il faut indiquer le lieu où les boissons doivent être déposées.

Pour les boissons fabriquées à l'intérieur des villes et destinées à la consommation du lieu, pour les villes ouvertes où le droit d'entrée sur les vendanges, pommes ou poires, ne peut être perçu au moment de l'introduction, la régie fait faire après la récolte chez tous les propriétaires récoltants l'inventaire des vins ou cidres fabriqués.

Si ces propriétaires ne veulent pas jouir de l'entrepôt, ils peuvent se libérer des droits par douzième, de mois en mois.

S'ils veulent jouir de l'entrepôt pour le produit de leur récolte seulement, ils ne sont soumis, outre l'inventaire, qu'à un recensement avant la récolte suivante; toutefois ils payent le droit d'entrée au fur et à mesure de leur vente à l'intérieur.

### § III. — Droit de vente en détail.

Ce droit est perçu après la vente sauf le cas d'abonnement.

Les employés de la régie, pour calculer les quantités vendues, se rendent chez les débitants et s'assurent des quantités existantes, c'est ce qu'on appelle *exercice*.

Ils peuvent exiger des vendeurs en détail le prix de vente de leurs boisson , ces prix sont inscrits sur les portatifs ou registres des commis, et sur une affiche apposée par le débitant dans le lieu le plus apparent de son domicile.

En cas de contestation sur l'exactitude de cette déclaration, il en est référé au maire de la commune qui prononce, sauf le recours au préfet. Le droit est perçu provisoirement d'après la décision du maire, sauf rappel ou restitution.

### § IV. — Des débitants.

Pour être débitant il faut être pourvu d'une licence.

Les *cabaretiers, aubergistes, traiteurs, restaurateurs, maîtres d'hôtels garnis, cafetiers, liquoristes, buvetiers, débitants d'eau-de-vie, concierges* et autres donnant à manger au jour, au mois ou à l'année, ainsi que tous autres qui veulent se livrer à la vente en détail des boissons, sont tenus de faire leur déclaration au bureau de la régie avant de commencer leur débit, et de désigner les espèces et quantités de boissons qu'ils ont en leur possession, dans les caves ou celliers de leur demeure ou ailleurs, ainsi qu'au lieu de la vente, comme aussi d'indiquer, par une enseigne ou bouchon, leur qualité de débitant.

Un particulier qui reçoit à sa table des pensionnaires à tant par mois, sans en faire profession, n'est pas tenu d'avoir une licence ni de faire une déclaration.

Tout débitant en détail doit ouvrir les caves, celliers

et autres parties de sa maison, aux employés de la régie, même les jours de fête et dimanche, hors les heures où, à raison du service divin, lesdits lieux sont fermés.

Les débitants peuvent s'affranchir de cet exercice pour les eaux-de-vie, esprits et liqueurs, en payant à l'entrée le même droit que les consommateurs.

Les cafetiers, les teneurs de billards publics, même lorsqu'ils déclarent ne pas vouloir vendre de vin, ou qu'ils ont antérieurement payé un droit de circulation, sont assujettis aux visites et exercices des employés.

### § V. — Du droit de licence.

Les licences pour les boissons sont payées par trimestre sans fractionnement possible.

### § VI. — Des abonnements.

L'exercice des commis peut être remplacé par un abonnement, quand un débitant ou une commune consentent, pour se soustraire aux visites, à payer dès avant la vente, l'équivalent du droit de détail dont ils sont estimés passibles.

Cet abonnement est de trois sortes : abonnement individuel, abonnement par commune, abonnement par corporation.

L'abonnement individuel est l'équivalent du droit de détail dont on est passible. Lorsqu'un débitant veut s'acquitter de ce droit par abonnement, il faut qu'il y soit admis par la régie ; pour faire le montant de cet abonnement il faut avoir égard à la consommation des années précédentes et aux circonstances présentes qui influent sur le débit de l'année. En cas de contestation sur l'abonnement, entre la régie et le débitant, le préfet, en conseil de préfecture, décidera, sauf recours au conseil d'État.

Les abonnements sont faits par écrit et ne sont définitifs qu'après l'approbation de la régie. Leur durée ne peut excéder un an.

### § VII. — Des contraventions et des peines

On appelle *fraude* en matière de contributions indirectes, l'action de celui qui soustrait des denrées ou marchandises aux droits auquels elles sont assujetties.

Les débitants sont obligés de se soumettre aux visites des employés. Les particuliers peuvent, dans certains cas, être soumis aux mêmes visites, pourvu que l'employé soit autorisé par le préfet et accompagné d'un officier de police.

Ces visites ne peuvent être faites que de jour.

Les rebellions et voies de faits contre les employés sont poursuivies devant les tribunaux qui ordonnent l'application des peines prononcées par le Code pénal indépendamment des amendes et confiscations.

Quand il s'agit d'un débitant de boissons, le tribunal doit ordonner en outre la clôture du débit pendant trois mois au moins et six mois au plus.

Toute boisson circulant sans *laisser-passer* ou avec un *laisser-passer*, mais au-delà du bureau où il doit être changé est passible de saisie.

En cas de refus par les conducteurs de boissons de produire à toutes réquisitions des employés des contributions indirectes, des douanes et des octrois, les *congés, passavants, acquits à caution* ou *laisser-passer*, ou en cas de fraude ou de contravention, le chargement est saisi.

Toute boisson introduite sans déclaration dans un lieu sujet aux droits d'entrée est saisie par les employés ainsi que les chevaux, voitures servant au transport, à défaut de consignation du maximum de l'amende ou de donner caution solvable.

Les contraventions aux dispositions qui prescrivent le droit d'entrée, sont punies de la confiscation des boissons saisies, d'une amende de cent à deux cents francs, sauf le cas de fraude en voiture suspendue, qui entraîne toujours une amende de mille francs.

La fraude par escalade, par souterrain ou à main armée est punie de six mois de prison, outre l'amende et la confiscation.

Le droit d'octroi est indépendant du droit de régie; nous renvoyons au mot *Octroi*.

## BREVET D'APPRENTISSAGE.

C'est un contrat par lequel une personne qui exerce un art ou un métier quelconque, s'engage à l'enseigner à une autre personne pendant un temps déterminé et à des conditions convenues.

Les deux contractants prennent alors le nom, l'un de maître, l'autre d'apprenti.

Lorsque l'apprenti est mineur, ce qui arrive assez souvent, ce sont les père et mère ou l'un des deux qui s'obligent et qui contractent pour lui; en cas de décès des père et mère, c'est le tuteur qui agit.

L'apprenti s'oblige habituellement à demeurer chez son maître pendant le temps convenu pour l'apprentissage. Dans ce cas, outre l'enseignement le maître promet de donner à l'élève pendant le même temps le logement et la nourriture.

Le contrat d'apprentissage peut être résilié dans certains cas :

1º En cas d'inexécution des engagements de part et d'autre ;

2º De mauvais traitements de la part du maître ;

3º D'inconduite de la part de l'apprenti.

4º Si l'apprenti s'est obligé à donner, pour tenir lieu de rétribution pécuniaire, un temps de travail dont la valeur serait jugée excéder le prix ordinaire des apprentissages.

Il peut être stipulé dans ces cas des dommages-intérêts de part et d'autre.

L'apprenti empêché par une maladie ou une infirmité de continuer son apprentissage peut faire résoudre son obligation sans dommages-intérêts.

Les obligations respectives entre le maître et l'apprenti s'éteignent par la mort de l'un ou de l'autre, mais l'apprenti ou ses héritiers doivent au maître proportionnellememt à l'enseignement reçu.

Le maître doit instruire l'apprenti en lui donnant, de bonne foi, les connaissances de l'art qu'il exerce, mais non des procédés particuliers qu'il emploie et qui sont sa propriété exclusive, à moins qu'il ne s'y fût soumis formellement.

Il doit veiller sur sa conduite, car il est responsable de ses faits.

De son côté l'apprenti lui doit obéissance, il ne peut le quitter avant le temps stipulé.

Quand l'apprenti a rempli ses engagements, il doit demander un *congé d'acquit* que le maître ne peut lui refuser et dont il a besoin pour entrer chez un autre maître. (Loi du 22 germinal an XI.)

(*Voir les formules.*)

## BREVET D'INVENTION.

C'est un certificat par lequel l'Empereur, dans la vue de récompenser l'inventeur d'un nouveau procédé dans les arts ou même d'un simple moyen de perfectionnement, lui accorde, pour un temps déterminé, le droit exclusif de faire usage de ce procédé ou de ce moyen de perfectionnement.

La même récompense est attribuée à celui qui importe le premier en France une découverte étrangère.

Pour obtenir un brevet, il faut déposer à la préfecture du département :

1° Une pétition sur timbre ; 2° un dessin à double de l'objet de l'invention, si l'objet en est susceptible ; 3° une description aussi à double des objets, moyens ou procédés qui constituent la découverte ; 4° une quittance du receveur général du département constatant le versement dans sa caisse d'une ou plusieurs annuités.

Les droits à payer au trésor pour les brevets d'invention sont :

Pour un brevet de cinq ans. . . . . . . .    300 fr.
—         de dix ans. . . . . . . . .    800 »
—         de quinze ans. . . . . .    1,500 »
Droit d'expédition des brevets. . . . . .    50 »
Certificat de perfectionnement, change-
    ment et addition. . . . . . . . . . .    24 »
Droit de prolongation d'un brevet. . . .    600 »
Enregistrement d'un décret de prolon-
    gation. . . . . . . . . . . . . . . . .    12 »
D'une cession de brevet en tout ou en
    partie. . . . . . . . . . . . . . . . .    18 »
Recherche ou communication d'une des-
    cription. . . . . . . . . . . . . . . .    12 »

En cas de contestation entre deux brevetés pour le même procédé, la priorité appartient à celui qui le premier a fait le dépôt au secrétariat de la préfecture.

Le breveté a le droit de former des établissements dans toute la France et même d'autoriser des particuliers à faire l'application et l'usage de ses moyens et procédés. Dans tous les cas il peut disposer de son brevet comme d'une propriété mobilière.

Le breveté ou ses ayants cause ont une action contre les contrefacteurs de l'invention; ils peuvent requérir la saisie des objets contrefaits et traduire les contrefacteurs devant les tribunaux.

La cession de tout ou partie d'un brevet d'invention ne peut se faire que par acte notarié, et les deux parties contractantes sont tenues, à peine de nullité, de la faire enregistrer au secrétariat de leurs préfectures respectives.

## BUREAU DE BIENFAISANCE.

—

C'est un établissement créé dans chaque canton ou dans chaque commune, chargé d'administrer les biens provenant de fondations au profit des pauvres, de recevoir les aumônes qui leur sont destinées, de distribuer des secours à domicile.

Les bureaux de bienfaisance sont composés de cinq membres, nommés par le préfet; ils sont renouvelés chaque année par cinquième, sur une liste triple présentée par les bureaux mêmes.

Les bureaux peuvent nommer, dans les divers quartiers de la commune, des adjoints pour les soins qu'ils jugent utile de leur confier.

Les préfets peuvent prescrire la rédaction de règlements pour le service des bureaux de bienfaisance.

La gestion de leurs biens est soumise aux mêmes règles que la gestion des biens des hospices; il en est de même quant aux recettes ou dépenses; seulement les budgets, à quelque somme qu'ils s'élèvent, sont définitivement arrêtés par les préfets. (Ordonnance du 31 octobre 1821.)

---

## CADASTRE.

—

C'est un registre public indiquant en détail la quantité, la qualité et la nature des terres de chaque commune; il sert de base à la répartition de l'impôt et simplifie cette opération.

## CANAL. — CANAUX.

On entend par canal, un terrain creusé pour recevoir les eaux de la mer, des fleuves, rivières, ruisseaux, etc., et les conduire d'un endroit dans un autre, pour la commodité du commerce.

Il y a plusieurs espèces de canaux :

Les canaux de *navigation* et de *flottage*;

Les canaux d'*irrigation* ;

Les canaux de *dérivation pour les usines*;

Et les canaux de *desséchement*.

Les canaux de *navigation* sont destinés au transport des voyageurs et marchandises, et les canaux de *flottage* à celui des bois par trains ou bûches perdues.

Les canaux d'*irrigation* ont pour objet spécial d'amener des eaux sur des terrains qu'on veut arroser et fertiliser.

Les canaux de *dérivation pour les usines* ont lieu, soit pour obtenir la chute nécessaire à leur mouvement, soit pour augmenter le volume des eaux.

Le propriétaire d'une usine est censé propriétaire du canal ainsi que de l'eau qui en provient et qui sert de moteur à son établissement; dès lors le droit d'irrigation ou de tout autre usage au profit des riverains n'existe plus.

Les canaux de *desséchement* ne sont soumis à aucunes formalités particulières autres que celles relatives aux servitudes d'eau et énoncées plus loin. Cependant s'il s'agit d'un desséchement qui embrasse des propriétés publiques ou communales, l'autorisation du gouvernement est indispensable.

## CARRIÈRE.

—

C'est le lieu d'où l'on extrait les pierres, grès, ardoises, marbres, granits, etc.

Un propriétaire est libre d'exploiter *à ciel ouvert* les carrières existantes dans son terrain en se conformant aux règlements locaux.

Mais pour l'exploitation par galeries souterraines il est nécessaire d'avoir une autorisation préfectorale et l'exploitation doit être surveillée par l'autorité locale. (Loi du 21 avril 1810, art. 81.)

Pour ouvrir une carrière il faut être propriétaire du fonds; d'où il suit qu'un fermier ne peut exploiter sans autorisation expresse; il en est de même des usufruitiers; mais si les carrières étaient ouvertes avant l'usufruit, ils auraient le droit d'en continuer l'exploitation.

Le nu-propriétaire ne peut, de son côté, sans le consentement de l'usufruitier, ouvrir une carrière dans le fonds soumis à son usufruit.

———

## CAUTION, CAUTIONNEMENT.

—

La *caution* est la personne qui garantit l'exécution d'une obligation contractée par une autre, et le cautionnement est l'acte qui est souscrit par la caution.

### § I.

Celui qui se rend caution d'une obligation se soumet

envers le créancier à satisfaire cette obligation, si le débiteur n'y satisfait pas lui-même.

Il faut remarquer :

Qu'il ne peut y avoir de cautionnement réel que lorsque l'obligation réelle est valable, à moins qu'il ne s'agisse d'un mineur ;

2º Qu'il ne peut être contracté sous des conditions plus onéreuses que celles sur lesquelles est établie l'obligation principale ;

3º Qu'il peut être contracté pour une partie de la dette seulement ;

4º Que s'il excède la dette, il n'est pas nul, mais seulement réductible ;

5º Que les engagements des cautions passent à leurs héritiers, à l'exception de la contrainte par corps ;

6º Que le cautionnement s'étend à tous les accessoires de la dette ;

7º Qu'il suffit que l'obligation principale existe pour que celle de la caution soit perpétuée.

## § II.

Les effets du cautionnement entre le créancier et la caution sont que le débiteur doit être préalablement discuté ou poursuivi dans ses biens, à moins que la caution n'ait renoncé au bénéfice de discussion ou qu'elle ne se soit obligée solidairement avec le débiteur.

La caution qui a payé a son recours contre le débiteur principal. Elle est subrogée aux droits du créancier.

## CHASSE.

C'est la prise des animaux sauvages, par force, par adresse ou par ruse.

Le droit de chasse est inhérent à la propriété du sol.

Tout propriétaire peut permettre gratuitement, ou moyennant une somme, à un étranger de chasser sur son terrain.

Le propriétaire qui défend la chasse sur son terrain n'est pas propriétaire des animaux qu'il défend de poursuivre; le chasseur qui s'en empare en acquiert la propriété, et le propriétaire ne peut exercer contre lui qu'une action en dommages-intérêts.

Lorsque le gibier blessé va mourir sur le terrain du propriétaire voisin, celui-ci peut s'approprier le gibier échappé au chasseur; la pièce n'est la propriété du chasseur que quand elle est expirée sur son terrain.

La faculté de chasser est réglée par la loi du 3 mai 1844, dont nous donnons les principales notions.

Dans chaque département, le préfet détermine l'époque de l'ouverture et de la clôture de la chasse. Nul ne peut chasser passé cette époque, à moins que ce soit dans ses possessions attenant à une habitation, et entourées d'une clôture continue faisant obstacle à toute communication avec les héritages voisins.

Il est interdit de vendre du gibier en temps de chasse prohibée.

Pour chasser ailleurs que sur ses terres closes, il faut être muni d'un *permis de chasse*.

Ce permis de chasse est délivré, sur l'avis du maire, par le préfet du département. Le prix est de 25 fr., soit 15 fr. au profit de l'État et 10 fr. au profit de la commune, dont le maire aura donné avis.

Les permis de chasse sont personnels, valables pour un an et pour tout l'Empire.

Les permis de chasse ne sont pas délivrés :

1º Aux mineurs de moins de seize ans;

2º Aux mineurs de seize à vingt-un ans, à moins qu'ils ne soient demandés par les père, mère, tuteur ou curateur portés aux rôles des contributions;

3º Aux interdits ;

4º Aux gardes champêtres et forestiers et aux gardes-pêche ;

5º A ceux qui sont privés du droit de port d'armes par suite de condamnations;

6º Aux condamnés placés sous la surveillance de la haute police.

—

Ceux qui chassent sans permis ou avec permis sur le terrain d'autrui sans autorisation sont punis d'une amende de 16 à 100 fr.

Si les terres étaient ensemencées ou closes, l'amende pourra être du double.

Seront punis d'une amende de 50 à 200 fr. et pourront l'être d'un emprisonnement de six jours à deux mois :

1º Ceux qui auront chassé en temps prohibé;

2º Ceux qui auront chassé pendant la nuit à l'aide d'engins ou d'instruments prohibés;

3º Ceux qui seront détenteurs ou porteurs, hors de leur domicile, de filets, engins ou autres instruments de chasse prohibés;

4º Ceux qui, en temps de chasse prohibée, auront

mis en vente, vendu, acheté, transporté ou colporté du gibier;

5° Ceux qui auront employé des drogues ou appâts qui sont de nature à enivrer le gibier ou à le détruire.

---

## CHEMINS DE FER.

— ˘

Les chemins de fer construits ou concédés par l'État font partie de la grande voirie. Et comme tels, leur sont applicables les règlements de la grande voirie concernant l'alignement, l'écoulement des eaux, l'occupation temporaire des terrains en cas de réparation, la distance à observer pour les plantations et l'élagage des arbres plantés, le mode d'exploitation des mines, minières, tourbières, carrières et sablières, dans la zône déterminée à cet effet.

Aucune construction autre qu'un mur de clôture ne peut être établie dans une distance de deux mètres d'un chemin de fer, cette distance est mesurée soit de l'arête supérieure du déblai, soit de l'arête inférieur du talus du remblai, soit des bords antérieurs des fossés du chemin, et à défaut, d'une ligne tracée à un mètre cinquante centimètres à partir des rails antérieurs de la voie de fer.

Lorsqu'il y a un remblai de plus de trois mètres au-dessus du terrain naturel, il est interdit aux riverains de pratiquer, sans autorisation préalable, des excavations dans une zône de largeur égale à la hauteur verticale du remblai mesurée à partir du pied du talus.

On ne peut établir à une distance de moins de 20

mètres d'un chemin de fer desservi par des machines à feu, des couvertures en chaume, des meules de paille de foin et autre dépôt de matières inflammables.

———

Chaque train doit contenir un nombre suffisant de voitures pour les voyageurs. Il doit être accompagné d'un mécanicien et d'un chauffeur, ce dernier capable d'arrêter la machine en cas de besoin, d'un nombre déterminé suivant l'inportance du convoi, de conducteurs serre-freins, la dernière voiture doit toujours avoir un frein et un conducteur serre-frein. Les trains de voyageurs ne peuvent se composer de plus de vingt-quatre voitures à quatre roues. Chaque train ne doit être remorqué que par une seule locomotive, sauf le cas d'une rampe de forte inclinaison.

Des locomotives de secours doivent être tenues constamment chauffées dans les lieux mêmes désignés par le ministre.

———

Il est défendu à toute personne étrangère au service du chemin de fer :

1o De s'introduire dans l'enceinte du chemin de fer, d'y circuler ou stationner ;

2o D'y jeter ou déposer aucuns matériaux ni objets quelconques.

3o D'y introduire des chevaux, bestiaux ou animaux d'aucune espèce ;

4o D'y faire circuler ou stationner aucunes voitures.

Il est encore défendu : 1o d'entrer dans les voitures sans avoir pris un billet et de se placer dans une voiture d'une autre classe que celle qui est indiquée par le billet ;

2º D'entrer dans les voitures et d'en sortir autrement que par la portière qui fait face au côté antérieur de la ligne de fer;

3º De passer d'une voiture dans une autre, de se pencher au dehors;

4º De fumer sur les voitures ou dans les voitures et dans les gares.

Toutefois à la demande de la compagnie et moyennant des mesures spéciales de précaution, des dérogations à cette disposition peuvent être autorisées par le ministre.

Les voyageurs ne doivent sortir des voitures qu'aux stations et lorsque le train est complétement arrêté.

On ne peut admettre dans les voitures plus de voyageurs qu'elles n'en contiennent.

L'entrée des voitures est interdite :

1º A toute personne en état d'ivresse;

2º A tout individu porteur d'armes à feu chargées, ou de paquets qui, par leur nature, leur volume ou leur odeur, pourraient gêner ou incommoder les voyageurs. Tout individu porteur d'un arme à feu, doit avant son admission sur les quais d'embarquement, faire constater que son arme n'est pas chargée.

Toute personne qui veut expédier des marchandises pouvant donner lieu soit à des explosions, soit à des incendies, est tenue en les apportant d'en faire la déclaration au chef de station du chemin de fer, et des mesures spéciales de précaution sont prises pour ce transports.

· Les chiens ne peuvent être admis dans les voitures destinées aux voyageurs.

Aucun crieur, vendeur ou distributeur d'objets quelconques, ne pourra être admis par les compagnies
à exercer sa profession dans les cours ou bâtiments
des stations, dans les salles d'attente destinées aux voyageurs, qu'en vertu d'une autorisation spéciale du
préfet.

Tout agent employé sur les chemins de fer, doit être
revêtu d'un uniforme ou porteur d'un signe distinctif.

Nul ne peut être employé en qualité de mécanicien-
conducteur de train, s'il ne produit des certificats de
capacité délivrés dans les formes déterminées par le ministre des travaux publics.

Il est tenu, dans la plupart des stations, des médicaments et moyens de secours en cas d'accidents.

Il y a généralement dans chaque station un registre
destiné à recevoir les réclamations des voyageurs qu'
auraient des plaintes à former, soit contre la compagnie, soit contre les agents. Ce registre est présenté à
toute réquisition des voyageurs.

---

## CHIENS.

Les propriétaires de chiens sont tenus d'en faire la
déclaration chaque année au secrétariat de la mairie,
sous peine d'amende.

Cette déclaration se fait du 1er octobre au 15 janvier,
et le propriétaire énonce si les chiens qu'il a sont
chiens de garde, chiens de berger, chiens d'aveugle ou
chiens de luxe.

C'est d'après cette déclaration qu'est basé l'impôt.

Tout propriétaire contrevenant est passible de la triple taxe. (Décret du 4 août 1855.)

---

## COMMANDITE. (Voyez *Sociétés*.)

---

## COMMERÇANT.

Sont commerçants, dit l'art. 1er du Code de commerce, ceux qui exercent des actes de commerce et en font leur profession habituelle.

Tout mineur émancipé, de l'un ou de l'autre sexe, âgé de dix-huit ans accomplis, qui voudra profiter de la faculté que lui accorde l'art. 487 du Code Napoléon de faire le commerce, ne pourra en commencer les les opérations, ni être réputé majeur, quant aux engagements par lui contractés pour faits de commerce : 1o s'il n'a été préalablement autorisé par son père, ou sa mère, en cas de décès, interdiction ou absence du père, ou, à défaut du père et de la mère, par une délibération du conseil de famille, homologuée par le tribunal civil ; 2o si, en outre, l'acte d'autorisation n'a été enregistré et affiché au tribunal de commerce du lieu où le mineur veut établir son domicile.

La femme ne peut être marchande publique sans le consentement de son mari.

La femme, si elle est marchande publique, peut, sans l'autorisation de son mari, s'obliger pour ce qui concerne son négoce, et, dans ce cas, elle oblige son mari s'il y a communauté entre eux.

Elle n'est pas réputée marchande publique si elle ne

fait que détailler les marchandises du commerce de son mari; elle n'est réputée telle que lorsqu'elle fait un commerce séparé.

Les mineurs marchands, autorisés comme il est dit ci-dessus, peuvent engager et hypothéquer leurs immeubles; ils peuvent même les aliéner, mais en suivant les formes prescrites par les art. 457 et suivants du Code Napoléon.

Les femmes marchandes publiques peuvent également engager, hypothéquer et aliéner leurs immeubles. Toutefois, leurs biens stipulés dotaux, quand elles sont mariées sous le régime dotal, ne peuvent être hypothéqués ni aliénés que dans les cas déterminés et avec les formes réglées par le Code Napoléon.

L'exercice fréquent d'actes de commerce ne suffit pas pour faire attribuer à quelqu'un la qualité de commerçant; il faut que les actes de commerce soient sa profession habituelle.

Les agents d'affaires sont commerçants, les traiteurs, aubergistes, etc. également.

Un maître de pension, un percepteur des contributions publiques ne sont pas commerçants.

Ceux qui fournissent seulement la main-d'œuvre ne sont pas commerçants.

## DES LIVRES DE COMMERCE.

Tout commerçant est tenu d'avoir un livre journal, qui présente, jour par jour, ses dettes actives et passives, les opérations de son commerce, les négociations, acceptations ou endossements d'effets, et généralement tout ce qu'il reçoit et paie, à quelque titre que ce soit, et qui énonce, mois par mois, les sommes employées à la dépense de sa maison.

Le tout indépendamment des autres livres usités dans le commerce, mais qui ne sont pas indispensables.

Il est tenu de mettre en liasse les lettres missives qu'il reçoit et de copier sur un registre celles qu'il envoie.

Il est encore tenu de faire tous les ans, sous seing privé, un inventaire de ses effets mobiliers, marchandises et effets immobiliers, de ses dettes actives et passives et de le copier, année par année, sur un registre spécial à ce destiné.

La loi exige que le livre journal et le livre des inventaires soient paraphés et visés chaque année. Cette formalité n'est de rigueur, dans l'usage, que pour le livre d'inventaire; la jurisprudence est d'accord sur ce point. Ce visa ou ce paraphe est donné, sur les livres, par un des juges du tribunal de commerce, par le maire ou par l'adjoint de la commune.

Tous les livres sont tenus par ordre de date, sans blanc, lacune, ni transport en marge.

Les commerçants sont tenus de conserver ces livres pendant dix ans, qui se comptent du jour de leur clôture ou de leur dernière date. Les dix années expirées, le négociant n'est plus tenu de représenter ces mêmes livres. Toutefois, il peut encore s'en servir pour constater un droit ou détruire une allégation.

Les livres de commerce régulièrement tenus peuvent être admis par le juge, pour faire preuve entre commerçants pour faits de commerce.

Les livres irrégulièrement tenus ne pourront être représentés ni faire foi en justice au profit de ceux qui les auront tenus.

Pourra être poursuivi comme banqueroutier simple et être déclaré tel, celui qui présentera des livres irrégulièrement tenus, sans, néanmoins, que les irrégularités indiquent des fraudes, ou qui ne les présentera pas du tout.

Pourra être poursuivi comme banqueroutier frauduleux, celui qui n'aura pas tenu de livre ou dont les livres ne présenteront pas sa véritable situation active et passive.

Les livres ne font foi en commerce que pour des faits relatifs au commerce spécial du négociant. Par exemple, un horloger qui aurait vendu une pendule à un entrepreneur en bâtiments, ne pourrait alléguer contre celui-ci l'énonciation de ses livres, puisque l'acheteur n'a pas acheté pour son commerce, mais pour son usage personnel.

## COMMISSIONNAIRE.

Le commissionnaire est celui qui agit en son propre nom ou sous un nom social pour le compte d'un commettant. (Cod. de com., art. 91.)

Les devoirs et les droits du commissionnaire qui agit au nom d'un commettant, sont presque les mêmes que ceux d'un mandataire à l'égard de son mandant. (Voyez *mandat*.)

Il y a cependant quelques différences.

D'abord, le commissionnaire agit sous son propre nom, pour le compte d'un tiers ou commettant dont il n'est pas tenu de faire connaître le nom ; le mandataire agit toujours au nom du mandant qui devient seul obligé à l'égard des tiers.

Ensuite, le devoir du commissionnaire n'est pas gratuit comme celui du mandataire.

Enfin, la commission étant au fond un mandat entre le commettant et le commissionnaire elle peut être confiée par acte authentique, par acte sous seing privé, par lettre ou verbalement, et l'acceptation peut n'être que tacite et résulter de l'exécution qui lui est donnée par le commissionnaire.

En général la commission se règle par lettres, et pour son exécution, procuration générale ou spéciale est donnée au commissionnaire.

—

Il y a plusieurs sortes de commissionnaires :

1° Les commissionnaires *vendeurs*, sont ceux chargés de la vente des marchandises pour le compte d'un tiers ;

2° Les commissionnaires *acheteurs*, ceux qui ont commission pour acheter ;

3° Les commissionnaires *de dépôts*, ceux qui se chargent de recevoir en garde les marchandises, ballots, etc.;

4° Les commissionnaires pour les *opérations de change*, ceux qui tirent, acceptent, négocient et recouvrent les lettres de change pour leur commettant.

5° Les commissionnaires de *transports* ou de *roulage*, ceux qui en leur nom, mais pour le compte de leur commettant font des marchés de transports avec les voituriers.

—

Tout commissionnaire qui a fait des avances sur des

marchandises à lui expédiées d'une place pour être vendues pour le compte d'un commettant, a un privilège pour le remboursement des avances, intérêts et frais, sur la valeur des marchandises, si elles sont à sa disposition dans ses magasins ou dans un dépôt public; ou si avant qu'elles soient arrivées, il peut constater par un connaissement ou par une lettre de voiture l'expédition qui lui a été faite.

Si les marchandises ont été livrées ou vendues pour le compte du commettant, le commissionnaire se rembourse, sur le produit de la vente, du montant de ses avances, intérêts, frais, par préférence aux créanciers du commettant.

Le commissionnaire répond des fautes qu'il commet comme mandataire, et comme son mandat est salarié, sa responsabilité est appliquée rigoureusement.

Le commissionnaire qui se charge d'un transport par terre ou par eau, est tenu d'inscrire sur son livre-journal la nature, la quantité et s'il en est requis, la valeur des marchandises qu'il transporte.

Il est garant : 1º de l'arrivée des marchandises et effets dans le temps déterminé par sa lettre de voiture, hors les cas de force majeure légalement constatés ; 2º des avaries ou pertes de marchandises ou effets s'il n'y a stipulation contraire dans sa lettre de voiture ou force majeure.

(Voyez *Formule d'une lettre de voiture*.)

## COMMUNAUTÉ.

Ce mot a plusieurs acceptions; il désigne soit la

réunion de personnes en un corps de l'Etat, soit une société de biens, soit une société de personnes et de biens.

Les *communautés religieuses* et les *communautés d'habitants*, forment des sociétés de personnes, les *communautés de biens* s'entendent spécialement des sociétés, ou encore des choses possédées à des titres différents, comme les cours, clôtures, chemins, etc.

Enfin, *la communauté entre époux* est une société de personnes et de biens.

## COMMUNAUTÉ DE BIENS ENTRE ÉPOUX.

C'est la société de biens subsistant entre le mari et la femme, soit d'après la loi, soit d'après les conventions de leur contrat de mariage.

### § 1.

La loi française établit que les époux mariés sans contrat ou convention préalable à la célébration du mariage, sont soumis au régime de la communauté de biens.

Ce régime de communauté peut également être établi par contrat.

Il y a, par conséquent, deux sortes de communautés: la *communauté légale*, dont les principes sont réglés par le Code Napoléon; la *communauté conventionnelle*, celle qui est régie par les conventions des parties.

### § II.

La communauté légale se compose activement: 1° de

tout le mobilier que les époux possédaient au jour de la célébration du mariage, ensemble, de tout le mobilier qui leur échoit pendant le mariage à titre de succession ou donation, à moins de stipulation contraire de la part du donateur; 2° de tous les fruits, revenus, intérêts et arrérages, de quelque nature qu'ils soient, échus ou perçus pendant le mariage et provenant des biens quelconques des époux; 3° enfin de tous les immeubles acquis pendant le mariage. (Cod. Nap., art. 1401.)

Le mot *mobilier* comprend l'argent comptant et les créances, mais non pas, par exemple, les meubles ou objets qui par leur position sont devenus immeubles par destination. (Voir la distinction faite aux mots *Biens meubles et immeubles*.)

Tous les autres biens des époux restent leur propriété personnelle.

## § III.

Les choses qui composent passivement la communauté sont:

1° Toutes les dettes mobilières dont les époux étaient grevés au jour de la célébration du mariage, ou dont se trouvent chargées les successions qui leur échoient pendant le mariage, sauf la récompense pour celles relatives aux immeubles propres à l'un ou à l'autre des époux;

2° Les dettes tant en capitaux qu'arrérages ou intérêts contractées par le mari pendant la communauté, ou par la femme, du consentement du mari, sauf la récompense dans le cas où elle a lieu;

3° Les arrérages et intérêts seulement des rentes ou dettes passives personnelles aux deux époux;

4° Les réparations usufructuaires des immeubles qui n'étaient point en communauté;

5° Les aliments des époux, l'éducation des enfants, et toute autre charge de mariage.

### § IV.

C'est au mari seul qu'appartient l'administration des biens de la communauté; il peut les vendre, aliéner, hypothéquer sans le concours de sa femme. (Cod. Nap. art. 1421).

Cependant le mari ne peut disposer entre-vifs, à titre gratuit, des immeubles de la communauté, ni de l'universalité ou d'une quotité du mobilier, si ce n'est pour des enfants communs.

Il aurait pourtant le droit de disposer des effets mobiliers, à titre gratuit et particulier, au profit de toutes personnes, pourvu qu'il ne s'en réserve pas l'usufruit.

### § V.

La communauté se dissout :
1° par la mort naturelle;
2° par la mort civile;
3° par la séparation de corps;
4° par la séparation de biens.

### § VI.

Lorsque la communauté est dissoute, la femme ou les héritiers et ayants-cause ont la faculté de l'ac-

cepter ou d'y renoncer : toute convention contraire est
nulle. (Cod. Nap. art. 1453).

L'acceptation peut se faire expressément et par quelque acte que ce soit ou même tacitement.

La femme et ses héritiers ne sont tenus des dettes de
la communauté que jusqu'à concurrence des biens
qu'ils y amendent. (Pothier, n° 547.)

La femme qui veut conserver le droit de renoncer
à la communauté est tenue de faire faire inventaire.

En renonçant la femme perd toute espèce de droit
sur les biens de la communauté et même sur le mobi-
qu'elle a apporté, mais elle exerce la reprise de ses
biens personnels et de ce qui lui est dû, tant sur les
biens de la communauté que sur les biens personnels
du mari. Il y a alors lieu au partage : il se fait une
liquidation de ses reprises.


## § VII.


La communauté légale peut être modifiée par toute
espèce de conventions, pourvu qu'elles ne soient contraires ni aux bonnes mœurs, ni aux droits résultant de
la puissance maritale sur la personne de la femme et des
enfants, ni aux lois qui règlent l'ordre des successions ;
pourvu encore que dans leur contrat les époux n'acceptent pas telle ou telle coutume.

Les principes modificateurs sont :

1° Que la communauté n'embrasse que les acquêts ;

2° Que le mobilier, présent ou futur, n'entrera
point en communauté, ou n'y rentrera que pour une
partie;

3° Qu'on y comprendra tout ou partie des immeubles présents ou futur par la voie de l'ameublissement ;

4° Que les époux payeront séparément leurs dettes antérieures au mariage ;

5° Qu'en cas de renonciation, la femme pourra reprendre ses apports francs et quittes ;

6° Que le survivant aura un préciput ;

7° Que les époux auront des parts inégales ;

8° Enfin qu'il y aura entre eux communauté à titre universel. (Cod. Nap. art. 1497).

## COMMUNES.

L'art. 8, titre 11, de la Constitution de 1791 a substitué la dénomination de *commune* à celle de *communauté d'habitants, ville, bourg, village et paroisse* :

Les communes sont administrées par un maire, des adjoints et des conseillers municipaux.

Les maires et adjoints sont nommés par l'Empereur sur la désignation des préfets, dans les communes de trois mille âmes et au-dessus, et dans tous les chefs-lieux d'arrondissement, quelle que soit la population.

Au-dessous de trois mille, le préfet seul les nomme.

La commune est un *être moral*; elle est réputée *mineure*.

Sous le premier rapport, quelqu'un agit en son nom.

Sous le second, un *conseil* examine s'il est utile de *louer* ou de *régir*, *d'aliéner*, *d'acquérir*, *d'emprunter*, *de plaider*, *de transiger*, *d'établir une imposition locale, de faire des travaux* pour l'utilité ou l'agrément de la commune.

Il faut enfin qu'une administration supérieure approuve les *avis* du conseil, les modifie ou les rejette.

Telles sont les fonctions des maires, des conseillers municipaux et des préfets. (*Voyez ces mots.*)

## COMPROMIS.

—

C'est l'acte par lequel on nomme des arbitres, pour décider une contestation sur laquelle on est divisé. (V. *Arbitres.*)

Toutes personnes peuvent compromettre sur les biens dont elles ont la libre disposition.

Mais on ne peut compromettre sur les dons et legs d'aliments, de logement, de vêtements; sur les séparations entre mari et femme, sur les questions d'État.

Il ne faut pas confondre le compromis avec les transactions. *Transiger*, c'est éteindre une contestation par des concessions mutuelles; *compromettre* c'est donner une contestation à décider à des tiers qu'on choisit et auxquels on se rapporte.

Le compromis est valable quoiqu'on n'y ait indiqué aucun délai pour la prononciation du jugement arbitral. Dans ce cas, la loi en fixe la durée à trois mois.

Le compromis finit :

1o Par la mort, par le refus, le départ ou l'empêchement d'un des arbitres;

2o Par l'expiration du délai;

3o Par le partage;

4º Par le décès de l'une des parties, si tous les héritiers ne sont pas majeurs.

—

Le compromis peut être fait par acte devant notaire ou sous signature privée ou par procès verbal devant les arbitres choisis.

Il doit désigner les objets en litige et les noms des arbitres, à peine de nullité.

Ces arbitres ne peuvent recevoir le compromis qui les nomme lorsque les parties ne savent pas signer.

Si le compromis est fait sous seing privé, il faut qu'il soit écrit en autant de double qu'il y a de parties ayant un intérêt distinct.

————— ——

## CONCORDAT.

—

C'est le traité qu'un commerçant en état de faillite fait avec la masse de ses créanciers et qui aboutit, soit à un atermoiement, soit à un abandonnement.

A cet effet, les créanciers dont les créances ont été admises, sont convoqués par les syndics provisoires dans les trois jours après l'expiration des délais prescrits pour l'affirmation des créanciers connus. L'assemblée se forme sous la présidence du juge-commissaire, aux lieu, heure et jour qu'il a fixés. On n'y admet que les créanciers reconnus ou leurs fondés de pouvoirs. Le failli y est appelé; il doit y être présent en personne s'il a obtenu un sauf-conduit, et il ne peut s'y faire représenter que pour des motifs valables et approuvés par le juge-commissaire.

Celui-ci vérifie les pouvoirs de ceux qui s'y présentent comme fondés de procuration, il fait rendre compte, en sa présence, par les syndics provisoires, de l'état de la faillite, des formalités qui ont été remplies et des opérations qui ont eu lieu. Le failli est entendu. Il est ensuite dressé procès-verbal, par le juge-commissaire, de ce qui a été dit et décidé dans l'assemblée.

Il suffit que le concordat soit consenti par un nombre de créanciers présents formant la majorité et représentant, en outre, par leurs titres de créances, les trois quarts de la totalité des sommes dues. En sorte que la minorité est obligée de céder à la majorité.

Les créanciers opposants au concordat sont tenus de faire signifier leurs oppositions aux syndics et au failli, dans huitaine pour tout délai.

Le concordat est homologué par le tribunal de commerce dans la huitaine du jugement sur les oppositions. L'homologation le rend obligatoire pour tous les créanciers.

Le tribunal peut refuser l'homologation pour cause d'inconduite ou de fraude, et le failli est alors poursuivi comme banqueroutier.

## CONGÉ.

Ce mot a diverses acceptions : il signifie habituellement la permission que les magistrats, administrateurs et militaires obtiennent de s'absenter pendant un certain temps. Pour les simples militaires, jusqu'au grade d'officier, il signifie encore la libération du service.

### CONGÉ D'ACQUIT.

Certificat que le maître donne à l'apprenti ou à l'ouvrier qui a travaillé chez lui, et qui constate que cet ouvrier a rempli ses engagements. (Voyez *Brevet d'apprentissage*.)

### CONGÉ (Contributions indirectes).

C'est l'expédition dont on doit se munir pour transporter toute espèce de liqueurs d'un lieu à un autre. Il sert à constater l'acquittement des droits de circulation.

### CONGÉ-DÉFAUT.

Renvoi par un tribunal, soit du défendeur à une demande formée contre lui, soit du demandeur qui ne se présente pas pour justifier la demande qu'il a formée.

### CONGÉ DE LOUAGE.

C'est l'acte par lequel une partie fait connaître à une autre qu'elle entend mettre fin à la jouissance convenue par un bail de location.

Quand le bail est écrit il est inutile de donner congé; la jouissance expirant de plein droit au terme fixé par le bail.

Quelquefois il est stipulé que chacune des parties pourra résoudre la location à des époques déterminées, comme dans les baux de trois, six et neuf ans. Il est d'usage dans ce cas de stipuler le délai dans lequel le congé doit être donné.

Il arrive aussi que le bailleur se réserve de résoudre le bail en cas de vente. Dans ce cas l'acquéreur qui veut profiter de cette clause doit donner congé.

Si le bail est verbal il est nécessaire de donner congé; la continuation de la jouissance étant considérée comme un renouvellement de bail.

Les délais des congés sont déterminés par l'usage des lieux.

C'est ordinairement par huissier que l'on donne congé, c'est le mode qui entraine le moins de contestations.

Le congé verbal est sujet à un grave inconvénient. La partie qui voudrait le nier étant crue sur son affirmation, et la preuve testimoniale n'étant pas admise, le bailleur succomberait dans sa demande.

L'effet du congé est de résoudre la location lorsqu'il est valable, ou, quoique non valablement donné, lorsqu'il est accepté par la partie à laquelle il est donné.

Par suite du congé, le propriétaire peut contraindre le locataire à sortir à l'époque qui y est fixée, ou le locataire contraindre le propriétaire à le laisser sortir.

Mais cette contrainte ne peut être exercée qu'en vertu d'un jugement; et comme la matière requiert célérité, c'est en *référé* que doit être donnée l'assignation à la partie récalcitrante.

Le congé prononcé par le jugement est exécutoire en vertu de ce seul jugement, sans qu'il soit besoin d'un nouveau référé.

## CONSEIL D'ÉTAT.

(Voir la Constitution.)

———

Le Conseil d'État est tout à la fois un tribunal administratif, amovible, et un des grands corps de l'État, institué pour préparer les projets de loi et éclairer les ministres qui le consultent sur des questions contentieuses ou administratives.

———

## CONSEIL DE FAMILLE.

———

C'est une assemblée de parents et amis présidée par le juge de paix, et dont les fonctions consistent à délibérer sur ce qui intéresse la personne ou les biens d'un mineur ou d'un interdit, qui est ou qui doit être pourvu d'un tuteur ou d'un curateur.

### § I.

Le conseil de famille se compose du juge de paix et de six personnes; ces personnes sont six parents ou alliés, pris moitié du côté paternel, moitié du côté maternel, en suivant l'ordre de proximité dans chaque ligne, pour prévenir l'influence d'une ligne sur l'autre. (Cod. Nap. 407.)

Le parent doit être préféré à l'allié du même degré, et parmi les parents du même degré, le plus âgé à celui qui l'est le moins.

Les membres du conseil de famille autres que les

père, mère ou ascendants doivent être mâles et majeurs.

Les frères germains du mineur et les maris des sœurs germaines, quel que soit leur nombre, font tous partie du conseil de famille, qu'ils composent seuls avec les veuves d'ascendants et les ascendants valablement excusés.

Si le nombre des frères germains est au-dessous de six, il faut appeler, indépendamment des ascendants et des ascendantes excusés, d'autres parents pour composer le conseil de famille.

Les parents appelés au conseil de famille doivent être pris, soit dans la commune dont fait partie le lieu d'ouverture de la tutelle, soit dans la distance de deux myriamètres, afin que les intérêts du pupille ne souffrent point du retard qui pourrait résulter de l'éloignement des autres parents. (Toullier, n° 1112.)

A défaut de parents, les personnes appelées, à raison de leurs relations d'amitié avec le défunt, ne sont pas obligées de se rendre à la convocation si elles ne résident pas dans la commune où la tutelle est ouverte et où le conseil de famille s'assemble.

La veuve fait partie du conseil de famille assemblé pour délibérer si la tutelle doit lui être conservée en se remariant.

Les parents ou amis convoqués sont tenus de se rendre en personne ou de se faire représenter par un mandataire spécial. Le fondé de pouvoirs ne peut représenter plus d'une personne.

§ II.

C'est le domicile du mineur ou le domicile de ses

père et mère, s'il s'agit d'un mineur d'âge, qui fixe la compétence du juge de paix. C'est chez le magistrat ou dans le lieu qu'il désigne que le conseil de famille doit s'assembler pendant toute la durée de la tutelle.

Le conseil de famille est convoqué, soit sur la réquisition et à la diligence des parents du mineur, de ses créanciers ou autres intéressés, soit même d'office par le juge de paix du lieu du domicile. Toute personne peut dénoncer au juge de paix le fait qui donne lieu à la nomination du tuteur. (Cod. Nap. 406.)

Le juge de paix fixe le jour et le lieu de l'assemblée. Si les parents ne sont pas sur les lieux ou ne veulent pas comparaître volontairement, ils sont assignés de manière qu'il y ait toujours entre la citation notifiée et le jour indiqué pour la réunion du conseil, un délai de trois jours au moins quand toutes les parties citées résident dans la commune ou dans la distance de deux myriamètres, et toutes les fois que parmi les parents cités, il s'en trouve qui sont domiciliés au delà de cette distance, le délai doit être augmenté d'un jour par trois myriamètres.

Tout parent, allié ou ami convoqué en conseil de famille et qui, sans excuse légitime, ne comparaît point, encourt une amende qui ne peut excéder 50 francs, et est prononcée sans appel par le juge de paix.

§ III.

Les fonctions du conseil de famille sont :

Nomination des tuteurs, subrogés-tuteurs, cotuteurs ou curateurs (Cod. Nap. 395, 405 et 480) ;

Destitution des tuteurs qui malversent ;

Consentement, avis ou autorisation :

Pour le mariage des mineurs ;

Pour l'opposition à y former ;

Pour la tutelle officieuse ;

Pour confirmation du tuteur élu par la mère remariée qui a été maintenue dans la tutelle ;

Pour fixer les dépenses du mineur et les frais d'administration ;

Pour déterminer l'obligation de faire emploi de l'excédant des revenus sur la dépense ;

Pour autoriser le tuteur à prendre à ferme ou acheter les biens du mineur ;

Pour aliéner ou hypothéquer les mêmes biens ;

Pour accepter ou répudier les successions ou donations ;

Pour introduire une action relative aux droits immobiliers du mineur, ou pour acquiescer à une demande relative à ces droits ;

Pour provoquer un partage ;

Pour transiger ;

Pour faire détenir le mineur par voie de correction ;

Pour l'émancipation ;

Pour révoquer l'émancipation ;

Pour l'interdiction ;

Pour la nomination du conseil judiciaire ;

Pour régler les conventions matrimoniales des enfants des interdits ;

Pour restreindre ou rayer les hypothèques des mineurs.

## § IV.

Les parents ne sont pas responsables de la gestion du tuteur.

Le conseil de famille est présidé par le juge de paix, qui a voix délibérative et prépondérante, en cas de partage.

La présence des trois quarts, au moins, des membres convoqués est nécessaire pour la délibération du conseil de famille. D'où il résulte qu'il faut *au moins* cinq membres lorsque le conseil n'est composé que de six.

Il semble résulter des art. 407 et 408 du Code Napoléon, que si le conseil de famille se trouve simplement composé de parents ou alliés, il ne peut valablement délibérer qu'au nombre de six.

Si le juge de paix se contentait de présider sans prendre part à la délibération, elle serait nulle.

Les délibérations du conseil de famille doivent être prises à la majorité des suffrages. Si la délibération du conseil n'est pas prise à l'unanimité, l'avis de chaque membre du conseil doit être mentionné dans le procès verbal. Cette disposition de l'art. 883 du Code de procédure civile, n'est applicable qu'aux délibérations qui doivent être soumises à l'homologation du tribunal.

Il n'est pas nécessaire que les motifs de ces avis soient exprimés, à moins d'exclusion ou de destitution du tuteur.

Cependant s'il s'agissait de prononcer que la mère qui se remarie ne doit pas conserver la tutelle, la délibération peut n'être pas motivée.

§ v.

Les délibérations du conseil de famille qui ne contiennent que des nominations de tuteurs, cotuteurs, subrogés-tuteurs ou curateurs, ou encore autorisation d'accepter une succession sous bénéfice d'inventaire, etc. sont dispensées d'homologation.

Cette formalité est nécessaire lors qu'il s'agit d'emprunter, d'aliéner ou d'hypothéquer pour le mineur, ou encore en cas de destitution du tuteur.

C'est au tribunal de première instance qu'il faut s'adresser.

Lorsqu'il y a lieu à l'homologation, l'expédition de la délibération est présentée au président du tribunal, qui ordonne communication au ministère public et commet un juge pour en faire le rapport au jour indiqué ; le procureur. impérial donne ses conclusions au bas de l'ordonnance, la minute du jugement est mise à la suite du jugement sur le même cahier. (Cod. proc. art. 885 et 886).

Les jugements rendus sur les délibérations du conseil de famille sont sujets à l'appel.

## CONSEIL GÉNÉRAL.

C'est une réunion d'un certain nombre de citoyens élus par les populations et convoqués par le préfet de chaque département en assemblée générale à une époque désignée par le gouvernement. La durée de leur session ne peut excéder quinze jours. Un des membres est choisi pour être président et un autre pour être secrétaire.

Les attributions des conseils généraux sont :

1º Administratives; ainsi ils sont autorisés à arrêter le budjet départemental, et à faire la répartition de la contribution foncière, personnelle et mobilière, dont la sous-répartition est faite par les conseils d'arrondissement.

2º Ils peuvent établir, avec l'autorisation du ministre de l'intérieur, des impositions facultatives dont le montant ne doit pas excéder 5 centimes du principal des contributions foncière, personnelle et mobilière.

3º Elles ont le caractère de représentation nationale, et expriment leur opinion sur l'état et le besoin du département qu'ils représentent. Cette partie de leurs travaux est immédiatement soumise au ministre de l'intérieur.

Les préfets ne peuvent présider les conseils généraux, ils y sont comme commissaires du Gouvernement. Ils préparent à l'avance les documents et instructions sur lesquels le conseil doit délibérer.

## CONSEIL JUDICIAIRE.

C'est un conseil imposé à une personne pour qu'elle puisse valablement ou s'obliger, ou plaider, ou aliéner ses biens.

Un conseil judiciaire est nécessaire lorsqu'un homme est tellement faible d'intelligence qu'il lui est impossible de régler ses affaires, ou en cas de trop grande prodigalité de sa part.

Tous actes passés ou consentis par un individu pourvu d'un conseil judiciaire, sans l'assistance de ce conseil, sont nuls de droit.

## CONSEIL MUNICIPAL.

—

Ce conseil représente les habitants; il y en a un dans chaque commune. Il délibère sur tous les objets relatifs aux biens de la commune et à ses intérêts. Le maire n'est pour ainsi dire que son mandataire.

Les délibérations du conseil municipal, pour être exécutoires, ont besoin de l'approbation du préfet du département et quelquefois de celle du ministre.

Le conseil municipal est composé :

De 10 membres dans les comm<sup>es</sup> de     500   habitants.
De 12   —         —      de     500 à   1,500
De 16   —         —      de   1,500 à   2,500
De 21   —         —      de   2,500 à   3,500
De 23   —         —      de   3,500 à 10,000
De 27   —         —      de 10,000 à 30,000
De 36   —         —      de 30,000 et au-dessus

## CONSEIL DE PRÉFECTURE.

—

La loi du 28 pluviôse an VIII a créé dans chaque département, une juridiction administrative qui prononce, en premier ressort et sauf recours au conseil d'État, sur toutes les affaires contentieuses de sa compétence.

Le préfet préside le conseil de préfecture et y a voix prépondérante.

### DÉGRÈVEMENT DE CONTRIBUTIONS.

Le conseil de préfecture prononce sur les demandes

des particuliers tendant à obtenir la décharge ou la réduction de leur cote de contributions directes.

Le conseil de préfecture est compétent, non seulement pour les quatre grandes contributions directes (l'impôt foncier, l'impôt personnel et mobilier, celui des portes et fenêtres, celui des patentes), mais aussi pour d'autres impôts particuliers que nous allons énumérer.

Ce sont :

1° La taxe annuelle sur les biens de main-morte, appartenant aux départements, communes, hospices, séminaires, fabriques, congrégations religieuses, consistoires, établissements de charité, bureaux de bienfaisance, sociétés anonymes et tous établissements publics légalement autorisés;

2° Les redevances annuelles sur les mines;

3° Les droits de vérification des poids et mesures et instruments de pesage;

4° Les contributions imposées par le gouvernement sur les bains fabriqués et dépôts d'eaux minérales, pour subvenir aux traitements des médecins-inspecteurs desdits établissements;

5° Les contributions spéciales destinées à subvenir aux dépenses des bourses et chambres de commerce;

6° Les taxes imposées pour les travaux d'entretien, réparation ou reconstruction des digues, pour le curage des canaux et rivières non navigables;

7° Les taxes d'arrosage autorisées par le gouvernement;

8° Les taxes pour travaux de desséchement des marais;

9° Les prestations en nature ou en argent pour les chemins vicinaux;

10º La rétribution mensuelle imposée par le conseil municipal aux élèves de l'école primaire communale, pour subvenir aux frais de l'instituteur;

11º La taxe municipale sur les chiens;

12º Les taxes d'établissements de trottoirs, celles d'affouages, et autres municipales.

La compétence du conseil de préfecture s'étend même aux impôts indirects perçus au profit de l'État et présentant un caractère général.

Ce sont :

1º Les droits d'enregistrement, de timbre, de greffe et d'hypothèque perçus par l'administration de l'enregistrement et des domaines, et qui frappent les actes de toute nature, ainsi que les transmissions de propriété ou d'usufruit;

2º Les droits de douane et de navigation maritime;

3º Les contributions indirectes proprement dites, comprenant les droits sur les boissons, les cartes à jouer, les voitures publiques, le droit de garantie sur les matières d'or et d'argent, le droit de fabrication sur les sucres indigènes, l'octroi de navigation intérieure, la taxe de consommation des sels, le monopole des tabacs et celui des poudres à feu;

4º La taxe des lettres et autres taxes perçues par l'administration des postes.

Les demandes en dégrèvement sont de deux sortes : celles *en décharge* ou *remise*, celles *en réduction* ou *modération*. Les premières sont fondées sur un droit; les secondes, sur un simple intérêt.

## CONSEIL DE PRUD'HOMMES.

—

C'est une réunion de fabricants, de chefs d'ateliers ou d'artisans, organisés légalement en tribunal, pour le maintien de la police de la fabrication et de la surveillance des ouvriers envers leurs maîtres.

Il est spécialement institué pour terminer par la voie de conciliation les petits différents qui s'élèvent journellement, soit entre des fabricants et des ouvriers, soit entre des chefs d'ateliers et des compagnons ou apprentis.

Il veille à l'exécution des mesures conservatrices de la propriété des marques empreintes aux différents produits de la fabrique.

Pour être élu il faut être négociant ou fabricant depuis six ans et n'avoir jamais été déclaré en faillite. Les chefs d'ateliers doivent savoir lire et écrire.

Le conseil des prud'hommes se renouvelle par tiers chaque année; les membres sortant sont toujours rééligibles.

Le conseil tient un registre exact du nombre de métiers et du nombre d'ouvriers existant dans les fabriques. A cet effet, les prud'hommes sont autorisés à faire dans les ateliers une ou deux inspections par an pour recueillir les informations nécessaires.

Les fonctions de prud'hommes sont gratuites.

Les prud'hommes sont nommés par les marchands, fabricants et chefs d'ateliers.

Ils prêtent serment entre les mains du préfet.

Pour être justiciable des conseils de prud'hommes, il faut être marchand, fabricant, chef d'atelier, contre-maître, ouvrier, compagnon ou apprenti et que la contestation porte sur des affaires relatives à la branche d'industrie qu'ils exercent et aux conventions dont cette industrie aura été l'objet.

---

## CONTRAINTE PAR CORPS.

—

La contrainte par corps est le droit qu'a un créancier de faire incarcérer son débiteur pour le forcer à acquitter ses obligations.

La contrainte par corps ne peut avoir lieu que dans les cas indiqués par la loi.

### § I.

En matière civile la contrainte par corps a lieu pour stellionat. Il y a stellionat lorsqu'on vend ou hypothèque un immeuble dont on sait n'être pas propriétaire, lorsqu'on présente comme libres des biens hypothéqués ou que l'on déclare des hypothèques moindres que celles dont ces biens sont chargés.

La contrainte par corps a lieu pareillement : 1° pour dépôt nécessaire; 2° en cas de réintégrande pour délaissement d'un fonds dont le propriétaire a été dépouillé par voie de fait; pour la restitution des fruits qui ont été perçus pendant l'indue possession et pour le payement des dommages-intérêts adjugés aux propriétaires; 3° pour répétition de deniers consignés dans les mains de personnes publiques établies à cet effet; 4° pour la représentation des choses déposées aux séquestres commissaires et autres gardiens; 5° contre les cautions judiciaires et contre les cautions contraignables par corps; 6° contre tous officiers publics pour la représen-

tation de leurs minutes quand elle est ordonnée;
7° contre les notaires, les avoués et les huissiers pour
la restitution des titres à eux confiés et des deniers par
eux reçus de leurs clients par suite de leurs fonctions.

Les juges ont la faculté de prononcer la contrainte
par corps : 1° pour dommages-intérêts en matière civile
au-dessus de la somme de 300 francs; 2° pour reliquat
de compte de tutelle, curatelle, d'administration de
corps et de communautés, établissements publics ou de
toute administration confiée par la justice et pour toutes
restitutions à faire par suite desdits comptes.

Sont encore soumis à la contrainte par corps, pour
raison du reliquat de leur compte, déficit ou débit constaté à leur charge et dont ils ont été déclarés responsables : 1° les comptables de deniers publics ou d'effets
mobiliers publics et leurs cautions; 2° leurs agents ou
préposés qui ont personnellement géré ou fait les
recettes; 3° toutes personnes qui ont perçu des deniers
publics dont elles n'ont point effectué le versement ou
l'emploi, et qui ayant reçu des effets mobiliers appartenant à l'État ne les représentent pas ou ne justifient pas
de l'emploi qui leur avait été prescrit; 4° tous entrepreneurs, fournisseurs, soumissionnaires et traitants qui
ont passé des marchés ou traités intéressant l'État, les
communes, les établissements de bienfaisance et autres
établissements publics et qui sont déclarés débiteurs par
suite de leur entreprise; 5° leurs cautions, agents ou
préposés qui ont personnellement géré l'entreprise et
toutes personnes déclarées responsables des mêmes
services.

En matière civile la contrainte par corps ne peut être
prononcée contre les mineurs. Elle ne peut être pro-

noncée contre les septuagénaires, les femmes et les filles que dans le cas de stellionat.

La contrainte par corps n'est jamais prononcée contre le débiteur au profit : 1° de son mari ou de sa femme ; 2° de ses ascendants, descendants, frères ou sœurs ou alliés au même degré.

En aucune matière la contrainte par corps ne peut être exercée simultanément contre le mari et la femme.

La contrainte par corps ne peut être appliquée qu'en vertu d'un jugement qui en prononce la durée dans les limites de six mois à cinq ans.

## § II.

En matière commerciale la contrainte par corps peut être prononcée, sauf les exceptions ci-après, contre toutes personnes condamnées pour dettes commerciales au paiement d'une somme de 200 francs et au-dessus.

La contrainte par corps ne peut être prononcée contre des individus non commerçants *endosseurs* de lettres de change ou de billets à ordre.

Ne sont point soumis à la contrainte par corps en matière de commerce : 1° les femmes et les filles non légalement réputées marchandes publiques ; 2° les mineurs non commerçants ou qui ne sont point réputés majeurs pour le fait de leur commerce ; 3° les veuves et les héritiers des justiciables des tribunaux de commerce assignés devant les tribunaux en reprise d'instance ou par action nouvelle en raison de leur qualité.

La contrainte par corps ne peut être appliquée en matière de commerce contre le débiteur au profit : 1° de son mari ou de sa femme ; 2° de ses ascendants, descendants, frères ou sœurs, de l'oncle, de la tante, du grand-oncle ou de la grand'tante, du petit neveu ou de la petite nièce et des alliés aux mêmes degrés, enfin, contre les débiteurs qui auront commencé leur soixante-dixième année.

———

L'emprisonnement pour dette commerciale cesse de plein droit après trois mois, lorsque le montant en principal de la condamnation ne s'élève pas à 500 francs, après six mois s'il ne s'élève pas à 1,000 francs, à neuf mois pour 1,500 francs, un an pour 2,000 francs. L'augmentation se fait ainsi successivement de trois mois en trois mois pour chaque somme de 500 francs, sans pouvoir excéder trois ans.

Les jugements qui prononcent la contrainte par corps sont toujours soumis à l'appel pour cette condamnation.

Le jugement ne pourra être exécuté qu'un jour après la signification.

Le débiteur ne peut être arrêté : 1° avant le lever et après le coucher du soleil; 2° les jours de fêtes légales; 3° dans les édifices consacrés aux cultes et pendant les exercices religieux seulement; 4° dans le lieu et pendant la tenue des séances des autorités constituées; 5° dans une maison quelconque, même dans son domicile, à moins qu'il ne l'ait été ainsi ordonné par le juge de paix du lieu, lequel juge de paix devra, dans ce cas, se transporter dans la maison avec l'officier ministériel.

Le débiteur ne peut non plus être arrêté, s'il est porteur d'un sauf-conduit.

———

Le débiteur sera mis en liberté, en consignant entre

les mains du geôlier de la prison les causes de son incarcération et les frais de capture, ou encore en payant le tiers du principal de la dette et de ses accessoires et en fournissant caution acceptée pour le surplus.

Le débiteur légalement incarcéré obtient son élargissement :

1º Par le consentement du créancier qui l'a fait incarcérer;

2º Par le paiement ou consignation des sommes dues;

3º Par le bénéfice de la cession;

4º A défaut par le créancier d'avoir consigné d'avance des aliments;

5º Si le débiteur a commencé sa soixante-dixième année et s'il n'est pas stellionataire;

6º Par l'expiration du temps fixé par le jugement de condamnation;

7º Par la nullité de l'emprisonnement.

La consignation d'aliments doit être faite pour trente jours au moins; elle s'élève à 40 fr. pour Paris et 35 francs pour les autres villes.

Une requête au président suffit pour demander l'élargissement faute de consignation d'aliments. Et le débiteur élargi faute de consignation d'aliments ne pourra plus être incarcéré pour la même dette.

## CONTRAT.

. Un contrat est une convention par laquelle une ou plusieurs personnes s'obligent envers une ou plusieurs autres à donner, à faire ou à ne pas faire quelque chose (C. N., 1101).

Il y a plusieurs sortes de contrats : le contrat est *synallagmatique* ou *bilatéral* lorsque les contractants s'obligent réciproquement les uns envers les autres.

Il est *unilatéral* lorsqu'une ou plusieurs personnes sont obligées envers une ou plusieurs autres, sans que de la part de ces dernières il y ait engagement.

Il est *commutatif* lorsque chacune des parties s'engage à donner ou à faire une chose qui est regardée comme l'équivalent de ce qu'on lui donne ou de ce qu'on fait pour elle.

Il devient *aléatoire* si l'équivalent consiste dans la chance de gain ou de perte des parties, d'après un événement incertain. (Cod. Nap. 1104.)

Nous ne nous occuperons ici que du contrat entre époux, appelé *contrat de mariage*.

## CONTRAT DE MARIAGE.

On entend par contrat de mariage, l'acte qui précède la célébration du mariage à la mairie et qui contient les conditions civiles du mariage par rapport aux biens que les époux possèdent au moment de leur union ou qu'ils acquerront par la suite.

A défaut de convention antérieure à la célébration du mariage, les biens des époux sont régis conformément aux règles établies par le Code : c'est la communauté.

## I.

Dans un contrat écrit, les époux peuvent se soumettre soit au régime de la communauté, soit au régime dotal et changer et modifier l'un et l'autre de ces régimes.

Les conventions matrimoniales sont celles qui règlent la dot de la femme et tout ce qui s'y rapporte, soit sous le régime dotal, soit sous le régime de la communauté; les avantages faits à l'un des futurs époux ou aux deux, tels que donations réciproques ou non, les gains de survie ou les rentes viagères qui en tiennent lieu. Ce sont encore, l'établissement, l'exclusion ou les différentes modifications de la communauté ou du régime dotal.

Les époux peuvent déclarer d'une *manière générale,* qu'ils entendent se marier sous le régime de la communauté ou sous le régime dotal.

Ils peuvent déclarer qu'ils se soumettent en partie au régime de la communauté, et en partie au régime dotal.

Ils ne peuvent faire aucune stipulation tendant à déroger aux droits de la puissance maritale ou paternelle, ou à permettre à la femme de vendre une partie de ses biens sans l'autorisation de son mari.

L'autorisation du mari pour l'aliénation des biens de sa femme, ne peut encore être donnée d'une manière générale, même dans un contrat de mariage.

On ne peut encore stipuler que la communauté commencera à une autre époque que celle de la célébration civile du mariage, ni on ne peut renoncer à la succession d'une personne vivante, ni aliéner les droits qu'on peut avoir sur cette succession.

Enfin, les époux ne peuvent faire aucune stipulation tendant à changer l'ordre légal de succession.

Toutes les conventions ou donations que renferme le contrat de mariage, sont toujours présumées faites sous la condition que le mariage s'en suivra : elles sont caduques si le mariage vient à se rompre.

## II.

Pour faire un contrat de mariage il faut être habile à se marier, autrement les conventions sont nulles comme le mariage.

Le mineur habile à contracter mariage, est habile à consentir toutes les conventions dont ce contrat est susceptible, pourvu qu'il soit assisté, dans le contrat, des personnes dont le consentement est nécessaire pour la validité du mariage.

Le contrat de mariage passé par le mineur sans l'assistance des personnes dont il doit obtenir le consentement, peut être déclaré nul sur sa demande ou celle de ses héritiers. L'action en nullité se prescrit par dix ans qui courent à dater du jour de la dissolution du mariage.

Pour les personnes qui doivent assister le mineur à son contrat, nous renvoyons au mot *mariage*.

## III.

Le contrat de mariage doit être fait devant notaire et avant la célébration du mariage devant l'officier de l'état civil.

Les *futurs époux comme les père et mère*, dans les cas où leur présence est nécessaire, peuvent se faire représenter au contrat par des mandataires. La procuration doit être expresse et spéciale, et elle doit être faite par acte *authentique* et en minute si le contrat de mariage contient des donations.

## IV.

Tout contrat de mariage entre époux dont l'un est commerçant, doit être transmis par extrait dans le mois de la date :

1° Aux greffes des tribunaux de première instance et de commerce ;

2° A défaut de ce dernier tribunal, à la salle de la mairie du domicile du mari ;

3° A la chambre des avoués ;

4° A la chambre des notaires.

Cet extrait annoncera si les époux sont mariés en communauté, s'ils sont séparés de biens, ou s'ils ont contracté sous le régime dotal.

Le tout à peine d'amende contre le notaire.

## V.

Aucune modification ne peut être apportée au contrat de mariage, à dater du jour de la célébration du mariage civil.

Des époux français mariés en pays étranger sans contrat avant le mariage, ne peuvent y suppléer.

## CONTRE-LETTRE.

C'est un acte fait pour déroger à un autre, en tout ou en partie, soit en expliquant, étendant ou restreignant les clauses et conventions qui y sont stipulées, soit en reconnaissant qu'elles ne sont nullement sérieuses.

Les contre-lettres ne peuvent avoir d'effet qu'entre

les parties contractantes; elles n'ont point d'effet contre les tiers; sous le nom de parties contractantes on comprend aussi leurs héritiers.

Une contre-lettre portant qu'une vente n'est pas réelle est sans effet à l'égard des tiers : ainsi l'acquéreur qui a consenti la contre-lettre peut très bien hypothéquer ou transmettre la propriété à un tiers de bonne foi.

La contre-lettre contenant des conventions synallagmatiques doit être faite à double.

Toute contre-lettre sous seing privé ayant pour objet une augmentation de prix stipulé dans un contrat est nulle; et si son existence est établie, l'enregistrement a droit d'exiger, à titre d'amende pour dissimulation du prix réel, le triple droit sur les sommes portées dans ces contre-lettres.

## CONTRIBUTIONS.

On entend par contribution, la répartition qui se fait entre plusieurs personnes, soit d'une charge ou d'une perte dont elles sont tenues en commun, soit d'une somme dont il appartient une portion à chacun.

On désigne par ce mot les *impositions* de toute espèce :

Contribution communale,
     —      départementale,
     —      directe,
     —      foncière,
     —      indirecte,
     —      mobilière,

Contribution des portes et fenêtres,
  —    du décime par franc,
  —    de la douane,
  —    enregistrement,
  —    patente,
  —    et timbre.

Il y a encore une autre division : .

Les contributions sont *directes* ou *indirectes.*

Les contributions *directes* sont celles qui sont payées *directement* par l'individu ou le propriétaire. Elles sont au nombre de quatre :

La contribution foncière, la contribution personnelle et mobilière, la contribution des portes et fenêtres, et celle des patentes.

Les contributions *indirectes*, ainsi appelées parce qu'elles sont avancées à l'État par les fabricants ou marchands, sont payées *indirectement* par les consommateurs ou acheteurs. Ce sont les droits sur les boissons, les cartes, les douanes, les droits de greffe, l'enregistrement, la garantie des matières d'or et d'argent, les octrois, le sel, le tabac, le timbre et les voitures publiques.

L'impôt foncier est fixé chaque année par le corps législatif pour tous les départements.

Les impôts indirects peuvent être établis pour plusieurs années.

Après le vote du Corps législatif, les conseils généraux de département font la répartition pour chaque arrondissement. Les conseils d'arrondissement font la répartition entre les communes, et les répartiteurs la font ensuite entre les contribuables.

## CONTRIBUTION FONCIÈRE.

Cette contribution est répartie sur toutes les propriétés foncières à raison de leur revenu net imposable. Elle est payable par tous propriétaires, possesseurs ou usufruitiers.

Les contributions doivent toujours être payées en valeur numéraire, et pour faciliter les contribuables on leur donne la faculté de l'acquitter par douzième de mois en mois.

Les fermiers ou locataires font l'avance de la contribution et les propriétaires leur en tiennent compte, à moins de stipulations contraires dans le bail.

C'est au propriétaire inscrit sur le rôle des contributions à les acquitter.

L'acheteur qui ne fait pas inscrire son nom sur le rôle peut y être contraint par le vendeur, et si ce dernier avait payé à la décharge de l'acquéreur, son action en restitution dure trente ans.

Si un contribuable est taxé dans une commune pour un bien qu'il n'a pas, il a droit de demander à être déchargé.

S'il est imposé pour un bien appartenant à un autre, il doit faire opérer une mutation de la cote.

Il a droit à une réduction si sa cote est trop forte, ou s'il est taxé dans une proportion plus forte qu'un ou plusieurs autres copropriétaires de la commune où ses biens sont situés.

Lorsqu'il a perdu son revenu il a droit à une remise. S'il n'en a perdu qu'une portion, il ne peut réclamer qu'une réduction.

Les pétitions en réduction ou dégrévement doivent être présentées dans les trois mois qui suivent la publication et la mise en recouvrement des rôles; passé ce délai elles ne sont plus admissibles. La feuille d'avertissement et les quittances des sommes échues des contributions doivent être jointes à la pétition. Il faut une pétition pour chaque contribution.

Les pétitions sont faites sur papier timbré et remises au préfet ou au sous-préfet, qui les fait enregistrer et les renvoie au contrôleur.

## CONTRIBUTION PERSONNELLE ET MOBILIÈRE.

La contribution personnelle et mobilière est due par chaque habitant français et par chaque étranger, de tout sexe, jouissant de ses droits et non réputé indigent. Sont considérés comme jouissant de leurs droits les veuves et les femmes séparées de leur mari, les garçons et filles majeurs ou mineurs, ayant des moyens suffisants d'existence, soit par leur fortune personnelle, soit par la profession qu'ils exercent, lors même qu'ils habitent avec leur père, mère, tuteur ou curateur.

La taxe personnelle n'est due que dans la commune du domicile réel quand bien même on aurait plusieurs habitations et qu'on résiderait, en effet, dans différentes communes. Mais on doit la payer dans le lieu où elle est la plus élevée.

La taxe mobilière est due pour toute habitation meublée située, soit dans la commune du domicile réel, soit dans toute autre commune.

## CONTRIBUTION DES PORTES ET FENÊTRES.

Cette contribution frappe sur toutes les portes et fenêtres d'une maison, d'après leur nombre, leur situation et la population.

Elle est exigible contre tous propriétaires, usufruitiers et locataires principaux, sauf leur recours contre les locataires particuliers.

A défaut de stipulation dans le bail, la contribution est due par le locataire et non par le propriétaire.

Ne sont pas soumises à la taxe :

1° Les portes intérieures d'une maison ;

2° Les ouvertures extérieures non fermées par une porte ou une fenêtre ;

3° Les ouvertures des granges, greniers, caves, bergeries, manufactures et établissements publics.

---

# CRÉDIT (Ouverture de)

C'est un acte par lequel un commerçant s'engage à fournir à une personne, moyennant certaines conditions et garanties, les fonds nécessaires à une entreprise ou à un commerce, et ce, jusqu'à concurrence d'une somme déterminée.

Il y a dans une pareille convention deux obligations, celle de prêter et celle d'emprunter ; ces deux obligations sont tellement réciproques que si l'emprunteur refusait de prendre des fonds il pourrait, dans certains cas, être tenu à des dommages-intérêts envers le prêteur, car ce dernier pourrait avoir fait rentrer des fonds pour ce crédit ou avoir refusé d'autres opérations pour satisfaire à ses engagements.

Le montant du crédit comprend :

1º Les capitaux employés par le commerçant à l'acquit des lettres de change, billets et effets de commerce ;

2º Les droits de commission et autres bénéfices fixés par l'usage ou la convention ;

3º Les intérêts des fonds qui courent de plein droit, de même qu'en matière de compte courant, à partir des époques des avances successivement réalisées, conformément au crédit.

Le crédit peut être ouvert pour un temps limité, alors il cesse à cette époque, ou pour un temps illimité et alors il cesse à la volonté des deux parties ou de celle qui s'est réservé le droit de rompre leur engagement.

Le crédité ou emprunteur remet habituellement en garantie un gage mobilier, ou il fait un dépôt de valeurs, ou bien encore il consent une hypothèque sur des immeubles lui appartenant, ou donne une caution qui fournit cette hypothèque.

Les actes d'ouverture de crédit qui ne contiennent aucune affectation hypothécaire, peuvent être faits sous seing privé ; il est, néanmoins, prudent de s'adresser pour ces actes à des hommes compétents, afin d'éviter des erreurs ou omissions.

---

## CRÉDIT (Lettre de).

—

On entend par lettre de crédit, la lettre que donne un banquier ou un négociant, à une personne qui a besoin d'argent dans une ville où elle désire aller, et que le banquier adresse à son correspondant pour lui mander de compter à cette personne jusqu'à concurrence de telle somme, ou de toutes celles dont elle aura besoin.

Habituellement, le banquier qui donne la lettre avertit ses correspondants et leur envoie le signalement ou les signatures des porteurs de ces lettres, afin d'éviter les fraudes par supposition de personnes.

---

## CRÉDIT FONCIER DE FRANCE.

Le crédit foncier de France fait aux propriétaires d'immeubles, des prêts à longs termes qui se remboursent par annuités, c'est-à-dire qu'au moyen d'une faible somme payée chaque année, en sus de l'intérêt, l'emprunteur rembourse peu à peu le capital de sa dette, qui se trouve complétement éteinte après ce délai fixé (art. 1er des statuts).

La durée des prêts à longs termes est de dix ans au moins et de soixante ans au plus.

Les prêts peuvent être faits soit en numéraire, soit en obligations foncières ou lettres de gage.

Les obligations sont de deux natures :

1º Obligations de 500 fr. à 4 p. 100 d'intérêt participant à quatre tirages de 800,000 fr. de lots par année provenant de l'emprunt de 200,000,000 de francs autorisé par le décret du 10 décembre 1852, et négociables à la Bourse.

2º Obligations de 500 fr. à 5 p. 100 d'intérêt sans lots négociables à la Bourse.

L'emprunteur reçoit au pair ces titres qu'il négocie ensuite soit lui-même, soit par l'entremise de l'administration.

L'annuité est payable en espèces et par semestres, les 31 janvier et 31 juillet de chaque année.

Elle comprend :

1º L'intérêt ;

2º L'amortissement déterminé d'après le taux de l'intérêt et la durée du prêt ;

3º Une allocation annuelle de 60 centimes par 100 fr. pour commission et frais d'administration.

Les emprunteurs ont toujours le droit de se libérer par anticipation en tout ou en partie, soit en numéraire, soit en obligations. Lorsque les obligations ne produisent pas un intérêt inférieur à celui de l'emprunt contracté, la société les reçoit au pair, quel que soit leur cours.

Les remboursements anticipés donnent lieu au profit de la société à une indemnité d'un demi pour cent du capital remboursé par anticipation. Cette indemnité est payable en numéraire.

Le crédit foncier est aussi autorisé à faire des prêts à courts termes, c'est-à-dire pour une durée moindre de 10 ans avec ou sans amortissement.

Les prêts à courts termes sans amortissement sont réalisés en numéraire. Ils sont accordés sous forme d'ouverture de crédit, sur des propriétés qui ne sont pas encore productives de revenus et sont destinées à faciliter des prêts à longs termes après l'achèvement des constructions et leur mise en rapport.

## FORMALITÉS.

### § 1. — Demandes de prêts. — Pièces à produire.

Les demandes de prêts doivent être conformes aux modèles imprimés fournis par l'administration, et être signés par l'emprunteur ou par son mandataire spécial.

Elles doivent contenir l'engagement de payer les frais que pourrait nécessiter l'estimation des propriétés. L'emprunteur consigne la somme nécessaire pour faire face à ces frais.

A l'appui de sa demande, l'emprunteur doit produire :

1° Une désignation sommaire, article par article, des biens offerts en garantie, l'indication par chaque nature d'immeuble, de leur situation et de leur contenance, avec les numéros du cadastre des différents articles compris dans cette désignation;

2° Les titres de propriété en sa personne et en celle de ses auteurs, et autant que possible, un établissement de propriété rédigé par un notaire sur papier timbré, remontant à 30 ans au moins et contenant l'analyse raisonnée des différentes mutations et des titres à l'appui;

3° La copie certifiée de la matrice cadastrale;

4° Les baux ou l'état de location, s'il en existe, avec indication des fermages et loyers payés d'avance;

5° La déclaration signée par l'emprunteur des revenus et des charges;

6° La cote des contributions de l'année courante, ou à son défaut, celle de la dernière année;

7° La police d'assurance contre l'incendie;

8º Un état d'inscription constatant la situation hypothécaire ;

9º L'indication des servitudes ou autres charges réelles qui peuvent grever l'immeuble;

10º La déclaration de l'état civil de l'emprunteur, s'il est ou a été marié, ou tuteur, ou comptable de d..-niers publics.

### RENSEIGNEMENTS A PRODUIRE.

Les renseignements nécessaires pour l'examen d'une demande de prêt doivent porter à la fois sur *la personne de l'emprunteur,* sur *les immeubles qu'il offre en garantie,* sur *son droit de propriété,* sur *sa situation hypothécaire.*

### 1º *Personne de l'emprunteur.*

L'emprunteur doit avoir capacité suffisante pour contracter et pour conférer hypothèque.

Les personnes qui ne peuvent valablement emprunter et conférer hypothèque, ou qui ne peuvent le faire que sous certaines conditions, sont :

1º Les mineurs;

2º Les interdits civilement;

3º Les interdits par suite de condamnations criminelles;

4º Les personnes placées sous l'assistance d'un conseil judiciaire;

5º Les femmes mariées;

6º Les faillis;

7º Les héritiers présomptifs d'un absent;

8º Les gérants, directeurs ou administrateurs d'une société civile ou commerciale;

9º Les communes, les hospices, les établissements publics, les établissements de bienfaisance, les congrégations et communautés religieuses, les fabriques, cures, consistoires, etc.

L'emprunteur doit fournir la déclaration de son état civil, avec l'indication du régime sous lequel il est marié.

La production du contrat de mariage est nécessaire.

Dans le cas où il serait marié sans contrat, il doit, si le mariage est postérieur à la loi du 18 juillet 1850, représenter l'acte de célébration. Si le mariage est antérieur à cette loi, il doit fournir un acte de notoriété dressé au lieu même où le mariage a été célébré, ou à défaut une déclaration certifiée par le notaire.

### 2º *Immeubles offerts en garantie.*

La société n'accepte pour gage que les propriétés d'un revenu durable et certain (art. 55 des statuts).

Ne sont point admis au bénéfice des prêts faits par la société :

1º Les théâtres;

2º Les mines et carrières;

3º Les immeubles indivis, si l'hypothèque n'est établie sur la totalité de ces immeubles du consentement de tous les co-propriétaires;

4º Ceux dont la nue-propriété et l'usufruit ne sont pas réunis, à moins du consentement de tous les ayants-droit à l'établissement de l'hypothèque.

L'estimation des biens offerts en garantie a lieu d'après les titres, baux et autres renseignements fournis par le propriétaire emprunteur. La société a le droit, en outre, de faire procéder à une estimation par expert. L'estimation est faite sur la double base du revenu net et du prix réel.

Le montant du prêt ne peut dépasser la moitié de la valeur de l'immeuble hypothéqué.

Il est au plus du tiers de la valeur pour les vignes, les bois et autres propriétés dont le revenu provient de plantations.

Les bâtiments des usines et fabriques ne sont estimés qu'en raison de leur valeur indépendante de leur affectation industrielle.

Dans aucun cas, l'annuité au service de laquelle l'emprunteur s'engage ne peut être supérieure au revenu total de la propriété.

### 3º *Droit de propriété.*

L'emprunteur doit faire établir son droit de propriété tant en sa personne qu'en celle de ses auteurs, et justifier que ce droit n'est pas sujet à résolution.

Les justifications à fournir diffèrent suivant les causes d'où dérive le droit de propriété :

1º *Succession* : Pièces établissant la qualité d'héritier, intitulé d'inventaire ou, à défaut, acte de notoriété, acte de partage ou de cession de droits successifs, ou autres actes faisant cesser l'indivision.

2º *Testament* : Expédition du testament; en cas de legs universel, ordonnance d'envoi en possession, si le testament est olographe, ou acte de délivrance du legs s'il existe des héritiers à réserve; en cas de legs à titre universel ou à titre particulier, pièces justificatives de la délivrance du legs.

3o *Donation entre vifs*, *partage anticipé* : Expédition de ces actes.

4o *Achat* : Expédition de l'acte de vente ; pièces constatant la transcription et la purge des hypothèques légales si elle a eu lieu ; quittance du prix, et, à défaut, acte authentique contenant, de la part du vendeur, renonciation à son privilége et à son action résolutoire.

5o *Échange* : Expédition de l'acte d'échange ; mêmes pièces que ci-dessus, tant pour l'immeuble donné en échange que pour l'immeuble reçu en contre-échange.

6o *Prescription* : Ensemble de documents propres à justifier que l'emprunteur est en possession paisible, publique et à titre de propriétaire de son chef ou du chef de ses auteurs depuis plus de trente ans ; on peut produire comme documents des extraits de la matrice cadastrale, baux, inventaires, déclarations de successions, certificats des maires, actes de notoriété signés par des personnes notables, etc.

### 4o *Situation hypothécaire.*

La société ne prête aux propriétaires d'immeubles que sur première hypothèque.

Sont considérés comme faits sur première hypothèque les prêts au moyen desquels doivent être remboursées les créances déjà inscrites, lorsque par l'effet de ce remboursement ou de la subrogation opérée au profit de la société, son hypothèque vient en première ligne et sans concurrence.

Si l'immeuble est grevé d'inscriptions pour hypothèques consenties à raison de garanties d'éviction ou de rentes viagères, le prêt peut avoir lieu, pourvu que le montant de ce prêt réuni aux capitaux inscrits n'excède pas la moitié ou le tiers, selon les cas, de la valeur de cet immeuble.

Les moyens d'assurer à l'hypothèque du crédit foncier le premier rang, sans concurrence à l'égard des créanciers qui auraient un privilége ou une hypothèque antérieure, sont indépendamment de la subrogation :

1º Le consentement d'antériorité ou la cession du rang hypothécaire conférés par le créancier dont le privilège ou l'hypothèque primerait le crédit foncier;

2º La purge des hypothèques légales autorisée par le décret du 28 février 1852 et la loi du 10 juin 1853, si ces hypothèques ne sont pas inscrites;

3º Si elles sont inscrites, la main levée donnée, soit par la femme non mariée sous le régime dotal, soit par le subrogé-tuteur du mineur ou de l'interdit, en vertu d'une délibération du conseil de famille, conformément à l'art. 9 du décret du 28 février 1852.

### CONTRAT CONDITIONNEL.

Lorsque la propriété est reconnue régulière et la garantie suffisante, le conseil d'administration détermine le montant du prêt à faire et il est procédé à la signature du contrat conditionnel.

Ce contrat rédigé par le notaire, conformément aux formules remises par l'administration, indique le montant du prêt, la quotité et la nature des obligations qui seront remises à l'emprunteur. Il contient la désignation des biens hypothéqués et l'établissement de propriété complétés et, s'il y a lieu, régularisés. Il indique la durée du prêt, le montant de l'annuité, les époques de payement, les conditions relatives aux remboursements anticipés, à l'assurance contre l'incendie et au transport de l'indemnité en cas de sinistre; enfin, les conditions générales des prêts du crédit foncier.

Le contrat conditionnel fixe l'époque de la réalisation du prêt; le délai, sauf les exceptions spécialement autorisées en certains cas, est de deux mois au plus.

### FORMALITÉS HYPOTHÉCAIRES ET PURGES.

Après la signature du contrat conditionnel, il est pris immédiatement inscription au profit du crédit foncier de France, au bureau du conservateur des hypothèques de la situations des biens.

Le bordereau est aussi rédigé d'après les formules remises par l'administration.

La purge rendue obligatoire pour les sociétés de crédit foncier par l'article 8 du décret du 28 février 1852 est désormais facultative.

Lorsque la société juge qu'il y a lieu d'accomplir les formalités de la purge, il y est procédé conformément à l'article 1er de la loi du 20 juin 1853.

La société, selon les circonstances, peut, sans accorder une dispense entière de purge, dispenser de la purge des hypothèques légales *inconnues*, qui seule entraîne la *publicité* par une insertion dans un journal. Si la situation de l'emprunteur permet de ne purger que les hypothèques légales *connues*, les formalités se bornent à une simple signification, soit à la femme ou à ses héritiers, soit au subrogé-tuteur des mineurs, sans *aucune publicité.* C'est ce qui a lieu la plupart du temps lorsque l'emprunteur a lui-même rempli régulièrement les formalités de purge sur sa propre acquisition. Il importe donc qu'il joigne à ses titres de propriété les pièces de cette purge.

### ACTE DÉFINITIF.

L'acte qui constate la réalisation du prêt énonce sommairement l'accomplissement des formalités de purge et des autres formalités hypothécaires, établissant qu'il n'est survenu aucune inscription primant celle du crédit foncier, à l'exception de celles prises en garantie de créances qui doivent être remboursées avec le montant du prêt, ou de celles prises en garantie d'éviction ou de rente viagère.

Si parmi ces créances, quelques-unes ne sont pas exigibles, cette circonstance n'empêche pas la réalisation du prêt.

L'acte définitif en fait mention, et les valeurs restent en dépôt dans la caisse du crédit foncier.

Dans tous les cas, la société retient sur le capital l'intérêt et l'allocation applicables au temps à courir jusqu'à la première échéance semestrielle.

### FRAIS.

Tous les frais et déboursés nécessités par la demande d'emprunt sont à la charge du propriétaire qui a formé cette demande, même dans le cas où le prêt n'a pas eu lieu.

## COTUTEUR.

On appelle cotuteur celui qui participe à la tutelle d'un autre; ainsi le mari d'une veuve ayant des enfants mineurs. Lorsque cette veuve est maintenue dans la tutelle, le mari devient cotuteur et demeure solidairement responsable avec sa femme de la gestion postérieure au mariage.

## CURATEUR.

Le curateur est la personne chargée par la justice ou par un conseil de famille d'administrer les biens et les intérêts des personnes qui ne peuvent le faire elles-mêmes.

Il y a plusieurs sortes de curateurs :

Le curateur à l'émancipation ;

Le curateur à une succession vacante ;

Le curateur à l'immeuble délaissé par hypothèque ;

Le curateur au bénéfice d'inventaire ;

Le curateur à l'absence ;

Le curateur au ventre ;

Le curateur au condamné ;

Le curateur à la révision d'une condamnation.

Le curateur assiste seulement aux actes qui sont passés au nom du mineur ; il veille à ce que le mineur ne soit pas trompé.

Du curateur a l'émancipation. — Le mineur éman-

cipé est pourvu d'un curateur. Ce curateur est présent
à l'audition et à l'arrêté du compte de tutelle, soit à
l'amiable, soit en justice : lorsque le mineur reçoit un
capital mobilier quelconque, ce qui comprend nécessairement le reliquat du compte de tutelle, et, par suite,
en donne décharge, le curateur doit alors surveiller
l'emploi de ce capital. Il faut encore que le curateur
assiste aux procès sur les actions immobilières concernant le mineur, soit en demandant, soit en défendant,
sans toutefois acquiescer à ces actions.

Le mineur émancipé est assigné en son nom ; le curateur est assigné pour l'assister.

Celui qui paie entre les mains du mineur émancipé
en présence de son curateur se libère valablement.

Les fonctions du curateur ne comprenant pas l'administration des biens du mineur, ce dernier n'a pas
d'hypothèque légale contre son curateur.

Du curateur a une succession vacante. — Quand
après l'expiration des délais pour faire inventaire et
pour délibérer, il ne se présente personne qui réclame
la succession, ou qu'il n'y a pas d'héritier connu, ou
encore si les héritiers connus y ont renoncé, la succession est réputée vacante.

Le tribunal de première instance dans l'arrondissement duquel la succession est ouverte nomme un curateur, soit sur la demande des créanciers ou autres intéressés, soit simplement à la réquisition du ministère
public.

Le jugement qui nomme le curateur est susceptible
d'appel.

Le curateur à une succession vacante est tenu, avant

tout, d'en faire constater l'état par un inventaire, si déjà
il n'a été fait, et de faire vendre les meubles et immeubles dans les formes prescrites en matière de succession
bénéficiaire.

Le curateur exerce et poursuit les droits de la succession; il répond aux demandes formées contre les
biens du défunt; il ne peut transiger et compromettre.
Le numéraire qui se trouve dans la succession, ainsi
que les deniers provenant du prix des meubles ou immeubles vendus, sont par lui versés dans la caisse du
receveur de l'enregistrement pour le compte de la Caisse
des dépôts et consignations, pour la conservation des
droits, à la charge de rendre compte à qui il appartiendra.

Le curateur, avant versement, paie les frais privilégiés, c'est-à-dire les frais funéraires, ceux de dernière
maladie, de scellés, d'inventaire et de vente du mobilier; il paie également, sur le prix de la vente des
immeubles, les créanciers privilégiés et hypothécaires
inscrits en rang utile.

DU CURATEUR A L'IMMEUBLE DÉLAISSÉ PAR HYPOTHÈQUE.
— Lorsque le tiers-détenteur d'un immeuble ne paie
pas les créanciers inscrits hypothécairement, mais le
délaisse, il est créé à cet immeuble un curateur sur
lequel la vente de l'immeuble est poursuivie par expropriation forcée.

DU CURATEUR AU BÉNÉFICE D'INVENTAIRE. — Lorsque
les biens d'une succession sont abandonnés par les héritiers bénéficiaires aux créanciers de la succession, si
ces derniers ne sont pas d'accord sur le choix d'un

administrateur, le tribunal nomme un curateur pour les administrer.

DU CURATEUR A L'ABSENCE. — Lorsqu'une personne présumée absente n'a pas laissé de procuration, le tribunal nomme un curateur à ses biens, et le jugement de nomination fixe l'étendue des pouvoirs de ce curateur.

DU CURATEUR AU VENTRE. — Si une femme est enceinte au décès de son mari, le conseil de famille nomme un curateur au ventre. A la naissance de l'enfant, la mère en devient tutrice et le curateur est de droit subrogé-tuteur ; d'où il résulte que le curateur doit toujours être pris dans la ligne paternelle.

La principale fonction de ce curateur est d'empêcher la supposition d'enfant. La femme qui se déclare enceinte n'est pas tenue d'en fournir la preuve. La seule présomption suffit pour faire nommer un curateur au ventre, et les droits des plus proches parents sont suspendus.

L'enfant conçu est réputé né pour tout ce qui concerne ses intérêts ; mais il est incertain s'il naîtra vivant ou viable, et dès lors s'il aura des droits à la succession.

La mère ne peut alors gérer la succession ; c'est le curateur qui administre jusqu'à ce que la mère devienne tutrice par la naissance de son enfant. Le curateur alors rend compte de sa gestion à la mère ; mais si l'enfant n'est pas né viable, il le rend aux héritiers qui succèdent à son défaut.

DU CURATEUR AU CONDAMNÉ. — Le condamné à une

peine afflictive doit être pourvu d'un curateur; mais la
forme à suivre pour la nomination varie suivant la
nature de la condamnation.

------

## CURÉ.

—

Le curé est le prêtre chargé de la conduite spiri-
tuelle d'une paroisse.

Les cures et les succursales paraissent devoir être
classées parmi les établissements publics.

Les curés, avant d'entrer en fonctions, prêtent serment entre les mains du préfet. Le secrétaire général
de la préfecture dresse procès-verbal de la prestation
de serment et en remet copie.

Le curé est mis en possession de sa paroisse par le
curé ou le prêtre désigné par l'évêque.

Le curé est tenu de résider dans sa paroisse sous
peine de suppression de son traitement.

Les curés sont immédiatement soumis aux évêques
dans l'exercice de leurs fonctions.

Les vicaires et desservants exercent leur ministère
sous la surveillance des curés; ils sont approuvés par
l'évêque et révocables par lui.

Aucun étranger ne peut être employé du ministère
ecclésiastique sans la permission du gouvernement.

Un prêtre ne peut quitter son diocèse pour aller des-
servir dans un autre sans l'autorisation de son évêque.

## DÉCÈS.

On désigne par le mot décès la mort naturelle (4) d'une personne.

Au décès d'un individu, sa succession est ouverte et ses héritiers sont saisis de plein droit.

Les droits d'usufruit ou de rente viagère qui reposaient sur sa tête se trouvent éteints; le mariage qu'il avait contracté est dissous; les actes sous seing privé qu'il avait pu faire acquièrent date certaine vis-à-vis des tiers.

Les effets produits par le décès d'une personne sont si divers et si importants que le législateur a exigé que ce fait fût parfaitement constaté.

Aussi, aucune inhumation ne peut être faite sans une autorisation sur papier libre et sans frais, délivrée par l'officier de l'état civil, qui ne peut la remettre qu'après s'être transporté auprès de la personne décédée pour s'assurer du décès et que vingt-quatre heures après le décès, hors les cas prévus par les règlements de police.

L'acte de décès est dressé par l'officier de l'état civil, sur la déclaration de deux témoins, autant que possible les deux plus proches parents ou voisins.

L'acte de décès doit contenir les prénoms, nom, âge, profession et domicile de la personne décédée; les prénoms et nom de l'autre époux, si la personne décédée

---

(1) *Mort naturelle*, par opposition à *Mort civile*, qui est le résultat de condamnation à une peine afflictive et infamante. Elle a été supprimée par la loi du 31 mai 1855.

était mariée ou veuve ; les prénoms, noms, âges, profession et domicile des déclarants, et s'ils sont parents,
leur degré de parenté.

Le même acte contiendra de plus, autant qu'on
pourra le savoir, les prénoms, noms, profession et domicile des père et mère et le lieu de leur naissance.

—

Lorsque le cadavre d'un enfant dont la naissance n'a
pas été enregistrée, sera présenté à l'officier de l'état
civil, cet officier dira simplement qu'il lui a été présenté sans vie ; il recevra la déclaration des témoins
concernant les noms, prénoms, qualités et demeure des
parents et le jour et heure auxquels l'enfant est sorti
du sein de sa mère.

## DÉPOT.

C'est le contrat par lequel un des contractants donne
une chose à garder à l'autre, qui s'en charge gratuitement et s'oblige de la rendre lorsqu'il en sera légalement requis.

Il y a trois sortes de dépôts :

Le dépôt volontaire ;

Le dépôt nécessaire,

Et le dépôt irrégulier.

Du DÉPÔT VOLONTAIRE. — Le dépôt volontaire est celui
qui s'opère par la volonté libre des parties ; il se forme
par le consentement réciproque de la personne qui fait
le dépôt et de celle qui le reçoit.

Le dépôt volontaire ne peut être fait que par le propriétaire réel de la chose, ou avec son consentement exprès ou tacite.

Le dépôt volontaire doit être prouvé par écrit; la preuve testimoniale n'est admise que jusqu'à concurrence de 150 fr., à moins qu'il existe un commencement de preuve par écrit.

Lorsque le dépôt est au-dessus de 150 fr. et qu'il n'y a point de preuve par écrit, celui qui est attaqué comme dépositaire en est cru sur sa déclaration, soit pour le fait même du dépôt, soit pour la chose qui en faisait l'objet, soit pour le fait de sa restitution.

Le dépôt volontaire ne peut avoir lieu qu'entre personnes capables de contracter. Néanmoins, si une personne capable de contracter accepte le dépôt fait par une personne incapable, elle est tenue de toutes les obligations d'un véritable dépositaire, elle peut être poursuivie par le tuteur ou administrateur de la personne qui a fait le dépôt.

Si le dépôt a été fait par une personne capable à une personne qui ne l'est pas, la personne qui a fait le dépôt n'a que l'action en revendication de la chose déposée tant qu'elle existe dans la main du dépositaire, ou une action en restitution jusqu'à concurrence de ce qui a tourné au profit de ce dernier.

———

Le dépositaire contracte deux obligations :

1º Celle d'apporter, dans la garde de la chose déposée, les mêmes soins qu'il apporte dans la garde des choses qui lui appartiennent ;

2º Celle de rendre la chose qu'il a reçue à celui qui la lui a confiée, ou à celui au nom duquel le dépôt a été fait, ou à celui qui a été indiqué pour la recevoir.

Le dépositaire n'est pas tenu des accidents de force majeure, à moins qu'il n'ait été mis en demeure de restituer la chose déposée. Il ne peut se servir de la chose sans la permission expresse ou présumée du déposant. Il n'est tenu de rendre la chose que dans l'état où elle se trouve au moment de la restitution. Les détériorations qui ne sont pas survenues par son fait sont à la charge du déposant.

La personne qui a fait le dépôt est tenue de rembourser au dépositaire les dépenses qu'il a faites pour la conservation de la chose déposée et de l'indemniser de toutes les pertes que le dépôt peut lui avoir occasionnées. Le dépositaire peut retenir le dépôt jusqu'à l'entier paiement de ce qui lui est dû à raison du dépôt.

DU DÉPÔT NÉCESSAIRE.— Le dépôt nécessaire est celui qui a été forcé par quelque accident, tel qu'un incendie, une ruine, un pillage, un naufrage ou autre événement.

La preuve par témoins est admise pour le dépôt nécessaire, quelle que soit la valeur de la chose déposée.

Les aubergistes ou hôteliers sont responsables comme dépositaires des effets apportés par le voyageur qui loge chez eux; le dépôt de ces sortes d'effets est considéré comme un dépôt nécessaire.

Les aubergistes peuvent être contraints, même par corps, à la restitution des effets des voyageurs qui pourront toujours prouver par témoins l'apport des effets dans l'hôtel.

Les hôteliers sont responsables du vol ou dommage des effets du voyageur, soit que le vol ou le dommage ait été causé par les domestiques ou par des étrangers allant et venant dans l'hôtellerie. Cependant ils ne sont pas responsables des vols faits avec force armée ou autre force majeure.

---

## DEVIS (ET MARCHÉS.)

On entend par *devis* l'état détaillé des travaux que doit nécessiter une construction et le prix qu'ils doivent coûter.

C'est habituellement un architecte ou un entrepreneur qui dresse les devis, et c'est sur ce travail qu'on fixe le prix des constructions à élever.

---

Les règles que nous allons exposer n'obligent pas seulement les architectes et entrepreneurs, elles sont applicables aux *maçons, charpentiers, serruriers* et autres *ouvriers* qui traitent à prix fait, et deviennent par là entrepreneurs dans la partie qu'ils traitent. (Code Nap., 1799.)

Pour l'entreprise d'une construction, on peut traiter soit au moyen d'un devis, soit sous forme de prix fait. (C. N., 1711.)

On appelle plus spécialement *marché* la convention qui intervient entre celui qui doit faire exécuter les ouvrages portés au devis et celui qui se charge de les exécuter moyennant un prix convenu à forfait, soit que l'architecte, l'entrepreneur ou l'ouvrier se charge de fournir les matériaux et qu'il ne reste à fournir par le conducteur que la main-d'œuvre.

Les conditions requises pour la validité de ce contrat sont :

1o Que l'ouvrage soit possible ;

2o Qu'il ne soit pas contraire aux lois et aux règlements de police ;

3o Qu'il soit permis de l'élever dans l'endroit désigné ;

4o Qu'il y ait un prix stipulé ;

5o Enfin le consentement des parties qui contractent.

Il y a différentes sortes de marchés :

1o Au *mètre,* et alors le prix est stipulé par mètre et payé ainsi ;

2o La *clef à la main,* c'est-à-dire que l'entrepreneur s'oblige à rendre la maison habitable ;

3o Au *rabais.* Ces derniers marchés se font par adjudication.

———

Les devis et marchés se font par écrit, sous seing privé, en double ou triple original, ou par acte notarié.

Lorsqu'un architecte ou entrepreneur s'est chargé de la construction *à forfait* d'un bâtiment, d'après un plan et devis arrêtés, il ne peut demander aucune augmentation de prix.

S'il y avait eu augmentation de main-d'œuvre, changements ou agrandissements faits au plan, il devrait, avant d'exécuter les travaux, se faire donner par le propriétaire un ordre écrit de les exécuter, lors même qu'il n'y aurait pas eu marché *à forfait.*

———

Si l'entrepreneur, le constructeur ou l'ouvrier ne remplit pas ses engagements, le propriétaire a une action en dommages-intérêts ; mais il faut que le défaillant soit mis en demeure.

L'entrepreneur répond du fait des personnes qu'il emploie.

Avant de commencer une construction sur la voie publique, les entrepreneurs doivent se faire donner les alignements et nivellement par l'autorité administrative compétente, sous peine de démolition des travaux et d'amende.

Ils doivent, en outre, s'entendre avec les voisins pour tracer leurs fondations, et en cas d'empiétements ou de dommages, l'action du voisin peut se porter également, soit contre le maçon, soit contre celui qui l'a mis en œuvre. (C. N., 1382-1383.)

Il ne suffit pas d'avertir le voisin, il faut que ce dernier ait donné son consentement formel, ou qu'à son refus, un jugement ait autorisé l'ouvrage projeté.

Les architectes, entrepreneurs, maçons, charpentiers, serruriers et autres ouvriers employés aux constructions sont responsables, pendant dix ans, de la solidité de l'édifice. Passé ce délai, ils sont déchargés de la garantie des gros ouvrages qu'ils ont faits ou dirigés.

Lorsqu'un propriétaire conduit lui-même ses travaux et qu'il bâtit, suivant l'expression usitée, *par économie*, sa garantie ne peut s'exercer sur aucun des ouvriers qui, étant à la journée, n'ont fait que lui obéir.

La garantie dont est tenu l'entrepreneur s'étend jusqu'aux incendies provenant de vices de construction.

——

Le propriétaire peut par sa seule volonté résilier les devis et marchés qu'il a passés, mais alors il doit dédommager l'entrepreneur de toutes ses dépenses et de tout ce qu'il aurait pu gagner dans l'entreprise.

Ce contrat est dissous par la mort de l'ouvrier, de l'architecte ou entrepreneur.

La mort du propriétaire ne dissout pas le marché et

l'entrepreneur doit continuer son travail jusqu'à ordre contraire de l'héritier.

La faillite d'un entrepreneur n'anéantit pas le marché; la masse est tenue de remplir ses engagements.

---

Les architectes, entrepreneurs, maçons et autres ouvriers, employés pour édifier, reconstruire ou réparer des bâtiments, canaux ou autres ouvrages quelconques, ont un privilége sur l'immeuble pour le paiement de ce qui leur est dû, pourvu, néanmoins, que par un expert nommé d'office par le tribunal de première instance dans le ressort duquel les bâtiments sont situés, il ait été dressé préalablement un procès-verbal, à l'effet de constater l'état des lieux relativement aux ouvrages que le propriétaire déclarera avoir dessein de faire, et que les ouvrages aient été, dans les six mois au plus de leur perfection, reçus par un expert également nommé d'office.

Mais le montant du privilége ne peut excéder les valeurs constatées par le second procès-verbal et il se réduit à la plus-value existante à l'époque de l'aliénation de l'immeuble et résultant des travaux qui y ont été faits.

Ceux qui ont prêté les deniers pour payer ou rembourser les ouvriers, jouissent du même privilége, pourvu que cet emploi soit authentiquement constaté par l'acte d'emprunt et par la quittance des ouvriers.

---

## DISPENSES.

---

Nous ne parlerons ici de ce mot que relativement à ce qui concerne le mariage : nous trouvons la dispense *d'âge et de parenté* et la dispense *de publication de bans.*

## I

En ligne directe, le mariage est prohibé entre tous les ascendants et descendants.

En ligne collatérale, même prohibition existe entre les frères et sœurs et leurs alliés légitimes ou naturels.

Le mariage entre l'oncle et la nièce, la tante et le neveu, les beaux-frères et belles-sœurs peut être autorisé et l'Empereur peut accorder des dispenses de parenté pour causes graves.

Les dispenses sont encore nécessaires pour contracter mariage, les hommes avant dix-huit ans révolus, et les femmes avant quinze ans.

Il est d'usage : 1º de ne jamais accorder de dispenses aux hommes avant dix-sept ans accomplis et aux femmes avant quatorze ans, sauf pour celles-ci le cas où elles seraient devenues grosses avant cet âge ; 2º de rejeter toutes demandes de dispenses lorsque l'homme est de quelques années plus jeune que la femme.

La demande de dispense d'âge doit être présentée et signée par les futurs, et, s'il est possible, par les père et mère ou ascendants dont le consentement est requis pour le mariage, ou encore par le tuteur *ad hoc*. Elle doit être accompagnée de l'avis du conseil de famille, s'il y a lieu, et toujours des actes de naissance des futurs, dûment légalisés, ou des actes de notoriété qui peuvent les remplacer.

S'il y a grossesse, elle devra être constatée d'une manière très-positive par une personne de l'art assermentée; le rapport sera annexé aux pièces. S'il y a des enfants nés du commerce des futurs, les actes de naissance, ceux de reconnaissance ou de décès de ces enfants devront être produits.

Celui qui veut obtenir une dispense d'âge doit remettre au procureur impérial près le tribunal de son domicile, une pétition au bas de laquelle le magistrat met son avis et qu'il adresse de suite au ministre de la ustice. L'Empereur statue sur le rapport du ministre. Si la dispense est accordée, le décret de l'Empereur est enregistré au greffe du tribunal dans l'arrondissement duquel le mariage doit être célébré et une expédition en demeure annexée à l'acte de célébration.

## II.

Les dispenses de la seconde publication de bans peuvent être accordées par le procureur impérial près le tribunal de première instance dans l'arrondissement duquel le mariage doit être célébré et il est rendu compte par lui au ministre des causes qui ont motivé ces dispenses.

La dispense de seconde publication de bans est déposée à la mairie de la commune où le mariage doit être célébré; le maire en délivre expédition, qui demeure annexée à l'acte de célébration du mariage.

---

## DOMESTIQUE.

Le domestique est celui qui est attaché au service d'une personne de qui il reçoit des gages.

En général les domestiques attachés à la personne du maître, tels que valets de chambre, femmes de chambre peuvent quitter leurs maîtres sans être tenus à des dommages-intérêts; il est également loisible aux maîtres de les congédier lorsqu'ils le jugent convenable, sans indemnité.

Mais les serviteurs pour l'agriculture qui s'engagent presque toujours pour un temps limité ne sont pas soumis à ces règles; ni les maîtres ni les domestiques ne peuvent rompre le louage sans s'exposer respectivement à des dommages-intérêts. Chaque pays a, du reste, en cette matière, ses usages qu'on doit suivre.

Les maîtres sont responsables des délits de leurs domestiques; de leur côtés les domestiques sont responsables envers ceux qui les emploient.

Les domestiques ont un privilège général sur les meubles et immeubles pour le paiement de l'année échue de leurs gages et de ce qui leur est dû sur l'année courante. (Cod. Nap. 2101.)

Les contestations sur les engagements respectifs des maîtres et domestiques sont de la compétence du juge de paix.

Le domestique a son domicile chez son maître; cependant si c'est une femme mariée, elle ne cesse pas, quoique domestique, d'avoir son domicile chez son mari. (Cod. Nap. 108.)

En matière civile un domestique ne peut témoigner valablement dans une affaire qui intéresse son maître.

## DOMICILE.

—

Le domicile est le lieu où une personne *jouissant de ses droits* a établi sa demeure, le centre de ses affaires, le siége de sa fortune.

Il y a trois subdivisions, le domicile *élu*, le domicile *politique* et le domicile *civil ou réel*.

### § I. — Du domicile réel.

Le domicile de tout Français, quant à l'existence de ses droits civils, est au lieu où il a son principal établissement.

Il est quelquefois difficile de connaître d'une manière certaine le lieu où une personne a son principal établissement, si elle réside dans deux endroits différents.

Cependant, on peut considérer comme signes caractéristiques du domicile : 1° le paiement du droit *fixe* de patente dans une commune ; 2° le service de la garde nationale dans tel endroit ; 3° la comparution comme défendeur en matière personnelle devant tel tribunal, sans y avoir proposé le déclinatoire.

Celui qui habite deux maisons, l'une à la ville, l'autre à la campagne, est censé avoir son domicile réel à la ville.

Quand la maison d'habitation est sur deux communes, ou deux arrondissements différents, c'est la principale porte d'entrée qui détermine le lieu du domicile.

Le militaire n'a pas de demeure fixe, il est censé avoir son domicile où est son régiment. Cependant nous pensons que le simple soldat qui fait son congé, conserve son domicile dans sa commune. Si le militaire est marié et si sa femme a une résidence fixe, cette résidence est présumée former son domicile.

La femme mariée n'a pas d'autre domicile que celui de son mari.

Par la séparation de corps elle acquiert un domicile séparé.

Le mineur non émancipé est domicilié chez ses père et mère ou tuteur.

Le mineur enfant naturel a son domicile chez son père qui l'a reconnu; sinon chez sa mère; ou enfin chez la personne qui veut bien le recueillir.

Le majeur interdit a son domicile chez son tuteur.

Les domestiques ont leur domicile chez leur maître.

### § II. — Du domicile élu.

L'élection de domicile est une fiction de la loi, par laquelle on se suppose, pour certains effets, domicilié dans un lieu où l'on n'a pas réellement de domicile.

Lorsqu'un acte contient de la part des parties ou de l'une d'elles élection de domicile pour l'exécution de ce même acte, dans un autre lieu que celui du domicile réel, les significations, demandes et poursuites relatives à cet acte, pourront être faites au domicile convenu et et devant le juge de ce domicile (C. N. 111).

### § III. — Du domicile politique.

On entend par domicile politique, celui où un citoyen concourt à l'élection des députés.

Le domicile politique est presque toujours le domicile réel.

Cependant il y a exception pour les individus appelés à des fonctions publiques, temporaires et révocables.

Ainsi un préfet, par exemple, a son domicile politique dans le lieu de sa préfecture, et son domicile réel dans celui de ses propriétés ou de sa demeure avant son entrée en fonctions.

## DONATION.

En général c'est une libéralité qu'une personne fait à une autre.

Cette libéralité peut se faire de deux manières: par acte entre vifs, et par testament.

La donation entre vifs est un contrat par lequel le donateur se dépouille, actuellement et irrévocablement de la chose donnée, en faveur du donataire qui accepte.

— Par le testament, à la différence de la donation, le testateur ne se dépouille pas, il ne dépouille que ses héritiers.

Nous allons examiner successivement les règles générales qui régissent les donations, puis les différentes donations elles-mêmes.

## RÈGLES COMMUNES AUX DIVERSES DONATIONS.

Une donation doit être spontanée de la part de celui qui la fait, volontaire de la part de celui qui l'accepte.

Il faut le consentement libre des parties.

Ces parties doivent être capables de contracter.

Les donations peuvent être faites sous condition,

pourvu que ces conditions ne soient point contraires aux lois et aux mœurs, ni impossibles, ni dérogatives à l'essence des donations.

Les donations ne peuvent excéder une certaine quantité de biens, si le donateur laisse des ascendants ou des descendants.

Toutes donations directes ou indirectes doivent être rapportées à la succession du donateur, si elles n'ont pas été expressément dispensées de rapport.

La plupart des donations sont révocables.

### § I. — De la capacité de donner et de recevoir.

En général toutes personnes peuvent disposer et recevoir à titre gratuit, si elles n'en sont pas déclarées incapables par la loi.

Lorsque la donation et l'acceptation ont lieu dans le même acte, il faut que le donateur et le donataire soient tous deux capables pour que la donation puisse être maintenue.

Si l'acceptation a lieu postérieurement à la donation, il faut que le donataire soit capable au moment de l'acceptation.

Pour être capable de donner, il faut être sain d'esprit. Une maladie ne produit d'incapacité que lorsqu'il en résulte un trouble pour l'intelligence.

Un aveugle peut faire une donation.

Un sourd muet *qui sait écrire* peut également faire une donation.

Une donation faite par un individu en état d'ivresse, est nulle.

Un mineur de seize ans ne peut disposer que par contrat de mariage. Parvenu à l'âge de seize ans il ne peut disposer que par testament et de la moitié seulement de ce que pourrait donner un majeur.

Un pourvu de Conseil judiciaire, une femme mariée, ne peuvent disposer entre vifs, sans l'autorisation du Conseil ou l'assistance du mari ou de justice.

Pour être capable de recevoir, il suffit d'être conçu au moment de la donation pourvu que l'enfant soit né viable.

La donation faite aux pauvres d'une commune est valable bien que les pauvres ne soient pas connus.

Le tuteur ne peut rien recevoir du mineur ou de l'interdit tant que dure la minorité ou l'interdiction. Cette prohibition s'étend au cotuteur, mais non pas aux subrogés-tuteurs ou aux curateurs.

Les enfants naturels ne peuvent recevoir que ce que la loi leur accorde.

Les médecins et officiers de santé et les pharmaciens qui ont traité une personne pendant la maladie dont elle est morte, ne peuvent profiter des dispositions entre vifs ou testamentaires qu'elle a pu faire en leur faveur pendant le cours de cette maladie.

Sont exceptées de cette prohibition :

1° Les dispositions rémunératoires à titre particulier;

2° Les dispositions universelles, dans le cas de parenté jusqu'au quatrième degré inclusivement, pourvu que le décédé ne laisse pas d'héritiers directs.

Le ministre du culte se trouve dans la même position que le médecin.

## § II. — Des conditions que les donations peuvent renfermer.

Une donation peut être faite sous conditions.

Les conditions peuvent être *suspensives* ou *résolutoires.*

Exemple d'une condition suspensive : « Je donne à Paul, s'il me survit.... »

Exemple d'une condition résolutoire : « Je donne à Paul, si je meurs sans enfants..... »

Les conditions *impossibles* et celles contraires aux lois et aux mœurs sont réputées non écrites.

## I.

### DONATION A CAUSE DE MORT.

C'est une donation acceptée par le donataire et qui n'a d'effet qu'après la mort du donateur.

Les donations à cause de mort sont autorisées dans les institutions contractuelles et les donations entre époux par contrat de mariage ou durant le mariage.

## II.

### DONATION PAR CONTRAT DE MARIAGE.

C'est celle qui est faite par un tiers, dans le contrat de mariage, aux futurs époux ou à l'un d'eux.

La donation par contrat de mariage doit être faite devant notaire.

Elle n'a pas besoin d'être acceptée.

Elle n'est pas révocable pour cause d'ingratitude.

Les donations contractuelles sont rapportées à la succession du donateur, et réduites, si elles dépassent la quotité disponible.

Il y a trois sortes de donations par contrat de mariage :

1° La donation de biens présents ;

2° La donation de biens à venir ;

3° La donation de biens présents et à venir.

Si la donation de biens présents comprend des meubles, ils doivent être évalués.

La donation ne peut être faite directement aux enfants à naître du mariage. Elle doit être faite aux époux, à la charge par eux de remettre ces biens à leurs enfants.

Toute personne peut disposer par contrat de mariage de tout ou partie des biens qu'elle laissera à son décès, au profit des futurs époux et de leurs enfants à naître. C'est ce qu'on appelle donation de biens à venir.

Il ne faut pas confondre la donation de biens à venir avec celle d'une somme fixe à prendre dans la succession du donateur. Par la donation de biens à venir, le donataire n'acquiert que le droit de réclamer la chose donnée dans la succession du donateur, et ce droit lui appartient au point que le donateur ne peut ultérieurement disposer à titre gratuit des objets donnés. (Code Nap., 1083.)

On peut, par contrat de mariage, disposer tout à la fois de ses biens présents et à venir. Ces biens peuvent être donnés à l'un des époux, ou aux deux époux, ou aux époux et à leurs enfants à naître.

La donation par contrat de mariage pourra être faite cumulativement des biens présents et à venir, en tout ou en partie, à la charge qu'il sera annexé à l'acte un état des dettes et charges du donateur, existant au jour de la donation, auquel cas il sera libre au donataire, lors du décès du donateur, de s'en tenir aux biens présents en renonçant au surplus des biens du donateur. (C. N., 1084.)

Si l'état n'a point été annexé à l'acte contenant donation des biens présents et à venir, le donataire sera obligé d'accepter ou de répudier la donation pour le tout. En cas d'acceptation, il ne pourra réclamer que les biens qui se trouveront existants au jour du décès du donateur, et il sera soumis au paiement de toutes les dettes et charges de la succession. (Art. 1085, Code Nap.)

Un état estimatif des meubles et effets mobiliers n'est pas nécessaire dans les donations de biens présents et à venir par contrat de mariage. Cet état n'est prescrit que pour les donations entre-vifs; et le donataire est obligé de prendre les meubles dans l'état où ils se trouvent à la mort du donateur.

Les donations contenant des droits immobiliers doivent être transcrites.

—

Toute donation faite en vue du mariage est nulle, si le mariage ne s'en suit pas. Il suffit que la donation de biens présents soit insérée dans le contrat de mariage pour qu'elle soit réputée faite en faveur du mariage, et comme telle, caduque, faute de célébration de ce mariage.

La donation par contrat de mariage est caduque, lorsque le donateur survit au donataire et à sa postérité. (C. N., 1089.)

## III.

### DONATION ENTRE ÉPOUX.

C'est celle que les époux peuvent se faire réciproquement ou l'un des deux à l'autre, soit dans leur contrat de mariage, soit pendant le mariage.

Les époux peuvent se donner, soit par contrat de mariage, soit pendant le mariage, des biens présents, des biens à venir, ou des biens présents et à venir.

Une femme mariée ne peut donner à son mari qu'avec l'autorisation de ce mari.

Un époux mineur ne peut donner par contrat de mariage à l'autre époux qu'avec le consentement et l'assistance de ceux dont le consentement est requis pour la validité du mariage.

L'époux mineur ne peut, pendant le mariage, disposer au profit de l'autre époux que par testament et dans les limites plus haut indiquées, c'est-à-dire, à l'âge de seize ans, de la moitié de ce dont il pourrait disposer étant majeur.

Les donations entre époux par contrat de mariage sont nulles, si le mariage n'est pas célébré, ou s'il est annulé.

Les donations faites entre époux par contrat de mariage sont irrévocables, comme le contrat qui les contient.

Toute donation de biens présents faite entre époux par contrat de mariage n'est pas censée faite sous la condition de survie du donataire, si cette condition n'est formellement exprimée; de telle façon que la propriété de la chose donnée par contrat de mariage appartient à l'époux donataire ou à ses héritiers.

Les donations faites entre époux par contrat de mariage ne sont pas révocables pour cause d'ingratitude.

Et malgré la séparation de corps, les avantages faits par un époux à son conjoint dans leur contrat lui demeurent acquis.

———

Les donations entre époux, pendant le contrat de mariage, peuvent comprendre toute espèce de biens.

Les époux ont, pour se faire une donation pendant le mariage, deux moyens : 1° l'acte entre-vifs ; 2° le testament. Mais en cas de donation réciproque, il faut pour chacun un acte séparé.

L'un des époux peut toujours révoquer sa donation, quand bien même l'autre laisserait subsister la sienne.

Toutes les donations entre époux, pendant le mariage, sont essentiellement révocables, et la femme mariée n'a pas besoin pour cela de l'autorisation de son mari, ni de la justice.

Les donations peuvent être révoquées, soit par acte authentique, soit par acte privé régulier. (Voir *Testament.*)

Les donations faites par l'un des époux à son conjoint sont caduques, si le donataire prédécède ou s'il meurt civilement.

La donation n'est pas annulée par la survenance d'enfants.

———

L'époux peut, soit par contrat de mariage, soit pendant le mariage, pour le cas où il ne laisserait point d'enfant ni de descendant, disposer en faveur de l'autre époux, en propriété de tout ce dont il pourrait disposer en faveur d'un étranger (Voyez *Quotité disponible, Testament*); et, en outre, de l'usufruit de la totalité de la portion dont la loi prohibe la disposition au préjudice des héritiers à réserve, et, pour le cas où l'époux donateur laisserait des enfants ou descendants, il pourra donner à l'autre époux, ou un quart en propriété et un quart en usufruit, ou la moitié de tous ses biens en usufruit seulement. (C. Nap., art. 1094.)

Pour faire mieux comprendre cet article, nous allons le faire suivre de quelques exemples :

1er *Exemple.* Un homme marié n'a ni père, ni mère, ni ascendants directs, ni enfants ou descendants, il peut disposer au profit de sa femme de tout ce qu'il possède..

2e *Exemple.* Un homme marié a un enfant, sa fortune est de 24,000 fr. il peut donner à un étranger 12,000 fr. et il ne peut donner à son épouse que 6,000 fr. en propriété et 6,000 fr. en usufruit, ou bien encore 12,000 fr. mais en usufruit seulement.

3e *Exemple.* Cet homme a trois enfants il ne peut plus donner à un étranger que le quart, soit 6,000 fr. mais il pourra toujours donner à son épouse 6,000 fr. en propriété et 6,000 fr. en usufruit, ou 12,000 en usufruit seulement.

4e *Exemple.* Le même homme n'a pas d'enfants, mais il a encore son père et sa mère, il ne pourrait disposer que de 12,000 fr. ; le surplus de sa succession revenant de droit et par moitié à ses père et mère. Il pourra donner à son épouse 12,000 fr. en pleine propriété et de plus, l'usufruit des 12,000 fr. revenant à ses père et mère.

5ᵉ *Exemple.* S'il ne laissait que son père et que ses ascendants du côté maternel fussent morts, il pourrait disposer de 18,000 fr. en toute propriété au profit d'un étranger; à son épouse, il pourra lui donner en pleine propriété 18,000 fr. plus l'usufruit des 6,000 fr. réservés à son père en nue propriété.

Ces exemples suffiront, je l'espère, pour bien faire comprendre quelle est l'étendue de la quotité disponible entre époux, déterminé par l'art. 1094.

L'article 1098 du C. N. apporte une restriction à la quotité disponible entre époux dont nous venons de parler. La voici : « L'homme ou la femme qui, ayant des enfants d'un autre lit, contractera un second ou subséquent mariage, ne pourra donner à son nouvel époux qu'une part d'enfant légitime le moins prenant et sans que dans aucun cas ces donations ne puissent excéder le quart des biens. »

Ainsi donc, un homme a une fortune de 24,000 fr. Il a un enfant d'un premier mariage, il se marie une seconde fois, il ne peut, bien qu'il n'ait qu'un enfant, disposer au profit de son épouse que de 6,000 fr.—Si, par exemple, il avait trois enfants d'un premier mariage et deux enfants du second, sa fortune se partagerait en six portions égales et la femme, qui n'a droit qu'à une part d'enfant moins prenant, recevrait 4,000 fr.

Les époux ne peuvent se donner indirectement au-delà de ce qui leur est permis par les dispositions ci-dessus.

Toute donation déguisée ou faite à personnes inter-posées sera nulle.

Sont réputées faites à personnes interposées, les do-nations de l'un des époux aux enfants ou à l'un des enfants de l'autre époux, issus d'un autre mariage et celles faites par le donateur aux parents dont l'autre époux sera l'héritier présomptif au jour de la donation, encore que le dernier n'ait point survécu à son parent donataire.

### IV.

#### DONATION DÉGUISÉE.

La donation *déguisée* est celle qui cache une libéra-lité, sous la forme d'un contrat à titre onéreux, d'une vente par exemple.

Les personnes à qui la loi défend de recevoir par dé-guisement sont : les mineurs, les enfants naturels, les docteurs en médecine ou en chirurgie ; les ministres des cultes et les morts civilement.

Pour savoir si une donation est déguisée et si comme telle, elle doit être annulée, il faut considérer les faits et les circonstances. Ces appréciations sont abandonnées à la sagesse des juges.

Ainsi on ne pourrait considérer comme donation dé-guisée la vente d'un immeuble par un père à son fils à la charge par ce dernier de servir une rente viagère à un tiers, en représentation d'une partie du prix.

Une donation déguisée sous les apparences d'une vente n'est pas nulle si les parties étaient respectivement capables de donner et de recevoir, pourvu que l'objet fût disponible, et que l'acte ne tendît à éluder aucune prohibition légale, ni à faire tort à autrui.

Il en serait de même s'il s'agissait d'une obligation, d'une quittance, ou d'une simple déclaration de propriété de meubles.

Si la donation déguisée ne pouvait être annulée, étant faite entre personnes capables, elle pourrait toujours être réduite à la quotité disponible, si elle excédait cette quotité.

Dans tous les cas, c'est à celui qui attaque l'acte à prouver le déguisement et s'il y a eu vol ou fraude, la preuve peut se faire par témoins.

## V.

### DONATION ENTRE-VIFS.

Nous avons donné plus haut les règles générales communes à toutes les donations, nous allons dans ce chapitre nous occuper plus spécialement des donations entre-vifs proprement dites.

### § I.

Nous avons vu précédemment que le caractère essentiel des donations entre-vifs, était le dessaisissement actuel et irrévocable par le donateur de la chose donnée, que le donataire survive ou non ; et que la donation ne puisse être révoquée par la seule volonté du donateur.

On peut donner entre-vifs et renvoyer l'exécution après sa mort ; mais il faut que le droit du donataire soit définitivement acquis.

Ainsi : « *Je donne à Paul 5,000 fr. sur tous mes biens à prendre après mon décès.....* » est une donation valable.

« *Je donne à Paul 5,000 fr. à prendre sur les biens que je laisserai à mon décès.....*» est une donation nulle, parce que le droit du donataire est limité aux biens que laissera le donateur, son droit n'est donc pas définitivement acquis.

Une donation entre-vifs est nulle si elle est faite sous la condition d'acquitter d'autres dettes ou charges que celles qui existent à l'époque de la donation, ou qui sont exprimées soit dans l'acte de donation, soit dans l'état qui doit y être annexé. (C. N. 945.)

Il est permis au donateur de faire la réserve à son profit ou de disposer au profit d'un autre de la jouissance ou de l'usufruit des biens meubles ou immeubles donnés. (C. N. 949.)

## § II.

Toutes donations entre-vifs doivent être passées devant notaire, dans la forme ordinaire des contrats, et il doit en rester minute sous peine de nullité (C. N. 931). La donation entre-vifs sous seing privé serait nulle, lors même qu'on en ferait le dépôt chez un notaire.

Le donateur, pour la donation, et le donataire pour l'acceptation, peuvent se faire représenter par des mandataires, mais il faut une procuration notariée en minute et dont expédition demeure annexée à l'acte de donation ou d'acceptation. Il faut de plus que cette procuration contienne tous les détails de l'acte lui-même.

Une donation peut être révoquée par le donateur tant qu'elle n'a pas été formellement acceptée par le donataire.

Pour accepter valablement, il faut être majeur.

La femme mariée ne peut accepter qu'avec l'autorisation de son mari ou de justice ; le mineur et l'interdit, que par l'entremise de leur tuteur autorisé par le conseil de famille ; le mineur émancipé, qu'avec l'assistance de son curateur.

Le sourd-muet qui sait écrire peut accepter une donation ; s'il ne sait pas écrire, l'acceptation doit être faite par un curateur nommé à cet effet par le conseil de famille.

Toute donation d'effets mobiliers n'est valable que tout autant qu'elle contient un état estimatif de ces effets, ou que cet état, signé du donateur et du donataire, se trouve annexé à l'acte de donation.

### § III.

Les donations ont habituellement pour objet de gratifier ceux à qui elles sont faites, elles peuvent aussi avoir une autre cause.

Mais il ne faut pas confondre la cause avec la condition.

Ainsi : *Je donne telle chose à Pierre* POUR AVOIR GÉRÉ *mes affaires.* Voilà une cause.

*Je donne telle chose à Pierre* S'IL A GÉRÉ *mes affaires.* Voilà une condition.

Il peut y avoir tout à la fois une cause, une condition et une charge.

Ainsi : *Je donne à Pierre 5,000 fr. pour faire un tableau,* renferme les trois objets dont nous parlons.

———

Une donation peut être faite sans condition.

La condition peut être *suspensive* ou *résolutoire*.

Exemple : *Je donne à Pierre mon domaine, s'il me survit*, est une condition suspensive. Car pour savoir si la donation produira son effet, il faut attendre la mort de l'une des parties.

*Je donne à Pierre mon domaine dans le cas où je mourrais sans enfant* est une condition résolutoire, car le jour où j'aurai un enfant, la donation sera de droit révoquée.

Si la condition dépend de la seule volonté du donateur, la donation est nulle.

On peut imposer pour condition que les biens ou les sommes données seront incessibles et insaisissables ; mais cette condition n'a d'effet que pour les biens dont le donateur ou le testateur avait la pleine et entière disposition, et n'est opposable qu'aux créanciers antérieurs du légataire ou donataire. *(Arrêt de la Cour de cassation du 10 mars 1852)*.

La condition de se marier avec la personne qui sera désignée par un tiers n'est pas valable.

Une donation ou un legs fait au profit d'une domestique, dans le cas où elle serait encore au service du testateur au moment de son décès, est caduc si à cette époque elle est devenue l'épouse du testateur. *(Arrêt de la Cour de Rouen du 23 décembre 1841.)*

Un donateur peut toujours se réserver pour lui ou pour une personne tierce, la jouissance ou l'usufruit des biens donnés. Et s'il s'agit de meubles, le donataire les prendra à la cessation de l'usufruit dans l'état où ils se trouveront, sans pouvoir réclamer autre chose que les objets manquants ou leur valeur.

Toutefois l'usufruitier ne serait pas responsable de la perte des objets par cas fortuit.

## § IV.

Les donations peuvent être annulées pour cause d'incapacité des parties ou pour défaut de forme.

Elles peuvent être révoquées pour inexécution des conditions, pour ingratitude ou pour survenance d'enfants.

Enfin elles peuvent être annulées ou réduites quand elles excèdent la quotité disponible. (Voyez *Retour conventionnel ou légal*).

## DOT.

La dot est le bien que la femme apporte au mari pour supporter les charges du mariage. (Code Napoléon, article 1540.)

Un enfant ne peut exiger que ses père et mère lui fassent une dot.

Mais si le père ou la mère ont doté leur enfant, ils ne peuvent lui réclamer la dot qu'ils lui ont donnée.

Le conseil de famille peut doter l'enfant d'un interdit.

Un pourvu de conseil judiciaire peut doter ses enfants sans l'assistance de ce conseil.

La dot est habituellement à la charge personnelle des époux et non à la charge de la communauté.

La dot constituée par le *mari seul* à l'enfant commun en effets de la communauté est à la charge de la communauté, et dans le cas où la communauté est acceptée par la femme, celle-ci doit supporter la moitié de la dot, à moins que le mari n'ait déclaré expressément qu'il s'en chargeait pour le tout ou pour une partie plus forte que la moitié. (Cod. Nap. art. 1439).

En cas de prédécès du père, l'enfant ne rapporterait donc à sa succession que la moitié de la dot, et jusqu'à la mort de la mère, il continuerait de jouir de l'autre moitié. (Toullier, n° 321).

Lorsque la dot a été constituée en effets personnels à l'un des époux, si cet époux s'est seul obligé, il est seul tenu de fournir l'effet qu'il a promis.

On peut imposer à la constitution de dot, toutes les conditions que l'on voudra, pourvu qu'elles ne soient pas contraires à l'ordre public, aux mœurs ou à d'autres dispositions prohibitives.

On peut, par exemple, exiger : 1° que la dot sera employée en acquisition d'immeubles qui seront propres à l'époux doté ; 2° que la femme touchera annuellement sur ses seules quittances, une partie de ses revenus ; 3° que les revenus de la dot seront capitalisés pour être restitués à la femme ou à ses héritiers lors de la dissolution du mariage ; mais il ne faudrait pas que cette réserve absorbât plus des deux tiers des revenus, la femme devant toujours au moins contribuer pour *un tiers* dans les dépenses du ménage, lorsqu'elle a, bien entendu, des revenus suffisants.

Mais on ne pourrait pas, par exemple, en se contentant de la dot, renoncer, en faveur de frères ou sœurs, à la succession future de ses père et mère ; ou encore, s'obliger à ne pas demander un compte de tutelle au constituant.

Si l'enfant doté meurt avant ses père et mère, tous les droits que pourrait lui avoir donnés la constitution de dot, passent à ses héritiers.

Si l'enfant renonce à la succession du père ou de la mère prédécédés, il n'a rien à demander au survivant.

S'il accepte la succession, il doit y rapporter la totalité de la dot.

———

La dot n'étant constituée qu'en vue du mariage, n'est payable qu'après le mariage.

Si une condition a été imposée au mari, il ne peut exiger et recevoir cette dot qu'en remplissant la condition à laquelle il s'est soumis.

———

## DOUANE.
———

La douane est une contribution indirecte qui est perçue sur les marchandises ou produits étrangers à leur entrée en France, ou encore, sur les produits indigènes à leur sortie de France.

La ligne des douanes s'étend à deux myriamètres (quatre lieues) de la frontière. Cet espace est soumis à une police particulière, destinée à prévenir ou à réprimer les tentatives d'introduction ou de sortie en fraude du tarif et des lois prohibitives. Il est défendu d'établir des usines ou grandes fabriques dans ce rayon, sans une autorisation spéciale du Gouvernement. (Loi du 28 avril 1816.)

Pour faciliter le commerce, l'administration des douanes a accordé les facultés de *transit* et *d'entrepôt*.

Le *transit* est le droit de faire passer à l'étranger, en traversant le territoire français, certaines marchandises prohibées ou sujettes à des droits.

*L'entrepôt* est le lieu où les commerçants déposent provisoirement leurs marchandises sujettes aux droits de douane, qu'ils ne veulent pas livrer à la consommamation, mais bien réexporter à l'étranger.

L'entrepôt est *réel* ou *fictif* : réel, lorsque les marchandises restent sous la surveillance et dans les magasins de la douane; fictif, lorsqu'elles restent entre les mains des commerçants, à la charge par eux d'acquitter les droits au fur et à mesure de la livraison de la marchandise aux consommateurs.

Le payement des droits de douane peut être poursuivi par voie de contrainte par corps.

Les contestations sont portées devant le juge de paix.

Les peines pour contraventions sont la confiscation des objets en fraude, l'amende et l'emprisonnement.

------

## DROITS CIVILS ET POLITIQUES.

—

### I.

#### DROITS CIVILS.

Les droits civils règlent les rapports des particuliers entre eux.

Il ne faut pas confondre les droits civils avec les droits naturels : les droits naturels n'ont pour base que la raison et appartiennent à tous sans distinction. Les droits civils n'appartiennent qu'aux citoyens; les étrangers ne jouissent que d'une partie de ces droits et sans condition.

On peut citer comme étant de droit civil :

1º La puissance paternelle et maritale;

2° La tutelle ou le droit de faire partie d'un conseil de famille;

3° Le droit de succéder ou de transmettre par succession;

4° Le bénéfice de la cession *judiciaire;*

5° Le témoignage en justice sous la foi du serment;

6° La qualité de témoin instrumentaire;

7° Le droit de procéder en justice;

8° Le privilége de n'être contraignable par corps que dans les cas déterminés par la loi;

9° Enfin, le port d'armes.

———

On perd les droits civils en perdant la qualité de Français, ou par suite de condamnations pénales.

On peut en être privé pendant un certain temps ou à perpétuité.

Un condamné peut recouvrer ses droits civils par la *grâce* et la *réhabilitation.*

## II.

### DROITS POLITIQUES.

Ce sont des droits qui s'exercent dans l'intérêt général de la société, ce qui les distingue des intérêts civils, qui ne concernent que les intérêts privés.

Les droits politiques consistent dans le droit d'être électeur, éligible, d'être juré ou fonctionnaire public.

Il faut être citoyen français pour exercer les droits politiques.

On est français par la naissance ou par la naturalisation.

Tout homme français par la naissance est citoyen à

l'âge de vingt-un ans accomplis, à moins de condamnation.

La naturalisation est conférée par l'Empereur. (Voyez *Naturalisation.*)

Un failli, même ayant obtenu un concordat, son héritier immédiat ou le détenteur de sa succession partielle ou totale, ne peuvent exercer des droits politiques. Il en est de même d'un domestique à gages, d'un interdit ou d'un condamné par contumace.

## EAUX MINÉRALES OU THERMALES.

Les eaux minérales ou thermales sont la propriété de l'État, des communes ou des particuliers.

La concession de l'exploitation d'une source minérale ou thermale appartenant à l'État est accordée par une loi qui fixe la durée de cette concession.

Tout individu qui découvre dans ses propriétés une source d'eau minérale est tenu d'en instruire le Gouvernement, qui fait analyser et examiner les eaux par des hommes de l'art. C'est sur le rapport de ces hommes de l'art que l'usage de cette source est permis ou interdit.

## ÉCHANGE.

L'échange est un contrat par lequel les parties se donnent respectivement une chose pour l'autre. (Code Nap., art. 1702.)

Le contrat d'échange est soumis aux mêmes garanties et aux mêmes formalités que le contrat de vente. (Voyez *Vente*).

Ainsi, le simple consentement des parties opère le contrat, bien que la chose ne soit pas remise.

De telle façon que les choses données en échange sont aux risques de celui à qui elles ont été promises dès que le consentement respectif est intervenu.

L'échange peut être fait par acte authentique ou par acte sous seing privé.

Pour échanger, il faut être propriétaire et capable d'aliéner.

L'échangiste qui est évincé de la chose qu'il a reçue en échange a le choix de conclure à des dommages-intérêts ou de répéter la chose (C. N., 1705), même lorsqu'elle est entre les mains d'un tiers, sauf à ce tiers à faire valoir la prescription de dix à vingt ans. (Art. 2265, C. N.)

La rescision pour cause de lésion n'a pas lieu dans le contrat d'échange, à moins qu'il ne s'agisse d'un partage entre cohéritiers.

La différence de valeur des deux objets échangés, payée en argent, s'appelle *soulte*.

L'échangiste a un privilége pour le paiement de la soulte qui lui est due. Ce privilége doit être conservé par une inscription d'office, depuis la loi de 1855.

Du reste, les règles générales concernant la capacité et la qualité des échangistes sont les mêmes que celles requises pour le contrat de vente ; nous y renvoyons.

Les frais d'un contrat d'échange se supportent par moitié entre les deux échangistes, à moins de conventions contraires.

## ÉCHENILLAGE.

La loi du 25 ventôse an IV ordonne aux particuliers d'écheniller ou faire écheniller les arbres plantés sur les héritages dont ils jouissent à titre de propriétaire, fermier, locataire ou autrement.

Chaque année, les maires des communes font publier cette loi avant le 20 janvier, et si l'échenillage n'est point fait vers le 20 février, les maires et adjoints sont autorisés à le faire faire aux dépens de ceux qui l'ont négligé.

Ceux qui n'échenillent pas sont poursuivis devant le juge de paix et peuvent être condamnés à une amende de 1 à 5 francs.

## ÉGOUT.

On entend par égout l'écoulement ou la chute des eaux.

Il y a deux sortes d'égouts :

1º L'égout des toits.

2º L'égout-cloaque.

### I.

L'article 681 du Code Napoléon porte que tout propriétaire de maison doit établir ses toits de manière que les eaux pluviales s'écoulent sur son terrain ou sur la voie publique.

Il ne peut les faire verser sur le fonds de son voisin.

Le propriétaire d'un fonds supérieur ne peut réunir les eaux pluviales en un seul point pour leur donner ensuite une direction dommageable aux fonds inférieurs. Il ne faut pas non plus que l'eau du toit réunie dans un tuyau produise un ruisseau chez le voisin.

L'égout du toit doit tomber en-deçà de la ligne séparative de la propriété voisine. S'il était placé sur cette ligne, l'égout atteindrait la propriété voisine et pourrait lui nuire. Celui qui construit doit donc laisser au-delà de son mur un espace suffisant pour recevoir l'égout du toit. Cet espace est habituellement du double de l'avancement du toit.

## II.

On entend par égout-cloaque le trou ou fossé destiné à recevoir ou emporter les eaux sales et les ordures.

On distingue deux sortes d'égouts, les égouts publics et les égouts particuliers.

Tout individu dont la propriété est traversée par un égout public est tenu de contribuer à son entretien.

Chacun peut établir un égout-cloaque sur son fonds, pourvu qu'il ne nuise pas au voisin et qu'il conserve les distances ordonnées par les règlements.

Une servitude d'égout est continue; si elle s'annonce par des ouvrages extérieurs, elle est apparente et peut par conséquent s'acquérir par la prescription. Si elle n'est pas apparente, elle ne peut s'acquérir que par titre (C. N. art. 691).

## ÉMANCIPATION.

L'émancipation est l'acte par lequel un mineur est délivré de la puissance paternelle ou de la tutelle et acquiert le droit d'administrer sa personne et ses biens.

### I.

Le mineur est émancipé de plein droit par le mariage, alors même que l'âge voulu pour contracter mariage ne soit pas atteint, cas auquel le mariage peut avoir lieu avec la permission du chef de l'Etat. — Par exemple, une femme mariée avant l'âge de quinze ans est émancipée, et si elle devenait veuve, l'effet de l'émancipation subsisterait après la mort de son mari.

Lorsqu'il n'y a pas de mariage, l'émancipation s'opère par la déc'aration faite par le père ou la mère devant le juge de paix assisté de son greffier, ou encore par déclaration du conseil de famille dudit mineur prise sous la présidence de M. le Juge de paix, qui prononce que le mineur est émancipé. (C. N., art. 478.)

Tout mineur âgé de dix-huit ans qui veut faire le commerce doit se faire émanciper en suivant les formes ci-dessus établies, et avant l'âge de dix-huit ans il ne peut obtenir l'autorisation de faire le commerce. (Cod. de com., art. 2.)

### II.

Le père peut, sans le concours de la mère, émanciper son enfant. A défaut du père, le consentement de la mère suffit.

Ce droit est réservé au père et à la mère, lors même qu'ils auraient été destitués de la tutelle.

Les père et mère peuvent émanciper leur enfant à l'âge de quinze ans; le conseil de famille ne peut émanciper un mineur qu'à l'âge de dix-huit ans.

C'est au tuteur à faire les diligences nécessaires pour réunir le conseil de famille qui émancipe le mineur; à défaut de tuteur, un ou plusieurs parents les plus proches.

Le mineur n'a pas le droit de requérir la convocation du conseil de famille.

### III.

L'émancipation conférée au mineur hors mariage peut être révoquée pour mauvaise administration. On suit pour cette révocation les mêmes formes que pour l'émancipation elle-même.

L'émancipation accordée par le père ou la mère peut être, après leur mort, retirée par le conseil de famille.

En cas de révocation de l'émancipation, le conseil de famille nomme un nouveau tuteur, à moins que le tuteur précédent ne fût un tuteur légitime tel que le père ou la mère.

### IV.

Le mineur émancipé administre sa personne et ses biens, seulement dans certains actes il doit être assisté d'un curateur que lui donne la délibération du conseil de famille qui prononce l'émancipation.

1° Le mineur émancipé peut faire des baux dont la durée n'excède pas neuf ans;

2º Il donne quittance valable des fermages et loyers, des arrérages de rentes et de toute espèce de revenus;

3º Il traite valablement pour toutes réparations relatives à l'amélioration de ses biens, il peut faire des devis et arrêter des marchés quant à ce;

4º Il peut faire tous actes conservatoires, prendre toutes inscriptions, former des oppositions;

5º Il peut intenter toutes actions mobilières.

Cependant il ne pourrait pas céder ses droits purement mobiliers dans une succession ouverte à son profit, parce que cette cession pourrait entraîner l'acceptation de la succession.

Le mineur assisté de son curateur peut recevoir son compte de tutelle, toucher ses capitaux et les remployer.

Il peut encore transférer des rentes sur l'État au-dessous de 50 francs.

Il peut accepter une donation, intenter une action immobilière, demander un partage, une licitation.

Le mineur, même assisté de son curateur, ne peut faire qu'en suivant certaines formalités judiciaires :

Des ventes d'immeubles;

Des affectations hypothécaires;

Des acceptations ou répudiations de succession;

Des transferts de rente au-dessus de 50 francs;

Des donations entre-vifs autrement que par contrat de mariage et avec l'assistance des personnes dont le consentement est requis pour le mariage.

Quant au testament, il ne peut disposer de ses biens que comme il le ferait sans émancipation. (Voir *Testament*).

## ENFANTS.

Par le mot enfant, on comprend tous les descendants à quelque degré qu'ils soient.

On distingue plusieurs sortes d'enfants : les enfants *légitimes*, les enfants *naturels*, les enfants *adultérins*, les enfants *incestueux*, enfin les enfants *trouvés* ou *abandonnés*.

### 1° *Enfants abandonnés.*

Nous avons vu au mot *abandon* de quelles peines étaient punis ceux qui exposaient ou délaissaient des enfants au-dessous de 7 ans.

Toute personne qui trouve un enfant nouveau-né est tenue, sous peine de 6 jours à 6 mois d'emprisonnement et d'une amende de 16 fr. à 300 fr., de le remettre à l'officier de l'état civil avec les vêtements et autres effets qu'il a sur lui et de déclarer toutes les circonstances du temps et du lieu où il a été trouvé. (Cod. pén., 347.)

Les hospices reçoivent les enfants trouvés dont on ne découvre pas les parents; ils y sont élevés à la charge de l'État et sont entièrement à sa disposition.

Le receveur de l'hospice sert de curateur à l'enfant trouvé et tous les revenus que ce dernier peut avoir, sont perçus par l'établissement à titre d'indemnité des frais de nourriture et d'entretien.

En cas de décès de l'enfant trouvé avant sa majorité, son émancipation ou sa sortie de l'hospice, l'hospice hérite. S'il se présente des héritiers, la succession leur est rendue avec les fruits du jour de la demande.

## 2o *Enfants adultérins.*

L'enfant adultérin est celui qui est né de deux personnes mariées non l'une avec l'autre, ou dont l'une seulement est mariée.

Les enfants adultérins ne peuvent jamais être reconnus.

La loi ne leur accorde que des aliments réglés, eu égard aux facultés du père ou de la mère, au nombre et à la qualité des héritiers légitimes; ils n'ont rien à réclamer, lorsque le père ou la mère leur ont fait apprendre un art mécanique ou que l'un d'eux lui a assuré des aliments de son vivant.

## 3o *Enfants incestueux.*

C'est l'enfant né de deux personnes qui ne peuvent se marier à cause des liens de parenté qui les unissent.

Les enfants incestueux sont en tous points assimilés aux enfants adultérins.

## 4o *Enfants naturels.*

C'est l'enfant né de deux personnes libres et qui auraient pu se marier au moment de la conception.

L'enfant naturel porte le nom du père qui l'a reconnu, ou celui de sa mère.

Il est soumis à la puissance paternelle. Cependant, le père n'a pas l'administration légale des biens de son enfant naturel.

L'enfant naturel peut être légitimé par le mariage subséquent de ses père et mère.

La recherche de la paternité n'est pas permise à l'enfant naturel, même pour obtenir des aliments, à moins cependant qu'il y ait eu *enlèvement*, cas auquel le ravisseur pourrait être déclaré père de l'enfant, si l'époque de la conception se rapporte à celle de l'enlèvement.

La recherche de la maternité est permise; mais il faut que l'enfant prouve qu'il est bien le même que celui dont sa mère est accouchée.

Il ne peut se servir de preuves par témoins que lorsqu'il y a déjà un commencement de preuve par écrit.

L'enfant naturel légalement reconnu a le droit d'exiger des aliments. Cette action de l'enfant naturel existe contre son père qui l'a reconnu, même depuis le mariage de ce dernier avec une femme autre que sa mère.

Le mari, comme maître de la communauté, est tenu d'entretenir et d'élever l'enfant que sa femme aurait eu avant son mariage.

Les droits de l'enfant naturel à la succession de ses père et mère seront indiqués au titre *Succession*.

---

## ENGAGEMENT MILITAIRE, RENGAGEMENT.

L'armée se recrute par des appels et des engagements volontaires.

La loi du 26 avril 1855 a créé le rengagement volontaire, qui est la base d'un nouveau système de remplacement.

Une dotation est créée dans l'intérêt de l'armée, sous la surveillance et la garantie de l'État; elle est destinée à assurer, par la voie du rengagement d'anciens militaires, le remplacement dans l'armée des jeunes gens qui font partie du contingent annuel et qui veulent obtenir l'exonération du service militaire. (Art. 5.)

Cette dotation est gérée par l'administration de la caisse des dépôts et consignations. De plus, une commission supérieure, composée de onze membres nommés par l'Empereur et dont les fonctions sont gratuites, surveille et contrôle toutes les opérations qui la concernent.

La dotation de l'armée est formée des prestations en argent versées par les jeunes gens qui veulent obtenir l'exonération du service. Le taux de la prestation individuelle est fixé chaque année, sur la proposition de la commission supérieure, par un arrêté du ministre de la guerre.

Les versements des prestations doivent être effectués dans les dix jours qui suivent les opérations du conseil de révision. A l'expiration de ce délai, le conseil de révision prononce l'exonération sur la présentation des récépissés de versement.

Les militaires sous les drapeaux peuvent également être admis à l'exonération au moyen du versement d'une certaine somme à la caisse de la dotation.

La dotation de l'armée peut recevoir des dons et legs. Elle reçoit à titre de dépôt les versements qui lui sont faits par les militaires de tous grades, dans le cours de leur service ; les excédants disponibles sur les recettes sont employés en achat de rentes sur l'État, lesquelles sont inscrites au nom de la dotation de l'armée.

Les rengagements sont d'une durée de trois ans au moins et de sept ans au plus; ils ne peuvent être contractés que par les militaires qui accomplissent leur septième année de service, soit dans l'armée active, soit dans la réserve, ou par les engagés volontaires qui sont dans leur quatrième année de service. Leur durée est réglée de manière que les militaires ne soient pas maintenus sous les drapeaux après l'âge de 47 ans.

Le premier engagement de sept ans donne droit :

1º A une somme de 1,000 fr., dont 100 fr. payables le jour du rengagement ou de l'incorporation ; 200 fr. soit au jour de l'incorporation, soit pendant le cours du service, suivant l'avis du conseil d'administration du corps ; et 700 fr. à la libération définitive du service ; 2º A une haute-paie de rengagement de 10 c. par jour.

Tout rengagement contracté pour moins de sept ans donne droit, jusqu'à quatorze ans de service : 1º A une somme de 100 fr. par chaque année payable à la libération du service ; 2º A la haute-paie de rengagement de 10 centimes par jour.

Après quatorze ans de service le rengagé n'a droit qu'à une haute-paie de rengagement de 20 centimes.

L'engagement volontaire après libération, contracté dans la condition prescrite ci-dessus et moins d'une année après cette libération, donne droit suivant la durée, aux avantages qui viennent d'être spécifiés.

En cas d'insuffisance du nombre des rengagements et des engagements volontaires après libération comparé à celui des exonérations, des remplacements sont effectués par voie administrative. Le prix de ces remplacements est à la charge de la dotation de l'armée. Il est fixé, ainsi que le mode de paiement, par la commission supérieure.

Les sous-officiers nommés officiers ou appelés à l'un

des emplois militaires qui leur sont dévolus en vertu des lois et réglements, ont droit sur les sommes allouées pour les rengagements, à une part proportionnelle à la durée du service qu'ils ont accompli.

Les sommes attribuées aux rengagés et aux engagés volontaires après libération, sont incessibles et insaisissables. En cas de mort, une part de ces sommes, proportionnelles à la durée du service, est dévolue aux héritiers ou ayants cause du militaire.

## ENREGISTREMENT.

La formalité de l'enregistrement a pour objet de constater la date des actes et de leur donner plus de force et d'authenticité.

Les droits d'enregistrement ont été établis par la loi du 19 décembre 1790; ils ont reçus depuis une série de modifications dans le détail desquels il nous est impossible d'entrer.

Nous dirons seulement que les actes sous seing privé acquièrent date certaine par la formalité de l'enregistrement. Ils sont recopiés textuellement sur des registres à ce destinés.

Les actes des notaires, les exploits des huissiers, les jugements etc..., sont soumis à cette formalité sous peine d'amende contre l'officier public chargé de la faire remplir.

### DÉLAIS POUR LA FORMALITÉ D'ENREGISTREMENT.

Le délai, pour chaque acte ou chaque exploit, court du jour de leur date.

Il est de *quatre jours*

Pour les actes d'huissiers;

Pour les procès-verbaux des gardes-forestiers;

Pour les protêts faits par les notaires;

Pour les ventes des commissaires priseurs et pour celles de marchandises faites par les courtiers de commerce.

*Dix jours* pour tous les actes des courtiers de commerce autres que les ventes.

*Dix* ou *quinze jours* pour les actes des notaires, selon qu'ils résident ou ne résident pas dans la commune où est établi le bureau d'enregistrement.

*Quinze jours* pour les baux des hospices et autres établissements publics de bienfaisance, *devant notaires*, du jour de la remise au notaire par le maire de l'approbation du préfet.

*Vingt jours* pour les actes judiciaires et pour les actes administratifs.

*Un mois*, à compter de leur constitution définitive, pour la déclaration à faire par les sociétés, compagnies ou entreprises, du nombre et du montant des titres d'actions ou d'obligations émises par elles.

*Deux mois* pour les procès-verbaux de réarpentage, recolement et autres par les agents forestiers, rédigés *postérieurement* à la délivrance en nature.

*Trois mois* pour les testaments déposés chez les notaires ou reçus par eux, à compter du jour du décès du testateur; pour les actes sous seings privés translatifs de propriétés ou d'usufruit d'immeubles et les baux à ferme ou à loyer, sous-baux, cessions et subrogations de baux et les engagements d'immeubles; pour les mutations entre-vifs de propriétés ou d'usufruit d'immeubles sans conventions écrites, d'après des déclarations détaillées et estimatives.

—

Les lois qui servent de base à l'organisation de l'enregistrement et à la perception des droits sont celles du 22 frimaire an VII et 27 ventôse an IX. Elles ont été successivement modifiées par les lois du 28 avril 1816, 15 mai 1818, 16 juin 1824; 8 septembre 1830, 21 avril 1832; 24 mai 1834, 18 mai et 7 août 1850.

## § I. — Droits fixes.

### 1 franc.

Certificats de vie et de résidence; contrats d'apprentissage. ·

### 2 francs.

Échange de biens immeubles, lorsque l'un des immeubles échangés est contigu aux propriétés de celui qui le reçoit et qu'il n'y a pas de soulte; mais si la contiguïté n'existe pas, au lieu du droit fixe de 2 fr., il est dû un droit proportionnel de 1 fr. 50 c. par 100 sur la valeur déclarée de l'une des parts; il est dû, en outre, 5 fr. 50 c. par 100 sur la soulte.

Absntetions, répudiations et renonciations à successions, legs ou communautés, lorsqu'elles sont pures et simples et qu'elles ne sont pas faites en justice; il est dû un droit par chaque renonçant et pour chaque succession à laquelle on renonce.

Acceptations de successions, legs, ou communautés pures et simples (un droit par chaque acceptant et pour chaque succession).

Acceptations de transport ou délégations de créances à terme, par acte séparé lorsque le droit proportionnel a été acquitté pour le transport ou la délégation, et celles qui se font dans les actes mêmes.

Actes de notoriété, — Avis de parents, — Nominations d'experts hors jugement, — Procès-verbaux de nomination de tuteurs et curateurs; procès-verbaux d'opposition, de reconnaissance et levée de scellés (un droit pour chaque vacation, sauf en cas de faillite où il n'est dû qu'un droit, quel que soit le nombre des vacations).

Inventaire de meubles, titres et papiers (un droit par chaque acceptation, sauf en matière de faillite).

Actes refaits sans stipulation nouvelle, — Lettres missives ne contenant ni reconnaissance de dette, ni quittance, ni aucune autre convention susceptible d'un droit proportionnel.

Procurations et pouvoirs purs et simples.

Reconnaissances ne contenant ni obligation, ni quittances.

Autorisations.

Désistements.

Consentements.

Décharges.

Délivrances de legs.

Déclarations pures et simples en matière civile ou commerciale.

Rétractations ou révocations.

Prêts sur dépôts ou consignations de marchandises, fonds publics, etc.

Dépôts d'actes et pièces chez les officiers publics, lorsqu'ils n'opèrent pas la libération des déposants.

Enfin les actes de toute nature non dénommés ne pouvant donner lieu à un droit proportionnel quelconque.

## 3 francs.

Adjudications par folle enchère, lorsque le prix est inférieur à la première adjudication.

Nominations d'arbitres, compromis.

Concordats ou atermoiements.

Réunion d'usufruit à propriété.

Transaction ne donnant ouverture à aucun droit proportionnel.

#### 4 francs.

Acceptations de successions sous bénéfice d'inventaire (un droit pour chaque acceptant et pour chaque succession.)

#### 5 francs.

Abandonnements de biens volontaires ou forcés, pour être vendus en direction.

Actes de formation et dissolution de société pure et simple.

Contrats de mariage sans autre déclaration que l'apport personnel des futurs époux et sans autre stipulation avantageuse entre eux.

Partages sans soultes.

Reconnaissances d'enfants naturels.

Testaments et autres actes de libéralité contenant des dispositions soumises à l'événement du décès.

#### 10 francs.

Actes translatifs de propriété, d'usufruit ou de jouissance de biens immeubles situés, soit en pays étranger, soit dans les colonies françaises où le droit d'enregistrement n'est pas établi, sans que, dans aucun cas, le droit fixe puisse excéder le droit proportionnel qui serait dû s'il s'agissait de biens situés en France.

#### 20 francs.

Dispense d'âge pour le mariage.

#### 40 francs.

Dispense de parenté pour le mariage.

*50 francs.*

Actes de tutelle officieuse, jugements des tribunaux de première instance admettant une adoption.

*100 francs.*

Actes de cour d'appel confirmant une adoption.

### § II. — Droits proportionnels.

*10 centimes par 100 francs.*

Cautionnement des baux de toute nature à durée limitée.

*20 centimes par 100 francs.*

Baux à ferme ou à loyer des meubles ou immeubles ; baux de pâturage et nourriture d'animaux ; baux à cheptel ou reconnaissance de bestiaux ; baux et conventions de nourriture pour personnes, lorsque la durée est limitée. Le droit est perçu sur le prix cumulé de toutes les années.

Pensions alimentaires ou abandons de jouissance par les enfants au profit de leurs ascendants.

*25 centimes par 100 francs.*

Lettres de change tirées de place en place, celles venant des colonies françaises ou de l'étranger, lorsqu'elles sont protestées faute de paiement.

Quittances, remboursements ou rachats de rentes et redevances de toute nature, et tous autres écrits portant libération de sommes ou valeurs mobilières.

Retraits par suite de réméré dans les délais stipulés.

*50 centimes par 100 francs.*

Atermoiements entre débiteurs et créanciers. Le droit est dû sur la somme que le débiteur s'oblige à payer.

Billets à ordre, cession d'actions ou coupons d'actions mobilières des compagnies et sociétés d'actionnaires, et autres effets négociables, sauf les lettres de change (Voir *suprà*).

Cautionnements de sommes et objets mobiliers ; garanties mobilières et indemnités de même nature.

Cautionnement de se représenter ou de représenter un tiers en cas de mise en liberté provisoire en vertu d'un sauf-conduit en matière civile, correctionnelle ou criminelle.

Jugements et arrêts portant condamnation , collocation ou liquidation de sommes et valeurs mobilières, intérêts entre particuliers, excepté les dommages-intérêts.

Vente publique de marchandises à la bourse et aux en-chères par les courtiers de commerce.

Ventes de meubles et marchandises après faillite.

Contrats, transactions, promesses de payer, arrêtés de comptes, billets, mandats ; — Transports, cessions et délé-gations de créances à terme, délégations de prix stipulées dans un contrat pour acquitter des créances à terme envers un tiers, sans énonciation de titre enregistré, et tous autres actes ou écrits contenant obligation de sommes, sans libé-ralité et sans que l'obligation soit le prix d'une transmission de meubles ou immeubles non enregistrée.

### 1 franc par 100 francs.

Donations entre-vifs de biens meubles, même par dons manuels, ou de biens immeubles faits par les pères et mères et autres ascendants, avec partage, d'après les art. 1075 et suivants du Code Napoléon. Lors de la transcription, il est du demi pour cent en sus.

Mutations par décès de biens meubles et immeubles en propriété ou en usufruit en ligne directe.

### 1 fr. 50 c. par 100 francs.

Adjudication d'immeubles d'une succession aux héritiers sous bénéfice d'inventaire.

Réunion d'usufruit à propriété par donation, cession ou renonciation (outre le droit fixe de 3 fr.).

Testaments contenant legs d'immeubles à charge de restitution.

Échange d'immeubles, quand il n'y a ni contiguïté, ni soultes.

### 2 francs par 100 francs.

Adjudications, ventes, reventes, rétrocessions, marchés, soit civils, soit judiciaires, de meubles et récoltes; coupes de bois taillis et haute futaie.

Adjudication sur folle enchère de biens meubles, mais seulement sur ce qui excède le prix et la précédente adjudication.

Baux de biens meubles pour un temps illimité.

Cessions, transports, délégations de rentes de toute nature.

Constitutions de rentes perpétuelles ou viagères à titre onéreux.

Dommages-intérêts.

Engagements d'immeubles.

Licitation de *meubles* indivis.

Retours et soultes de partages mobiliers.

Vente de biens *immeubles* de l'État par le préfet et autres agents de l'autorité publique.

### 2 fr. 50 c. par 100 francs.

Donations entre-vifs de biens meubles quelconques ou immeubles en ligne directe, par contrat de mariage, aux futurs époux.

### 3 francs par 100 francs.

Donations entre-vifs par contrat de mariage entre futurs époux, et mutations par décès entre époux de biens meubles et immeubles quelconques.

### 4 francs par 100 francs.

Donations entre-vifs, en ligne directe, hors contrat de mariage, de biens meubles et immeubles.

Licitation de biens immeubles, mais seulement sur la part adjugée à l'héritier.

Retour ou soulte de partage de biens immeubles.

### 4 fr. 50 c. par 100 francs.

Donations entre-vifs de biens meubles et immeubles, par contrat de mariage, entre frères, sœurs, oncles et tantes, neveux et nièces.

Donations entre-vifs hors contrat de mariage de biens meubles et immeubles entre époux.

### 5 francs par 100 francs.

Donations entre-vifs de biens meubles et immeubles, par contrat de mariage, entre grands-oncles et grand'tantes, petits-neveux et petites-nièces, cousins germains.

### 5 fr. 50 c. par 100 francs.

Adjudications, ventes, reventes, cessions, rétrocessions et tous autres actes civils et judiciaires translatifs de propriété de biens *immeubles* à titre onéreux ; la formalité de la transcription ne donne lieu à aucun droit proportionnel.

Adjudications sur folle enchère, mais seulement sur ce qui excède le prix de la première adjudication, si le droit en a été acquitté.

Baux à rentes perpétuelles de biens immeubles, ceux à vie et ceux dont la durée est illimitée.

Donations entre-vifs, par contrat de mariage, de biens meubles et immeubles entre parents au-delà du 4e degré jusqu'au douzième.

Retours d'échanges de biens immeubles.

*6 francs par 100 francs.*

Donations entre-vifs, par contrat de mariage, entre personnes non parentes.

*6 fr. 50 c. par 100 francs.*

Donations entre-vifs hors contrat de mariage de biens meubles et immeubles, entre frères, sœurs, oncles, tantes, neveux et nièces.

*7 francs par 100 francs.*

Donations entre-vifs hors contrat de mariage, et mutations par décès de biens meubles et immeubles entre grands-oncles, grand'tantes, petits-neveux, petites-nièces et cousins germains.

*8 francs par 100 francs.*

Donations entre-vifs hors contrat de mariage, et mutations de biens meubles et immeubles par décès entre parents au-delà du quatrième degré jusqu'au douzième.

*9 francs par 100 francs.*

Donations entre-vifs hors contrat de mariage, on mutations par décès entre personnes non parentes.

———

Outre ces chiffres, il faut ajouter le décime, appelé, dans le principe, *décime de guerre.*

———

# ÉTABLISSEMENTS
## INSALUBRES, INCOMMODES OU DANGEREUX.

———

On appelle ainsi les usines, ateliers ou manufactures

qui, par leur caractère ou leur spécialité, sont de nature à mettre en danger les voisins et les propriétés limitrophes.

Les établissements dangereux sont divisés en trois classes : la première classe comprend les établissements qui doivent être éloignés des habitations particulières; la deuxième, ceux dont l'éloignement des maisons n'est pas de rigueur, mais qu'on ne peut autoriser qu'après avoir acquis la certitude que les opérations qu'on y pratique seront exécutées de manière à ne pas nuire aux propriétés voisines; la troisième classe comprend les établissements qui peuvent se trouver près des habitations, mais qui doivent néanmoins être surveillés par la police locale.

De plus, certains établissements, à cause de leur nature, ont été l'objet de dispositions spéciales : ce sont les poudres, le fulminate de mercure, les bateaux et machines à vapeur; l'éclairage par le gaz; le raffinage du sel marin.

Pour fonder des établissements semblables à ceux dont nous parlons ici, il faut y être spécialement autorisé.

Pour la *première classe*, la demande en autorisation est adressée au préfet, qui la fait afficher dans un rayon de cinq kilomètres du lieu de l'établissement projeté; et ce, dans le délai d'un mois du jour de la demande.

Après les affiches il est procédé à une enquête *de commodo* et *incommodo*, laquelle est présidée par un commissaire désigné par le préfet, habituellement par le juge de paix du canton ou le maire.

La personne désignée recueille les dires et observations des personnes intéressées; elle n'a pas à donner d'avis.

S'il y a des oppositions, le conseil de préfecture donne son avis.

S'il n'y en a pas, la demande est remise au préfet, qui statue.

Pour la *deuxième classe*, la demande est adressée au préfet ou au sous-préfet, qui la transmet au maire de la commune dans laquelle l'établissement doit être formé en le chargeant de procéder à des informations *de commodo* et *incommodo*.

Les affiches ne sont pas nécessaires.

Une fois l'enquête terminée, le sous-préfet prend un arrêté qu'il adresse au préfet et ce dernier statue.

Lorsque le préfet a statué, le conseil de préfecture est seul compétent pour prononcer sur les réclamations faites contre l'autorisation.

La partie dont l'opposition est rejetée par le Conseil de Préfecture peut se pourvoir devant le Conseil d'État, statuant au Contentieux.

Si l'autorisation d'un établissement de seconde classe est refusée par le préfet, le fabricant doit recourir au Conseil d'État.

Pour la *troisième classe*, la demande en autorisation est encore adressée au préfet ou au sous-préfet, qui statue après avoir pris l'avis du maire ou de la police locale; aucune affiche ni information n'est prescrite.

S'il s'élève des réclamations, elles sont jugées par le conseil de préfecture.

Dans ce cas encore la décision du conseil est sujette

au recours devant le Conseil d'État, lequel peut ordonner une nouvelle instruction de l'affaire.

L'autorisation accordée et l'établissement fonctionnant, les voisins qui se trouveraient par trop incommodés peuvent encore exercer un recours contre le fabricant : ils peuvent ou demander le retrait de l'autorisation, ou l'actionner en dommages-intérêts.

Ces réclamations vont au conseil de préfecture sauf recours au Conseil d'État.

La suppression d'un établissement ne peut alors être accordée que pour des motifs graves d'insalubrité ou d'incommodité.

La révocation de l'autorisation peut encore avoir lieu dans le cas d'inexécution des conditions imposées.

Les préfets peuvent encore suspendre provisoirement, sauf recours au ministre, les établissements qui enfreignent leur autorisation, et interdire les établissements de première classe pour cause d'interruption.

———

Nous n'entrerons pas ici dans la longue énumération des établissements incommodes, insalubres ou dangereux, l'espace qui nous est accordé est trop restreint ; nous renvoyons pour cela au tableau qui a été publié au mois de décembre 1841 et auquel il a été fait de très-légères additions.

———

## ÉTABLISSEMENTS PUBLICS.

———

On entend par établissements publics des réunions ou

communautés formées dans un but d'utilité matérielle
ou morale.

On les divise habituellement en établissements charitables, scientifiques, littéraires ou artistiques, d'instruction publique, religieux, honorifiques, militaires,
professionnels, financiers, commerciaux et industriels.

Les *établissements charitables* sont les hospices, les
asiles, les crèches, les bureaux de bienfaisance, les sociétés de secours mutuels, les caisses d'épargne, la
caisse de retraite pour la vieillesse.

Les *établissements scientifiques et littéraires* sont
l'Institut, les académies dans certaines villes et les sociétés scientifiques.

Les *établissements d'intruction publique* sont les lycées,
les colléges communaux, les établissements d'instruction
primaire entretenus par les communes.

Les *établissements religieux* sont les fabriques, les
consistoires protestants ou israélites, les archevêchés,
évêchés, chapitres, séminaires, écoles ecclésiastiques et
communautés religieuses.

Les *établissements honorifiques* : la légion-d'honneur,
la médaille militaire.

Les *établissements militaires* : la dotation de l'armée
et la caisse des invalides de la marine.

Les *établissements professionnels* sont les corporations
de notaires, d'avoués, d'avocats, de greffiers, de commissaires-priseurs, agents de change et courtiers.

Les *établissements financiers* : la banque de France,
le crédit foncier de France, la caisse d'escompte, les
compagnies d'assurances et les chemins de fer.

—

Les établissements publics sont administrés, savoir :

La légion-d'honneur, la caisse des invalides de la marine et la dotation de l'armée, par l'État directement;

La banque de France, le crédit foncier, par un gouverneur *nommé par l'Empereur et un conseil d'administration élu par l'assemblée générale des actionnaires;*

Les établissements généraux de bienfaisance, par un conseil supérieur ou par des directeurs responsables, sous l'autorité du ministre de l'intérieur. — Les autres établissements charitables sont administrés habituellement par les maires des communes.

Les établissements religieux sont administrés par leurs supérieurs.

Les trésoriers, receveurs, économes et autres agents des établissements publics sont responsables de tous leurs actes relativement à la comptabilité. Leurs biens sont grevés d'une hypothèque légale au profit de ces établissements.

Ils sont même contraignables par corps pour la somme dont ils sont reliquataires.

—

Les établissements publics sont réputés mineurs, ils ne peuvent rien acheter, rien recevoir à titre gratuit sans une autorisation spéciale.

Cette autorisation est nécessaire pour vendre, pour échanger, pour faire des baux à longs termes, pour hypothéquer leurs biens immeubles.

Pour les établissements généraux, l'autorisation est donnée par décret impérial; pour les autres, par les préfets.

Les établissements publics légalement reconnus peuvent recevoir par donation ou par testament toutes sortes de biens mobiliers ou immobiliers.

L'acceptation des donations et legs est faite par les maires, administrateurs, évêques, directeurs ou trésoriers.

Si ces donations ou legs ont été faits sous certaines conditions ou charges, l'inexécution de ces donations emportent révocation de la donation.

Les communes et établissements publics ne peuvent plaider sans autorisation.

Les actions sont portées devant les tribunaux sans préliminaire de conciliation (C. proc. 49.) Les assignations sont données au maire ou aux directeurs ou administrateurs.

On peut prescrire contre les établissements publics comme contre de simples particuliers (C. N. 2227. — C. proc. 398).

## EXPERT, EXPERTISE.

Un expert est celui qui est nommé par les parties intéressées ou par un juge pour dresser un rapport et donner son avis sur un objet litigieux.

Il y a une foule de cas dans lesquels l'expertise est nécessaire. Nous allons examiner les principaux.

1o S'il s'agit de constater les biens d'un absent. (C. N. art. 126);

2o Pour estimer les meubles dont la jouissance reste aux père et mère (C. N. 453);

3° En cas de partage de succession (C. N. 824, 834); s'il sagit d'un mineur (C. N. 466);

4° En cas d'échange d'un immeuble dotal (1559);

5° De rescision de vente (1678, 1680);

6° En cas de contestation sur le prix d'un bail non écrit (1716);

7° Pour vérification d'écriture (C. de proc. 195, 196, 204, 208, 209 et 210);

8° En cas d'inscription de faux (232, 236);

9° D'estimation d'ouvrages ou de marchandises (426);

10° De levée de scellés (935);

11° D'aliénation d'immeubles de mineurs (Code de proc., 655).

Et dans quelques autres cas.

—

Toutes les fois qu'une simple inspection des lieux suffira au juge pour fixer son opinion, il devra ordonner une descente de lieux et non pas une expertise.

Pour être expert il faut jouir de ses droits civils et civiques; d'où il suit qu'un étranger ne peut être expert devant le tribunal, tandis qu'il peut être arbitre.

Un greffier peut être nommé expert, s'il peut se faire remplacer momentanément par son commis-greffier.

Un notaire peut également être expert, pourvu qu'il ne soit pas chargé du partage des biens dont il s'agit dans l'expertise.

—

Les experts sont nommés par les parties ou par le juge.

Lorsque ce sont les parties qui nomment les experts,

elles en font, par l'*intermédiaire d'avoué*, déclaration au greffier qui leur en donne acte.

On désigne habituellement trois experts, à moins que les parties soient d'accord d'un seul.

En matière de référé les tribunaux sont dans l'usage de ne nommer qu'un expert.

Il peut en être de même lorsqu'il s'agit de vente de bien de mineurs.

—

Les experts nommés par les parties ne peuvent être récusés que pour des causes postérieures à leur prestation de serment.

Ceux nommés d'office sont récusables même pour cause antérieure à leur nomination.

Cependant des circonstances de nature à enlever la confiance qu'on pourrait avoir dans un expert peuvent être signalées au tribunal, qui apprécie.

La récusation constatée est jugée sommairement à l'audience sur un simple acte et sur les conclusions du ministère public; les juges peuvent ordonner la preuve par témoins; on y procède dans la forme prescrite pour les enquêtes sommaires.

Si la récusation est admise, le jugement qui la prononce nomme un nouvel expert et non pas les parties.

Si la récusation est rejetée, la partie est condamnée aux dommages-intérêts même envers l'expert, s'il l'exige.

—

Le jugement qui nomme les experts commet un juge pour recevoir leur serment.

Les parties peuvent dispenser les experts du serment.

Elles doivent être sommées, lors de la prestation de serment, de se trouver sur les lieux aux jour et heure indiqués; si cette sommation est omise l'expertise est nulle.

Un expert qui a prêté serment peut, s'il ne remplit pas sa mission, être condamné à des dépens et dommages intérêts. — Si après sa nomination, il ne se présente pas pour prêter serment, il est immédiatement remplacé par les parties ou par le tribunal.

Les experts doivent être suffisamment renseignés sur l'objet de leur expertise et on doit leur remettre toutes les pièces susceptibles de les éclairer.

Les experts dressent un rapport de leur opération, ils y insèrent toutes les réclamations, les dires et protestations des parties.

Ce rapport est écrit par l'un d'eux et signé de tous; s'ils ne savent écrire le greffier ou un notaire l'écrirait et le signerait.

Il ne doit y avoir qu'un seul rapport ou, en cas de dissidence, l'opinion de chaque expert est constatée.

Les experts ne font que donner leur avis, tandis que les arbitres rendent une sentence.

La minute du rapport est déposée au greffe du tribunal qui a ordonné l'expertise, ou encore en l'étude du notaire commis pour recevoir la vente des immeubles estimés.

Les experts sont payés par vacations, ils se font taxer par le président au bas de la minute du rapport.

Les frais sont acquittés par la partie qui a requis l'expertise ou au nom de laquelle elle a été ordonnée.

Les juges ne sont pas tenus de s'en rapporter au rapport d'experts.

Lorsque le rapport a été homologué judiciairement, les experts ne peuvent être poursuivis pour les erreurs qu'ils y auraient commises.

Si une première expertise ne suffit pas, si les juges ou les parties ne sont pas assez éclairés, on peut en exiger une seconde.

## EXPROPRIATION FORCÉE.

C'est la vente des biens d'un débiteur faite sur la demande de ses créanciers par autorité de justice.

Lorsqu'un débiteur ne paie pas sa dette, ses créanciers font saisir le gage tacite ou exprès qui leur a été donné par lui, et le font vendre contre sa volonté.

Dès que l'objet est saisi et que cette saisie est dénoncée au débiteur, il est confié par l'autorité publique à un sequestre qui le garde et le possède au nom des créanciers.

C'est le tribunal qui met l'immeuble à l'enchère, qui adjuge et qui délivre.

Pour poursuivre une vente immobilière il faut être créancier en vertu d'un titre public exécutoire.

Le créancier hypothécaire ne peut faire saisir et vendre les immeubles de son débiteur qui ne lui sont pas hypothéqués, qu'en cas d'insuffisance de ceux qu'il a en garantie.

On peut faire vendre par expropriation forcée les immeubles de son débiteur, les meubles réputés immeubles par destination et l'usufruit qu'il peut avoir sur des biens de même nature.

Quant à la forme de l'expropriation, nous la traiterons au mot *Saisie immobilère*.

---

# EXPROPRIATION
## POUR CAUSE D'UTILITÉ PUBLIQUE.
### (Loi du 3 mai 1841 )

On appelle expropriation pour cause d'utilité publique le fait de s'emparer des propriétés particulières pour les affecter à un usage public moyennant indemnité.

Sont susceptibles d'expropriation les immeubles appartenant, soit à l'État, aux départements, aux communes, à des établissements publics, à la liste civile, soit aux particuliers, soit à des étrangers.

L'expropriation pour cause d'utilité publique s'attache non seulement aux immeubles, mais aux meubles réputés immeubles par destination qui se trouvent dans les biens expropriés.

L'expropriation frappe l'immeuble sans considérer à qui il appartient; elle atteint tout à la fois le propriétaire, l'usufruitier, l'usager; elle casse les baux (Loi du 3 mai 1841).

L'expropriation ne s'applique qu'à la dépossession totale ou partielle de l'héritage même; ainsi, quand l'administration acquiert, en vertu de la loi de 1841, un héritage sujet à une servitude de vue au profit d'un fonds voisin, elle n'a pas besoin d'agir par expropriation contre le propriétaire de ce dernier fonds, sauf le droit de celui-ci à l'indemnité.

L'expropriaton n'a lieu que pour cause d'utilité publique générale, départementale ou communale.

Elle n'a lieu qu'à la charge d'une indemnité qui doit être payée avant la prise en possession des objets expropriés.

Tous les actes relatifs à l'expropriation pour cause d'utilité publique sont dispensés de timbre et d'enregistrement.

## FORMES DE L'EXPROPRIATION.

Les formes qui précèdent l'expropriation consistent : 1º Dans la loi ou le décret impérial qui autorise l'exécution des travaux pour lesquels l'expropriation est requise ; 2º dans l'acte du préfet qui désigne les localités ou territoires sur lesquels les travaux doivent avoir lieu, lorsque cette désignation ne résulte pas de la loi ou du décret ; 3º dans l'arrêté ultérieur par lequel le le préfet détermine les propriétés particulières auxquelles l'expropriation est applicable.

Les propriétaires et détenteurs ne peuvent s'opposer aux travaux préparatoires nécessaires pour la levée des plans et l'étude des projets (Cour de cassation, 4 mars 1822 ; conseil d'État, 19 octobre 1825).

Mais ils ont droit à une indemnité pour les dommages que ces travaux leur causent, et cette indemnité est réglée par le conseil de préfecture.

Les ingénieurs et autres gens de l'art chargés de l'exécution des travaux lèvent, pour la partie qui s'étend sur chaque commune, le plan parcellaire des terrains ou des édifices dont la cession leur paraît nécessaire.

Les propriétés particulières sont indiquées sous le nom des propriétaires inscrits sur la matrice cadastrale; le plan en est déposé pendant huit jours à la mairie de la commune, afin que les propriétaires intéressés puissent en prendre connaissance.

*Le dépôt* de ce plan est annoncé à son de trompe ou de tambour dans chaque commune. L'avertissement se donne *collectivement*, lors même qu'il n'y aurait qu'une personne intéressée à l'expropriation; un avertissement individuel ne suffit pas.

Le plan est communiqué à tous ceux qui veulent le voir sans qu'on ait à leur demander compte de l'intérêt qu'ils peuvent avoir à cette communication. (Delalleau, n° 155.)

Le maire tient un registre sur lequel il inscrit les déclarations et réclamations des parties intéressées. Il inscrit aussi les déclarations d'élection de domicile.

A l'expiration du délai de huitaine, une commission se réunit au chef-lieu de la sous-préfecture. Cette commission, présidée par le sous-préfet, est composée de quatre membres du conseil général du département ou du conseil de l'arrondissement désignés par le préfet, du maire de la commune où se trouvent les biens expropriés et de l'un des ingénieurs chargés de l'exécution des travaux.

La commission ne peut valablement délibérer qu'autant que cinq de ses membres au moins sont présents. Elle appelle les propriétaires toutes les fois qu'elle le juge convenable, et inscrit toutes leurs réclamations. Elle peut se transporter sur les lieux.

Après avoir reçu les observations des intéressés, la commission donne son avis, l'opinion de la minorité doit être constatée dans le procès-verbal.

Les opérations doivent être terminées dans le délai de dix jours, après quoi le procès-verbal est immédiatement adressé par le sous-préfet au préfet. Dans le cas où les opérations n'ont pas été mises à fin dans le délai ci-dessus, le sous-préfet doit, dans les trois jours, transmettre au préfet son procès-verbal et les documents recueillis (Loi du 3 mai 1841, art. 9).

Sur le vu du procès-verbal et des documents y annexés, le préfet détermine par un arrêté motivé les propriétés qui doivent être cédées et indique l'époque à laquelle il sera nécessaire d'en prendre possession. Toutefois, dans le cas où il résulte de l'avis de la commission qu'il y a lieu de modifier le tracé des travaux ordonnés, le préfet surseoit jusqu'à ce qu'il ait été prononcé par l'administration supérieure, qui, suivant les circonstances, statue définitivement ou ordonne qu'il soit procédé de nouveau à tout ou partie des formalités prescrites ci-dessus; la décision de l'administration supérieure est définitive et sans recours au conseil d'État.

Quelle que soit l'urgence des travaux, la prise de possession n'a lieu qu'après paiement ou consignation de l'indemnité.

## PROCÉDURE.

L'expropriation pour cause d'utilité publique s'opère par autorité de justice.

Les tribunaux ne peuvent prononcer l'expropriation

qu'autant que l'utilité en a été constatée et déclarée dans les formes prescrites par la loi.

A défaut de conventions amiables avec les propriétaires des terrains ou bâtiments dont la cession est reconnue nécessaire, le préfet transmet au procureur impérial dans le ressort duquel les biens sont situés, la loi ou l'ordonnance qui autorise l'exécution des travaux et l'arrêté mentionné ci-dessus.

Dans les trois jours et sur la production des pièces constatant que les formalités prescrites ont été remplies, le procureur impérial dépose un requisitoire écrit dans lequel il demande au tribunal de prononcer l'expropriation pour cause d'utilité publique des terrains ou bâtiments indiqués dans l'arrêté du préfet.

Le tribunal statue dans les trois jours.

Les propriétaires à exproprier ne sont pas appelés lors du jugement.

Le jugement doit, à peine de nullité, énoncer que les formalités prescrites pour déclarer l'utilité publique ont été remplies.

Le jugement doit indiquer les noms des propriétaires, la désignation et la contenance des terrains expropriés.

Il mentionne également l'époque de la dépossession et commet un des membres du tribunal pour remplir les fonctions de magistrat directeur du jury chargé de fixer l'indemnité. Il désigne, en outre, un autre membre pour le remplacer au besoin.

Le jugement doit toujours être prononcé publiquement et en porter la mention.

Le jugement est publié et affiché par extraits dans la commune de la situation des biens; il est en outre inséré dans un des journaux de l'arrondissement et dans l'un de ceux du chef-lieu du département. Cet extrait, contenant les noms des propriétaires, les motifs et le dispositif du jugement, leur est notifié au domicile qu'ils ont élu dans l'arrondissement de la situation des biens, par une déclaration faite à la mairie de la commune où les biens sont situés (Voyez ci-dessus), et dans le cas où cette élection de domicile n'a pas eu lieu, la notification est faite en double copie au maire et au fermier, gardien ou régisseur de la propriété. Toutes les autres notifications prescrites en matière d'expropriation doivent être faites dans la même forme.

Ces notifications et publications sont faites à la diligence du préfet du département où les biens sont situés.

Elles peuvent indistinctement être faites par les gardes du génie, les portiers-consigne des places de guerre, les conducteurs des ponts et chaussées, les cantonniers, les gardes et agents forestiers, les gardes champêtres, les agents voyers, les commissaires de police, la gendarmerie, les employés des contributions directes et des douanes, etc.

Il ne leur est alloué aucun émolument.

Les notifications qui intéressent les communes sont valablement faites à la requête du maire.

Le jugement ne peut être attaqué que par la voie du recours en cassation ; le pourvoi a lieu dans les trois jours de la notification du jugement par déclaration au greffe du tribunal qui l'a rendu.

Ce pourvoi peut être formé même avant la notification.

Ce pourvoi est notifié dans la huitaine soit au préfet, soit à la partie au domicile marqué, et les pièces doi-

vent être adressées dans la quinzaine à la chambre civile de la cour de cassation, qui statue dans le mois
suivant.

Si le jugement est cassé, l'affaire est renvoyée devant
un tribunal voisin de celui qui avait rendu le jugement
attaqué.

—

Le jugement passé en force de chose jugée transmet
à l'État ou à la compagnie qui l'a requis la propriété
des biens expropriés, mais non leur possession.

L'ancien propriétaire ne peut plus ni les aliéner, ni
les hypothéquer.

Les droits d'usufruit, d'habitation, d'usage ou de
servitude, établis sur l'immeuble exproprié, sont con-
vertis en droit à une indemnité.

Il en de même des droits des locataires ou fermiers; seulement, en cas d'expropriation partielle de
l'immeuble, il y a lieu, suivant les circonstances, à la
résiliation du bail ou à une réduction de fermage.

Le jugement d'expropriation est immédiatement transcrit au bureau de la conservation des hypothèques de
l'arrondissement, conformément à l'art. 2181 du Code
Napoléon.

Dans la quinzaine de la transcription les priviléges et
hypothèques conventionnels, judiciaires ou légaux antérieurs au jugement, doivent être inscrits. A défaut
d'inscription dans ce délai, l'immeuble exproprié est
affranchi de toûs priviléges et de toutes hypothèques de
quelque nature qu'ils soient, sans préjudice du recours
contre les maris, tuteurs ou autres administrateurs qui
auraient dû requérir les inscriptions.

Le propriétaire indemnisé doit produire un état des

inscriptions pouvant grever l'immeuble non seulement de son chef, mais encore de celui du précédent propriétaire.

Les créanciers inscrits n'ont pas le droit de surenchérir, mais ils peuvent exiger que l'indemnité soit fixée par le jury.

## INDEMNITÉS.

Dans la huitaine qui suit la notification du jugement, le propriétaire est tenu d'appeler et de faire connaître à l'administrateur, les fermiers, locataires, usufruitiers ou usagers et ceux qui peuvent réclamer des servitudes, sinon il reste seul chargé envers eux des indemnités que ces derniers pourront réclamer.

Les autres intéressés, c'est-à-dire les créanciers chirographaires, privilégiés ou hypothécaires inscrits, sont en demeure de faire valoir leurs droits par l'avertissement donné dans chaque commune, affiché et publié à son de trompe ou de caisse, et ils sont tenus de se faire connaître à l'administrateur dans le délai de huitaine, à défaut de quoi ils sont déchus de tous droits à l'indemnité.

Il en est de même pour l'usufruitier et ses créanciers.

L'administration notifie aux propriétaires, aux créanciers inscrits et à tous autres intéressés qui ont été désignés ou qui sont intervenus, dans le délai de huitaine, les sommes qu'elle offre pour indemnité.

Dans la quinzaine suivante, les propriétaires et autres intéressés sont tenus de déclarer leur acceptation, ou, s'ils n'acceptent pas les offres qui leur sont faites, d'indiquer le montant de leur prétention. Une fois ces prétentions connues, ils ne peuvent plus les augmenter.

Les tuteurs, maris et autres personnes qui n'ont pas qualité pour aliéner un immeuble, peuvent valablement accepter les offres en se faisant autoriser par le tribunal dans les formes prescrites, ainsi que nous le verrons plus bas.

———

C'est le conseil général de chaque département qui, chaque année à sa réunion, désigne trente-six personnes au moins et soixante-douze au plus, parmi les électeurs ayant leur domicile réel dans l'arrondissement, pour former le jury spécial destiné à fixer les indemnités dues par suite d'expropriation pour cause d'utilité publique.

Les jurés d'une session ne peuvent être renommés l'année suivante.

Parmi les personnes désignées par le conseil général, la première chambre de la cour impériale, ou du tribunal civil lorsqu'il n'y a pas de cour, choisit en la chambre du conseil seize personnes pour former le jury spécial chargé de fixer définitivement le montant de l'indemnité, et, en outre, quatre jurés supplémentaires.

Ne peuvent être choisis pour jurés :

1º Les propriétaires, fermiers, locataires des terrains expropriés ;

2º Les créanciers ayant inscription sur lesdits immeubles ;

3º Enfin tous autres intéressés ou intervenants.

Tout juré qui, sans motifs légitimes, manque à l'une des séances ou refuse d'y prendre part, encourt une amende de 100 fr. au moins et de 300 fr. au plus. L'amende est prononcée par le directeur du jury.

Les jurés prêtent serment de remplir leurs fonctions avec impartialité.

Le magistrat directeur met sous les yeux du jury :

1º Le tableau des offres et demandes;

2º Les plans parcellaires et les titres ou. autres documents produits.

Les parties ou leurs fondés de pouvoirs peuvent présenter sommairement leurs observations.

La discussion est publique.

Le jury peut se transporter sur les lieux, s'il croit un examen nécessaire.

Le magistrat directeur, après les explications ou plaidoiries, résume la situation et les jurés se retirent pour délibérer. Cette délibération a lieu à la majorité des voix.

Le jury ne peut, en aucun cas, allouer une indemnité inférieure aux offres de l'administration, ni supérieure à la demande de la partie intéressée.

L'indemnité ne peut être qu'en argent ou capital numéraire mis immédiatement à la disposition de l'exproprié.

——

Les indemnités doivent être payées avant la prise de possession. En cas de refus de la part des ayants-droit, les fonds sont versés après offres réelles à la caisse des dépôts et consignations.

Il n'est pas fait d'offres réelles toutes les fois qu'il existe des incriptions sur les immeubles, ou d'autres obstacles au versement des deniers entre les mains des ayants-droit. Dans ce cas, les sommes dues par l'administration sont seulement consignées pour être ensuite payées à qui de droit.

Quand l'indemnité a été réglée, si elle n'est ni acquittée, ni consignée dans les six mois, les intérêts courent de plein droit à l'expiration de ce délai, à titre de dédommagement.

Toutes les fois qu'il y a lieu de purger les hypothèques légales, cette formalité doit être remplie.

Le tribunal ordonne les mesures de conservation ou de remploi qu'il juge nécessaires.

———

Si les terrains acquis pour des travaux d'utilité publique ne reçoivent pas cette destination, les propriétaires peuvent en demander la remise.

Le prix des terrains rétrocédés est fixé à l'amiable, et s'il n'y a pas accord, par le jury.

Le prix de rétrocession est versé dans la caisse du domaine.

Le contrat ou le jugement de rétrocession doit, dans le mois, être mentionné en marge de la transcription faite sur le registre des hypothèques. (Loi du 23 mars 1855.)

## FABRIQUE.

———

Les fabriques sont des établissements légalement organisés, pour l'administration des biens et revenus d'une église, cathédrale, cure ou chapelle vicariale. (Décret de 1809.)

## 1° *Organisation.*

Chaque fabrique se compose d'un conseil de fabrique et d'un bureau de marguilliers.

Dans les paroisses d'une population de 5,000 âmes et au-dessus, le conseil de fabrique se compose de neuf membres; dans les autres, il n'y a que cinq membres. Il faut ajouter deux membres en sus : ce sont le curé et le maire s'il est catholique; s'il ne l'est pas, il est substitué de droit par un adjoint ou un membre catholique du conseil municipal.

Les membres du conseil sont pris parmi les notables; ils doivent être catholiques et domiciliés dans la paroisse.

Les nominations sont faites pour six ans. Pour la première, elles le sont par l'évêque et le préfet : l'évêque nomme trois conseillers sur cinq, ou cinq sur neuf; toutes les nominations subséquentes sont faites à l'élection.

Les fabriciens sortants peuvent toujours être réélus.

Le conseil délibère :

1° Sur le budget de la fabrique;

2° Sur le compte rendu par le trésorier;

3° Sur l'emploi des fonds excédant la dépense, du montant des legs et donations et le remploi des capitaux remboursés;

4° Sur toutes les dépenses extraordinaires excédant la compétence du bureau;

5° Sur les procès à intenter, les transactions, les baux, les achats, aliénations ou échanges. (Décret de 1809, art. 12.)

Le bureau des marguilliers se compose du curé ou de son vicaire et de trois membres du conseil de fabrique.

Il se réunit tous les mois au moins, et est chargé de la partie active de l'administration qu'il partage avec le curé.

Il dresse le budget de la fabrique et prépare les affaires qui doivent être présentées au conseil.

Le bureau, avec l'autorisation du conseil, met en régie ou en location les bancs et chaises des églises; il fixe le prix des chaises pour les différents offices; il fait les baux et arrête les marchés.

Les marguilliers nomment, en outre, les prédicateurs, l'organiste, les chantres, suisse, bedeaux, sacristains, sonneurs et autres employés, excepté dans les communes rurales autres que les chefs-lieux de canton, où ces employés sont nommés par le desservant ou le vicaire.

Le trésorier fait toutes les recettes, acquitte toutes les dépenses, passe les baux, signe tous actes autorisés de concession, d'acceptation et autres; il assiste aux scellés et inventaires lors de la vacance de la cure.

Il présente chaque année, le premier dimanche de mars, son compte annuel de recette et de dépense.

Le trésorier a la garde des titres et des deniers de la fabrique. Ces deniers sont placés dans une caisse à trois clefs : une entre ses mains, une entre celles du curé et la troisième entre les mains du président du bureau.

—

Les revenus des fabriques se composent du produit des biens et rentes qui leur ont été restitués ou attribués par les lois, décrets et ordonnances;

Des rentes et fondations qu'elles sont autorisées à accepter;

Des locations des bancs, chaises et chapelles des églises ;

Des quêtes faites au profit du culte et du produit des troncs à ce destinés ;

Enfin, des droits sur les inhumations pour fourniture de cire, tentures, sonnerie et transport des corps et autres frais.

Chaque paroisse a un tarif relativement à tous ces frais. Ce tarif est arrêté par l'évêque diocésain.

———

Les charges des fabriques sont :

1º De fournir aux frais nécessaires du culte, en ce compris, les ornements, vases sacrés, linge, luminaire, paiement des vicaires, chantres et autres employés;

2º De payer les prédicateurs les jours de solennité;

3º De pourvoir aux décorations de l'église ;

4º Enfin, de veiller à l'entretien de l'église, du presbytère et du cimetière.

Les fabriques ne font que les réparations d'entretien ; les grosses réparations sont à la charge des communes.

———

Les fabriques étant réputées *mineures* sont placées sous la tutelle du Gouvernement.

Les aliénations, acquisitions, échanges, partages de biens de toute nature, les acceptations de dons et legs sont autorisés par le préfet.

En cas de réclamation de la part des familles, pour les donations et legs, c'est le Gouvernement qui statue.

Une fabrique créancière d'un particulier peut acquérir les biens de ce dernier, vendus par expropriation forcée, et ce sans autorisation préalable.

Les fabriques ne peuvent intenter aucun procès sans

y être autorisées par le conseil de préfecture; si elles perdent leur procès, une nouvelle autorisation leur est nécessaire pour en appeler.

L'action d'une fabrique contre son trésorier pour reddition de son compte est prescriptible par le délai de trente ans.

## FAILLITE.

Le Code de commerce, art. 437, définit la faillite, l'état d'un commerçant qui cesse ses paiements.

Il n'y a que les commerçants qui puissent être déclarés en faillite, le désordre des affaires d'un non-commerçant s'appelle *déconfiture*.

Pour motiver la mise en faillite d'un commerçant, il faut qu'il le soit encore à l'époque de la cessation de ses paiements.

Les agents de change et courtiers de commerce peuvent être déclarés en faillite.

La faillite d'un commerçant peut être déclarée après son décès lorsqu'il est mort en état de cessation de paiements. La déclaration de faillite ne peut être, soit prononcée d'office, soit demandée par les créanciers que dans l'année qui suivra le décès. (Art. 437, C. de com.)

Pour qu'il y ait lieu à déclaration de faillite, il ne suffit pas d'une *suspension momentanée de paiements*, il faut qu'il y ait *cessation absolue, impossibilité réelle* dans la marche des affaires et des paiements. Mais dans ce cas la faillite existe lors même qu'il n'y aurait qu'un seul créancier (Orléans, 29 mai 1840; cassation, 7 juillet 1841; Rouen, 22 juin 1842; Bourges, 21 mai 1842; Paris, 30 janvier 1843.)

Si, outre la cessation de paiements, il y a des circonstances établissant des fautes graves prévues par le Code de commerce, il n'y a plus faillite, il y a *banqueroute*. (*Voy.* ce mot.)

———

La faillite est déclarée par jugement du tribunal de commerce rendu soit sur la déclaration du failli, soit à la requête d'un ou de plusieurs créanciers, soit d'office. Ce jugement est exécutoire provisoirement. (Cod. com., 440.)

1° Tout failli est tenu, dans les trois jours de la cessation de ses paiements, d'en faire la déclaration au greffe du tribunal de commerce de son domicile. Le jour de la cessation de ses paiements est compris dans les trois jours.

La déclaration du failli doit être accompagnée du dépôt du bilan ou contenir l'indication des motifs qui empêcheraient le failli de le déposer.

Le bilan contient l'énumération et l'évaluation de tous les biens mobiliers ou immobiliers du débiteur, l'état des dettes actives et passives, le tableau des profits et pertes, l'état de ses dépenses, le tout daté et signé par lui. (Voy. *Bilan.*)

Si le commerçant s'arrange avec tous ses créanciers dans les trois jours de la cessation de ses paiements, il est dispensé de faire sa déclaration de faillite (Paris, 14 décembre 1814.)

En cas de faillite d'une société en nom collectif, la déclaration doit contenir le nom et l'indication du do-

micile de chaque associé solidaire. Cette déclaration est
faite au tribunal du siége de la société.

Le failli peut retirer sa déclaration, si avant le jugement qui prononce la faillite, il peut justifier qu'il a
repris ses paiements; il ne peut plus le faire lorsque le
jugement est prononcé, et les effets de la faillite ne cessent que par la réhabilitation;

2° Les créanciers peuvent requérir la déclaration de
faillite : 1° si le débiteur est en fuite ou s'il ne fait aucune déclaration dans les trois jours de la cessation de
ses paiements; 2° lorsque les créanciers affirment qu'il
y a faillite et que le débiteur le nie;

3° Le tribunal peut déclarer d'*office* une faillite lorsque le failli ne fait aucune déclaration et qu'il n'y a
pas de demande de la part des créanciers.

Le jugement déclaratif de faillite détermine l'époque
à laquelle a eu lieu la cessation des paiements.

Ce jugement est affiché et inséré dans les journaux,
tant du lieu où la faillite a été déclarée, que de tous
les lieux où le failli a des établissements.

Si le jugement est rendu par défaut, il périme faute
d'exécution, dans les six mois.

———

Par la déclaration de faillite, le failli, même con-
cordataire, perd l'exercice de ses droits de citoyen, il ne
peut exercer aucune fonction publique, il ne jouit pas
de ses droits politiques et électoraux; il ne peut plus
entrer à la Bourse.

Mais il conserve la jouissance de ses droits civils; il
peut servir dans la garde nationale et siéger dans un
conseil de discipline.

Il contracte valablement avec des tiers, sauf à ses

syndics à faire déclarer les engagements pris par lui, nuls à leur égard.

Il peut encore défendre ses intérêts contre la masse de ses créanciers.

Il conserve l'administration des biens de ses enfants mineurs; de ceux de sa femme tant qu'il n'y a pas de séparation.

Par suite de la déclaration de faillite, le failli est dessaisi de ses biens, même de ceux qui peuvent lui échoir, tant qu'il est en état de faillite. (Cod. com., 443.)

Il ne peut louer ses immeubles, mais les baux antérieurs, mêmes verbaux et non frauduleux, peuvent être opposés aux créanciers.

A dater de la déclaration de faillite toute action est intentée contre les syndics et non contre le failli; sauf pour ce qui intéresse la personne même et non les biens du failli.

La femme doit demander la séparation de biens tant contre son mari que contre les syndics.

Le jugement déclaratif de faillite rend exigibles toutes les dettes passives non échues (Cod. com., 444) et arrête, à l'égard de la masse seulement, le cours des intérêts de toute créance non garantie par un privilége, par un nantissement ou par une hypothèque.

Seulement les intérêts des créances garanties ne peuvent être réclamés que sur les sommes provenant des biens affectés au privilége, à l'hypothèque ou au nantissement.

Toutes voies d'exécution pour parvenir au paiement des loyers sur les effets mobiliers servant à l'exploitation du commerce du failli, sont suspendues pendant trente jours, à partir du jugement déclaratif de faillite, sans préjudice de toutes mesures conservatoires et du droit qui serait acquis au propriétaire de reprendre possession des lieux loués. Dans ce cas, la suspension des voies d'exécution cessera de plein droit. (Cod. com., 450.)

—

Les actes antérieurs à la faillite peuvent être attaqués et annulés, s'ils ont été faits en fraude des créanciers.

Ainsi sont nuls les actes contenant aliénation de biens *à titre gratuit* faits dans les dix jours qui ont précédé la cessation de paiements, ou depuis cette cessation jusqu'au jugement. Les actes *à titre onéreux* sont maintenus, si les tiers qui y ont concouru ignoraient le mauvais état des affaires du failli.

Sont nuls et sans effet, relativement à la masse, lorsqu'ils auront été faits par le débiteur depuis l'époque déterminée par le tribunal comme étant celle de la cessation de ses paiements, ou dans les dix jours qui auront précédé cette époque :

1° Tous les actes translatifs de propriétés mobilières ou immobilières à titre gratuit;

2° Tous paiements, soit en espèces, soit par transport, vente, compensation ou autrement, pour dettes non échues; et pour dettes échues, tous paiements faits autrement qu'en espèces ou effets de commerce;

3° Toute hypothèque conventionnelle ou judiciaire et tous droits d'antichrèse ou de nantissement constitués sur les biens du débiteur pour dettes antérieurement contractées.

Tous paiements faits pour dettes non échues et tous autres actes à titre onéreux peuvent être annulés, si, de la part de ceux qui ont reçu du débiteur ou qui ont traité avec lui, ils ont eu lieu avec la connaissance de la cessation de ses paiements.

Les droits d'hypothèque et de privilége, valablement acquis, peuvent être inscrits jusqu'au jour du jugement déclaratif de faillite.

———

Le jugement qui déclare la faillite contient nomination d'un syndic provisoire, et les créanciers présumés sont immédiatement convoqués pour donner leur avis sur cette nomination, qui est ensuite infirmée ou confirmée par le tribunal. Les syndics ainsi institués sont définitifs.

Il peut n'y avoir qu'un syndic ; mais leur nombre peut, à toute époque, être porté à trois. Ils agissent alors collectivement.

Les syndics représentent la masse des créanciers, et, conséquemment, ils ont droit d'agir toutes les fois que la contestation intéresse la masse.

Le tribunal, dans le jugement qui déclare la faillite, désigne pour juge-commissaire un de ses membres, spécialement chargé de surveiller et d'accélérer les opérations et la gestion de la faillite et de faire au tribunal le rapport de toutes les contestations que cette faillite pourra faire naître. (Cod. com., 451.)

Le tribunal ordonne en même temps le dépôt de la personne du failli dans la maison d'arrêt pour dettes, ou la garde de sa personne par un officier de police ou de justice ou par un gendarme.

Les scellés sont immédiatement apposés par le juge de paix, sur l'avis que le greffier lui donne du jugement déclaratif de faillite.

La vente des objets sujets à dépérissement ou dispendieux à conserver a lieu à la requête du syndic, sur l'autorisation du juge-commissaire.

Les livres sont remis au syndic et communiqués avec le portefeuille au juge-commissaire.

Ce dernier, d'après l'état apparent des affaires du failli, peut proposer sa mise en liberté avec sauf-conduit provisoire de sa personne.

Si le tribunal accorde ce sauf-conduit, il peut obliger le failli à fournir caution de se représenter sous peine de paiement d'une somme que le tribunal arbitre et qui est dévolue à la masse.

Le failli peut obtenir pour lui et sa famille des secours alimentaires.

———

Si le failli n'a pas déposé de bilan, les syndics le dressent à l'aide des livres et papiers ou des renseignements qu'ils se procurent; ils requièrent la levée des scellés et procèdent à l'inventaire du failli en présence du juge de paix qui signe chaque vacation. Si le failli est décédé, cet inventaire est fait en présence des héritiers ou eux dûment appelés.

L'inventaire doit nécessairement comprendre le fonds de commerce du failli.

L'inventaire terminé, tous les objets et valeurs sont remis aux syndics qui s'en chargent à la fin dudit inventaire.

Les syndics recouvrent les dettes actives.

Ils peuvent, le failli entendu, se faire autoriser à vendre les meubles et marchandises, traiter et transiger sur les contestations intéressant la masse.

Les deniers provenant des ventes et recouvrements sont versés à la caisse des dépôts et consignations.

Les syndics procèdent à la vérification des créances qui, dans la huitaine de cette vérification, doivent être affirmées sincères et véritables par les créanciers.

Les créances vérifiées, le greffier convoque les créanciers pour délibérer sur la formation d'un concordat.

Si le concordat est formé et homologué, les fonctions des syndics cessent; ils rendent leurs comptes au failli et lui remettent, sur décharge, les livres, papiers et valeurs dont ils étaient détenteurs.

S'il n'y a pas de concordat, les syndics liquident et distribuent l'actif entre les créanciers.

Quand les opérations de la liquidation sont terminées, un compte définitif est rendu à l'assemblée des créanciers et l'union est dissoute de plein droit.

Dans cette dernière assemblée on déclare que le failli est ou n'est pas excusable.

Un banqueroutier frauduleux ne peut jamais être excusé.

———

Le créancier porteur d'engagements souscrits, endossés ou garantis par le failli et d'autres coobligés qui sont en faillite, participe aux distributions dans toutes les masses et y figure pour la valeur nominale de son titre jusqu'à parfait paiement.

Aucun recours pour raison des dividendes payés n'est ouvert aux faillites des coobligés les unes contre les autres, si ce n'est lorsque la réunion des dividendes que donneraient ces faillites excéderait le montant de la créance en principal et accessoires; auquel cas cet excédant est dévolu, suivant l'ordre des engagements, à ceux des coobligés qui auraient les autres pour garants.

Si un acompte avait été reçu avant la faillite le porteur ne serait admis au passif que pour le surplus.

Les créanciers nantis de gages ne sont portés au passif que pour mémoire

Les syndics, avec l'autorisation du juge-commissaire, peuvent retirer les gages au profit de la faillite en remboursant la dette.

Si le gage est vendu par le créancier, les syndics ont droit sur la portion du prix qui excède la créance.

Le privilége et le droit de revendication établis par le n° 4 de l'art. 2102 du code Napoléon au profit du vendeur d'effets mobiliers ne sont point admis en cas de faillite.

Les créanciers hypothécaires prennent sur le prix des immeubles affectés en garantie ; si ce prix est insuffisant, ils concourent avec les autres créanciers pour le surplus de leur créance, pourvu qu'elles aient été vérifiées et affirmées.

Si des distributions de deniers précèdent la vente des immeubles, les créanciers hypothécaires y participent.

Les créanciers hypothécaires qui ne viennent pas en rang utile sont considérés comme créanciers chirographaires.

———

En cas de faillite du mari, la femme dont les apports en immeubles ne se trouvent pas mis en communauté, reprend en nature lesdits immeubles et ceux qui lui sont survenus par succession ou par donation entre-vifs ou testamentaire.

Les biens acquis par la femme pendant le mariage,

sont réputés appartenir au mari, sauf à la femme à fournir la preuve du contraire.

La femme peut reprendre en nature les effets mobiliers qu'elle possède et qui ne sont pas entrés dans la communauté, toutes les fois que l'identité en est prouvée par inventaire ou tout autre acte authentique, sinon ils appartiennent au mari.

Lorsque le mari est commerçant au moment de la célébration du mariage, ou lorsque n'ayant pas alors d'autre profession déterminée, il est devenu commerçant dans l'année, les immeubles qui lui appartenaient à l'époque de la célébration du mariage ou ceux qui lui sont advenus depuis, par succession ou par donation entre-vifs ou testamentaire, sont seuls soumis à l'hypothèque légale de sa femme :

1o Pour les deniers et effets mobiliers qu'elle a apportés en dot ;

2o Pour le remploi de ses biens aliénés pendant le mariage ;

3o Pour l'indemnité des dettes par elle contractées envers son mari.

Les avantages résultant au profit de la femme de son contrat de mariage, ne lui profitent pas en cas de faillite, mais les créanciers ne peuvent profiter des avantages que ce même mariage faisait au mari de la part de sa femme.

Si une femme est déclarée en faillite, et que les époux soient mariés sous le régime de la communauté ou sous le régime exclusif de communauté, le mari est tenu des dettes de sa femme. Si le mariage a eu lieu sous le régime de la séparation de biens, la femme seule est obligée, sauf à vérifier si le mari n'a pas profité de son actif au-delà de la proportion fixée par le contrat de mariage.

—

Après la clôture de l'inventaire les syndics peuvent avec l'autorisation du juge-commissaire procéder à la vente soit à l'amiable, soit aux enchères publiques des effets mobiliers ou marchandises appartenant au failli.

L'union des créanciers peut également se faire autoriser par le tribunal de commerce, le failli dûment appelé, à traiter à forfait de tout ou partie des droits et actions dont le recouvrement n'a pas été opéré, et à les aliéner. Tout créancier peut s'adresser au juge-commissaire pour provoquer une délibération de l'union à cet égard (Cod. com. 570).

Le montant de l'actif mobilier, distraction faite des frais et dépenses d'administration de la faillite, des secours accordés au failli ou à sa famille et des sommes payées aux créanciers privilégiés est répartie entre tous les créanciers au marc le franc de leurs créances vérifiées et affirmées (Cod. com. 565).

Aucun paiement ne doit être fait par les syndics que sur la représentation du titre constitutif de la créance.

Les syndics mentionnent sur le titre la somme payée par eux. Dans tous les cas le créancier donne quittance en marge de l'état de répartition.

Les créanciers hypothécaires du failli conservent, après comme avant le jugement déclaratif de faillite, le droit de poursuivre la vente des immeubles affectés à leurs créances. Ils dirigent leurs poursuites contre les syndics. Mais lorsque l'union est formée, ils ne peuvent plus l'exercer; les syndics seuls sont admis à poursuivre la vente (Cod. Com. 571).

Le syndic peut se rendre adjudicataire des biens du failli.

---

## FORÊTS (Voyez *Bois*).

---

## GAGE.
—

Le gage est le nantisssement d'une chose mobilière (C. N., 2072). On appelle aussi gage la chose donnée en nantissement.

### 1° *Choses qui peuvent être données en gage.*

On peut engager les meubles qu'on possède; par meubles on comprend des créances mobilières, des actions industrielles et tous autres titres négociables ou non.

Le trésor admet même les engagements de rente sur l'État.

### 2° *Personnes qui peuvent s'engager.*

Le contrat de gage ne peut avoir lieu qu'entre personnes capables de contracter. Mais à ce principe général, il y a deux exceptions :

1° Le mineur peut donner ses meubles en gage et en recevoir (C. N. 481, 484).

2° La femme mariée séparée de biens peut également le faire, car elle a le droit de disposer de son mobilier.

Pour donner un objet en gage, il faut en être propriétaire et de plus l'avoir en sa possession. Car la remise de cet objet est de l'essence même du contrat.

Un mandataire ne peut donner un objet en gage s'il n'a autorisation expresse à ce sujet.

Un tiers peut donner en gage sa propre chose pour garantir la dette d'autrui.

Un tuteur peut donner en gage pour son pupille les meubles de ce dernier; mais il faut que l'emprunt pour lequel le gage est donné, soit déjà contracté, ou que, conformément à l'art. 457, il ait été autorisé.

### 3° Forme du gage.

Le gage doit, sauf quelques exceptions, être constaté par un acte notarié ou sous seing privé enregistré, contenant la déclaration de la somme dûe, l'espèce et la nature des choses remises en gage ou un état annexé de leurs qualités, poids et mesures.

L'inobservation d'une seule de ces formalités peut faire annuler le contrat de gage.

L'acte de gage sous seing privé doit être enregistré, ou tout au moins avoir acquis date certaine, soit par la relation dans un acte authentique, soit par la mort d'un des signataires.

Le contrat de gage peut ne pas être fait double sous seing privé quand il ne contient pas de convention synallagmatique.

Cependant il faut dire que toutes les formalités ci-dessus relatées ne sont prescrites que lorsque la valeur du gage dépasse 150 fr., et il en devait être ainsi, puisque toutes les obligations au-dessous de ce chiffre peuvent se prouver par témoins.

Un ouvrier peut retenir en gage entre ses mains, pour garantie de paiement de sa main-d'œuvre, la marchandise que le maître lui a remise pour la travailler.

Les dispositions relatives au gage ne s'appliquent pas en matière commerciale.

Lorsqu'une créance est remise en gage, quelle que soit la somme même inférieure à 150 fr., il faut qu'il y ait un contrat notarié ou sous seing privé, enregistré et signifié au débiteur cédé. Outre cette signification, il faut encore la remise du titre de la créance cédée.

D'où il suit que si une créance est sans titre, elle ne saurait être légalement engagée, et que lors même qu'elle serait de beaucoup supérieure à la créance pour laquelle le gage est fourni, le titre doit encore être remis, ou au créancier, ou entre les mains d'un tiers désigné dans l'acte comme dépositaire de ce titre, et ce à peine de nullité (Arrêt de la cour d'Aix, 21 juillet 1842).

### 4° *Effets du gage.*

Le gage entre les mains du créancier est indivisible. Ainsi : L'héritier du débiteur qui a payé sa portion de la dette ne peut demander la restitution de sa portion dans le gage avant que la dette soit entièrement soldée. Et *vice versa*, l'héritier du créancier qui a reçu sa portion de la dette, ne peut remettre le gage au préjudice de ses cohéritiers qui ne seraient pas désintéressés.

Si la chose donnée en gage est une créance, le détenteur aurait le droit de toucher les intérêts, sauf à en rendre compte et à les imputer sur les intérêts qui lui seraient dus.

S'il s'agissait d'un troupeau, le droit de gage s'étendrait au croît de ce troupeau.

Si le créancier avait fait des dépenses pour la conservation et l'entretien de la chose engagée, il a droit de retenir l'objet jusqu'à complet paiement de ces dépenses.

Lorsqu'à l'échéance de la dette elle n'est pas payée, le créancier peut faire ordonner en justice, ou qu'il gardera son gage sur estimation faite par experts, ou qu'il sera vendu aux enchères.

Le créancier détenteur du gage a un privilège et il vient avant tous autres créanciers dans la distribution des prix de vente.

Mais ce droit n'existe que si le gage a été constaté dans les formes voulues, et si la chose est restée en la possession du créancier ou du tiers désigné dans le contrat.

Le gage n'étant qu'un dépôt entre les mains du créancier, ce dernier doit scrupuleusement veiller à sa conservation et le rendre après paiement soit de la dette, soit des dépenses faites pour la conservation de l'objet.

Si le créancier abusait de la chose engagée, il pourrait être contraint de la rendre même avant paiement de la dette.

Le créancier peut être dispensé de rendre la chose, si elle périt par cas fortuit ou de force majeure, ou lorsqu'il fait prononcer en justice qu'il la gardera en paiement, ou qu'elle sera vendue. En cas de vente, il doit restitution du surplus du prix.

## GARDE CHAMPÊTRE.

—

Les gardes champêtres ont été créés par la loi du 28 septembre et 6 octobre 1791.

Ils sont chargés de la constatation et de la recherche des délits portant atteinte aux propriétés rurales.

Il y a généralement un garde champêtre dans chaque commune; ils sont choisis parmi les anciens militaires et autant que possible sachant lire et écrire.

Le choix est fait par les maires et approuvé par les conseils municipaux; sur ce choix le sous-préfet délivre la commission.

Tout propriétaire, tout établissement public ou même tout fermier peut avoir un garde particulier pour la conservation de ses propriétés.

La commission du garde particulier lui est délivrée par le propriétaire ou le chef de l'établissement, sur papier timbré, remise au maire, qui l'adresse au préfet pour avoir son approbation. Il faut encore que ce garde soit agréé par le conservateur des forêts.

Avant leur entrée en fonctions, les gardes champêtres communaux ou particuliers prêtent serment devant le juge de paix de leur canton.

Les gardes champêtres sont des officiers de police judiciaire chargés de rechercher, chacun dans le territoire pour lequel ils ont été assermentés, les délits et contraventions de police qui portent atteinte aux propriétés rurales.

Ils dressent des procès-verbaux à l'effet de constater la nature, les circonstances, le temps, le lieu des délits et des contraventions, ainsi que les preuves et les indices qu'ils ont pu en recueillir.

Ils suivent les choses enlevées, dans les lieux où elles ont été transportées et les mettent en sequestre ; ils ne peuvent néanmoins s'introduire dans les maisons, atteliers, bâtiments, cours adjacentes et enclos, si ce n'est en présence soit du juge de paix ou de son suppléant, soit du commissaire de police, soit du maire ou de son adjoint, et le procès-verbal qui en est dressé doit être signé par celui en présence duquel il a été fait.

Ils arrêtent et conduisent devant le maire tout individu qu'ils ont surpris en flagrant délit, ou qui est dénoncé par la clameur publique ; lorsque ce délit emporte la peine d'emprisonnement ou une peine plus grave.

Ils se font donner à cet effet main-forte par le maire ou l'adjoint du lieu, qui ne peut s'y refuser. (Cod. Inst. crim., art. 16.)

Ils constatent encore les délits de chasse ; les fraudes qui intéressent l'administration des tabacs ; les embarras ou encombrements des routes et chemins publics et les anticipations ou détériorations de ces chemins.

Enfin ils sont tenus d'informer les maires, et ces derniers les brigadiers de gendarmerie, de tout ce qu'ils découvrent de contraire à l'ordre et à la tranquillité publique.

Les procès-verbaux des gardes champêtres doivent être affirmés devant les juges de paix, ou, à défaut de juges de paix, devant les maires ou adjoints. Faute de cette formalité le procès-verbal est nul.

Un garde champêtre qui ne sait pas écrire, fait verbalement son rapport au maire. Ce rapport est écrit par le secrétaire de la mairie et signé par le maire ou l'adjoint qui l'a reçu, cela est suffisant.

Les procès-verbaux des gardes champêtres doivent être, dans les trois jours, remis au commissaire de police de la commune chef-lieu de canton ou au maire, s'il n'y a pas de commissaire de police.

Les procès-verbaux des gardes champêtres font foi jusqu'à preuve contraire.

Les gardes champêtres sont sous la surveillance du procureur impérial, et ensuite des commandants de tous grades de gendarmerie.

Les sous-officiers de gendarmerie peuvent pour objets importants, mettre à réquisition, les gardes champêtres d'un canton, et les officiers ceux d'un arrondissement.

Les gardes champêtres sont *fonctionnaires publics* et, en outre, des *agents du gouvernement* qui ne peuvent être poursuivis pour délits commis dans l'exercice de leurs fonctions qu'en vertu d'une autorisation du conseil d'État. Ils sont justiciables des cours impériales.

Comme *agents de la force publique*, les violences exercées envers eux sont des circonstances aggravantes (C. Pénal. 230. 231).

Les gardes champêtres répondent des dommages pour lesquels ils ont *négligé* de faire leur rapport dans les vingt-quatre heures; mais ils ne peuvent jamais être condamnés aux dépens pour inexactitude ou irrégularité dans leurs procès-verbaux.

Les changements ou destitutions des gardes champêtres sont prononcés par le sous-préfet, sur l'avis du maire et du conseil municipal et avec l'approbation du préfet.

Les gardes champêtres, comme les gardes forestiers, dans l'exercice de leurs fonctions doivent avoir un 'uniforme ou une plaque distinctive.

---

## GARDE FORESTIER.

Les gardes forestiers sont des fonctionnaires chargés de veiller à la conservation des bois de l'État, des communes, des établissements publics ou même des particuliers.

Il faut avoir trente-trois ans et savoir lire et écrire pour être nommé garde forestier. (Ordonnance du 15 novembre 1832).

Les gardes forestiers de l'État sont nommés par le directeur général. Les gardes des communes sont nommés par le maire, sauf l'approbation du conseil municipal, et ceux des établissements publics par les administrateurs de ces établissements, sauf l'agrément de l'administration forestière.

Si la garde des bois des communes et établissements publics et de ceux de l'État, était confiée à un même individu, il devrait être nommé par l'administration forestière. Son salaire serait payé proportionnellement.

Le salaire des gardes des bois des communes et établissements publics est réglé par le préfet, sur la proposition du conseil municipal ou des établissements.

Les commissions des gardes des bois des particuliers doivent être visées par le sous-préfet; s'il croit devoir refuser ce visa, il en rend compte au préfet en indiquant les motifs de son refus.

Les gardes forestiers prêtent serment devant le tribunal de première instance.

Il leur est interdit de faire le commerce des bois.

Ils sont officiers de police judiciaire comme les gardes champêtres et ont les mêmes attributions que ces derniers.

Ils dressent des procès-verbaux qu'ils doivent remettre au conservateur, inspecteur ou sous-inspecteur forestier.

Les prévenus et les personnes civilement responsables des délits forestiers doivent être cités à la requête de l'agent supérieur forestier devant le tribunal correctionnel, soit du lieu où le délit a été commis; soit de la résidence du prévenu ou de celui où il a pu être trouvé.

Les gardes champêtres font toutes citations et significations, mais ils ne peuvent faire de saisie-exécution; ils sont taxés pour ces actes comme les huissiers des justices de paix.

Ils ont un registre coté et paraphé par le sous-préfet, sur lequel ils transcrivent régulièrement, par ordre de date, leurs procès-verbaux.

Ils sont responsables des délits, dégâts, abus et abrouissements commis dans leurs triages et passibles des amendes ou indemnités encourues par les délinquants, lorsqu'ils n'ont pas dûment constaté les délits.

Cette disposition ne concerne pas les bois des particuliers.

## GARDE NATIONALE.

La garde nationale est instituée pour maintenir l'ordre, qui est l'unique source du travail et qui ne s'établit qu'en raison directe de l'autorité et de la force du gouvernement, elle doit être non une garantie contre le pouvoir mais une garantie contre le désordre et l'insurrection (Préambule du décret du 11 janvier 1852).

Le nombre des gardes nationaux est limité, il est fixé pour chaque localité par le gouvernement.

Les gardes nationaux sont choisis par le conseil de recensement parmi les Français de vingt-cinq à cinquante ans et les étrangers, jouissant des droits civils, qui sont jugés aptes à ce service qui est obligatoire.

La garde nationale ne doit être organisée que dans les communes où le gouvernement le juge nécessaire.

Elle est dissoute et réorganisée, suivant que les circonstances l'exigent.

Elle est formée en compagnies, bataillons ou légions, selon les besoins du service déterminé par l'autorité administrative qui peut créer des corps de sapeurs-pompiers ou des corps spéciaux de cavalerie, artillerie ou génie.

Aucun de ces corps spéciaux ne peut se former sans autorisation.

Les officiers de tous grades sont nommés par l'Empereur.

Les réclamations des gardes nationaux contre les décisions des conseils de recensement sont jugées par des jurys de révision.

Les citoyens ne peuvent ni prendre les armes ni se

rassembler comme gardes nationaux avec ou sans uniforme, sans l'ordre des chefs immédiats et ceux-ci ne peuvent donner cet ordre sans une réquisition de l'autorité civile.

Aucun chef de poste ne peut faire distribuer des cartouches aux gardes nationaux placés sous son commandement si ce n'est en vertu d'un ordre précis ou en cas d'attaque de vive force.

Les dépenses de la garde nationale sont notées, réglées, surveillées comme toutes les autres dépenses municipales. Elles sont obligatoires ou facultatives. Les dépenses obligatoires sont : 1o les frais d'achat de drapeaux, tambours et trompettes; 2o les réparations, l'entretien et le prix des armes confiées par l'État aux gardes nationaux, dont les communes sont responsables sauf leur recours contre les gardes nationaux; 3o le loyer, l'entretien, le chauffage, l'éclairage et le mobilier des corps de garde; 4o Les frais de registre, papiers, contrôles, billets de gardes et tous les autres frais de bureau qu'exige le service; 5o la solde des majors et des adjudants-majors; 6o la solde et l'habillement des tambours et trompettes;

Toutes autres dépenses sont facultatives.

Tout garde national commandé pour le service, doit obéir, sauf à réclamer ensuite, s'il s'y croit fondé, devant le chef de corps.

---

## GREFFIERS.

Ce sont des fonctionnaires établis près des cours ou tribunaux dont le principal emploi est d'écrire les arrêts et jugements, d'en garder minute et d'en délivrer des expéditions.

Il y a un greffier dans chaque cour ou tribunal, soit de première instance, soit de commerce, et dans chaque justice de paix.

Pour être greffier ou commis-greffier il faut avoir vingt-cinq ans accomplis.

Les greffiers sont nommés par l'Empereur.

Ils prêtent serment avant leur entrée en fonctions.

Ils fournissent un cautionnement, dont le chiffre est basé sur la population du ressort du tribunal où ils exercent.

Le greffier a un traitement fixe pour lui et ses commis-greffiers; il perçoit en outre des droits de greffe pour les actes qu'il reçoit et les expéditions qu'il délivre.

Les greffiers doivent tenir la plume pendant tout le temps que dure l'audience.

Les jugements qui seraient rendus en leur absence seraient nuls,

Ils assistent les juges dans tous les actes et procès-verbaux de leur ministère, gardent les minutes et délivrent des expéditions.

Les greffiers des tribunaux de première instance sont en outre dépositaires de l'un des doubles des registres de l'état civil et des procurations ou autres pièces qui doivent y demeurer annexées.

Les fonctions de greffier sont incompatibles avec toutes autres fonctions soit judiciaires, soit administratives, soit notariales, et notamment avec celles de l'administration forestière, de l'enregistrement, des postes, messageries, etc., etc.

Les greffiers ne peuvent devenir cessionnaires des procès, droits et actions litigieux qui sont de la compétence du tribunal du ressort dans lequel ils exercent leurs fonctions, à peine de nullité et des dépens, dommages et intérêts;

Ils sont révoqués par l'Empereur; cette révocation donne lieu à un recours au conseil d'État par voie contentieuse.

Les tribunaux ont le droit de destituer les greffiers.

Les greffiers, comme tous autres officiers ministériels, peuvent vendre leurs charges et présenter un successeur à l'agrément de l'Empereur.

## HABITATION (Droit d').

—

Le droit d'habitation est celui qu'a une personne, pour elle et sa famille de jouir de tout ou partie d'une maison appartenant à autrui.

Le droit d'habitation peut se prescrire par dix ou vingt ans.

La loi du 23 mars 1855 sur la transcription (art. 2.) exige que les actes translatifs de droits d'habitation soient transcrits au bureau des hypothèques pour être opposables aux tiers.

### 1° Comment s'établit le droit d'habitation.

Ce droit s'établit ou par une disposition de la loi ou par la volonté de l'homme. (C. Nap., 579 et 625.)

La veuve a légalement le droit d'habitation dans la maison de son mari défunt pendant le temps nécessaire pour faire inventaire et pour délibérer sur l'acceptation de la communauté, et, de plus, pendant l'année de délai que les héritiers ont pour la restitution de la dot de la femme mariée sous le régime dotal. (Art. 1569.)

Si, dans un contrat de mariage, le mari a fait donation à sa femme, en cas de survie, d'un droit d'habitation, et qu'il ne se trouve, au décès, aucune maison où ce droit puisse s'exercer, il est dû à ·la veuve une indemnité en rapport avec le rang, la fortune et les· habitudes du donataire.

On peut encore établir le droit d'habitation par testament, vente ou donation entre-vifs.

### 2o Des charges et obligations imposées à l'habituaire.

Celui qui a un droit d'habitation est obligé de le conserver et de le rendre; il répond des usurpations qu'il aurait laissé commettre.

Il est, en conséquence, tenu de fournir caution.

Sont dispensés de cette caution :

1o L'habituaire qui a acquis à titre onéreux et qui a payé son prix;

2o Le vendeur ou le donateur qui se sont réservés le droit d'habitation;

3o La veuve, pendant les trois mois et quarante jours pour faire faire inventaire et délibérer, si elle était commune en biens, et pendant l'année de deuil, si elle était mariée sous le régime dotal.

L'habituaire, comme l'usufruitier, est tenu des réparations d'entretien, du paiement des contributions et charges annuelles.

·.Et si, par suite du défaut d'entretien, l'immeuble a

besoin de grosses réparations, l'habituaire en sera tenu, parce que la dégradation est présumée survenue par sa négligence.

Il est responsable de l'incendie, mais seulement s'il est prouvé qu'il ait eu lieu par sa faute.

### 3° Cessation du droit d'habitation.

Ce droit cesse :

1° Par la mort naturelle;

2° Par la mort civile, sauf exceptions;

3° Par la destruction complète de la maison, sauf recours contre le propriétaire, s'il y a des vices de construction;

4° Par l'expiration du terme fixé, ou par l'événement de la condition résolutoire à laquelle l'exercice de ce droit aurait été subordonné;

5° Enfin, par la réunion sur la même tête des qualités de propriétaire et d'habituaire.

L'habituaire doit jouir en bon père de famille, sinon il pourrait être privé de son droit.

Ce droit s'éteint encore par le non usage pendant trente ans.

----

## HAIE.
—

Une haie est une clôture formée de branchages.

Il y a deux sortes de haies : la *haie vive*, faite d'arbrisseaux en végétation; la *haie sèche* ou *morte*, ou encore *hallier*, faite avec des morceaux de bois plantés en terre ou branchages secs réunis ensemble.

La haie vive ne peut être plantée qu'à un demi-mètre en-dedans de la ligne séparative de deux propriétés; à une distance moindre, le propriétaire voisin peut forcer à l'arracher.

La haie sèche peut être placée sur la ligne séparative.

Toute haie sèche ou vive qui sépare deux héritages est réputée mitoyenne, à moins qu'il n'y ait qu'un seul des héritages en état de clôture, ou s'il y a titre ou possession contraire.

Si une haie est mitoyenne par titre ou par présomption, son entretien et sa culture se font à frais communs, et l'un des deux propriétaires ne peut l'enlever sans le consentement de l'autre.

S'il se trouvait dans la haie des arbres à haute tige, le propriétaire voisin pourrait exiger qu'ils fussent coupés.

## HUISSIERS.

Les huissiers sont des officiers ministériels chargés de faire toutes citations, notifications, sommations ou significations relatives à l'instruction d'un procès; tous exploits, soit pour l'exécution de ces jugements, soit pour celle des actes authentiques.

Pour être huissier, il faut :

1o Être âgé de vingt-cinq ans;

2o Avoir satisfait aux lois sur le recrutement;

3o Avoir travaillé pendant deux ans chez un notaire, chez un avoué ou chez un huissier, ou pendant trois ans au greffe d'une cour impériale ou d'un tribunal;

4° Avoir obtenu de la chambre de discipline un certificat de moralité et de capacité.

Les huissiers sont nommés par l'Empereur, sur la présentation du tribunal près lequel ils doivent exercer.

Dans le mois qui suit la notification de l'ordonnance de leur nomination, ils sont tenus de prêter serment devant le tribunal, et ce après versement du cautionnement exigé par la loi.

S'ils laissent écouler un mois sans prêter serment, ils sont déchus de leur nomination.

Les huissiers, même ceux attachés à une cour, n'exercent que dans le ressort de leur tribunal.

En matière criminelle et correctionnelle, les huissiers ne peuvent exploiter hors du canton de leur résidence sans un mandement exprès. Il en est de même en matière de simple police, sauf quelques légères modifications.

Outre les fonctions ci-dessus énumérées, les huissiers peuvent encore, concurremment avec le greffier et les notaires, faire des prisées et des ventes publiques de meubles aux enchères dans les lieux où il n'y a pas de commissaires-priseurs.

Les huissiers doivent habiter dans le lieu de la résidence qui leur a été désignée, et ce sous peine d'être remplacés.

Ils sont tenus d'exercer leur ministère toutes les fois qu'ils en sont requis, sous peine de destitution.

Leurs copies doivent être lisibles et correctes, sinon elles ne leur sont pas payées.

Ils ne peuvent tenir cabaret, auberge, billard, même

sous le nom de leurs femmes, à moins d'une autorisation spéciale.

---

L'huissier qui instrumente en vertu d'un acte ou d'un jugement dont on lui a fait la remise, a mandat suffisant pour toutes exécutions, sauf la saisie immobilière ou l'emprisonnement pour lesquels il lui faut un mandat spécial.

L'huissier est responsable envers son requérant des nullités de ses exploits.

Il est contraignable par corps pour restitution des titres à lui confiés et des deniers par lui reçus par suite de l'exercice de ses fonctions pour le compte de ses clients.

Leur action pour le remboursement de leurs salaires se prescrit par un an.

Les papiers employés par les huissiers aux copies d'actes, jugements, arrêts, ou toutes autres pièces, ne peuvent contenir plus de trente-cinq lignes par page de petit papier, plus de quarante lignes par page de moyen papier et plus de cinquante lignes par page de grand papier, à peine d'amende.

---

## HYPOTHÈQUE.

L'hypothèque est un droit *réel* sur les immeubles affectés à la garantie d'une *obligation*, en vertu duquel le créancier est payé par préférence et selon son rang sur le prix de cet immeuble qu'il peut suivre entre les mains des tiers.

Ainsi un créancier qui a une hypothèque, peut faire

saisir et vendre les biens de son débiteur; en suivant les règles établies par la procédure, et il est payé par préférence à tous créanciers chyrographaires, et même aux créanciers hypothécaires d'un rang inférieur.

L'hypothèque est indivisible et subsiste en entier sur tous les immeubles affectés, sur chacun et sur chaque portion de ces immeubles. Ainsi celui des héritiers qui a payé sa part de la dette ne peut empêcher le créancier de saisir les biens héréditaires de son lot pour la part des autres sauf son recours contre qui de droit.

C'est ce que nous dit en outre l'art. 873 du Cod. Nap. Les héritiers sont tenus des dettes hypothécairement pour le tout, quoique l'obligation personnelle se divise.

Cependant nous pensons avec MM. Chabot et Grenier, que si l'un des cohéritiers avait payé sa portion personnelle, il pourrait empêcher qu'on vendît les immeubles qu'il posséderait, jusqu'à ce qu'on eût discuté les autres immeubles de la succession possédés par les autres héritiers.

Si l'héritier tenu hypothécairement pour la totalité de la dette, paie plus que sa part dans cette dette, il a un recours contre les autres cohéritiers et est subrogé aux droits du créancier.

Si l'un des cohéritiers est insolvable, sa part de dette est répartie sur tous les autres au marc le franc.

—

Il y a plusieurs sortes d'hypothèques :
L'hypothèque légale, l'hypothèque judiciaire et l'hypothèque conventionnelle.
L'hypothèque *légale* est celle qui résulte de la loi.
L'hypothèque *judiciaire* résulte des actes judiciaires ou jugements.

L'hypothèque *conventionnelle* est celle qui dépend des conventions des parties.

Les hypothèques *légales* et *judiciaires* frappent les biens *présents et à venir* du débiteur; les hypothèques *conventionnelles* ne grèvent que les biens affectés, sauf l'affectation des biens à venir autorisée dans certains cas.

On ne peut hypothéquer que :

1º *Les biens immeubles* qui sont dans le commerce et leurs accessoires, c'est-à-dire les immeubles par destination, les servitudes actives et les actions tendant à la revendication de ces immeubles.

2º *L'usufruit* de ces mêmes biens et les accessoires pendant le temps de sa durée.

Les meubles ne peuvent être hypothéqués.

Les mines et carrières sont susceptibles d'hypothèques.

L'usufruit légal que les père et mère ont sur les biens de leurs enfants mineurs ne peut être hypothéqué, pas plus que la jouissance du mari sur les biens de sa femme vivante.

Les fruits pendant par racines sont frappés de l'hypothèque, tant qu'ils sont attachés au sol; mais sitôt qu'ils sont coupés, ils deviennent meubles et ne sont plus soumis à l'hypothèque. Et en cas de saisie-brandon, le prix s'en répartit par voie de distribution.

Un droit d'hypothèque ne saurait être hypothéqué: il n'est que l'accessoire d'une créance. Une créance étant mobilière, l'accessoire d'une chose mobilière n'est pas susceptible d'hypothèque.

Cependant on arrive au même résultat par la subrogation à l'hypothèque.

Les actions de la banque de France immobilisées sont susceptibles d'hypothèque.

## DE L'HYPOTHÈQUE LÉGALE.

L'hypothèque légale est celle que la loi accorde aux femmes, aux mineurs ou aux interdits, sur les biens de leurs maris ou de leurs tuteurs; à l'État, aux communes ou aux établissements publics, sur les biens des comptables; aux légataires, sur les biens de la succession; à la masse des créanciers, sur les immeubles du failli.

L'hypothèque légale frappe sur les biens présents et à venir du débiteur.

### § I. — Hypothèque légale des femmes.

Toutes les femmes mariées ont une hypothèque sur les biens de leurs maris.

Cette hypothèque existerait lors même que le mariage serait annulé, si la femme était de bonne foi. (Duranton, n° 291.)

Pour les contrats de mariage passés à l'étranger, il faut faire une distinction :

1° Si le mari est français, la femme a une hypothèque légale, qu'elle soit française ou non;

2° Si les deux époux sont étrangers, la femme n'aura pas d'hypothèque légale en France;

3° Si le mariage entre deux étrangers a été célébré

sous la loi française, nous pensons que l'hypothèque légale existe.

---

Les créances auxquelles l'hypothèque légale des femmes est attachée sont :

1° La dot, les reprises et conventions matrimoniales;

2° Les droits, à raison de successions à elles échues ou de donations à elles faites.

3° Les répétitions pour l'indemnité des dettes contractées avec le mari et pour le remploi des propres aliénés.

Pour la dot et autres conventions matrimoniales entre époux, l'hypothèque remonte au jour du mariage.

Pour les sommes dotales provenant de successions ou de donations, l'hypothèque ne court que du jour de l'ouverture des successions ou du jour que les donations ont eu leur effet.

Pour l'indemnité des dettes qu'elle a contractées avec son mari, ou pour le remploi de ses propres aliénés, la femme n'a d'hypothèque qu'à compter du jour de l'obligation ou de la vente. (C. Nap., 2155.)

---

L'hypothèque légale des femmes grève tous les biens présents et à venir du mari. Elle ne peut être primée, quant aux biens présents, que par les hypothèques inscrites avant la célébration du mariage; mais, sur les biens à venir, elle sera presque toujours au premier rang, puisqu'on ne peut ordinairement hypothéquer cette espèce de biens..

Cependant cette hypothèque peut être restreinte par le contrat de mariage à certains biens, ou lorsqu'elle a

été réduite pendant le mariage aux immeubles suffisants
pour assurer les droits de la femme.

Elle cesse aussi de s'étendre sur les biens à venir du
mari, lorsque celui-ci est négociant et qu'il vient à faire
faillite.

L'hypothèque légale de la femme grève les biens
donnés au mari dans le contrat de mariage, malgré le
droit de retour qui pourrait être exercé sur ces biens.

La loi de 1855 exige que les femmes fassent inscrire
leur hypothèque légale dans l'année du décès de leur
mari, pour conserver leur rang vis-à-vis des autres
créanciers du mari.

### § II. — De l'hypothèque légale des mineurs et interdits sur les biens de leurs tuteurs.

L'art. 2121 du Code Napoléon accorde aux mineurs
et aux interdits une hypothèque légale sur les biens de
leurs tuteurs.

Cependant il faut remarquer qu'un mineur étranger
n'a pas d'hypothèque sur les biens de son tuteur en
France.

Mais le mineur français a hypothèque légale, même
en vertu d'un acte de tutelle passé en pays étranger et
sur les biens de son tuteur étranger.

L'hypothèque légale des mineurs ne frappe pas les
subrogés-tuteurs, les curateurs, ni les conseils judiciaires.

Il en est de même de l'administrateur provisoire
donné à la personne et aux biens de celui dont on
poursuit l'interdiction.

Les mineurs ont une hypothèque légale sur les biens

de leurs *cotuteurs* ou *protuteurs* nommés en vertu des art. 396 et 417 du Code Napoléon.

L'hypothèque légale sur les biens du tuteur s'étend à sa gestion entière jusqu'à la reddition du compte de tutelle.

Cette hypothèque remonte au jour de l'acceptation de la tutelle, ce qui veut dire que, pour les tuteurs légitimes, elle date de l'ouverture de la tutelle.

Cette hypothèque, ainsi que nous l'avons dit plus haut, porte sur tous les biens présents et à venir du tuteur, mais seulement sur les immeubles, ces biens étant seuls susceptibles d'hypothèques.

Si le mineur devenu majeur, l'interdit relevé de l'interdiction, leurs héritiers ou ayants-cause n'ont pas pris inscription dans l'année qui suit la cessation de la tutelle, leur hypothèque ne date, à l'égard des tiers, que du jour des inscriptions prises ultérieurement. (Loi du 23 mars 1855, art. 8.)

## DE L'HYPOTHÈQUE CONVENTIONNELLE.

L'hypothèque conventionnelle est celle qui résulte de la convention des parties et des stipulations des actes intervenus entre elles.

Pour consentir une hypothèque conventionnelle, il faut avoir la capacité d'aliéner les immeubles qu'on y soumet.

Cependant il a été jugé que la faculté d'aliéner le fonds dotal, réservée par le contrat de mariage, n'emporte pas le droit d'hypothéquer.

Sont incapables d'hypothéquer :

Les femmes mariées, les mineurs, les interdits, les

pourvus d'un conseil judiciaire et les administrateurs des biens des absents.

A l'égard des femmes *mariées*, quel que soit le régime porté par le contrat de mariage, elles ne peuvent aliéner et hypothéquer sans le consentement expresse de leur mari.

Mais avec cette autorisation, la femme mariée en communauté ou séparée de biens peut hypothéquer ses biens propres ou concourir à l'hypothèque des biens de la communauté.

Quant à la femme mariée sous le régime dotal, la règle est qu'elle ne peut aliéner ni hypothéquer ses biens pendant le mariage même avec l'autorisation de son mari, et cela a lieu sous ce régime, même lorsque la femme est séparée de biens, à moins qu'il ne s'agisse de biens paraphernaux.

Les femmes marchandes publiques peuvent aliéner leurs biens et les hypothéquer sans l'autorisation de leurs maris, pourvu qu'il ne s'agisse pas de biens dotaux.

Un tuteur, en se faisant autoriser et en remplissant certaines formalités, peut hypothéquer les biens de son mineur. (Art. 457, C. Nap.)

Le mineur émancipé qui fait un commerce peut engager et hypothéquer ses immeubles pour le fait de ce commerce; il peut le faire sans aucune formalité préliminaire; il suffit qu'il ait été régulièrement autorisé à faire le commerce.

Les interdits ne peuvent pas hypothéquer leurs biens.

Les pourvus de conseil judiciaire peuvent le faire avec l'assistance de ce conseil.

Il y a encore d'autres incapacités; ce sont:

1° Les héritiers bénéficiaires ;

2° Les faillis ;

3° Les envoyés en possession des biens des absents.

L'*héritier bénéficiaire* peut hypothéquer les biens de la succession ; mais il encourt la déchéance du bénéfice d'inventaire (Voyez ce mot), et devient héritier pur et simple.

Quant aux *faillis*, la loi de 1838 déclare nulle toute hypothèque conventionnelle ou judiciaire constituée depuis l'ouverture de la faillite ou dans les dix jours qui ont précédé, sur les biens du débiteur, pour dettes antérieurement contractées.

En général, les *envoyés en possession des biens des absents* ne peuvent consentir, sur ces biens, aucune hypothèque ; mais il peut y avoir des exceptions, par exemple, à l'égard du mari dont la femme est absente, ou pour tous autres, en cas de réparations nécessaires aux biens dont s'agit.

Les créanciers des absents peuvent obtenir contre ces derniers des jugements et prendre sur leurs biens des hypothèques judiciaires.

Cependant, lorsque l'envoi en possession est définitif, les héritiers peuvent valablement hypothéquer les biens de l'absent ; et si celui-ci se présente, il les reprendra dans l'état où ils se trouveront, avec les hypothèques établies.

———

L'hypothèque peut être établie, soit dans l'obligation même, soit par acte séparé.

Il faut nécessairement un acte authentique, c'est-à-dire passé devant notaire.

Les contrats passés en pays étranger ne peuvent

donner hypothèque sur les biens de France. (C. Nap., 2128.)

D'où il résulte que les contrats hypothécaires passés en pays étranger ne valent que comme simple promesse.

Cependant une hypothèque peut être valablement stipulée dans un contrat passé en pays étranger par un Français devant un ambassadeur ou un consul.

En général, l'hypothèque conventionnelle n'est valable qu'autant que la somme pour laquelle elle est consentie est certaine et déterminée.

Une hypothèque étant l'accessoire d'une obligation principale peut être consentie pour garantir l'exécution de toute espèce d'engagement, soit de donner, soit de faire ou de ne pas faire.

Mais on ne garantit pas par une hypothèque un droit réel, tel qu'une servitude ou un usufruit.

Si l'obligation contient une condition suspensive, l'hypothèque existe du jour du contrat jusqu'à l'avénement de la condition ou l'exécution de l'obligation.

L'hypothèque stipulée pour sûreté d'un prêt peut, d'après l'intention des parties, être appliquée non à un prêt déjà fait au jour du contrat, mais au réglement éventuel d'un compte-courant.

L'hypothèque stipulée pour un bail ne s'étend pas à la tacite reconduction.

L'hypothèque établie pour sûreté d'une créance en comprend tous les accessoires, tels que les arrérages des rentes, les intérêts des capitaux seulement, afin que l'accumulation des intérêts ou arrérages ne nuise pas aux créanciers postérieurs qui ne pourraient en avoir connaissance; l'inscription prise pour le capital ne donne rang à l'hypothèque, en ce qui concerne les accessoires, que pour deux années et l'année courante, sans préjudice des inscriptions particulières à prendre portant hypothèque à dater de leur date.

Les biens soumis à l'hypothèque conventionnelle doivent être très bien désignés, faute de quoi l'hypothèque est nulle. Ainsi a été annulée par la cour de Caen une inscription prise *sur tous les biens d'un débiteur situés dans l'arrondissement du bureau.*

Celui qui hypothèque des biens qu'il ne possède pas ou dont il ne possède qu'une partie peut être poursuivi comme stellionataire. (Voyez ce mot.)

L'hypothèque des biens à venir du débiteur ne peut avoir lieu qu'autant qu'il hypothèque la totalité de ses biens présents, et que cette affectation est insuffisante à la garantie de la créance. (Douai, 4 mai 1847.)

## DE L'HYPOTHÈQUE JUDICIAIRE.

L'hypothèque *judiciaire* est celle qui résulte des jugements, soit contradictoires, soit par défaut, définitifs ou provisoires, en faveur de celui qui les a obtenus. (Cod. Nap., 2123.)

Elle résulte même de simples actes judiciaires, tels que reconnaissance en jugement d'écritures passées ou de signatures.

Enfin, elle peut encore être la suite d'une hypothèque conventionnelle. En effet, la cour de Paris a jugé, le 22 novembre 1853, que le créancier dont l'hypothèque conventionnelle n'a pas procuré le paiement, a le droit de poursuivre le débiteur en justice, en vertu de son titre authentique, pour obtenir l'hypothèque générale résultant de toute condamnation judiciaire.

L'hypothèque judiciaire ne peut résulter de jugements rendus en pays étranger qu'autant qu'ils auront été déclarés exécutoires par un tribunal français.

L'hypothèque judiciaire, comme l'hypothèque légale, frappe tous les biens présents et à venir du débiteur. (C. N., art. 2123.)

### EFFETS DES HYPOTHÈQUES.

Les effets principaux et essentiels de l'hypothèque sont le droit de *préférence* qui s'exerce entre les créanciers et le droit de *suite* contre les tiers-détenteurs.

Le droit de *préférence* est réglé par le rang de l'hypothèque. Or, les créanciers, quels qu'ils soient, n'ont de rang que du jour de leur inscription.

Tous les créanciers inscrits le même jour exercent en concurrence une hypothèque de même date, sans distinction entre l'inscription du matin et celle du soir.

Mais il faut nécessairement que l'hypothèque soit inscrite, car à défaut d'inscription, la créance est purement chirographaire.

Le droit de *suite* s'exerce contre tous les tiers-détenteurs des immeubles, car l'hypothèque inscrite suit l'immeuble en n'importe quelles mains qu'il se trouve et non pas le créancier.

Dans le cas de vente de partie des immeubles hypothéqués, le créancier a le droit de demander au vendeur le remboursement de la totalité de sa créance quoiqu'elle ne soit pas exigible, lorsque cette vente partielle, en obligeant le créancier à diviser son action pour recourir contre des tiers, a diminué les sûretés résultant de son contrat. (C. N., 1188.)

## DE L'EXTINCTION DES HYPOTHÈQUES.

Les hypothèques s'éteignent :

1° Par l'extinction de l'obligation principale ;

2° Par la renonciation du créancier à l'hypothèque ;

3° Par l'accomplissement des formalités et conditions prescrites aux tiers-détenteurs pour purger les biens par eux acquis ;

4° Par la prescription ;

5° Par la résolution de la propriété du débiteur ;

6° Par la confusion des deux qualités de créancier et de propriétaire ;

7° Enfin par la perte de l'immeuble hypothéqué.

## INSCRIPTION HYPOTHÉCAIRE.

L'hypothèque naît du contrat, de la loi et du jugement ; le privilége résulte de la qualité de la créance ; mais, pour les conserver, il faut qu'ils soient inscrits au bureau des hypothèques de l'arrondissement dans lequel les biens sont situés.

Cette inscription sur les registres du conservateur a pour but d'établir publiquement la situation du débiteur, afin que tous ceux qui veulent traiter avec lui connaissent sa position.

L'inscription fixe le *rang* des hypothèques entre elles, et elle conserve aux priviléges leur *effet* à compter du jour où ils ont pris naissance.

Les hypothèques légales des femmes des mineurs et des interdits sont assimilées aux priviléges ; l'inscription de ces diverses hypothèques légales une fois faite en temps utile, cette formalité suffit pour qu'elles puissent être exercées au rang que leur donnent la loi et les titres dont elles résultent.

—

L'hypothèque existe *indépendamment de toute inscription* :

1° Pour les droits et créances des femmes sur les immeubles de leurs maris ;

2° Pour ceux des mineurs et interdits sur les immeubles de leur tuteur.

En cas de vente volontaire des biens du mari ou du tuteur, la femme et le mineur ne sont pas tenus de se faire inscrire tant que l'acquéreur ne purge pas.

Mais si l'acquéreur purge, la femme dont l'hypothèque légale n'a pas été inscrite dans les délais fixés a perdu le droit de se faire colloquer dans l'ordre.

Les inscriptions peuvent être requises par la femme et par les mineurs eux-mêmes, aucune capacité n'étant requise pour prendre une inscription, qui est un acte purement conservatoire.

—

On est libre de se faire inscrire quand on veut, sauf à subir, dans certains cas, la préférence des créanciers plus diligents.

De plus, l'art. 2146 du Code Napoléon porte : Les inscriptions ne produisent aucun effet, si elles sont prises dans le délai pendant lequel les actes faits avant l'ouverture des faillites sont nuls.

Toutefois, cet article n'est pas applicable :

1° Au privilége de la *séparation des patrimoines* ;

2° Au privilége de ceux qui, *depuis que le failli a été*

*dessaisi*, ont fait meilleure la condition de la masse des créanciers en réparant, par exemple, les édifices du failli;

3° Aux priviléges accordés sans inscription par l'article 2101 du Code Napoléon, pour les frais de justice, les frais funéraires, ceux de dernière maladie; les salaires de gens de service pour l'année échue et l'année courante; enfin pour les fournitures de subsistances faites au débiteur et à sa famille pendant les six derniers mois par les marchands en détail, tels que boulangers, bouchers et autres, et pendant la dernière année pour les maîtres de pension et les marchands en gros. (Voyez *Priviléges*.)

L'inscription prise dans les dix jours qui précèdent la *déconfiture* n'est pas nulle.

On ne peut valablement prendre inscription, même en vertu d'un jugement, contre une succession acceptée seulement *sous bénéfice d'inventaire*; en effet, l'héritier bénéficiaire n'est qu'un simple administrateur.

———

L'inscription ne peut être prise qu'en vertu d'un acte notarié, d'un jugement ou de tout autre acte conférant hypothèque.

Pour opérer l'inscription, le créancier représente, soit par lui-même, soit par un tiers, au conservateur des hypothèques de l'arrondissement où les biens sont situés, l'original en brevet ou en expédition authentique du jugement ou de l'acte qui donne naissance au privilége ou à l'hypothèque.

Il y joint deux bordereaux écrits sur papier timbré, dont l'un peut être porté sur l'expédition du titre; ils contiennent :

1º Les nom, prénoms, domicile du créancier, sa profession s'il en a une et l'élection d'un domicile pour lui dans un lieu quelconque de l'arrondissement du bureau;

2º Les nom, prénoms, domicile du débiteur, sa profession s'il en a une connue, ou une désignation individuelle et spéciale, telle que le conservateur puisse le reconnaître et distinguer, dans tous les cas, l'individu grevé d'hypothèque;

3º La date et la nature du titre;

4º Le montant du capital des créances exprimées dans le titre ou évaluées par l'inscrivant; pour les rentes ou prestations ou pour les droits éventuels, conditionnels ou indéterminés, dans les cas où cette évaluation est ordonnée; comme aussi le montant des accessoires de ces capitaux et l'époque de l'exigibilité;

5º L'indication de l'espèce et de la situation des biens sur lesquels il entend conserver son privilége ou son hypothèque.

Cette dernière disposition n'est pas nécessaire dans le cas des hypothèques légales ou judiciaires; à défaut de convention, une seule inscription pour ces hypothèques frappe tous les immeubles compris dans l'arrondissement du bureau.

———

Les inscriptions conservent l'hypothèque et le privilége pendant dix années à compter du jour de leur date. Leur effet cesse, si ces inscriptions n'ont été renouvelées *avant* l'expiration de ce délai.

———

Les conservateurs des hypothèques, en transcrivant

sur leurs registres les contrats de vente, sont tenus de prendre *inscription d'office* au profit du vendeur ou de ses créanciers pour toute la portion du prix restant due.

Cette inscription, depuis la loi du 23 mars 1855, doit être, comme les autres, renouvelée tous les dix ans pour conserver son rang.

## INCENDIE.

Un incendie peut être causé, soit par imprudence, soit par malveillance, soit par cas fortuit ou force majeure.

C'est à l'autorité locale qu'appartient le droit de prendre les mesures nécessaires de prévenir les incendies.

La loi du 24 août 1790 et celle du 22 juillet 1791 prescrivaient diverses mesures dans toute la France, notamment la visite des maisons et constructions à la campagne, la réparation des fours et cheminées.

Enfin, une ordonnance du 15 novembre 1781 portait qu'il était défendu à toute personne de s'introduire dans les greniers et magasins de fourrage la nuit avec d'autre lumière que des lanternes et d'y fumer, et ce sous peine de 200 fr. d'amende.

Ceux qui ont négligé d'entretenir, réparer ou nettoyer les fours, cheminées ou usines où l'on fait usage du feu, sont punis d'une amende de 1 fr. à 5 fr. (Cod. pén., 471.)

On est, en outre, tenu de payer le dommage que le feu a occasionné.

Ceux qui, en cas d'incendie, refusent de porter secours peuvent être punis d'une amende de 6 à 10 fr.

L'incendie commis avec intention de nuire peut être puni de la peine de mort. (Cod. pén., 95, 434, 435.)

La menace d'incendier avec ordre de déposer une somme dans un lieu désigné est punie des travaux forcés à temps. (Cod. pénal, 305.)

Celui qui a causé un incendie est tenu d'indemniser le propriétaire de toutes les pertes qu'il a faites.

La responsabilité s'étend à tous les dommages, suite de l'incendie.

Les insensés, les mineurs, les femmes mariées sont responsables du dommage qu'ils ont causé.

Le locataire répond envers le bailleur de l'incendie arrivé à la chose louée, soit par sa faute, soit par la faute de sa femme, de ses enfants, de ses domestiques, de ses commensaux ou des ouvriers qu'il emploie.

Le fermier ou locataire n'est pas responsable de l'incendie qui a été le résultat d'un crime, alors même qu'il aurait été commis par son domestique. (Tribunal de Melun, 23 décembre 1846.)

Le locataire ne cesse d'être responsable de l'incendie que s'il prouve que l'incendie est arrivé par cas fortuit ou force majeure, ou par vice de construction, ou que le feu a été communiqué par une maison voisine. (C. Nap., 1733.)

C'est aux tribunaux qu'appartient l'appréciation du cas fortuit ou de la force majeure.

S'il y a plusieurs locataires, ils sont tous solidairement responsables, à moins qu'ils ne prouvent que l'incendie a commencé chez l'un d'eux.

L'usufruitier ne serait pas responsable de l'incendie

arrivé par la faute d'un locataire insolvable qu'il avait placé dans la maison soumise à son usufruit.

———

L'indemnité due au propriétaire est de toute la somme nécessaire à la réparation ou à la reconstruction de l'objet incendié.

Les compagnies d'assurances n'ont pas les mêmes droits que les propriétaires, et dans certains cas seulement, elles peuvent réclamer une indemnité au locataire qui a mis le feu.

En cas de force majeure, feu du ciel ou guerre, le locataire ne doit aucune indemnité.

———

## INTERDIT. — INTERDICTION.

———

L'interdit est celui qui est privé de l'administration de sa personne et de ses biens.

### CAUSES DE L'INTERDICTION.

L'interdiction *légale* est la conséquence de certaines condamnations criminelles.

L'interdiction *judiciaire* peut avoir pour motifs l'*imbécillité*, la *démence*, la *fureur*.

Ainsi l'art. 489 porte : Le majeur qui est dans un état *habituel* d'imbécillité, de démence ou de fureur doit être interdit, même lorsque cet état présente des intervalles lucides.

· Peut encore être interdit, un individu dont la faiblesse d'esprit serait telle qu'il ne pourrait avoir aucune volonté.

Les parents, ou l'un des époux à l'égard de l'autre, peuvent provoquer l'interdiction. Le ministère public peut le faire à défaut de parents.

Dans le cas de fureur, le procureur impérial *doit* poursuivre l'interdiction, si elle n'est provoquée ni par l'époux, ni par les parents.

Le mot parent ne veut pas dire allié ; ainsi, un beau-père ne saurait provoquer l'interdiction de son gendre.

Le tuteur peut provoquer l'interdiction du parent de son mineur.

### FORMES DE L'INTERDICTION.

La demande en interdiction doit être portée devant le tribunal du domicile de la personne qu'on veut faire interdire. (Cod. proc., 59.)

Cette demande est dispensée du préliminaire de conciliation. (Cod. proc., 49.)

La demande est introduite par une requête au président du tribunal, dans laquelle sont énoncés les faits d'imbécillité, de démence ou de fureur, appuyée des pièces justificatives avec indication des témoins à faire entendre.

La communication de la requête au ministère public est ordonnée par le président, et un juge est commis pour en faire le rapport à un jour indiqué.

Le ministère public met ses conclusions à la suite de l'ordonnance du président, et le juge-commissaire fait son rapport à la chambre du conseil où le jugement est rendu.

Par ce jugement, le tribunal ordonne que le conseil de famille, formé selon le mode ordinaire, donnera son avis sur l'état de la personne dont l'interdiction est demandée.

La demande en interdiction ne peut être rejetée par le tribunal avant l'avis du conseil de famille et l'interrogatoire de la personne à interdire.

Lorsque le conseil de famille a donné son avis et que le demandeur veut passer outre, l'instance se poursuit contradictoirement. Le demandeur doit présenter requête au président du tribunal pour faire fixer les jour et heure de l'interrogatoire; il doit faire signifier copie de cette requête et de l'avis du conseil de famille au défendeur, afin que celui-ci puisse préparer sa réponse. (Cod. proc., 893.)

L'interrogatoire a lieu dans la chambre du conseil du tribunal; si le défendeur ne peut s'y transporter, il est interrogé dans son domicile par un juge commis à cet effet et en présence du procureur impérial. (Code Nap., 497.)

Après l'interrogatoire, et en cas de nécessité, le tribunal peut nommer un administrateur chargé de la personne et des biens de l'interdit.

Si les faits ne sont pas suffisamment établis par l'interrogatoire et les pièces à l'appui, ils peuvent être justifiés par témoins; alors le tribunal ordonne l'enquête, qui est faite dans les formes ordinaires; il peut même ordonner, si les circonstances l'exigent, qu'elle ait lieu hors la présence du défendeur; mais en ce cas, son conseil peut le représenter. (Cod. proc., 252 et suiv. et 893.)

Après ces formalités, les débats ont lieu en audience publique et le jugement est prononcé.

Ce jugement doit être, à la diligence du demandeur,

levé, signifié à parties et inscrit dans les dix jours sur les tableaux affichés dans la salle de l'auditoire et dans les études de notaires de l'arrondissement. (Cod. Nap., 501 et 502.)

### EFFETS DE L'INTERDICTION.

L'interdiction produit son effet du jour du jugement qui l'a prononcée, et tous actes passés postérieurement par l'interdit sont nuls.

Les actes antérieurs à l'interdiction peuvent être annulés, si la cause de l'interdiction existait notoirement à l'époque où ces actes ont été faits.

C'est à celui qui demande la nullité d'un acte pour cause de démence à prouver que cet état de démence existait lors de la passation de l'acte, et en cas de doute, l'acte doit être déclaré valable.

En matière d'interdiction, la tutelle est dative, sauf le cas de l'interdiction de la femme dont le mari est tuteur de droit. La nomination d'un tuteur faite avant la signification du jugement d'interdiction est nulle.

La femme d'un interdit peut être nommée tutrice de son mari, mais elle ne l'est pas de droit.

Dans le cas où elle serait nommée tutrice, le conseil de famille a le droit de veiller à l'administration des biens de l'interdit.

La nomination du tuteur fait cesser les fonctions de l'administrateur provisoire; les biens de ce dernier ne sont pas frappés de l'hypothèque légale comme ceux du tuteur.

Les revenus d'un interdit doivent être essentiellement employés à adoucir son sort et à accélérer sa guérison.

Le conseil de famille peut, suivant l'état de sa fortune ou les caractères de sa maladie, décider qu'il sera traité dans son domicile ou placé dans une maison de santé et même dans un hospice. (Cod. Nap., 510.)

———

L'interdiction cesse avec les causes qui l'ont fait prononcer.

Les formes pour faire lever l'interdiction sont les mêmes que pour la faire prononcer.

L'interdit ne reprend l'exercice de ses droits qu'après le jugement de main-levée de l'interdiction.

Tout membre du conseil de famille peut interjeter appel du jugement de main-levée d'interdiction, quoiqu'il n'y ait pas été partie. (Arrêt de la cour de Nîmes, 3 juin 1846.)

————

## INTÉRÊT.

—

Le mot intérêt a plusieurs significations, nous ne nous en occuperons ici que comme fruits d'un capital ou d'une somme due pour prêt ou autrement.

———

Les intérêts ne sont que l'accessoire du capital, leur conservation est soumise à des formalités dont le manque entraînerait la prescription de cinq ans, tandis qu'il faut trente ans pour prescrire un capital.

Le paiement du capital emporte de droit et sauf restriction, le paiement des intérêts échus.

———

Les intérêts sont *conventionnels* ou *courent de plein droit* en vertu de la loi.

Ils sont *conventionnels* quand ils résultent d'une convention, ou d'une stipulation contenue dans un contrat de vente, de donation, testament, etc.

Il a été jugé que les intérêts qui ne sont pas stipulés payables année par année, ne sont exigibles qu'avec le capital. (Lyon, 24 juillet 1835.)

Les intérêts conventionnels peuvent être usuraires si la loi du lieu où le prêt a été fait tolérait une semblable stipulation.

Les intérêts *courent de plein droit* :

1º En cas de vente d'immeubles, lorsque l'immeuble vendu produit des fruits, soit civils, soit naturels.

Mais si l'immeuble ne produisait pas de fruits et qu'il n'eût point été stipulé d'intérêts dans le contrat de vente, ces intérêts ne courent qu'après la sommation faite par l'acquéreur de payer son prix. (C. N. 1652.)

Les intérêts du prix qui courent de plein droit au profit du vendeur, lorsque la chose produit des fruits, cessent d'être dus lorsqu'en vertu d'une clause du cahier des charges, l'acquéreur s'est libéré entre les mains du notaire chargé de recevoir. (*Journal des notaires*. Article 12226.)

2º Les intérêts courent de plein droit, contre le tuteur, pour toutes les sommes provenant des revenus du mineur et qu'il n'aura pas employées.

3º Le reliquat d'un compte de tutelle produit de plein droit intérêt à partir de la clôture du compte et de la fin de la tutelle.

4º Les sommes dues au tuteur par le mineur, ne produisent intérêt qu'à partir de la sommation qu'il doit faire de payer.

5º Les intérêts des sommes données en dot, courent

de plein droit contre ceux qui ont promis ces sommes, et ce, soit pour le mari soit pour la femme.

Les sommes données à la femme produiraient intérêt lors même qu'elles seraient paraphernales et le logement et la nourriture, que le donateur payerait aux époux, ne remplaceraient pas ces intérêts.

6o En cas de séparation de biens, le mari doit à sa femme les intérêts de sa dot, du jour de la sentence qui a prononcé la séparation et non du jour de la demande. (Cass., 28 mars 1848.)

7o Les héritiers de la femme ont droit aux intérêts de sa dot pendant l'année que le mari a pour opérer le remboursement.

8o Les intérêts sont dus de plein droit en matière de communauté, de remploi et de récompense. (C. N. 1473.)

9o Les intérêts sont dus à l'héritier pour les sommes qu'il a utilement avancées à la succession.

10o Une soulte de partage produit de plein droit intérêt.

11o L'associé doit les intérêts des sommes qu'il a prises à la caisse pour son compte particulier, et ce à dater du jour où il les a prises.

12o Celui qui détourne les intérêts d'autrui, en doit les intérêts de plein droit.

Les intérêts des sommes avancées par un mandataire ou un gérant ne courent que du jour de la demande; il en est de même à l'égard du curateur, ou même pour un fermier.

—

On appelle *anatocisme* la capitalisation des intérêts, produisant alors eux-mêmes intérêt.

Ces stipulations sont valables, mais il faut qu'elles soient expresses.

Les dommages-intérêts peuvent eux-mêmes produire intérêt dès qu'ils ont été liquidés, et après la mise en demeure du débiteur.

———

L'intérêt légal en matière civil est de 5 pour cent et en matière commerciale, de 6 pour cent.

Quoique un prêt soit purement civil, on peut stipuler des intérêts au 6 pour cent, si les fonds ont pour but une affaire commerciale.

Au contraire, un commerçant ne pourrait prêter au 6 pour cent à un simple particulier pour affaire purement civile. — Un jugement du mois d'avril 1861 a condamné pour usure un banquier dans une affaire semblable.

Lorsqu'un débiteur paye *volontairement* à son créancier des intérêts qui n'étaient pas dus, il ne peut les réclamer à moins qu'ils n'excèdent le taux fixé par la loi.

Les intérêts d'une somme cessent de courir non du jour des offres réelles, mais seulement du jour de la consignation.

Les intérêts n'étant que l'accessoire d'une obligation principale, s'éteignent avec elle.

Enfin, les intérêts quels qu'ils soient exigibles, par an ou par termes plus courts, se prescrivent par cinq ans; sauf s'il s'agit d'un mandataire ayant disposé à son profit des sommes qu'il a reçues pour son mandant, ou de cohéritiers pour sommes dues à la succession.

———

## INVENTAIRE.

—

Un inventaire est un acte de pure administration, qui a pour but de constater d'une manière régulière la valeur et la nature des biens d'une succession, d'une communauté, d'une société ou d'une faillite.

### § I. — Cas dans lequel il faut faire faire inventaire.

L'inventaire est un acte conservatoire presque toujours utile; mais il y a des cas où il est obligatoire, c'est d'abord après décès :

1o Si parmi les héritiers ou légataires à titre universel ou autres ayants-droit, il y a des absents, des mineurs, des interdits;

2o Lorsque quelqu'un des héritiers n'accepte la succession que sous bénéfice d'inventaire;

3o Lorsque la veuve ou ses héritiers ne veulent être tenus des dettes que jusqu'à concurrence de leur émolument, ou s'ils veulent conserver la faculté de renoncer à la communauté;

4o Lorsque des scellés ont été apposés et qu'il y a des oppositions à leur levée ou des personnes intéressées dans la succession non maîtresses de leurs droits;

5o Lorsque, sous le régime de la communauté, les époux ont exclu leur mobilier futur;

6o En cas de communauté réduite aux acquêts, pour connaître la valeur de cette communauté;

7o Lorsqu'une succession en partie mobilière et en partie immobilière échoit à un époux commun en biens avec son conjoint;

8º Hors le mariage en communauté, les choses échéant à la femme et qui se consomment par l'usage doivent être constatées par un inventaire;

9º Lorsqu'il y a un exécuteur testamentaire;

10º En cas de succession vacante, ou lorsque à défaut d'héritier jusqu'au douzième degré, la succession est réclamée par l'enfant naturel, le conjoint survivant ou l'État.

11º Lorsque le défunt a fait une substitution universelle ou à titre universel;

12º En cas d'absence, ceux qui ont obtenu l'envoi en possession provisoire, ou l'époux qui a opté pour la continuation de la communauté, doivent faire procéder à l'inventaire du mobilier et des titres de l'absent, en présence du procureur impérial ou du juge de paix désigné par ce magistrat;

13º Il doit être fait inventaire des biens des faillis et de ceux des interdits;

14º L'usufruitier, l'usager doivent faire inventaire des meubles sujets à l'usufruit ou au droit d'usage;

15º En cas de séparation de corps ou de biens, lorsque la femme veut accepter la communauté.

———

A la dissolution de la communauté, s'il y a des enfants mineurs, le défaut d'inventaire fait perdre au survivant la jouissance de leurs revenus, et le subrogé-tuteur, qui ne l'a point obligé à faire inventaire, est solidairement tenu de toutes les condamnations qui peuvent être prononcées au profit des mineurs.

Lorsqu'il n'y a pas lieu de faire inventaire, les qualités des héritiers s'établissent par un acte de notoriété.

A défaut d'inventaire, les parties intéressées autres

que le mari peuvent établir et prouver l'existence et la valeur du mobilier, par titre, par témoins et même par commune renommée. (Cod. Nap., 1415, 1442, 1504, 1604.)

## DÉLAIS POUR FAIRE INVENTAIRE.

L'héritier, la femme séparée de biens, la veuve ont rois mois, du jour de l'ouverture de la succession ou du jour de la dissolution de la communauté pour faire inventaire, et quarante jours pour délibérer, savoir : l'héritier, sur l'acceptation bénéficiaire ; la veuve ou la femme séparée de biens, sur leur renonciation à la communauté.

Pour la femme séparée, le délai court du jour du jugement de séparation.

Pour la femme d'un individu mort civilement, le délai courait du jour de l'exécution du jugement de condamnation ; mais la mort civile ayant été abolie par la loi du 31 mai 1854, les condamnations auxquelles elle était attachée sont seulement aujourd'hui une cause de séparation de corps, le délai ne court donc que du jour du jugement qui prononce la séparation.

Le défaut d'inventaire dans le délai entraîne presque toujours contre la femme le droit de renoncer à la communauté. C'est l'opinion de Bellot, de Toullier, appuyée de plusieurs arrêts.

Outre les délais ci-dessus, il peut, suivant les circonstances, en être accordé de nouveaux.

La femme séparée de corps est censée avoir renoncé à la communauté, si elle n'a point fait faire inventaire dans les délais.

L'usufruitier et l'usager doivent procéder à l'inventaire avant leur entrée en jouissance; jusque-là, le nu-propriétaire peut s'opposer à cette entrée en jouissance.

Le tuteur doit faire faire inventaire dans les dix jours de sa nomination connue de lui. (Cod. Nap., 451.)

Le curateur est tenu, avant tout, de procéder à l'inventaire d'une succession vacante. (Cod. proc., 1000.)

Les syndics provisoires doivent faire inventaire immédiatement après leur nomination.

—

L'inventaire après décès ne peut être fait que trois jours après l'inhumation; il en est de même pour la levée des scellés, à moins de circonstance exceptionnelle.

En cas d'urgence, si les parties ne sont pas présentes, le président du tribunal nomme, sur requête, un notaire pour représenter les absents.

On ne peut procéder à inventaire avant que les mineurs intéressés ne soient pourvus de tuteurs, subrogés-tuteurs, et en cas d'émancipation, de curateurs.

## QUI PEUT REQUÉRIR INVENTAIRE.

L'inventaire peut être requis :

1° Par tous les ayants-droit dans la succession ou la communauté ;

2° Par tous les créanciers en titre exécutoire ou autorisés par le président du tribunal ou le juge de paix du canton ;

3° Par l'exécuteur testamentaire ;

4° Par le curateur à une succession vacante.

Lorsqu'il y a communauté, l'inventaire se fait à la

requête de l'époux survivant et des héritiers du prédécédé qui excluent les créanciers.

Si un mari meurt laissant sa femme enceinte, l'inventaire est fait à la requête de la femme survivante,
du curateur au ventre et des héritiers présomptifs du
mari.

Les tuteurs ou curateurs des mineurs peuvent requérir inventaire.

### PERSONNES QUI DOIVENT OU PEUVENT ASSISTER A L'INVENTAIRE.

L'inventaire doit être fait en présence :

1º Du conjoint survivant ;

2º Des héritiers présomptifs ;

3º De l'exécuteur testamentaire, s'il est connu ;

4º Des donataires ou légataires universels ou à titre
universel.

En cas d'absence, un notaire nommé, par le président
du tribunal, représente tous les absents.

L'héritier bénéficiaire doit, sous peine d'être déclaré
héritier pur et simple, appeler à la confection de l'inventaire les héritiers présomptifs du défunt, même les
collatéraux.

Le tuteur et le subrogé-tuteur assistent à l'inventaire,
et ce dernier, forcément, lorsque le mineur a des intérêts opposés à ceux du tuteur.

Le subrogé-tuteur d'un interdit doit assister à l'inventaire que fait le tuteur.

Doivent encore être appelés à l'inventaire : 1º l'enfant
naturel ; 2º les créanciers de la succession ayant formé
opposition à la levée des scellés.

L'inventaire fait par l'usufruitier, doit avoir lieu en présence du nu-propriétaire.

Ceux qui doivent être présents à l'inventaire peuvent se faire remplacer par un mandataire porteur d'un pouvoir régulier.

Le mandataire peut être constitué par un dire, dans le procès-verbal à la clôture d'une vacation.

### CHOIX DES OFFICIERS POUR PROCÉDER A L'INVENTAIRE.

Les notaires seuls ont le droit de procéder aux inventaires de succession ou de dissolution de communauté.

En cas de faillite, les syndics procèdent sans notaire, mais avec l'assistance du juge de paix.

La prisée est faite par le commissaire-priseur, et dans les lieux où il n'y en a pas, par les notaires, greffiers ou huissiers.

C'est aux parties qu'appartient le choix des notaires et autres officiers.

Il ne peut y avoir que deux notaires outre le notaire représentant les absents.

### FORMALITÉS.

L'inventaire, sauf en cas de faillite, doit être fait par acte notarié.

L'inventaire se fait en une ou plusieurs vacations. Chaque vacation est de quatre heures au plus ou de trois heures au moins ; il ne peut y avoir plus de trois vacations par jour.

L'inventaire indique le jour de la semaine, la date de

ce jour, le mois, l'heure du commencement et celle de la fin, le nombre de vacations.

L'inventaire doit en outre contenir :

1° Les noms, professions et demeure des requérants, des comparants, des défaillants et des absents, des commissaires-priseurs et des experts, et mention de l'ordonnance qui commet le notaire pour représenter les absents ou défaillants; (C. proc. 943.)

2° L'indication du lieu où l'inventaire est fait, c'est-à dire, le corps de logis, l'étage et les diverses pièces dans lesquelles on procède successivement.

———

Tous les objets sont décrits et estimés à leur juste valeur et sans crue.

Les portraits de famille ne doivent pas être compris dans l'inventaire.

Les objets en argent et or doivent être pesés et le poids doit être porté dans l'inventaire.

Les billets de banque sont portés comme argent comptant.

Tous les papiers et titres sont réunis, décrits et analysés, puis cotés et paraphés par le notaire rédacteur de l'inventaire.

———

Tous ceux qui ont été en possession des objets de la succession doivent prêter serment de n'avoir rien pris ni détourné, vu ni su qu'il ait été rien pris ni détourné en dépendant.

Le serment est reçu par le notaire.

Lorsqu'il y a des tuteurs, ils doivent déclarer dans l'inventaire si leurs mineurs leur doivent quelque chose ou s'ils ne leur doivent rien.

## JUGES. — JUGES DE PAIX.

On appelle juge, le magistrat chargé de rendre la justice au nom du souverain.

Les juges sont *ordinaires* ou *extraordinaires*.

Les juges *ordinaires* sont ceux des tribunaux de première instance ou ceux des cours impériales, qui prennent le nom de *conseillers*.

Les juges *extraordinaires* sont les juges de paix et les juges des tribunaux de commerce.

Il y a encore les *juges suppléants* et les *juges honoraires*.

Les fonctions de juge sont incompatibles avec toute autre fonction publique salariée, avec les professions d'avoué, avocat ou notaire.

Ils sont tenus de résider dans la ville où siége la Cour ou le tribunal auquel ils sont attachés.

A ces diverses dénominations, nous joindrons celles de :

1o *Juge commissaire.* — C'est le magistrat commis par le tribunal pour présider à une opération judiciaire.

2o *Juge d'instruction.* — C'est celui qui dans chaque tribunal est chargé de l'instruction des affaires criminelles.

### JUGES DE PAIX.

Les juges de paix sont des magistrats institués dans chaque canton pour juger sommairement, sans frais et sans avoué, des contestations de peu d'importance et concilier celles dont le jugement est réservé aux tribunaux civils ordinaires.

Les juges de paix ont été créés par l'assemblée constituante, la loi du 24 août 1790 et celle du 9 ventôse, an IX.

Les juges de paix sont nommés par l'Empereur et révocables.

· Tout citoyen français âgé de trente ans accomplis peut être juge de paix.

Le juge de paix doit résider dans le canton et tenir deux audiences par semaine, soit chez lui, soit au lieu désigné, pourvu que les portes soient ouvertes au public.

Un greffier est attaché à chaque justice de paix. Ce greffier peut avoir un commis-greffier.

Les juges de paix ont un traitement fixe, qui varie suivant l'importance du canton.

La compétence des juges de paix a été réglée par la loi du 25 mai 1838, qui porte :

Le juge de paix connaît de toutes les actions purement personnelles et mobilières en premier ressort jusqu'à 100 fr. et à charge d'appel, jusqu'à 200 fr.

Les juges de paix prononcent et sans appel jusqu'à la valeur de 100 francs et à charge d'appel jusqu'à la valeur de 1,500 francs, sur :

1º Les contestations entre les hôteliers, aubergistes ou logeurs, et les voyageurs et locataires en garni, pour dépenses d'hôtellerie et pertes ou avaries d'effets déposés dans l'auberge ou dans l'hôtel; entre les voyageurs et les voituriers ou bateliers accompagnant les voyageurs pour retards, frais de route et pertes ou avaries d'effets;

entre les voyageurs et les carrossiers ou autres ouvriers pour fournitures, salaires et réparations faites aux voitures de voyage ;

2° Les indemnités réclamées par le locataire, pour non jouissance provenant du fait du propriétaire, lorsque le droit à une indemnité n'est pas contesté ;

3° Les dégradations et pertes éprouvées par le locataire, s'il prouve qu'elles ont eu lieu sans sa faute.

Les juges de paix prononcent sans appel jusqu'à la valeur de 100 fr. et à charge d'appel à quelque valeur que la demande puisse s'élever, sur :

1° Les actions en paiement de loyers et fermages, congés, résiliations de baux, expulsions de lieux et demandes en validité de saisie-gagerie, lorsque les locations n'excèdent pas annuellement 400 fr. ;

2° Les actions pour dommages faits aux champs et récoltes, soit par l'homme, soit par les animaux; celles relatives à l'élagage des arbres ou haies et au curage des fossés ou canaux, servant à l'irrigation ou au mouvement des usines, lorsque les droits de propriété ou de servitude ne sont pas contestés;

3° Les réparations locatives mises à la charge du locataire ;

4° Les contestations relatives aux engagements des gens de travail, au jour, au mois et à l'année, et de ceux qui les emploient; des maîtres avec les domestiques ou les ouvriers, sauf ce qui est dit à l'égard des prud'hommes ;

5° Les contestations relatives au paiement des nourrices ;

6° Les actions civiles pour diffamation verbale ou pour

injure, pour rixes ou voie de fait, lorsque les parties ne se sont pas pourvues par la voie criminelle.

Les juges de paix ne connaissent qu'à la charge d'appel des actions relatives :

1° Aux entreprises, commises dans l'année, sur les cours d'eau servant à l'irrigation des propriétés et au mouvement des usines et moulins; les dénonciations de nouvel œuvre, complaintes, actions en réintégrande et autres actions possessoires fondées sur des faits également commis dans l'année;

2° Les actions en bornage, en plantations de limites, arbres, haies, lorsque la propriété n'est pas contestée ;

3° Les actions relatives au creusement d'un puits, d'une fosse, ou à l'entrepôt contre un mur mitoyen de matières corrossives ou insalubres;

4° Les demandes en pension alimentaire n'excédant pas cent cinquante francs par an et seulement entre père et mère, enfants, gendre ou bru, ascendants et descendants en ligne directe légitime.

### PROCÉDURE DEVANT LES JUGES DE PAIX.

La loi du 22 mai 1855 porte :

« Dans toutes les causes, excepté celles qui requièrent célérité et celles dans lesquelles le défendeur serait domicilié hors du canton, ou du canton de la même ville, il est interdit aux huissiers de donner aucune citation en justice, sans qu'au préalable le juge de paix n'ait appelé les parties devant lui, au moyen d'un avertissement sur papier non timbré, rédigé et délivré par le greffier au nom et sous la surveillance du juge de paix, et expédié par la poste sous bande simple, scellée du sceau de la justice de paix, avec affranchissement.

A cet effet, il sera tenu par le greffier un registre sur papier non timbré, constatant l'envoi et le résultat des avertissements. Ce registre sera coté et paraphé par le juge de paix. Le greffier recevra, pour tous droits et par chaque avertissement, une rétribution de 25 centimes, y compris l'affranchissement, qui sera dans tous les cas de 10 centimes.

S'il y a conciliation, le juge de paix, sur la demande de l'une des parties, peut dresser procès-verbal des conditions de l'arrangement. Ce procès-verbal aura force d'obligation privée.

Dans les cas qui requièrent célérité, il ne sera remis de citation non précédée d'avertissement, qu'en vertu d'une permission donnée sans frais par le juge de paix, sur l'original de l'exploit.

En cas d'infraction aux dispositions ci-dessus de la part de l'huissier, il supportera sans répétition, les frais de l'exploit.

Tous huissiers d'un même canton ont le droit de donner des citations et de faire tous les actes devant la justice de paix. Ils font le service des audiences et sont tenus d'assister le juge de paix toutes les fois qu'ils en sont requis.

Au jour fixé par la citation, les parties comparaissent en personne ou par leurs fondés de pouvoir. Ce pouvoir peut être sous seing privé, mais il doit être sur papier timbré et enregistré.

Les parties peuvent s'expliquer verbalement ou par écrit, mais elles ne peuvent se signifier aucune défense sous le titre de requête, mémoire, etc.

Aucun huissier ne peut assister les parties comme conseil, ni les représenter comme procureur fondé, à peine d'une amende de 25 à 50 fr. qui sera prononcée sans appel par le juge de paix.

*Formes de la citation.* — Toute citation devant les juges de paix contiendra la date des jour, mois et an, les noms, profession et domicile du demandeur, les noms, demeure et immatricule de l'huissier, les noms et demeure du défendeur. Elle énoncera sommairement l'objet et les moyens de la demande et indiquera le juge de paix qui doit connaître de la demande et le jour et l'heure de la comparution.

———

Les jugements des juges de paix contiennent comme ceux des tribunaux de première instance, les *motifs* et le *dispositif*, les *qualités* des parties, *le point de fait et de droit.*

Les jugements sont ordinairement rédigés par le greffier.

La partie condamnée par défaut peut former opposition dans les trois jours de la signification du jugement.

L'appel des jugements des juges de paix se porte devant le tribunal civil de première instance.

Cet appel ne sera recevable ni avant les trois jours qui suivront celui de la prononciation du jugement à moins qu'il n'y ait lieu à exécution provisoire, ni après les trente jours qui suivront la signification à l'égard des personnes domiciliées dans le canton.

Les personnes domiciliées hors du canton auront pour interjeter appel, outre le délai de trente jours, le délai réglé par les articles 73 et 1033 du code de procédure civile.

Les jugements des juges de paix, quoique rendus en dernier ressort, peuvent être attaqués par la voie d'appel pour cause d'incompétence. Mais dans ce cas, les tribunaux civils ne peuvent annuler les jugements qui leur sont déférés, qu'après avoir statué sur la compétence (Cass., 22 juin 1812).

L'exécution provisoire du jugement sera ordonnée toutes les fois qu'il y aura titre authentique, promesse reconnue ou condamnation précédente dont il n'y a point eu appel. Dans tous les autres cas, le juge pourra ordonner l'exécution provisoire nonobstant appel sans caution, lorsqu'il s'agira de pension alimentaire ou lorsque la somme n'excédera pas 300 fr. ou avec caution au-dessus de cette somme. La caution sera reçue par le juge de paix.

S'il y a péril en la demeure, l'exécution provisoire pourra être ordonnée sur la minute du jugement avec ou sans caution.

Dans toutes les matières qui excèdent la compétence du juge de paix, ce juge doit former un bureau de conciliation.

Aucune action principale ne sera reçue au civil devant le tribunal de première instance, si le demandeur n'a donné en tête de son exploit, copie du certificat de non conciliation, ou du défaut de la partie adverse.

Sont dispensées du préliminaire de conciliation :

1º La demande incidente ou reconventionnelle ;

2º Les demandes en intervention ou en garantie ;

3º Les demandes formées par les mineurs, puisqu'ils n'ont pas le pouvoir de transiger ;

4º Les actions qui ont pour objet une question d'état ou d'ordre public ;

5° Les demandes fournies contre plus de deux parties, encore qu'elles aient le même intérêt.

———

Les juges de paix ont seuls le droit d'apposer les scellés et de présider les conseils de famille.

Ils dressent les actes de notoriété destinés à suppléer dans le mariage les actes de naissance.

Ils reçoivent les actes d'adoption de tutelle officieuse et d'émancipation.

En cas de peste, ils peuvent recevoir les testaments.

Ils dressent des procès-verbaux de carence lorsqu'ils en sont requis.

Ils peuvent exiger des marchands la production de leur patente.

Ils ont encore une foule d'attributions; une des dernières qui leur ait été conférée en 1861, c'est la légalisation des signatures des officiers ministériels de leur canton.

Les juges de paix ont le droit de requérir la force publique.

Comme juges de simple police, ils connaissent des infractions à la loi appelées *contraventions*.

———

## JUGEMENTS.

———

Les décisions des juges des tribunaux se nomment *jugements*. Celles des juges des cours impériales ou de la cour de cassation *arrêts*.

———

Les jugements sont rendus en public, à peine de nullité :

Sauf lorsqu'il s'agit d'adoption ou d'autorisation maritale, cas auquel la loi permet de prononcer en la chambre du conseil.

Sauf encore lorsque la discussion publique peut présen'er des inconvénients ou entraîner du scandale. Alors la discussion à lieu à huis clos et le jugement est public.

Pour rendre un jugement, il faut trois juges dans un tribunal de première instance.

Le jugement est nul, si l'un des trois juges n'a pas assisté à toutes les plaidoiries, à moins qu'elles aient été reprises devant eux.

Le jugement définitif une fois prononcé, ne peut plus être réformé par les mêmes juges. Pour le faire rétracter, il faut avoir recours à l'appel, la requête civile ou au pourvoi en cassation.

Cependant, si dans un jugement portant règlement de comptes, il s'était glissé des erreurs ou des omissions, les parties pourraient s'adresser aux juges qui l'ont rendu pour le faire modifier.

———

Les jugements sont rendus en matière criminelle ou en matière civile.

En matière criminelle, ce sont ceux des juges de paix comme juges de simple police et ceux des tribunaux de première instance rendus en la chambre de police correctionnelle.

En matière civile, il y a les jugements des juges de paix, des tribunaux de première instance et des tribunaux de commerce.

Les jugements sont *contradictoires, par défaut, provisoires, préparatoires, interlocutoires* et *définitifs.*

Il y a encore les jugements rendus *sur requête,* ceux d'*expédients* et les jugements d'*homologation.*

Le jugement est *contradictoire* lorsque les deux parties adverses, leurs mandataires réguliers ou leurs avoués ont paru devant le juge et ont contredit.

Le jugement *par défaut* est celui qui est rendu en l'absence de l'une des parties.

Les jugements par défaut contre une partie qui n'a pas d'avoué sont signifiés par un huissier commis, soit par le tribunal, soit par le juge au domicile du défaillant que le tribunal aura désigné. Ils sont exécutés dans les six mois de leur obtention, sinon réputés non avenus.

Ceci concerne également les jugements des tribunaux de commerce et les arrêts des Cours impériales.

La notification de ces jugements est nulle si elle est faite par un autre huissier que celui commis pour la faire.

Le jugement *provisoire* est celui qui ordonne certaines mesures urgentes commandées par les circonstances, mais ne décide rien sur le fond du procès.

Le jugement *préparatoire* est celui qui ordonne une mesure propre à mettre le procès en état d'être jugé définitivement, par exemple un accès de lieux.

Le jugement *interlocutoire* est celui par lequel le tribunal ordonne une preuve, une instruction, une vérification.

Enfin, le jugement *définitif* est celui qui termine le procès.

Les jugements sont en *premier* ou en *dernier ressort.*

En premier ressort lorsqu'ils sont rendus par un

tribunal hors les limites dans lesquelles il peut prononcer sans appel.

En dernier ressort, lorsque l'objet du jugement est dans les limites où l'appel n'est plus recevable, ou lorsque le tribunal prononce à titre d'appel.

—

Le jugement termine le procès, donne hypothèque sur les biens du débiteur condamné, sauf au créancier à prendre inscription, et crée à celui au profit de qui il est rendu, une action personnelle pour l'exécution, qui dure trente ans.

On se pourvoit contre les jugements par les voies ordinaires et extraordinaires.

Les voies ordinaires sont *l'opposition* et *l'appel.*

Si le jugement par défaut a été rendu contre une partie ayant un avoué, l'opposition n'est recevable que dans la huitaine de la signification à l'avoué. Cette opposition est formée par requête d'avoué à avoué.

Si la partie n'avait pas d'avoué, l'opposition est recevable jusqu'à l'exécution du jugement. Dans ce cas, l'opposition est formée par déclaration sur l'acte d'exécution et réitérée dans la huitaine par requête avec constitution d'avoué, et ce à peine de nullité.

*De l'appel.* — On a trois mois pour appeler d'un jugement.

Ce délai court, pour les jugements contradictoires, du jour de la signification à domicile, et pour les jugements par défaut, du jour où l'opposition n'est plus recevable. (C. proc. 443.)

Ces délais sont la règle générale, il y a des exceptions; ainsi :

En matière de récusation, le délai n'est que de cinq jours. (C. p. 202.)

En matière de distribution de deniers, il est de dix jours. (C. p. 669.)

Dix jours encore pour l'appel des jugements d'ordre. (C. p. 763.)

Quinze jours pour l'appel des ordonnances sur référé. (C. p. 509.)

Quinze jours pour l'appel des jugements en distraction de biens saisis. (C. p. 730.)

Ces délais sont francs et ne comprennent ni le jour de la signification, ni celui de l'échéance des délais d'appel.

Mais du moment que la partie condamnée a acquiescé au jugement, elle n'a plus la faculté d'interjeter appel.

L'acte d'appel contient assignation dans les délais de la loi, il contient constitution de l'avoué qui doit occuper pour l'appelant et est signifié à personne ou à domicile, le tout à peine de nullité.

L'appel du jugement des juges de paix est porté devant les tribunaux de première instance.

Celui des jugements de première instance est porté devant les Cours impériales.

L'appel suspend l'exécution des jugements à moins qu'il ne s'agisse d'une exécution provisoire.

---

## JURÉS. — JURY.

—

Les *jurés* sont les citoyens appelés par la loi à juger les crimes.

Le *jury* est la réunion des jurés.

Pour être juré il faut être âgé de trente ans, jouir de ses droits politiques, civils et de famille.

Sont incapables d'être jurés, savoir : ceux qui ont été condamnés à des peines afflictives ou infamantes ; ceux qui ont été condamnés à des peines correctionnelles pour fait qualifié crime par la loi ; les militaires condamnés au boulet ou aux travaux publics ; les condamnés à emprisonnement pour vol, escroquerie, abus de confiance, soustraction par des dépositaires de deniers publics ; attentats aux mœurs, ou à la morale publique et religieuse, vagabondage ou mendicité ; les condamnés pour délit d'usure ; les notaires, greffiers et autres officiers ministériels destitués, les faillis non réhabilités ; les interdits et les pourvus de conseil judiciaire ; ceux qui sont sous mandat d'arrêt ou de dépôt.

Ne peuvent être jurés, les domestiques et serviteurs à gages, ceux qui ne savent, ni lire ni écrire en français.

En sont dispensés les septuagénaires et les journaliers.

La liste de jugement est composée de douze jurés tirés au sort par le président de la Cour d'assises, parmi les jurés de la session, en présence du procureur général et de l'accusé, qui peuvent chacun en récuser douze. L'accusé, son conseil et le procureur général, ne peuvent exposer leurs motifs de récusation. (C. Inst. criminelle, 399.)

Lorsqu'un procès ciminel paraît de nature à entraîner de longs débats, la Cour d'assises peut ordonner qu'indépendamment des douze jurés, il sera tiré au sort un ou deux jurés supplémentaires, qui assistent aux débats et remplacent au besoin les jurés titulaires empêchés.

Le chef du jury est le premier juré sorti par le sort ou celui qui est désigné par eux et du consentement de ce dernier (Cod. inst. crim. 342).

Les jurés prêtent serment avant la lecture de l'arrêt de renvoi et de l'acte d'accusation.

En toute matière criminelle, même en cas de récidive, le président, après avoir posé la question résultant de l'acte d'accusation, avertit le jury à peine de nullité, que s'il pense, à la majorité, qu'il existe en faveur d'un ou de plusieurs des accusés reconnus coupables des circonstances atténuantes, il doit en faire la déclaration en ces termes : « A la majorité, il y a des circonstances atténuantes en faveur de l'accusé. »

Ensuite, le président remet les questions écrites aux jurés dans la personne du chef de jury. Il y joint l'acte d'accusation, les procès-verbaux qui constatent les délits et les pièces du procès autres que les déclarations écrites des témoins. Le président avertit le jury que son vote doit avoir lieu au scrutin secret (Cod. Inst. crim. 344. Loi du 9 juin 1853, art. 1er).

La décision du jury, tant contre l'accusé que sur les circonstances atténuantes, se forme à la majorité. La déclaration du jury constate cette majorité, sans que le nombre de voix puisse y être exprimé, le tout à peine de nullité.

Le chef du jury dépouille les bulletins en présence des jurés qui peuvent vérifier ces bulletins, il constate sur-le-champ le résultat du vote.

Les jurés ne peuvent sortir de leur chambre qu'après avoir fourni leurs déclarations ; elle est signée et lue à l'audience par le chef du jury.

Tout juré qui ne se présente pas, peut être condamné

à une amende qui, pour la première fois est de 500 fr., pour la seconde de 1,000 fr. et pour la troisième de 1,500 fr. Cette dernière fois, il est déclaré incapable d'exercer dorénavant les fonctions de juré. L'arrêt est imprimé et affiché à ses frais.

## LAVOIR.

On entend par *lavoir* le lieu où on lave le linge ou tous autres objets.

On peut établir des lavoirs sur toutes rivières navigables ou flottables, sauf, en cas de constructions, à obtenir l'autorisation des autorités locales.

Ceux qui doivent une servitude de lavage sont tenus de fournir un chemin ou passage pour y accéder.

La faculté de faire laver peut être accordée pendant un temps limité.

Celui qui a le droit de puiser de l'eau à un abreuvoir ou d'y mener boire des bestiaux, n'a pas le droit d'y laver du linge ou autres objets.

Les lavoirs à laine ne peuvent être établis sur les rivières ou ruisseaux, qu'au-dessous des villes et villages; ils sont rangés dans la troisième classe des établissements insalubres.

Une loi du 3 février 1851 a ouvert au ministre de l'agriculture et du commerce un crédit de 600,000 fr., pour faciliter, dans les communes qui en font la demande, la création de bains et lavoirs publics.

## LÉGALISATION.

—

La légalisation est l'attestation donnée par un fonctionnaire public désigné par la loi, de la vérité de la signature apposée au bas d'un titre ou d'un écrit.

Ainsi pour les notaires, doivent être légalisés lorsqu'ils sortent hors du département ou du ressort de leur tribunal :

1° Les actes en brevet ;

2° Les expéditions en forme exécutoire ;

3° Les extraits ou autres expéditions et les copies collationnées.

C'est le président du tribunal de première instance de la résidence des notaires qui légalise leurs actes, sans distinction de classe. Les juges de paix, par une loi très-récente, ont obtenu le même droit.

La légalisation est contre-signée par le greffier et porte le sceau du tribunal.

Les certificats de propriété doivent être légalisés, sauf quand ils sont délivrés par les notaires du département de la Seine.

—

Les actes de l'état civil sont légalisés par le président du tribunal de première instance de l'arrondissement ou par le juge de paix du canton.

Les actes d'administration des maires et des sous-préfets sont légalisés par le préfet.

Les maires légalisent les actes d'administration d'ordre ou d'intérêt général délivrés par les commissaires de police, les médecins, membres des bureaux de charité, maîtresses de pension, receveurs, percepteurs et employés des contributions indirectes.

Ils légalisent aussi la signature des imprimeurs des journaux où sont insérés les ventes judiciaires.

Les actes des agents de l'administration des finances sont légalisés par leurs supérieurs, receveurs généraux ou autres.

Ceux des officiers d'administration ou fonctionnaires de l'armée, par les officiers supérieurs.

Les brevets de capacité des instituteurs primaires sont légalisés par le recteur.

Le Ministre des affaires étrangères à Paris et les consuls étrangers résidant en certaines villes de France, légalisent les pièces françaises allant aux Colonies ou en pays étrangers.

## LÉGITIMATION.

La légitimation est une faveur accordée par la loi aux enfants naturels et qui les place au rang d'enfants légitimes.

Les enfants naturels peuvent être légitimés par le mariage subséquent de leurs père et mère.

Les enfants peuvent ainsi être légitimés même après leur mort; cette légitimation profite alors à leurs descendants.

Nous pensons avec M. Dupin aîné que des enfants naturels nés d'un oncle et d'une nièce, d'une tante et d'un neveu, d'un beau-frère et d'une belle-sœur, quoique *enfants incestueux*, peuvent être légitimés par le mariage subséquent de leurs père et mère.

Tous les autres enfants incestueux et les enfants adultérins ne peuvent être légitimés, le mariage étant impossible.

———

Pour légitimer un enfant, il faut qu'il ait été reconnu légalement par ses père et mère, soit avant le mariage, soit dans l'acte même de mariage.

Le mariage accompli, l'enfant ne pourrait plus être légitimé, il serait simplement enfant naturel reconnu.

La reconnaissance doit être faite par forme authentique par les père et mère, soit ensemble, soit par acte séparé.

Il faut encore que le mariage soit valable, car s'il était nul, il n'y aurait pas de légitimation.

———

Les enfants légitimés ont les mêmes droits que les enfants légitimes nés du mariage (C. N. 333).

Ils portent le nom de leur père, ont les mêmes avantages et sont soumis aux devoirs qui résultent de la paternité et de la filiation légitimes.

La légitimation n'a pas d'effet rétroactif et tout ce qui s'est passé avant la légitimation est étranger à l'enfant légitimé.

———

## LÉGITIMITÉ.

———

La *légitimité* est l'état de l'enfant né du mariage.

Régulièrement, dit M. Demolombe, l'enfant légitime est celui qui a été conçu d'une femme mariée, pendant son mariage, et des œuvres de son mari. Ainsi le mariage, la maternité de la femme, la paternité du mari, la conception de l'enfant pendant leur mariage, enfin, l'identité de cet enfant, voilà au complet toutes les conditions constitutives de la légitimité véritable.

Si le mariage est déclaré nul, il n'y a pas de légitimité, à moins que les père et mère en se mariant, n'aient été de bonne foi.

Nous venons de voir que les enfants naturels pouvaient devenir légitimes par le mariage subséquent de leurs père et mère.

L'enfant né trois cents jours après la dissolution du mariage est réputé illégitime.

La légitimité peut encore être contestée si l'enfant est inscrit sur les registres de l'état civil, sous le nom de sa mère, mais comme né de *père inconnu*; il y a alors présomption qu'on a voulu cacher la naissance au mari.

L'enfant peut encore être déclaré illégitime, si le mari prouve que pendant les trois cents jours qui ont précédé sa naissance il était absent, ou dans l'impossibilité de cohabiter avec sa femme.

L'enfant né avant le 180e jour du mariage ne pourra être désavoué par le mari :

1o S'il a eu connaissance de la grossesse avant le mariage;

2o S'il a signé l'acte de naissance ou si, y assistant, il a déclaré ne savoir signer;

3o Enfin, si l'enfant n'est pas né viable.

L'enfant qui réclame la qualité de légitime, doit établir :

1º Que la femme qu'il déclare être sa mère était mariée;

2º Qu'il est né pendant le mariage ou dans les trois cents jours qui ont suivi sa dissolution;

3º Et qu'il est lui-même cet enfant.

Le mariage peut s'établir par les registres de l'état civil, par témoins ou même par la simple possession d'état.

La filiation se prouve par les actes de naissance, par la possession d'état, et quelquefois par témoins.

---

## LEGS.

—

On appelle legs ce qui est donné par testament.

On distingue plusieurs sortes de legs :

Le legs universel;

Le legs à titre universel;

Le legs particulier.

Le legs *universel* est la disposition testamentaire par laquelle le testateur donne à une ou plusieurs personnes (conjointement) l'universalité des biens qu'il laissera à son décès. (C. N. 1003.)

Les légataires universels sont de vrais héritiers, leur droit est le même, le testateur eût-il absorbé la majeure partie de sa fortune par des legs particuliers.

Le legs *à titre universel* est celui par lequel le testateur lègue une quote-part des biens dont la loi lui permet de disposer, telle qu'une moitié, un tiers, ou tous ses immeubles; ou tout son mobilier, ou une quotité fixe de tous ses immeubles ou de tout son mobilier.

Toute autre disposition ne forme qu'un legs *à titre particulier*.

Le légataire à titre universel doit demander la délivrance de son legs :

1º Aux héritiers à réserve.

2º Aux légataires universels ;

3º Aux héritiers légitimes.

Le legs *à titre particulier* est celui par lequel le testateur lègue à une personne un objet ou une somme déterminée.

Le legs de tous les meubles meublants, deniers, or et argent qui se trouvent dans une maison déterminée, est un legs particulier.

Le légataire particulier est obligé, comme le légataire à titre universel, de demander la délivrance de son legs.

—

Les legs se subdivisent en legs de propriété, d'usufruit, de fruits, d'aliments, legs annuels, legs alternatifs, les legs pieux.

Le legs de la propriété comprend a propriété et la jouissance.

Le legs d'usufruit comprend la jouissance eulement.

Le legs des fruits ne donne que le droit de réclamer les revenus de la chose.

Le legs d'aliments comprend ce qui est nécessaire pour la nourriture, l'habitation et le vêtement du légataire.

Le legs annuel est celui d'une somme ou d'une denrée, payable chaque année, soit pendant la vie du légataire, soit pendant un certain laps de temps.

Le legs alternatif donne le choix de deux objets.

Les legs pieux sont ceux faits aux églises, aux pauvres ou à toutes autres œuvres charitables.

—

On ne peut léguer que ce dont on est propriétaire au jour de son décès.

S'il y avait incertitude sur la nature ou l'étendue d'une libéralité, les juges ne pourraient y suppléer. (Lyon, 20 mars 1833.)

Si le legs est fait sous condition, il sera caduc par l'inexécution de la condition imposée.

Un legs peut être annulé pour fausseté de cause, s'il est prouvé que le testateur n'eût pas disposé s'il avait eu connaissance de cette cause.

On peut léguer des choses futures, par exemple une récolte à venir.

Les choses hors du commerce n'appartenant pas au testateur, ne peuvent être léguées.

Un créancier peut léguer à son débiteur ce qu'il lui doit.

Le legs de libération fait à l'un des débiteurs solidaires éteint la dette à l'égard de tous, à moins que le testateur n'ait indiqué le contraire.

Le legs de libération fait au débiteur principal libère la caution.

Le legs d'une maison, avec tous les meubles et effets qui s'y trouvent, ne comprend pas les créances, fermages ou rentes attachés à cette maison.

### DU PAIEMENT DES LEGS.

Le légataire universel a droit à l'entière succession du défunt moins la réserve et les autres legs.

S'il n'y a pas d'héritiers à réserve, le légataire universel est saisi de plein droit par la mort du testateur.

S'il y a des héritiers à réserve, ils sont saisi de plein
droit et le légataire universel est tenu de leur demander
la délivrance de son legs.

Si le testament est olographe ou mystique, il est en
outre tenu de se faire envoyer en possession, par une
ordonnance du président, mise au bas d'une requête à
laquelle est joint l'acte de dépôt.

Le légataire universel, en concours avec un héritier
réservataire, est tenu des dettes et charges de la succession du testateur personnellement pour sa part et portion et hypothécairement pour le tout, et il sera tenu
d'aquitter tous les legs, sauf le cas de réduction.

Le légataire universel est tenu de payer tous les legs
particuliers jusqu'à concurrence de la quotité disponible et lors même que par un paiement intégral son
legs serait réduit à rien.

Le légataire à titre universel est, pour les dettes de la
succession, soumis aux mêmes règles que le légataire
universel.

Le légataire à titre particulier n'est pas tenu des dettes de la succession, mais il est soumis à réduction en
cas d'insuffisance pour les payer tous.

Il doit le droit de mutation sur son legs, à moins
d'une dispense formelle de la part du testateur.

—

Tout legs est caduc, si la chose a péri du vivant du
testateur;

Ou si le légataire est mort avant le testateur ;

Ou s'il répudie le legs qui lui est fait;

Ou s'il est incapable de recueillir.

Les legs peuvent être révoqués :

1° Pour cause d'inexécution des conditions imposées au légataire ;

2° Pour cause d'ingratitude, c'est-à-dire, s'il est prouvé que le légataire a attenté à la vie du testateur, ou s'il s'est rendu coupable envers lui de sévices, délits ou injures graves.

## LETTRE DE CHANGE.

La lettre de change est un véritable papier monnaie de commerce.

C'est un titre par lequel une personne s'oblige à faire payer à une autre ou à son ordre, par un tiers, dans une autre ville que celle où le titre a été souscrit une somme d'argent en échange d'une pareille valeur reçue ou à recevoir.

La lettre de change s'appelle *traite* par rapport au *tireur* ;

Et *remise* par rapport au *preneur*.

Celui qui souscrit la lettre de change s'appelle le *tireur*; celui auquel elle est adressée s'appelle le *tiré*; celui à l'ordre duquel on doit payer, s'appelle le *preneur*; il prend la qualité d'*endosseur*, quand il transmet la lettre à un tiers.

Le dernier endosseur s'appelle le *porteur*.

La lettre de change est quelquefois cautionnée par un tiers qui n'est ni tireur ni endosseur, c'est le *donneur d'aval*.

Le *tiré* change de nom et devient *accepteur* lorsque,

après présentation de la lettre de change, il la signe pour *acceptation*.

## FORMES DE LA LETTRE DE CHANGE.

La lettre de change se fait habituellement par acte sous seing privé, mais elle peut également être faite par acte notarié.

1º La lettre de change est tirée d'un lieu sur un autre ;

2º Elle est datée ;

3º Elle énonce la somme à payer ;

4º Le nom de celui qui doit payer ;

5º L'époque et le lieu où le paiement doit s'effectuer ;

6º La valeur fournie en espèces, en marchandises ou en compte ou de toute autre manière ;

7º Elle est à l'ordre d'un tiers ou du tireur lui-même ;

8º Elle exprime si elle est première, deuxième, troisième ou quatrième, etc.

Le mineur non-commerçant, les incapables. les femmes mariées non autorisées par leur mari à faire le commerce, ne peuvent souscrire de lettres de change.

L'autorisation peut être tacite, par exemple, si la lettre était tirée par le mari à l'ordre de sa femme.

Toute personne capable qui souscrit une lettre de change, fait acte de commerce et se rend passible de la juridiction des tribunaux de commerce.

## ÉCHÉANCE.

L'échéance d'une lettre de change peut être déterminée ou indéterminée.

Une lettre de change peut être tirée à vue ou à un ou plusieurs jours de vue, à une ou plusieurs usances de vue ; à un ou plusieurs jours de date ; à une ou plusieurs usances de date ; à jour fixe ou à jour déterminé, en foire.

La lettre de change à vue est payable à présentation.

La lettre de change payable à un ou plusieurs jours de vue, à une ou plusieurs usances de vue, a son échéance fixée par la date de son acceptation ou par celle du protêt faute d'acceptation.

L'usance est de trente jours, qui courent du lendemain de la date de la lettre de change.

Les mois sont fixés par le calendrier grégorien.

Une lettre de change payable en foire est exigible la veille du jour fixé pour la clôture de la foire, ou le jour de la foire si elle ne dure qu'un jour.

Si l'échéance d'une lettre de change est à un jour férié légal, elle est payable la veille.

## DU PAIEMENT.

La lettre de change doit être payée dans la monnaie qu'elle indique.

Celui qui paie la lettre de change avant son échéance, est responsable de la validité du paiement.

Celui qui paie une lettre de change à son échéance et sans opposition, est réputé valablement libéré.

Le porteur d'une lettre de change ne peut être contraint d'en recevoir le paiement avant l'échéance.

Le paiement d'une lettre de change fait sur une seconde, troisième ou quatrième est valable lorsque la seconde, troisième ou quatrième porte que le paiement annule l'effet des autres.

Celui qui paie une lettre de change sur une seconde, troisième ou quatrième, etc., sans retirer celle sur laquelle se trouve son acceptation, n'opère point sa libération à l'égard du tiers-porteur de son acceptation.

Le propriétaire d'une lettre de change égarée doit, pour s'en procurer une seconde, s'adresser à son endosseur immédiat, qui est tenu de lui prêter son nom et ses soins pour agir envers son propre endosseur, et ainsi en remontant jusqu'au tireur de la lettre de change. Le propriétaire de la lettre égarée supporte les frais.

### DU PAIEMENT PAR INTERVENTION.

Une lettre de change protestée peut être payée par tout intervenant pour le tireur et par l'un des endosseurs.

L'intervention et le paiement seront constatés dans l'acte de protêt ou à la suite de l'acte.

Celui qui paie une lettre de change par intervention, est subrogé aux droits du porteur, et est tenu des mêmes devoirs pour les formalités à remplir.

Le débiteur d'une lettre de change qui a payé sur un faux ordre, est libéré s'il a payé de bonne foi.

### DES DROITS ET DEVOIRS DU PORTEUR.

Le porteur d'une lettre de change doit en exiger le paiement le jour de son échéance.

Le refus de paiement doit être constaté le lendemain du jour de l'échéance, par un acte que l'on nomme *protêt faute de paiement*.

Si ce jour est un jour férié légal, le protêt est fait le jour suivant.

Le porteur n'est dispensé du protêt faute de paiement, ni par le protêt faute d'acceptation, ni par la mort ou la faillite de celui sur qui la lettre de change est tirée.

Dans le cas de faillite de l'accepteur avant l'échéance, le porteur peut faire protester et exercer son recours.

Le porteur d'une lettre de change protestée faute de paiement, peut exercer son action en garantie, ou individuellement contre le tireur et chacun des endosseurs, ou collectivement contre les endosseurs et le tireur.

Il leur notifie le protêt et les assigne tous collectivement devant le tribunal de commerce du lieu où le paiement devait être effectué, ou bien devant celui du domicile de l'un d'eux; il peut aussi les assigner chacun séparément. Cette notification et ce recours doivent avoir lieu dans les quinze jours qui suivent la date du protêt. Ce délai est augmenté d'un jour par deux myriamètres et demi à l'égard des signataires domiciliés à plus de cinq myriamètres du lieu fixé pour le paiement de la lettre de change.

Si le porteur négligeait de faire dans ce délai, la notification du protêt et l'assignation, il serait déchu de tout recours contre les endosseurs, de même que s'il eût omis de protester le lendemain de l'échéance.

L'endosseur assigné en paiement a lui-même un délai de quinze jours courant du jour de l'assignation, pour agir à son tour en garantie contre les endosseurs qui le précèdent et contre le tireur.

## DE L'ENDOSSEMENT.

La propriété d'une lettre de change se transmet, comme celle des billets à ordre, par la voie de l'endossement.

L'endossement est daté ;

Il exprime la valeur fournie ;

Il énonce le nom de celui à l'ordre de qui il est passé.

Si l'endossement n'est pas conforme aux dispositions ci-dessus, il n'opère pas le transport de la lettre de change et il n'est qu'une procuration.

Cependant il est reçu que l'endosseur signe seulement l'endos d'une lettre de change en blanc et que celui qui la reçoit garnit le blanc.

Il est défendu sous peine de faux, passible des travaux forcés, d'antidater les ordres ou endossements.

## DE LA SOLIDARITÉ.

Tous ceux qui ont signé, accepté ou endossé une lettre de change, sont tenus à la garantie solidaire envers le porteur.

Une lettre de change souscrite par le mari, approuvée et signée par la femme, est censée tirée par tous les deux ; la femme est solidaire quoique non marchande. (Arrêt de la Cour de Paris, du 3 février 1820.)

## DE L'AVAL.

Le paiement d'une lettre de change, indépendamment de l'acceptation et de l'endossement, peut être garanti par un aval.

Cette garantie est fournie par un tiers soit sur la lettre même, soit par un acte séparé.

Le donneur d'aval est tenu solidairement et par les mêmes voies que les tireurs et endosseurs, sauf les conventions différentes des parties.

L'aval peut être constitué par une simple signature au bas de celle du tireur.

L'aval n'est soumis à aucune forme particulière.

### DE LA PRESCRIPTION.

Toutes les actions relatives aux lettres de change, et aux billets à ordre souscrits par négociants, marchands ou banquiers ou pour fait de commerce se prescrivent par cinq ans, à compter du jour du protêt ou de la dernière poursuite juridique s'il n'y a eu condamnation, ou si la dette a été reconnue par un acte séparé.

Néanmoins, les prétendus débiteurs seront tenus, s'ils en sont requis, d'affirmer sous serment qu'ils ne sont plus redevables, et leurs veuves, leurs héritiers, ou ayants-cause, qu'ils estiment de bonne foi qu'il n'est rien dû.

## LETTRE DE CRÉDIT (Voyez *Crédit*).

## LETTRE DE VOITURE.

C'est la note qu'un expéditeur de marchandises ou autres objets remet au voiturier chargé de les transporter.

La lettre de voiture forme un contrat entre l'expéditeur et le voiturier, ou entre l'expéditeur, le commissionnaire et le voiturier.

*Formes.* La lettre de voiture doit être datée, elle doit exprimer la nature et le poids ou la contenance des objets à transporter, le délai dans lequel le transport doit être effectué, elle indique le nom et le domicile du commissionnaire par l'entremise duquel le transport s'opère s'il y en a un, le nom de celui à qui la marchandise est expédiée, le nom et le domicile du voiturier, le prix de la voiture, l'indemnité due pour cause de retard, enfin elle doit être signée par l'expéditeur ou le commissionnaire. Elle présente en marge la marque et le numéro des objets à transporter.

La lettre de voiture est copiée par le commissionnaire sur un registre coté et paraphé, sans intervalle et de suite.

Si l'expéditeur ou le commissionnaire ne savait signer, la lettre de voiture peut être faite devant notaire.

Les marchandises arrivées à destination, le voiturier peut, sur la représentation de la lettre de voiture, exiger du consignataire le paiement immédiat du prix stipulé pour le transport, ainsi que le remboursement des frais accessoires qu'il a avancés pour le compte du propriétaire des marchandises, sauf la déduction de l'indemnité due pour cause de retard, et, s'il y a lieu, pour cause de pertes ou d'avaries dont le voiturier pourrait être responsable.

La lettre de voiture fait foi de son contenu; c'est au voiturier à vérifier son chargement et à réclamer, s'il y a lieu, avant son départ, et il ne peut protester plus tard contre les énonciations de la lettre.

La lettre de voiture n'a pas besoin d'être rédigée en double.

Elle doit être écrite sur papier timbré. Cependant les propriétaires qui font conduire le produit de leurs récoltes peuvent remettre aux conducteurs, lorsque ce sont leurs voituriers ou leurs propres domestiques, des lettres de voiture sur papier non timbré.

Les receveurs des douanes, dans les endroits où il n'y a pas de bureau d'enregistrement, peuvent viser pour timbre les lettres de voiture venant de l'étranger.

## LIBRAIRE, IMPRIMEUR.

Les imprimeurs doivent être brevetés et assermentés.

Le brevet est délivré sur parchemin par le ministre de l'intérieur.

Le brevet est, en outre, enregistré au greffe du tribunal de la résidence de l'impétrant, qui doit y prêter serment de ne rien publier de contraire aux devoirs envers le souverain ou à l'intérêt de l'État.

Le brevet d'imprimeur est à vie; il est personnel; le titulaire ne peut changer le lieu pour lequel il a été donné.

Le possesseur ou dépositaire d'une imprimerie clandestine et celui qui exerce même publiquement la profession d'imprimeur sans être ni breveté, ni assermenté sont punis d'une amende de 10,000 fr., d'un emprisonnement de six mois et de la destruction de ses presses et de son imprimerie.

Les imprimeurs typographes, les imprimeurs lithographes, les graveurs de musique et d'estampes suivis de textes doivent en faire le dépôt, à Paris, dans les bureaux du ministère de l'intérieur, et dans les départements, au secrétariat de la préfecture.

Le dépôt doit être fait avant toute mise en vente ou publication.

Les exemplaires sont réputés mis en circulation dès qu'ils sont arrivés chez le libraire.

La profession de libraire peut être exercée en même temps que celle d'imprimeur.

Les libraires encourent une amende de 2,000 fr., s'ils vendent un ouvrage sans nom d'imprimeur.

Les libraires étaleurs ne sont pas soumis au brevet.

Ne sont pas réputés libraires les marchands d'estampes, gravures et musique.

La loi du 27 juillet 1849 défend le colportage et l'affichage de toutes publications, à moins d'une autorisation spéciale donnée au colporteur, d'un examen des brochures colportées et d'une estampille apposée sur ces brochures par la préfecture.

---

## LICITATION.

—

C'est la vente d'une chose appartenant indivisément à plusieurs personnes. Mais elle a plutôt le caractère d'un partage que celui d'une vente.

Elle est une vente lorsque l'immeuble licité est adjugé à un tiers, ou à l'un des copropriétaires conjointement avec un tiers.

### *Quand y a-t-il lieu à licitation ?*

La licitation peut être demandée toutes les fois que l'action en partage peut être formée.

Elle peut être demandée lors même que l'un des copropriétaires a joui séparément des biens communs, s'il n'y a pas eu acte de partage ou possession suffisante pour acquérir la prescription.

Si une chose commune à plusieurs ne peut être partagée commodément et sans perte, ou si dans un partage fait de gré à gré de biens communs, il s'en trouve quelques-uns qu'aucun des copartageants ne puisse ou ne veuille prendre, la vente s'en fait aux enchères et le prix en est partagé entre les copropriétaires.

### *Entre qui la licitation peut-elle avoir lieu ?*

La licitation peut avoir lieu non seulement entre cohéritiers, mais entre colégataires, codonataires, coacquéreurs, en un mot, entre tous associés communs.

Lorsque parmi les propriétaires il y a des mineurs, il y a lieu à licitation, et les étrangers sont toujours appelés; on suit forcément alors les formes judiciaires.

S'il y a plusieurs mineurs ayant des intérêts distincts, ils doivent chacun être pourvus d'un tuteur spécial.

La femme ne peut demander la licitation des biens qui lui adviennent qu'avec l'autorisation de son mari.

Le mari peut seul sans le concours de sa femme demander la licitation des biens de cette dernière, lorsque ces biens tombent dans la communauté; sinon il ne peut le faire qu'avec son consentement.

## FORMES DE LA LICITATION.

La licitation est *volontaire* ou *judiciaire*.

Elle peut être *volontaire* lorsque tous les copropriétaires sont présents, majeurs et maîtres de leurs droits et qu'ils donnent tous leur consentement.

Dans ce cas, ils procèdent devant un notaire de leur choix, soit entre eux seulement, soit concurremment avec des étrangers, ce qui peut être demandé par un seul des colicitants et ne peut lui être refusé par les autres.

La licitation volontaire peut avoir lieu lors même que l'objet pourrait être commodément partagé et sans perte.

La licitation se fait en *justice* :

1° Lorsque le consentement des copropriétaires n'est pas unanime;

2° Ou lorsqu'il y a parmi eux des mineurs, des absents, des interdits.

La licitation judiciaire a lieu devant un juge du tribunal ou devant un notaire commis.

Le tribunal fixe la mise à prix.

(Quant aux formalités, voir *Vente judiciaire*.)

## EFFETS DE LA LICITATION.

Chaque cohéritier est censé avoir succédé seul et immédiatement à tous les objets à lui échus sur licitation et n'avoir jamais eu la propriété des autres biens de la succession.

Les hypothèques consenties par un cohéritier ou copropriétaire indivis, s'évanouissent si l'immeuble est adjugé à un autre colicitant.

Les créanciers hypothécaires peuvent intervenir à la licitation, saisir le droit de leur débiteur et toucher à sa place la part lui revenant dans le prix de la licitation.

L'hypothèque consentie par un cohéritier sur tous les biens indivis de la succession produit son effet, si par suite de la licitation ce cohéritier reste propriétaire des immeubles.

Si l'immeuble licité était indivis avec une femme mariée sous le régime dotal, qui se serait constituée en dot tous ses biens présents et à venir, l'adjudicataire colicitant peut exiger qu'il soit fait emploi de la part du prix revenant à la femme.

L'acquisition faite pendant le mariage à titre de licitation ou autrement, de portion d'un immeuble dont l'un des époux était propriétaire par indivis, ne forme point un conquet; l'immeuble reste propre en totalité à cet époux, sauf indemnité envers la communauté.

La licitation peut, comme le partage, être annulée pour cause de violence ou de dol; ou encore pour lésion de plus du quart.

**LIVRES DE COMMERCE** (Voyez *Commerçants*).

## LIVRETS D'OUVRIERS.

C'est un petit registre qui sert à constater les rapports du maître et de l'ouvrier.

La loi du 22 juin 1854 porte :

Art. 1er. Les ouvriers de l'un et de l'autre sexe attachés aux manufactures, fabriques, usines, mines, minières, carrières, chantiers, ateliers et autres établissements industriels, ou travaillant chez eux pour un ou plusieurs patrons, sont tenus de se munir d'un livret.

Ces livrets sont délivrés par les maires : cependant à Paris, ce soin est confié au préfet de police, et dans les villes ou communes chefs-lieux de département, d'une population de plus de 40,000 âmes, c'est le préfet qui en fait la délivrance.

Le livret énonce :

1º Le nom et les prénoms de l'ouvrier, son âge, le lieu de sa naissance, son signalement, sa profession;

2º Si l'ouvrier travaille habituellement pour plusieurs patrons ou pour un seul;

3º Dans ce dernier cas, le nom et la demeure du chef d'établissement chez lequel il travaille ou a travaillé en dernier lieu;

4º Les pièces, s'il en est produit, sur lesquelles le livret est délivré.

Lorsque un premier livret est rempli, l'ouvrier, en se représentant devant le fonctionnaire public et en représentant l'ancien livret, peut en obtenir un nouveau.

L'ouvrier qui n'a pas de livret est passible d'une amende de 1 à 15 francs, et même d'un emprisonnement de 1 jour à 3 jours.

Ce livret, visé par le maire ou le préfet, peut servir de passe-port à l'ouvrier, pourvu qu'il ne se soit pas écoulé plus d'un an depuis le dernier certificat de sortie.

Un chef d'établissement ne peut également, sous peine d'amende et d'emprisonnement, occuper un ouvrier qui n'est pas muni d'un livret.

Il a un registre spécial sur lequel il écrit les noms et prénoms de l'ouvrier, le nom et domicile du chef d'établissement qui l'a précédemment employé, les avances dues à celui-ci par l'ouvrier.

Il écrit sur le livret de l'ouvrier, la date de sa sortie les sommes que l'ouvrier peut lui devoir.

Il ne doit être mis sur le livret aucune annotation favorable ou défavorable.

Si le chef d'atelier ne sait ou ne peut écrire, il fait écrire sur le livret, par le maire ou le commissaire de police, les mentions requises.

Celui qui fabrique un faux livret, est puni d'un emprisonnement d'un an à cinq ans.

Celui qui fait usage du livret d'autrui ou qui obtient un livret sous faux nom ou au moyen de faux certificats, est puni d'un emprisonnement de trois mois à un an.

A Paris, les domestiques des deux sexes sont tenus de se munir d'un livret, sous peine d'un emprisonnement de huit jours à trois mois et de l'expulsion hors du département de la Seine.

## MAIN-LEVÉE.

C'est un acte qui détruit ou restreint une inscription hypothécaire, une opposition, une saisie ou tout autre obstacle.

Il y a plusieurs sortes de main-levée :

1o Main-levée d'écrou;

2o Main-levée d'inscription hypothécaire;

3o Main-levée d'opposition;

4o Main-levée de saisie.

# I.

## MAIN-LEVÉE D'ÉCROU.

Elle a pour objet l'élargissement d'un individu emprisonné pour dettes; elle est donnée par le créancier auteur de l'incarcération.

Cette main-levée peut être donnée soit devant notaire, soit sur le registre d'écrou.

Elle peut être donnée par un mandataire muni d'un pouvoir spécial et authentique.

Le geolier a le droit d'exiger que l'acte de main-levée authentique et toutes les pièces à l'appui restent en son pouvoir.

# II.

## MAIN-LEVÉE D'INSCRIPTION HYPOTHÉCAIRE.

C'est l'acte qui annule ou restreint une inscription hypothécaire.

La main-levée est presque toujours le résultat du paiement. Cependant il arrive souvent qu'un créancier, quoique non payé, donne main-levée de son inscription, ou la restreigne pour faciliter son débiteur.

La main-levée ne peut être refusée lorsque la créance est éteinte.

La main-levée ne peut être valablement consentie que par le créancier ou ses ayants-droit capables d'aliéner.

Le tuteur ne peut donner main-levée qu'en recevant le montant de la créance due à son pupille.

Le mineur émancipé assisté de son curateur, peut

donner main-levée de l'hypothèque, mais seulement lorsqu'il reçoit le paiement de sa créance.

Les femmes mariées ne peuvent donner main-levée qu'avec l'autorisation de leur mari ou de justice.

———

La main-levée d'une inscription hypothécaire doit être donnée par acte authentique devant notaire, qui en garde minute.

Une main-levée donnée par le vendeur de l'inscription d'office prise par le conservateur à son profit pour garantie du prix de vente, avec désistement de privilége, d'hypothèque et d'action résolutoire, oblige ce conservateur à radier l'inscription, sans qu'il soit besoin d'une quittance du prix.

La procuration pour consentir une main-levée doit être authentique.

———

La main-levée éteint irrévocablement l'inscription qui en est l'objet.

La main-levée peut être générale ou partielle.

Les frais des mains-levées sont à la charge des débiteurs.

### III.

#### MAIN-LEVÉE D'OPPOSITION.

C'est l'acte par lequel on anéantit des oppositions extrajudiciaires.

Par exemple, pour empêcher quelqu'un de payer au débiteur de l'opposant;

Ou pour s'opposer au mariage de quelqu'un.

La main-levée d'opposition à paiement peut être donnée sous seing privé.

La main-levée d'opposition à mariage doit être donnée par acte authentique.

## IV.

Les mains-levées de saisie ont rapport, ou à de simples saisies mobilières, et alors elles peuvent être données par acte sous seing privé, ou à des saisies immobilières, et alors il faut un acte authentique.

---

## MAIRE, ADJOINT.

Les maires sont les subordonnés immédiats des préfets et sous-préfets, les chefs de l'administration active dans chaque commune.

Les adjoints aux maires sont, comme l'indique leur nom, les auxiliaires et les suppléants des maires.

Les fonctions des maires sont de deux sortes : les unes se rattachent à l'ordre judiciaire et civil, les autres appartiennent à l'ordre administratif.

Dans l'ordre civil, les maires sont les officiers de l'état civil, chargés de recevoir et de conserver les actes de naissance, de mariage et de décès des habitants de leur commune. Ils sont, pour cette partie de leurs fonctions, placés sous la surveillance des procureurs impériaux et des procureurs généraux.

Dans l'ordre judiciaire, ils sont :

1° Officiers de police judiciaire ;

2° Officiers du ministère public à défaut du commis-

saire de police près les juges de paix jugeant en simple
police.

3° Juges de simple police dans les communes qui
ne sont pas chefs-lieux de canton et pour les affaires
qui ne sont pas exclusivement réservées aux juges de
paix.

Quant aux attributions administratives, elles se divisent en deux catégories :

Celles exercées *sous l'autorité* de l'administration supérieure et celles exercées *sous sa simple surveillance.*

La première comprend :

1° La publication et l'exécution des lois et règlements;

2° La surveillance et la direction des élections, du recrutement et des contributions;

3° L'inexécution des mesures de sûreté générale.

La seconde comprend l'administration de la commune; comme tel, le maire est le représentant civil, fi-
nancier et judiciaire de la commune, il préside le conseil municipal, distribue les emplois communaux et est
chef de la police municipale, rurale et de la police de
la voirie municipale, c'est-à-dire des rues, places et chemins publics qui ont un caractère communal.

Les objets confiés à la vigilance et à l'autorité de l'administration municipale sont :

1° La sûreté et la commodité de la voie publique;

2° La répression des délits contre la tranquillité publique;

3° Le maintien du bon ordre dans les lieux publics;

4° La salubrité des comestibles et la fidélité du débit
des denrées;

5º Les moyens de prévenir les accidents et fléaux ca-
lamiteux, ou de les faire cesser ;

6º Les spectacles publics.

——

Tous les arrêtés de police pris par les maires doivent être adressés aux préfets ou sous-préfets. Cette formalité remplie, ils sont exécutoires sur-le-champ ; s'ils
ne portent pas règlement permanent, ils sont exécutoires
un mois après la remise de l'ampliation constatée par les
récépissés donnés par le sous-préfet. Et suivant que
ces arrêtés ont un caractère général ou particulier, ils
sont, avant leur exécution, publiés ou signifiés à partie
par le ministère d'huissier ou par voie administrative.

Les arrêtés des maires ont pour sanction des amendes de simple police.

## ADJOINTS.

Le nombre des adjoints est proportionnel à la population. Il y a un adjoint dans les communes de 2,500
habitants et au-dessous; deux dans celles de 2,500 à
10,000 habitants, et dans les communes d'une population supérieure, un adjoint de plus par chaque excédant
de 20,000 âmes. Cette dernière disposition, d'après la
loi du 5 mai 1855, est devenue une simple faculté.

Les adjoints ont les mêmes attributions que le maire, ils le remplacent en cas d'absence ou d'empêchement. L'adjoint suppléant est investi de toute la pléni-
tude de l'autorité municipale; il a, comme le maire lui-
même, la faculté de déléguer une partie de ses attributions; il correspond directement avec le préfet ou le
sous-préfet.

En cas d'absence ou d'empêchement des adjoints et du maire, ils sont remplacés par un conseiller municipal, désigné par le préfet ou à défaut de cette désignation, par le conseiller municipal le premier dans l'ordre du tableau.

Le maire ne peut déléguer qu'une portion de ses pouvoirs et il conserve toujours l'autorité municipale; les adjoints délégués n'ont pas la faculté de délégation, ils doivent, dans chacun de leurs actes, indiquer qu'ils agissent par délégation du maire.

Les adjoints peuvent cependant, conjointement avec le maire, exercer une portion des attributions municipales.

Ainsi, ils peuvent :

1º Être membres de la commission des répartiteurs;

2º Dresser et certifier, avec l'ingénieur des mines, les états d'exploitation qui servent de base à la redevance proportionnelle des mines;

3º Délivrer les certificats d'insolvabilité ou d'absence des redevables du trésor public;

4º Exercer les fonctions d'officiers de police judiciaire;

5º Présider les bureaux des collèges électoraux ou de leurs sections.

## MANDAT (Voyez *Procuration*).

## MARQUES DE FABRIQUE.

La marque de fabrique est le signe distinctif de chaque fabricant, c'est une propriété.

Cette marque consiste quelquefois dans le nom seul de l'individu ou dans des marques distinctives, emblêmes, empreintes, timbres, cachets, vignettes, lettres, chiffres, enveloppes, etc.

Le fabricant dont la marque est contrefaite peut poursuivre le contrefacteur en dommages-intérêts.

S'il a déposé deux exemplaires de sa marque au tribunal de commerce ou à défaut, au greffe civil de son arrondissement, il peut assigner le contrefacteur devant le tribunal correctionnel.

Le contrefacteur est puni d'emprisonnement, d'amende, de confiscation des produits contrefaits, de privation partielle de droits civiques et des frais de publication du jugement dans les journaux, sans préjudice des dommages-intérêts envers la partie civile.

(Loi du 3 juin 1857. — Décret du 26 juillet 1858).

## MARCHÉS (Voyez *Devis*).

## MARIAGE.

C'est l'union de l'homme et de la femme réglée par la loi.

Les règles du mariage sont du droit naturel, du droit civil et du droit des gens.

### CONDITIONS
#### EXIGÉES POUR LA VALIDITÉ DU MARIAGE.

Ces conditions sont :
1° L'âge voulu par la loi ;

2º Le consentement respectif des deux époux;

3º Le consentement des père et mère ou de ceux sous l'autorité de qui se trouvent placés les époux;

4º L'absence de tout empêchement.

Les hommes avant l'âge de dix-huit ans révolus et les femmes avant celui de quinze ans révolus, ne peuvent contracter mariage, à moins d'une dispense qui, pour motifs graves, peut être accordée par l'Empereur (Voyez *Dispenses*).

Le consentement étant de toute nécessité pour le mariage, il s'en suit que le mariage serait nul, si ce consentement a été donné par erreur ou surpris par violence.

Il faut que l'erreur porte sur la personne *physique* et non sur la personne *civile*. Ainsi un homme qui aurait épousé une fille naturelle croyant en épouser une légitime ne pourrait pour cela attaquer le mariage.

Un mariage avec un forçat libéré pourrait être annulé. Cependant la Cour de cassation, au mois de juin dernier (1861), a maintenu le mariage d'une femme contracté par erreur avec un forçat libéré.

Il y a violence lorsque la menace faite est de nature à faire impression sur une personne raisonnable et qu'elle peut lui inspirer la crainte d'exposer sa fortune ou sa personne à un mal considérable et présent.

Il faut en cette matière avoir égard au sexe et à la condition des personnes. Ainsi telle menace pourrait intimider un enfant, un vieillard, une femme d'une condition relevée, qui ne produirait pas la même impression sur un homme dans la force de l'âge, un militaire ou une femme de basse condition.

La seule crainte de déplaire à ses père et mère ou autre ascendant ne suffirait pas.

Il n'en serait pas de même, si les père et mère avaient exercé des mauvais traitements sur leur enfant, par exemple, s'il s'agissait d'une fille enceinte qui eût été maintenue en charte privée et menacée d'y être abandonnée dans les douleurs de l'enfantement (Bruxelles, 23 mars 1808).

La menace faite par un père à son enfant de le déshériter ne serait pas une cause valable.

Le consentement des père et mère ou autres ascendants est encore exigé ; à défaut de ce consentement, il faut produire des actes respectueux.

Enfin, il ne faut pas d'*empêchements*. Les empêchements sont *absolus*, *relatifs*, *dirimants* ou *prohibitifs*.

En ligne directe, le mariage est prohibé entre tous les ascendants et les descendants et les alliés au même degré.

En ligne collatérale, le mariage est prohibé entre les frères et sœurs naturels ou légitimes, les alliés au même degré. Cependant la loi de 1832 autorise, avec dispenses, le mariage entre beaux-frères et belles-sœurs.

Il en est de même entre l'oncle et la nièce, la tante et le neveu.

La femme divorcée ou la veuve ne peuvent contracter mariage que dix mois après la dissolution du premier.

## CÉLÉBRATION DU MARIAGE.

Le mariage doit être célébré à la mairie de la commune où l'un des contractants a son domicile, et devant l'officier public de cette commune.

Le domicile s'acquiert par six mois de résidence; on voit que ce peut ne pas être le domicile réel.

Les mineurs n'ont pas d'autres domiciles que celui de leurs père et mère ou tuteur.

La célébration du mariage doit être précédée de deux publications à huit jours d'intervalle, un jour de dimanche, devant la porte de la maison commune.

Ces publications et l'acte qui est dressé contiennent les prénoms, noms, professions et domiciles des futurs époux, leur qualité de majeurs ou de mineurs, les prénoms, noms, professions et domiciles de leurs pères et mères; cet acte énonce en outre les jours, lieux et heures où les publications ont été faites.

Un extrait de l'acte de publication reste affiché pendant huit jours à la porte de la maison commune.

Les publications doivent être faites dans les communes du domicile respectif de chacun des époux et des personnes dont elles dépendent quant au mariage.

Avant de faire ces publications, l'officier public doit avoir le consentement des deux parties qui veulent se marier.

Le défaut de publication n'entraîne pas toujours nullité du mariage. Mais il y a une amende prononcée tant contre l'officier de l'état civil que contre les parties.

———

Les parties doivent remettre à l'officier de l'état civil :

1º Les actes de naissance ou les actes de notoriété qui peuvent les remplacer ;

2° L'acte authentique du consentement de ceux auxquels il a dû être demandé;

3° Les actes respectueux, s'il en a été fait;

4° Les actes de publication;

5° Les actes d'opposition, de main-levée ou les certificats de non opposition;

6° Les actes de décès des ascendants;

7° L'acte de décès du premier époux, quand c'est un
veuf ou une veuve qui se remarie.

———

Au jour désigné, les parties et quatre témoins parents
ou non, doivent se rendre à la maison commune.

(En cas d'urgence, maladie grave par exemple, l'officier de l'état-civil peut se rendre chez l'un des futurs
époux).

La célébration est publique.

Il est fait lecture aux époux, en présence des quatre
témoins, des pièces et du chapitre 6 du titre du mariage.

L'officier public demande ensuite à chacune des parties l'une après l'autre, si elles veulent se prendre pour
mari et femme.

Après la déclaration par les époux de se prendre
pour mari et femme, l'officier de l'état-civil prononce
au nom de la loi, qu'elles sont unies par le mariage.

L'acte de célébration est immédiatement dressé et
signé par les époux, les père et mère ou leurs représentants et les quatre témoins.

### EFFETS DU MARIAGE.

Le mariage émancipe l'époux mineur et l'affranchit
de la puissance paternelle.

Le mineur ainsi émancipé administre ses biens.

Les époux se doivent mutuellement fidélité, secours et assistance.

Le mari doit protection à sa femme, la femme doit obéissance à son mari.

La femme est obligée d'habiter avec son mari, de le suivre partout où il juge à propos de résider ; le mari est obligé de la recevoir et de lui fournir tout ce qui lui est nécessaire pour les besoins de la vie, selon ses facultés et son état.

La femme ne peut contracter ni ester en justice sans l'autorisation de son mari ou du juge.

Par le seul fait du mariage, les époux s'obligent à nourrir, élever et entretenir les enfants communs.

Les enfants sont soumis à la puissance paternelle, qui donne au père droit à l'usufruit des biens des enfants pendant leur minorité.

Le mariage est dissous par la mort naturelle ou civile de l'un des époux.

—

Une loi spéciale du 10 décembre 1850 règle les formalités relatives aux mariages des indigents.

Les formalités sont faites et les pièces réclamées par les officiers de l'état-civil où le mariage doit être contracté, et ce, sous la surveillance du ministère public.

## MATIÈRES D'OR ET D'ARGENT.

—

Quiconque veut exercer la profession de fabricant de bijouterie ou d'orfévrerie est tenu de se faire connaître au préfet du département et à la mairie de la commune où il réside et de faire insculper dans ces deux administrations, son poinçon particulier et son nom sur une planche de cuivre à ce destinée. L'administration doit veiller à ce que le même symbole ne soit pas employé par deux fabricants du même arrondissement. (Loi du 19 brumaire, an VI, art. 72.)

A la mort du fabricant et dans les cinq jours, son poinçon doit être porté au bureau de garantie de son arrondissement pour y être biffé de suite.

———

Pour éviter les fraudes qui pourraient se glisser dans le commerce d'orfévrerie, le législateur a pris certaines mesures qu'on appelle la *garantie*.

En France le titre de l'or est de 750 millièmes, l'argent en a deux : 950 millièmes et 800 millièmes.

Le titre est garanti au moyen de poinçons que l'État fait appliquer après essais et examen de la matière.

Les poinçons se divisent en poinçons de titre, de garantie, d'importation, d'exportation et de recence.

Le droit de garanti est fixé à 20 francs par hectogramme d'or et 1 franc par hectogramme d'argent, sauf les décimes par franc.

Le droit de garantie est perçu par l'administration des contributions indirectes.

Celui qui trompe l'acheteur sur le titre des matières d'or et d'argent, est passible d'un emprisonnement de trois mois à un an, et d'une amende qui ne peut excéder le quart des restitutions et dommages-intérêts, ni être au-dessous de 50 francs. (Cod. p. 423.)

## MÉDECINE, PHARMACIE.

—

Nul ne peut exercer la profession de médecin ou de chirurgien s'il n'a été examiné et s'il n'a reçu des grades dans une faculté de l'empire.

Les médecins ont deux degrés de capacité, celui d'officier de santé et celui de docteur.

Les docteurs en médecine peuvent exercer dans toute l'étendue du territoire français.

Chaque année les procureurs impériaux dressent la liste des médecins et officiers de santé de leur ressort; ils transmettent une copie de cette liste au ministre de la justice.

Les préfets dressent des listes semblables et les envoient au ministre de l'agriculture et du commerce.

Nulle ne peut exercer la profession de sage-femme, sans avoir obtenu un diplôme ou certificat de capacité, délivré par la faculté de médecine.

Les sages-femmes sont obligées de faire inscrire leur diplôme au tribunal de première instance et à la sous-préfecture de l'arrondissement où elles s'établissent et où elles ont été reçues.

Les pharmaciens doivent également obtenir un certificat d'aptitude.

Nul ne peut être pharmacien avant l'âge de vingt-cinq ans accomplis.

Ils ne peuvent vendre aucun remède secret.

Ils ne peuvent vendre des médicaments et préparations pharmaceutiques, que sur une ordonnance signée d'un médecin ou d'un officier de santé.

Tout pharmacien nouveau doit présenter son diplôme au préfet du département devant lequel il prête serment d'exercer son art avec probité et fidélité.

Nul ne peut vendre des plantes et exercer la profession d'herboriste sans être pourvu d'un certificat de capacité.

Tout individu qui, sans diplôme, exerce la médecine, peut être condamné à une amende qui peut être doublée en cas de récidive, et à un emprisonnemment qui ne peut être supérieur à six mois.

Les officiers de santé et les sages-femmes sont dans la même position.

Les honoraires des médecins sont créances privilégiées; leur action pour frais de visites se prescrit par un an.

Les médecins sont tenus à la plus grande discrétion au sujet des maladies qu'on leur confie, et ce à peine d'amende et d'emprisonnement.

## MINES.

Les mines sont les substances minérales ou fossiles trouvées au sein de la terre ou à sa surface.

Elles sont classées relativement à leur exploitation sous les trois qualifications de mines, minières et carrières. (Loi du 21 avril 1810.)

Les mines proprement dites sont celles connues pour contenir en filons, en couches ou en amas, de l'or, de l'argent, du platine, du mercure, du plomb, du fer, du cuivre, de l'étain, du zinc et autres métaux, du soufre, du charbon de terre ou de pierre, du bois fossile, des bitumes, de l'alun et des sulfates à bases métalliques. (*Ibid.*, art. 2.)

On y a joint, depuis 1840, les mines de sel et les puits ou sources d'eau salée naturellement ou artificiellement.

Les minières comprennent les minerais de fer d'alluvion, les terres pyriteuses, propres à être converties en sulfates de fer, les terres alumineuses et les tourbes.

Enfin, les carrières renferment les ardoises, les grès, pierres à bâtir et autres, les marbres, granits, pierres à chaux et à plâtre, le quartz, les laves, les marnes, craies, sables, pierres à fusil, argiles, cailloux, les terres pyriteuses regardées comme engrais, le tout exploité à ciel ouvert ou avec des galeries souterraines.

Le service des mines est placé dans les attributions du ministre de l'agriculture, du commerce et des travaux publics.

## CONCESSION.

Pour pouvoir faire des recherches et découvrir des mines sur un fonds, il faut être propriétaire, ou avoir préalablement obtenu l'autorisation de ce dernier, ou du gouvernement.

Si c'est le gouvernement qui accorde l'autorisation, il faut avant tout indemniser le propriétaire.

Quant au propriétaire, il peut faire des recherches sans formalité préalable, dans tous les lieux dépendant de sa propriété, à la charge toutefois d'obtenir une concession du gouvernement avant d'y établir une exploitation.

Nulle permission de recherches, ni concession de mines, ne peuvent non plus, sans le consentement du propriétaire de la surface, donner le droit de sonder, ouvrir des puits et galerie, etc., dans les enclos murés, cours ou jardins, ni dans les terrains attenant à des habitations, ou clôtures à la distance de cent mètres.

Dans aucun cas, les recherches de mines ne peuvent être autorisées sur un terrain concédé.

Les mines ne peuvent être exploitées sans un acte de concession du gouvernement.

Cette concession peut être accordée, soit au propriétaire du fonds, soit à tout autre individu français ou étranger présentant les garanties convenables.

Le décret qui confère une concession de mines en détermine l'étendue.

L'individu ou la société qui demande une concession de mines, doit justifier des facultés nécessaires pour entreprendre et conduire les travaux; des moyens de satisfaire aux redevances et indemnités qui lui seront imposées par l'acte de concession ou qui pourront être dues en cas d'accidents occasionnés par les travaux à faire sous des maisons ou lieux d'habitation.

La demande en concession est adressée au préfet sous forme de pétition. Il en ordonne la publication par des affiches qui sont apposées pendant quatre mois dans les lieux indiqués par la loi. Les demandes en concurrence et les oppositions sont admises devant le préfet jusqu'au dernier jour du délai de quatre mois. Elles sont notifiées par acte extrajudiciaire à la préfecture où l'on fait mention de leur réception sur un registre dont il est donné communication à tous ceux qui le requièrent.

Les oppositions sont notifiées aux parties intéressées.

Dans le mois qui suit l'expiration des délais, le préfet, après avoir consulté l'ingénieur des mines et pris toutes les informations, transmet les pièces et son avis au ministère des travaux publics.

Tant que le décret n'est pas rendu, les oppositions peuvent encore être formées devant le ministre ou devant le secrétaire-général du conseil d'État; mais dans ce dernier cas, elles doivent avoir lieu par une requête signée et présentée par un avocat au conseil, comme cela se pratique dans les matières contentieuses.

Lorsque l'opposition n'est formée que sur des motifs de la compétence de l'administration, elle est appréciée par le conseil d'État.

Mais si elle est motivée sur la propriété de la mine acquise antérieurement en vertu d'une concession régulière, comme il s'agit alors d'une question de propriété, les parties sont préalablement renvoyées devant les tribunaux pour la faire juger.

Enfin, il est définitivement statué sur la demande par un décret délibéré en conseil d'État.

## EXPLOITATION.

Par l'effet de la concession, la mine devient une propriété nouvelle, indépendante du sol, même lorsqu'elle a lieu en faveur du propriétaire de ce sol.

Les mines sont immeubles, ainsi que les bâtiments, machines, puits, outils, chevaux, agrès et ustentiles ser-servant à leur exploitation.

Ceux qui ont fourni des fonds pour les recherches et l'exploitation de la mine, ont un privilége qui peut être inscrit au bureau des hypothèques de l'arrondissement.

Le concessionnaire ne peut vendre une mine séparément et par lots, sans une autorisation préalable du gouvernement.

Lorsqu'une concession de mines appartient à plusieurs personnes ou à une société, les concessionnaires ou la société doivent, quand ils en sont requis par le préfet, justifier qu'il est pourvu par une convention spéciale, à ce que les travaux d'exploitation soient soumis à une direction unique et coordonnés dans un intérêt commun.

Ils désignent également celui des concessionnaires qui doit assister aux assemblées générales et qui doit recevoir les notifications ou significations de l'administration.

## DROIT DU PROPRIÉTAIRE. — REDEVANCES.

L'acte de concession règle les droits du propriétaire de la surface sur les produits des mines concédées.

La quotité de ces droits est d'une somme déterminée; le plus souvent c'est une partie fixe du produit de l'exploitation.

Si les travaux entrepris par le concessionnaire ne sont que passagers, ou si le sol où ils ont été faits peut être remis en culture comme il était auparavant, l'indemnité doit être réglée au double de ce qu'aurait produit le terrain endommagé.

Lorsque l'occupation des terrains prive le propriétaire de ses revenus pendant plus d'un an, ou lorsqu'après les travaux ils sont impropres à la culture, le propriétaire peut exiger du concessionnaire l'acquisition de ces terrains ainsi que la totalité des pièces de terre endommagées à la surface. Le terrain est toujours évalué au double de sa valeur avant l'exploitation de la mine.

Les concessionnaires de même peuvent être tenus de payer des subventions spéciales à raison de la détérioration des chemins employés pour l'exploitation.

Les mines sont soumises à des taxes contributives.

Faute de paiement de ces taxes dans les délais, la mine est réputée abandonnée, et le ministre peut prononcer le retrait de la concession.

Le concessionnaire déchu peut arrêter les effets de ce retrait en payant toutes les taxes échues et en consignant la somme nécessaire pour sa quote-part dans les travaux restant à exécuter.

Si personne ne se présente, la mine appartient à l'État.

## ADMINISTRATION — CONTESTATIONS.

La surveillance des mines est confiée à des ingénieurs sous la direction du ministre des travaux publics et des préfets.

Toutes les contestations postérieures à la concession des mines sont de la compétence des tribunaux.

Les tribunaux sont encore compétents :

1° Sur les difficultés qui s'élèvent touchant la propriété et la délimitation des mines acquises par concession ou autrement.

2º Sur l'aliénation ou l'abandon d'une mine et les autres questions de propriété qui s'y rattachent;

3º Sur les demandes en indemnités ou dommages-intérêts;

4º Sur les difficultés relatives aux expertises, dans tous les cas où elles sont ordonnées par la loi du 21 avril 1810.

## MINEUR, MINORITÉ.

On appelle *mineurs* les individus de l'un et l'autre sexe n'ayant pas atteint l'âge de vingt-un ans accomplis.

Il y a deux sortes de mineurs : les mineurs non émancipés et les mineurs émancipés.

Nous avons vu au mot *Émancipation* ce que c'était que les mineurs émancipés; nous ne nous occuperons ici que des mineurs proprement dits.

Le mineur émancipé est placé pendant le mariage sous la puissance de l'administration légale de son père; après la dissolution du mariage, il est en tutelle. (Voyez *Tutelle.*)

Le domicile de droit du mineur est chez son père ou son tuteur.

Dans tous les actes civils, le mineur est représenté par son tuteur.

De plus, la loi les favorise sous beaucoup de rapports.

Les *obligations* qu'ils contractent avec des majeurs ne sont valables que lorsqu'il en résulte pour eux un avantage direct.

Les procès qui les intéressent doivent être communiqués au ministère public , et sont exempts du préliminaire de conciliation.

Les mineurs ont une hypothèque légale sur tous les biens présents et à venir de leurs tuteurs; mais depuis la loi de 1855, ils sont obligés de la faire inscrire dans l'année de leur majorité, sous peine de déchéance.

On ne prescrit pas contre les mineurs.

Des peines sévères sont prononcées contre le rapt et l'enlèvement des mineurs, contre l'abus de confiance commis à leur égard.

Enfin , le mineur de moins de seize ans accusé de crime est acquitté, s'il est établi qu'il a agi sans discernement, sauf à être détenu dans une maison de correction. S'il est établi qu'il a agi avec discernement, la peine sera toujours moins sévère. Le mineur de moins de seize ans qui n'a pas de complice au-dessus de cet âge et qui est prévenu de crimes autres que ceux auxquels la loi attache la peine de mort et les travaux forcés à perpétuité ou celle de la déportation, est jugé par les tribunaux correctionnels.

Les mineurs peuvent, par contrat de mariage et avec l'autorisation des personnes requises pour la validité du mariage, faire des donations.

Le mineur au-dessus de seize ans peut disposer par testament de la moitié de ce dont il pourrait disposer étant majeur.

## MITOYENNETÉ.

—

On entend par *mitoyenneté* la copropriété d'un mur,
d'un fossé, d'une haie séparant deux héritages (Voyez
*Haie*).

Il ne faut pas confondre la mitoyenneté avec la communauté. La communauté est la possession et jouissance
commune, sans qu'on puisse toujours désigner la part
de chacun. Dans la mitoye:neté, au contraire, la moitié
de la chose appartient à chacun des deux voisins.

Nous ne nous occuperons ici que de la mitoyenneté
des murs.

Cette mitoyenneté existe, soit par la construction du
mur à frais communs sur le terrain des deux copropriétaires voisins, soit par l'acquisition faite par
l'un des voisins de la moitié d'un mur appartenant à
l'autre.

Faute de titre, tout mur servant de séparation entre
bâtiments jusqu'à l'héberge, ou entre cours et jardins
et même entre clos dans les champs, est réputé mitoyen.

Il y a marque de non mitoyenneté, lorsque la som-
mité du mur est droite et à plomb de son parement
d'un côté, et présente de l'autre un plan incliné ou
égoût; lorsque encore il n'y a que d'un côté, ou un
chaperon, ou des filets et corbeaux de pierre qui y
auraient été mis en bâtissant le mur.

Dans ces cas, le mur est censé appartenir exclusivement au propriétaire, du côté duquel sont l'égout, les
corbeaux ou filets de pierre.

La ruelle existant entre les bâtiments de deux particuliers est censée mitoyenne, sauf titre contraire; ils peuvent donc l'un et l'autre y diriger leurs égouts.

Tout propriétaire joignant un mur a la faculté de le rendre mitoyen en tout ou en partie, en remboursant au maître du mur la moitié de sa valeur ou la moitié de la valeur de la portion qu'il veut rendre mitoyenne et moitié de la valeur du sol sur lequel le mur est bâti. (C. N., 661.)

Le propriétaire d'un mur dont la mitoyenneté a été prise pour élever des constructions, a une action réelle contre tout détenteur de l'héritage voisin en quelques mains qu'il passe, pour obtenir, soit le paiement de cette mitoyenneté, soit la démolition des travaux élevés contre ou sur ce mur. (C. Nap., 658, 661.)

Le propriétaire d'un mur qui aurait des jours à fer maillé et à verre dormant, même depuis plus de trente ans, ne peut refuser à son voisin la vente de la mitoyenneté de ce mur.

Il n'en serait pas de même, s'il s'agissait de vues et jours, de fenêtres établies par le père de famille.

Dans les villes et faubourgs, la mitoyenneté n'est pas facultative, elle est forcée, puisque chacun peut contraindre son voisin à contribuer aux constructions et réparations de la clôture séparant leurs maisons, cours et jardins. (C. Nap., 663.)

Chaque propriétaire d'un mur mitoyen a le droit de bâtir contre ce mur, d'y placer des poutres et solives dans toute son épaisseur, à 54 millimètres (2 pouces) près, sauf au voisin à faire réduire à l'ébauchoir la poutre ou les solives jusqu'à la moitié du mur, dans le cas où il voudrait lui-même asseoir des poutres ou solives dans le même lieu ou y adosser une cheminée. (C. Nap., 657.)

De plus, si le voisin veut faire adosser une cheminée, établir une forge ou fourneaux, il doit construire un contre-mur. (C. N. 674.)

Celui qui fait exhausser le mur, doit payer seul la dépense de l'exhaussement, les réparations d'entretien au-dessus de la hauteur de la clôture commune, et en outre, l'indemnité de la charge en raison de l'exhaussement et suivant la valeur.

Si ce mur n'est point en état de supporter l'exhaussement, celui qui veut l'exhausser doit le faire reconstruire en entier à ses frais et l'excédant d'épaisseur doit se prendre de son côté.

Celui qui veut exhausser un mur mitoyen n'a pas le droit de prendre dans la partie exhaussée, des jours même à verre dormant.

Le voisin qui n'a pas contribué à l'exhaussement peut en acquérir la mitoyenneté en payant la moitié de ce qu'il a coûté et la moitié de la valeur du sol fourni pour l'excédant d'épaisseur.

L'un des voisins ne peut pratiquer dans le corps du mur mitoyen, aucun enfoncement ni appliquer ou appuyer aucun ouvrage sans le consentement de l'autre ou sans avoir, à son refus, fait régler par experts les moyens nécessaires pour que le nouvel ouvrage ne soit pas nuisible aux droits de l'autre.

Lorsqu'on reconstruit un mur mitoyen, les servitudes actives et passives se continuent à l'égard du nouveau mur, sans toutefois qu'elles puissent être aggravées, et pourvu que la reconstruction se fasse avant que la prescription soit acquise.

## COMMENT FINIT LA MITOYENNETÉ.

Elle finit par la cession que l'un des voisins fait à l'autre, par l'abandon pour se dispenser des réparations, ou enfin, lorsque l'un des voisins acquiert la propriété par prescription.

La propriété d'un mur se prescrit par trente ans de possession sans trouble. Lorsque le mur soutient un bâtiment appartenant au copropriétaire, l'abandon ne dispense pas des réparations.

## MORT CIVILE.

Sous le code Napoléon, les condamnations à la peine de mort, aux travaux forcés à perpétuité, à la déportation, emportaient mort civile.

Comme on le voit, la mort civile n'était pas une peine, mais le résultat d'une peine.

Les liens qui attachaient le mort civilement à sa femme, à sa famille étaient dissous, le mariage était annulé, le conjoint pouvait contracter une autre union, et la succession du condamné était ouverte à ses héritiers de droit, comme s'il fût mort naturellement.

La loi du 31 mai 1854 a aboli la mort civile.

Aujourd'hui, les condamnations à des peines afflictives perpétuelles emportent la dégradation civique et l'interdiction légale établies par les articles 29 et 31 du code pénal.

Le condamné à une peine afflictive perpétuelle, ne peut disposer de ses biens en tout ou en partie, soit par donation entre vifs soit par testament, ni rece.oir à ce titre, si ce n'est pour cause d'aliments.

Tout testament par lui fait antérieurement à sa condamnation devenue définitive, est nul.

Ces dispositions ne sont applicables au condamné par contumace que cinq ans après l'*exécution par effigie*.

Le gouvernement peut relever le condamné à une peine afflictive perpétuelle, de tout ou partie des incapacités ci-dessus énoncées. Il peut lui accorder l'exercice, dans le lieu d'exécution de la peine, des droits civils ou de quelques-uns de ces droits dont il a été privé par son état d'interdiction légale.

Les actes faits par le condamné dans le lieu d'exécution de la peine, ne peuvent engager les biens qu'il possédait au jour de sa condamnation ou qui lui sont échus à titre gratuit depuis cette époque.

Les effets de la mort civile ont cessé depuis la loi de 1854 à l'égard de tous les condamnés, alors morts civilement; mais tous les droits acquis aux tiers sur leurs biens ont été conservés, la loi n'ayant pas d'effet rétroactif.

---

## MUTATION.

Le mot *mutation* signifie transmission d'une personne à une autre, par acte entre vifs ou par décès, de la propriété, de l'usufruit ou de la jouissance de biens, meubles et immeubles.

On appelle plus spécialement droit de mutation celui qui se perçoit au profit de l'État, à chaque transmission de propriété, de jouissance ou d'usufruit.

Les droits de mutation varient suivant la nature des actes qui opèrent la transmission des biens, et selon la qualité des personnes qui consentent ces actes.

Le droit de mutation par donation entre vifs est exigible au moment même du contrat; celui de mutation par suite de décès n'est exigible qu'à la mort du donateur ou du père de famille et dans les six mois de son décès.

Delà, il importe de bien discerner en quel cas il y a transmission actuelle de biens, et en quel cas cette transmission est expectative.

Ainsi, la donation faite par une personne à une autre de tous les biens qu'elle laissera à son décès, ne donne ouverture qu'à un droit fixe de mutation; le droit proportionnel ne sera exigible qu'au décès et sur la quantité et la valeur des biens trouvés à ce décès.

L'usufruit est assujetti au droit proportionnel, parce que l'usufruit s'estime non point par sa durée, mais par l'étendue des droits qu'il confère.

Les concessions de servitudes soit à titre gratuit, soit à titre onéreux, sont également soumises au droit de mutation.

Quant aux mutations par décès, la première condition pour que le droit soit exigible, c'est que la succession soit ouverte. Ainsi, lorsqu'un individu a disparu, tant que l'absence n'est pas déclarée, l'administration de l'enregistrement ne peut réclamer les droits de mutation.

Les donations entre époux pendant le mariage étant toujours révocables, n'opèrent également de droit de mutation que par le prédécès de l'époux donateur.

Les droits de mutation par décès se paient pour toutes les valeurs mobilières au bureau d'enregistrement du lieu de l'ouverture de la succession, et pour les immeubles, au bureau du canton où les immeubles sont situés.

Pour la quotité de tous ces droits de mutation soit par actes entre vifs, soit par suite de décès, nous renvoyons au mot *Enregistrement* où elle se trouve complétement indiquée.

---

## NAISSANCE.

La naissance est la venue au monde d'un enfant.

Dès le moment de la conception, l'enfant est réputé né pour tous les avantages attachés à son existence civile; mais il faut qu'il naisse viable.

La loi exige que la naissance de chaque individu soit parfaitement constatée.

Le père légitime, ou à son défaut le médecin, la sage-femme, ou une personne ayant assisté à l'accouchement ou chez laquelle la mère est accouchée, est tenu de faire, dans les trois jours de l'accouchement, sous peine d'emprisonnement et d'amende, la déclaration de la naissance de l'enfant.

Cet enfant doit être présenté en même temps au maire.

Passé le délai de trois jours, le maire ne peut rédiger l'acte de naissance, à moins qu'un jugement ne lui ordonne de le faire.

L'acte de naissance est dressé sur la déclaration du comparant, en présence de deux témoins.

Il contient, outre l'indication précise des père et mère légitimes et des témoins, les jour, heure et lieu de la naissance, le sexe de l'enfant et les prénoms qui lui sont donnés.

Pour les enfants trouvés, voyez *Enfants abandonnés*.

---

## NATURALISATION.

—

La naturalisation est l'acte par lequel un étranger acquiert la qualité et les droits de Français et *vice versa*.

C'est l'Empereur qui statue sur les demandes en naturalisation.

Les étrangers doivent, pour être naturalisés, adresser une demande sur papier timbré au ministre de la justice, en y joignant leur acte de naissance, et justifier d'un séjour de dix ans en France, soit depuis le décret d'*admission à domicile*, en produisant l'ampliation de ce décret qui a dû leur être remise, soit depuis la déclaration faite antérieurement à la promulgation de la loi nouvelle, conformément à l'art. 3 de la Constitution de l'an VIII, en produisant une expédition de cette déclaration, qui leur est délivrée par la mairie où elle est faite.

La demande de naturalisation est transmise, avec les pièces à l'appui, par le maire du domicile du pétitionnaire au préfet du département, qui les adresse avec son avis au ministre de la justice.

La naturalisation ne peut être accordée qu'après enquête faite par le gouvernement, relativement à la moralité de l'étranger et sur l'avis favorable du conseil d'État.

Le décret de naturalisation est inséré au *Bulletin des lois*.

Il y a plusieurs sortes de naturalisations :

*La naturalisation ordinaire* pour laquelle l'étranger doit être âgé de vingt-un ans accomplis et avoir obtenu de fixer son domicile en France, ensuite avoir résidé pendant dix ans en France depuis cette autorisation.

*La naturalisation exceptionnelle.* Le délai de dix ans peut être diminué pour les individus étrangers ayant rendu de grands services à la France ou qui y ont formé de grands établissements.

Enfin, *la grande naturalisation* qui n'est accordée qu'en vertu d'une loi et qui donne droit d'éligibilité au corps législatif.

La naturalisation a lieu de plein droit en faveur :

1º De l'individu né en France d'un étranger;

2º De la femme étrangère qui a épousé un Français;

3º Du Français qui avait perdu sa nationalité et qui rentre en France pour la recouvrer, à moins toutefois qu'il n'eût pris, sans autorisation, du service militaire à l'étranger;

4º Des habitants d'un territoire étranger réuni à la France, par suite d'une cession ou d'une conquête consommée.

Par l'effet de la naturalisation, l'étranger devient citoyen français; il exerce tous les droits jusqu'au droit électoral inclusivement.

## NOTAIRE, NOTARIAT.

Les notaires sont des fonctionnaires publics établis pour recevoir tous les actes et contrats auxquels les parties doivent ou veulent faire donner le caractère d'authenticité attaché aux actes de l'autorité publique, et pour en assurer la date, en conserver le dépôt, en délivrer des grosses et expéditions.

Les notaires sont nommés à vie; ils sont tenus de prêter leur ministère toutes les fois qu'ils en sont requis.

Le nombre des notaires est fixé au maximum à cinq par chaque justice de paix et au minimum à deux.

Les réductions ou suppressions de places ne sont effectuées que par mort, démission ou destitution.

Il y a trois classes de notaires :

1o Ceux qui résident dans le chef-lieu d'une cour impériale;

2o Ceux qui résident au chef-lieu d'un tribunal de première instance;

3o Et ceux qui résident dans une commune rurale, qu'elle soit ou non le siége d'une justice de paix.

Les notaires de France ne sont révocables qu'autant qu'ils sont condamnés par des jugements fondés sur des fautes graves.

Les notaires de l'Algérie sont révocables.

Tous les notaires sont assujettis à un cautionnement fixé par la loi et qui est spécialement affecté à la garantie des condamnations prononcées contre eux par suite de l'exercice de leurs fonctions.

Le chiffre de ce cautionnement est basé sur le chiffre de la population du lieu de la résidence du notaire.

Ils sont soumis à la patente.

## DES CONDITIONS

### REQUISES POUR L'ADMISSION AU NOTARIAT.

Pour être admis aux fonctions de notaire, il faut :

1o Jouir de l'exercice des droits de citoyen ;

2o Avoir satisfait aux lois sur la conscription militaire ;

3o Être âgé de vingt-cinq ans accomplis ;

4o Justifier du temps de travail prescrit par la loi ;

5o Justifier d'un certificat de moralité et de capacité délivré par la chambre de discipline de l'arrondissement dans lequel on demande à exercer.

Pour certifier la jouissance des droits civils et civiques, le maire du domicile de l'aspirant lui délivre un certificat.

Ce certificat doit être légalisé par le sous-préfet et non par le président du tribunal.

Quelques aspirants joignent, en outre, à cette pièce un certificat de bonnes vie et mœurs, qui est également délivré par le maire de leur domicile.

Si le titulaire a trente ans accomplis, il est présumé libéré du service militaire ; s'il n'a pas cet âge, il est tenu de produire un certificat de libération du service militaire.

C'est par la production de l'acte de naissance qu'on justifie de son âge. L'acte de naissance est légalisé par le président du tribunal ou le juge qui le remplace.

Si l'aspirant ne peut produire un acte de naissance,

son état civil doit être prouvé conformément à l'art. 46 de la décision du ministre de la justice, du 6 juin 1840.

Le temps de travail, ou *stage*, est de six années entières et non interrompues, dont une des deux dernières au moins en qualité de premier clerc chez un notaire d'une classe égale à celle où se trouvera la classe à remplir.

Le temps de travail n'est que de quatre années, lorsqu'il en aura employé trois dans l'étude d'un notaire d'une classe supérieure à la place qui devra être remplie, et lorsque pendant la quatrième, l'aspirant aura travaillé en qualité de premier clerc chez un notaire d'une classe supérieure ou égale à celle où se trouvera la place pour laquelle il se présentera.

Le notaire déjà reçu et exerçant depuis un an dans une classe inférieure sera dispensé de toute justification de stage pour être admis à une place de notaire vacante dans une classe immédiatement supérieure.

L'aspirant qui aura travaillé pendant quatre ans sans interruption chez un notaire de première ou de seconde classe et qui aura été pendant deux ans au moins défenseur ou avoué près d'un tribunal civil, pourra être admis dans une des classes où il aura fait son stage, pourvu que, pendant l'une des deux dernières années de son stage, il ait travaillé en qualité de premier clerc chez un notaire d'une classe égale à celle où se trouvera la place à remplir.

Le temps de travail ci-dessus indiqué doit être d'un tiers en sus toutes les fois que l'aspirant, ayant travaillé chez un notaire d'une classe inférieure, se présente pour remplir une place d'une classe immédiatement supérieure.

Pour être admis à exercer dans la troisième classe de notaires, il suffit que l'aspirant ait travaillé pendant trois années chez un notaire de première ou de seconde classe ou qu'il ait exercé comme défenseur ou avoué pendant l'espace de deux années auprès du tribunal d'appel ou de première instance, et qu'en outre , il ait travaillé pendant un an chez un notaire.

Le gouvernement peut dispenser de la justification du temps d'étude les individus qui ont exercé des fonctions administratives ou judiciaires.

Les notaires sont nommés par l'Empereur.

La commission est adressée au tribunal de première instance dans le ressort duquel le pourvu aura sa résidence.

Dans les deux mois de sa nomination et à peine de déchéance, le pourvu sera tenu de prêter à l'audience du tribunal auquel la commission aura été adressée le serment que la loi exige de tout fonctionnaire public, ainsi que celui de remplir ses fonctions avec exactitude et probité. Il ne sera admis à prêter serment qu'en représentant l'original de sa commission et la quittance du versement de son cautionnement.

Il ne peut exercer qu'à dater du jour de sa prestation de serment.

Avant d'entrer en fonctions, les notaires doivent déposer au greffe de chaque tribunal de première instance de leur département et au secrétariat de la municipalité de leur résidence leur signature et paraphe.

## DES ACTES, DE LEUR FORME;

### DES MINUTES, GROSSES, EXPÉDITIONS ET RÉPERTOIRE.

Les notaires ne peuvent recevoir des actes dans lesquels leurs parents ou alliés en ligne directe, à tous les degrés et en collatérale jusqu'au degré d'oncle ou de neveu inclusivement, seraient parties ou qui contiendraient quelque disposition en leur faveur.

Les actes sont reçus par deux notaires ou par un notaire assisté de deux témoins, citoyens français, sachant signer et domiciliés dans l'arrondissement communal où l'acte sera passé.

Deux notaires, parents ou alliés au degré prohibé, ne peuvent concourir au même acte.

Les parents, alliés, soit du notaire, soit des parties contractantes au degré prohibé, leurs clercs et leurs serviteurs ne pourront être témoins.

Le nom, l'état et la demeure des parties devront être connus des notaires ou leur être attestés dans l'acte par deux citoyens connus d'eux, ayant les mêmes qualités que celles requises pour les témoins instrumentaires.

Tous les actes doivent énoncer les noms et lieu de résidence du notaire qui les reçoit, sous peine d'amende:

Les noms des témoins instrumentaires, leur demeure;

Le lieu, l'année et le jour où les actes sont passés.

Les actes doivent être écrits sans abréviation, blancs ou lacunes; ils contiennent les noms, prénoms, qualités et demeures des parties.

Les sommes et les dates doivent être mises en toutes lettres.

Les procurations des contractants doivent être annexées à la minute.

Il y sera fait mention de la lecture donnée aux parties.

Les actes doivent être signés par les parties, les témoins et les notaires; il en est fait mention à la fin de l'acte.

Quant aux parties qui ne savent pas signer, le notaire fait aussi à la fin de l'acte mention de leur déclaration.

Les renvois et apostilles sont mis en marge de l'acte signé par tous les signataires de l'acte et les notaires, ou seulement paraphés.

Si le renvoi est trop long pour être mis en marge, il sera transporté à la fin de l'acte, mais alors il sera expressément approuvé par les parties et signé par elles.

Il ne doit y avoir ni surcharge, ni interligne; tous les mots surchargés ou ajoutés sont nuls.

Les mots rayés le seront de manière à pouvoir être comptés en marge ou à la fin de l'acte.

Tous les poids et mesures doivent être énoncés d'après le système décimal.

Tout ce qui précède est proscrit sous peine d'amende.

—

Les notaires gardent minute des actes qu'ils reçoivent.

Sauf en ce qui concerne les certificats de vie, procurations, actes de notoriété, quittances de fermages et de loyers, arrérages de pensions ou rentes viagères qui peuvent être délivrés en brevet.

Le droit de délivrer des grosses et des expéditions n'appartient qu'au notaire possesseur de la minute.

Les notaires ne peuvent se dessaisir d'aucune de leurs minutes que dans les cas prévus par la loi et en vertu d'un jugement.

Avant de s'en dessaisir, ils en dressent une copie figurée, qui est certifiée par le président du tribunal civil où la minute est produite, et la remplacera jusqu'à sa réintégration.

Les grosses sont délivrées en forme exécutoire; elles sont intitulées et terminées dans les mêmes termes que les jugements des tribunaux.

Il doit être fait mention sur la minute de la delivrance d'une première grosse faite à chacune des parties intéressées; il ne peut lui en être délivré d'autre, à peine de destitution, sans une ordonnance du président du tribunal de première instance, laquelle demeurera jointe à la minute.

Chaque notaire est tenu d'avoir un sceau portant ses noms, qualités et résidence. Les grosses et expéditions porteront l'empreinte de ce sceau.

Les notaires tiennent un répertoire de tous les actes qu'ils reçoivent.

Ces répertoires sont visés, cotés et paraphés par le président du tribunal du ressort; ils contiennent la date, la nature et l'espèce de l'acte, les noms des parties et la relation de l'enregistrement.

———

Les notaires exercent leurs fonctions, savoir :

Ceux des villes où est établi le tribunal d'appel, dans l'étendue du ressort de ce tribunal.

Ceux des villes où il n'y a qu'un tribunal de première instance dans l'étendue du ressort de ce tribunal.

Ceux des autres communes, dans l'étendue du ressort du tribunal de paix.

—

Chaque notaire est tenu d'avoir, exposé dans son étude, un tableau sur lequel il inscrira les noms, prénoms, qualités et demeures des personnes qui, dans l'étendue du ressort où il peut exercer, seront interdites ou pourvues d'un conseil judiciaire, ainsi que la mention des jugements relatifs, et ce à peine des dommages-intérêts des parties.

Les actes notariés font foi en justice, jusqu'à inscription de faux.

—

## NOTORIÉTÉ (Voyez *Acte de notoriété*).

—

## NOVATION.

—

La novation est la création d'une nouvelle obligation à la place d'une précédente qui se trouve éteinte.

La novation s'opère de trois manières :

1º Lorsque le débiteur contracte envers son créancier une nouvelle dette qui est substituée à l'ancienne, laquelle est éteinte ;

2º Lorsqu'un nouveau débiteur est substitué à l'ancien qui est déchargé par le créancier ;

3º Lorsque par l'effet d'un nouvel engagement, un nouveau créancier est substitué à l'ancien, envers lequel le débiteur se trouve déchargé (C. N., 1274).

Il peut y avoir novation dans l'acte même de création de l'obligation, par exemple dans un acte de vente, si je fais intervenir une tierce personne pour vous payer le prix de mon acquisition, duquel vous me déchargez.

La novation ne se présume pas, il faut qu'elle soit parfaitement stipulée.

Cependant, elle peut être établie à l'aide de présomptions appuyées sur un commencement de preuve par écrit.

La conversion d'une rente viagère en un capital exigible, opère une novation, mais les parties peuvent convenir que les hypothèques ou les privilèges attachés à la rente viagère passeront à la nouvelle créance.

Il n'y a pas novation :

1º Lorsqu'un nouvel acte rend pure et simple, une obligation conditionnelle, ou réciproquement ;

2º Lorsque le créancier accorde à un tiers qui lui est délégué par le débiteur, un délai pour acquitter la dette (Paris, 13 janvier 1818) ;

3º Lorsqu'une première obligation avait été d'abord contractée sans intérêt et que par un second acte, l'acquéreur s'oblige de payer des intérêts.

Le créancier porteur d'une obligation notariée, fait novation, lorsqu'il accepte purement et simplement des billets souscrits par son débiteur et qu'il se soumet à rendre son premier titre.

Mais la création d'effets de commerce pour acquitter une obligation hypothécaire préexistante, n'opère pas novation dans l'obligation. C'est un simple mode de paiement (Cass., 23 juillet 1823).

———

On peut acquitter la dette d'une personne sans son

consentement, en ce cas, il peut y avoir novation, si un nouveau débiteur est accepté par le créancier.

Le consentement du créancier est nécessaire, sans cela, il n'y aurait que paiement par un tiers et non pas novation; il faut de plus, que ce dernier décharge le premier débiteur.

—

Il ne peut pas y avoir novation, si la première dette qu'elle éteint, n'existait pas ou si elle n'avait pas une cause valable.

Les obligations nulles dans leur principe comme contraires aux lois ou au mœurs, impossibles, obtenues par dol, erreur ou violence, ne peuvent faire la matière d'une novation valable.

—

La novation ne peut s'opérer qu'entre personnes capables de contracter.

Les mineurs, les femmes mariées, ne consentent valablement novation, que dans les cas où ils pourraient contracter une obligation valable.

Les tuteurs, maris, mandataires ou administrateurs ne peuvent consentir une novation qu'autant que la nouvelle obligation ne dépasse pas les pouvoirs qu'ils tiennent de la loi ou de leur mandat.

Le pouvoir de recevoir paiement n'emporte pas celui de faire novation.

L'usufruitier ne peut consentir novation des créances soumises à son usufruit.

—

La novation éteint l'ancienne dette, les priviléges et hypothèques de la première créance ne passent point à la nouvelle.

La principale dette étant éteinte par la novation, les cautions sont également libérées ; elles ne peuvent être tenues de la nouvelle obligation qu'autant qu'elles y ont consenti.

En faisant novation, le créancier qui veut se conserver les priviléges et hypothèques de sa première dette est tenu de le faire dans l'acte même de novation ; il ne le peut pas par un acte postérieur.

## OBLIGATION.

L'obligation est un lien légal ou résultant d'un contrat : c'est la promesse de payer une somme ou de remplir un engagement.

L'obligation légale est celle qui résulte de la loi, par exemple une servitude, la réparation d'un préjudice causé.

L'obligation doit avoir une cause valable. L'obligation sans cause ou sur une cause illicite est nulle.

Si la cause est le résultat de l'erreur, du dol ou de la violence, l'obligation est encore nulle.

Les obligations se divisent en :
Obligations naturelles, civiles ou mixtes ;
— divisibles ou indivisibles ;
— personnelles et réelles ;
— disjonctives et conjonctives ;
— alternatives et facultatives ;
— principales et accessoires.

1° L'obligation naturelle ne produit aucun effet; mais si le débiteur y a satisfait, il ne peut répéter ce qu'il aurait donné pour l'exécuter (C. Nap., 1235). *Exemple :* L'obligation de nourrir ses enfants même illégitimes.

Les obligations naturelles, pourvu qu'elles n'aient pas une cause réprouvée par la loi, peuvent être ratifiées et cautionnées (Cod. Nap., 2012);

2° L'obligation divisible est celle qui se partage entre plusieurs personnes.

Ainsi, lorsqu'un créancier ou un débiteur décèdent, laissant plusieurs héritiers, le droit du premier et l'obligation du second se divisent entre leurs héritiers de plein droit par la force de la loi.

Elle est indivisible lorsque plusieurs personnes ont promis une chose qui n'est pas susceptible de division; chacune d'elles est débitrice de la chose entière.

3° Les obligations sont personnelles, en ce sens qu'en général on ne peut stipuler en son propre nom que pour soi-même. (Cod. Nap., 1119.)

Cependant on peut se porter fort pour un tiers, sauf indemnité contre celui qui s'est porté fort ou qui a promis de faire ratifier si le tiers refuse l'engagcment.

4° L'obligation est disjonctive quand une personne promet à plusieurs personnes réunies dans la même clause par une particule disjonctive. *Exemple :* Je promets de donner 100 fr. à Jean *ou* à Paul.

L'obligation est conjonctive quand les personnes qui stipulent ou s'engagent comme créancières ou comme débitrices sont unies par une conjonctive *et* ou *avec*.

5° L'obligation est alternative lorsque le débiteur, pour se libérer, peut donner une chose ou une autre.

Dans ce cas, le débiteur ne peut forcer le créancier à recevoir une partie d'une chose et une partie d'une autre.

Le choix des deux choses peut être réservé au créancier, sinon il appartient de droit au débiteur.

Jusqu'au paiement de l'obligation, si l'une des choses périt, c'est au compte du débiteur; la chose qui reste est seule due.

Le prix de la chose périe ne peut être offert à sa place.

Si la chose qui reste vient aussi à périr avant le choix, l'obligation est éteinte.

Si le débiteur est en faute à l'égard de l'une des deux choses, il doit le prix de la dernière.

6° L'obligation facultative est celle qui laisse au débiteur la faculté de se libérer en payant une chose à la place de celle qui est due.

7° Les obligations principales sont celles qui constituent le principal engagement. Les accessoires n'en sont que les suites ou les dépendances.

———

L'obligation de donner une chose emporte, pour le débiteur, celle de la livrer et de la conserver jusqu'à la livraison, le tout à peine de dommages-intérêts. (Code Nap., 1136.)

Si avant la livraison, le corps certain et déterminé qui était l'objet de l'obligation vient à périr sans la faute du débiteur, il est dégagé de toute obligation.

Mais la chose cesserait d'être aux risques du créancier lui-même, si le débiteur avait été mis en demeure de la livrer.

L'obligation de faire ou de ne pas faire se résout, en cas d'inexécution, en des dommages-intérêts.

——

Les obligations se prouvent par les actes écrits, par témoins, par présomptions, par l'aveu du débiteur et par le serment.

——

Les obligations s'éteignent :

Par le paiement,
Par la novation,
Par la remise volontaire,
Par la compensation,
Par la confusion,
Par la perte de la chose,
Par la nullité de la rescision,
Par l'effet de la condition résolutoire,
Par la prescription.

———

## OCTROI.

——

C'est un impôt créé au profit des communes.

Les octrois ont été rétablis par la loi du 9 germinal an III.

Les octrois ne sont établis dans une commune que lorsque ses dépenses sont plus fortes que ses revenus.

C'est le gouvernement qui les établit.

L'octroi ne frappe que les objets consommés dans la commune.

Les seules denrées soumises à l'octroi sont :

1° Les boissons et liquides ;

2° Les comestibles ;

3° Les combustibles ;

4° Les fourrages ;

5° Les matériaux.

Les droits d'octroi sur les bestiaux sont fixés à raison du poids, et lorsque la taxe sur les bœufs n'excède pas 8 fr., le droit peut être fixé par tête.

Les droits sur les vins, cidres, poirés et hydromels ne peuvent être supérieurs au double du droit d'entrée au profit du Trésor.

Les octrois sont délibérés par les conseils municipaux : le gouvernement les accepte ou les rejette.

Les postes d'employés d'octroi aux gares des chemins de fer sont payés par la commune.

La surveillance des octrois appartient à l'administration des contributions indirectes.

Les octrois sont quelquefois affermés.

La mise en ferme est l'adjudication pure et simple des produits de l'octroi contre un prix fixe.

Les préposés de l'octroi doivent être âgés de vingt-cinq ans accomplis ; ils prêtent serment devant le tribunal civil.

## OFFRES RÉELLES.

Lorsqu'un créancier refuse de recevoir son paiement ou qu'il est dans l'impossibilité de donner quittance, le débiteur peut lui faire des offres réelles, et, au refus des créanciers de les accepter, consigner la somme ou la chose offerte. (Cod. Nap., 1257.)

Les offres réelles sont inutiles :

1º Lorsqu'il y a des opposants à la délivrance des sommes dues ;

2º Lorsque l'acquéreur d'un immeuble après avoir rempli les formalités pour purger, veut se libérer de son prix en consignant ;

3º Lorsqu'en exécution de l'art. 687 du code de procédure, l'acquéreur d'un immeuble saisi consigne une somme suffisante pour valider son acquisition et prévenir l'adjudication ;

4º Lorsque l'adjudicataire veut éviter l'adjudication sur folle enchère poursuivie contre lui.

Pour que des offres réelles, soient valables, il faut :

1º Quelles soient faites au créancier, ayant capacité de recevoir ou à son mandataire, son tuteur ou son mari ;

2º Qu'elles soient faites par une personne capable de payer ;

3º Quelles soient de la totalité de la somme exigible, des arrérages ou intérêts dus, des frais liquidés et d'une somme pour les frais non liquidés, sauf à parfaire ;

4º Que le terme soit échu *s'il a été stipulé en faveur du créancier* ;

5º Que la condition sous laquelle la dette a été contractée, soit accomplie.

6º Que les offres soient faites dans le lieu convenu pour le paiement et que, s'il n'y a pas de convention spéciale du paiement, elles soient faites, ou à la personne du créancier, ou à son domicile ou au domicile élu pour l'exécution de la convention.

7º Que les offres soient faites par un officier ministériel, ayant caractère pour ces sortes d'actes. C'est un huissier.

Lorsque le créancier refuse les offres, le débiteur peut se libérer en consignant la somme ou la chose offerte.

Les intérêts cessent de courir du jour de la consignation.

La demande soit en validité, soit en nullité des offres ou de la consignation, doit être formée d'après les règles établies pour les demandes principales. Si elle est incidente, on la forme par requête.

Le jugement qui déclare les offres valables, ordonne la consignation dans le cas où elle n'aurait pas été faite.

Les frais des offres réelles sont à la charge du créancier, lorsque faites valablement elles sont refusées par lui.

Si le créancier les accepte ou si elles sont nulles pour vice de forme, les frais sont à la charge du débiteur.

Par le fait d'offres réelles, valables et suivies de consignation, le débiteur est libéré.

## OPPOSITION.

L'opposition est l'empêchement apporté à l'accomplissement d'un acte.

Nous ne nous occuperons que des principales :

1° Opposition à un jugement par défaut ;

2° Opposition à mariage ;

3° Opposition à un paiement ;

4° Opposition à partage ;

5° Opposition à scellés ou à inventaire.

**I.**

L'opposition à un jugement par défaut, est une voie par laquelle une partie condamnée par défaut, demande la réformation du jugement au tribunal qui l'a rendu.

L'opposition suspend l'exécution du jugement, à moins qu'en cas de péril, le tribunal ne l'ait déclaré exécutoire, nonobstant opposition.

Nous avons vu au mot jugement par défaut, les délais et les formes de l'opposition.

**II.**

Les personnes qui peuvent s'opposer au mariage, sont : 1º le conjoint ; 2º les ascendants ; 3º les collatéraux ; 4º enfin, dans certains cas, le ministère public.

L'opposition du conjoint est toujours recevable. (Cod. Nap., 172.)

Les ascendants ne peuvent s'opposer au mariage de leurs descendants, encore qu'ils aient vingt-cinq ans accomplis que dans l'ordre où ils sont appelés à consentir au mariage.

Ce droit d'opposition appartient aux ascendants d'une manière absolue et ils n'ont même pas besoin de faire connaître leurs motifs à l'officier de l'état civil.

A défaut d'ascendants, ce droit peut être exercé par le frère ou la sœur, l'oncle ou la tante, le cousin ou la cousine germains majeurs, mais dans deux cas seulement : 1º défaut de consentement du conseil de famille ; 2º démence du futur époux. (Cod. Nap., 174.)

En cas d'opposition, l'officier de l'état civil ne peut célébrer le mariage avant qu'on lui en ait rapporté main-levée, sous peine de 300 fr. d'amende et de dommages-intérêts.

*Formes de l'opposition :* Tout acte d'opposition énoncera la qualité qui donne à l'opposant le droit de la former; il contiendra élection de domicile dans le lieu où le mariage devra être célébré, il devra également à moins qu'il ne soit fait à la requête d'un ascendant, contenir les motifs de l'opposition, le tout à peine de nullité et de l'interdiction de l'officier ministériel, qui aurait signé l'acte contenant opposition.

Ce sont ordinairement les huissiers qui sont chargés des oppositions à mariage.

Il est quelquefois utile de faire plusieurs élections de domicile, lorsque le mariage peut être célébré à la mairie de l'un ou de l'autre des époux.

L'acte d'opposition doit être signé sur l'original et sur la copie par l'opposant ou son mandataire par procuration spéciale et authentique.

Il est signifié aux époux ou à leurs domiciles et à l'officier de l'état civil, qui doit viser l'original, et mentionner l'opposition sur le registre de publication.

*Main-levée d'opposition.* Si l'opposant ne consent pas amiablement main-levée, le futur époux que cette opposition concerne, devra s'adresser au tribunal dans l'arrondissement duquel est située la commune où le mariage devait être célébré. Copie de cette demande devra être laissée aux père et mère opposants.

Le tribunal statue dans les dix jours, ces demandes étant dispensées du préliminaire de conciliation.

Les opposants condamnés par défaut peuvent former opposition au jugement.

En cas d'appel, la Cour doit rendre son arrêt dans les dix jours, quand même l'appelant ferait défaut. (Nîmes, 30 décembre 1806.)

Le jugement qui prononce la main-levée peut condamner les opposants à des dommages-intérêts, à moins qu'il ne s'agisse d'ascendants.

Les frais sont à la charge de l'opposant qui succombe, à moins que le tribunal ne juge convenable de les compenser, à raison de la position des parties.

L'opposition à paiement s'appelle plutôt *saisie-arrêt*, c'est un acte extrajudiciaire par lequel un créancier saisit une somme due par un tiers à son débiteur.

L'opposition à partage est celle par laquelle le créancier d'un cohéritier ou copropriétaire s'oppose à ce qu'une succession ou propriété indivise soit partagée hors sa présence.

L'opposition à scellés ou à inventaire, est celle par lequel un tiers ayant des droits à exercer sur les effets scellés ou à inventoriés s'oppose à ce que cela soit fait hors de sa présence.

## OUVRIER.

Les ouvriers peuvent s'engager pour un nombre fixe d'années, de mois ou de jours, ou à la tâche, mais jamais pour la vie.

*Responsabilité.* Si l'ouvrier fournit la matière, la perte de la chose arrivée avant la livraison est pour son compte, à moins que le maître ne fût en demeure de la recevoir.

Si l'ouvrier travaille sur la chose du maître et s'il fournit seulement son travail ou son industrie, la chose venant à périr, l'ouvrier n'est tenu que de sa faute.

Si, dans ce dernier cas, la chose vient à périr, quoique sans aucune faute de la part de l'ouvrier, avant que l'ouvrage ait été reçu et sans que le maître soit en demeure de le vérifier, l'ouvrier n'a point de salaire à réclamer, à moins que la chose n'ait péri par le vice de la matière.

La réception de l'ouvrage dégage complètement l'ouvrier de toute responsabilité, même pour mal façon.

Il n'y a que les architectes et constructeurs dont la responsabilité dure dix ans.

# PARTAGE.

—

Le partage est la division entre plusieurs personnes des biens leur appartenant en commun et leur provenant de succession, donations ou testaments.

## I. — *Quand y a-t-il lieu à partage?*

Nul ne peut être contraint de rester dans l'indivision.

Cependant, on peut convenir de suspendre le partage pendant cinq ans.

On peut renouveler cette convention même avant

l'expiration des cinq ans et encore pour un délai de cinq ans.

Si la convention était faite pour un temps plus long, elle serait réductible au délai de cinq ans.

Cependant si l'objet indivis était mis en société, l'indivision devrait durer tout le temps que durerait la société.

Pour faire une semblable convention, il faut être majeur et maître de ses droits. S'il y a des mineurs ou des interdits, le conseil de famille peut autoriser le tuteur. Le mari peut consentir également, si les biens que sa femme a à recevoir, tombent tous dans la communauté.

La convention doit être faite par écrit, la preuve testimoniale n'étant pas admise.

Le partage peut avoir pour objet la propriété, la possession ou l'usufruit de toutes choses indivises entre copropriétaires.

Il est des choses qu'on ne peut pas diviser, exemple : l'escalier d'une maison appartenant à plusieurs propriétaires, une fosse d'aisances, etc.

Quoique l'un des héritiers ait joui seul des biens de la succession, le partage peut être demandé, tant qu'il n'y a pas eu acte de partage, ou possession suffisante pour acquérir la prescription.

La demande en partage formée par un des héritiers contre celui d'entre eux qui détient les biens de la succession, n'interrompt pas la prescription à l'égard des autres, même dans le cas ou après avoir été mis en cause par lui, ils auraient adhéré à cette demande. (*Pothier*, Troplong, n° 652; Cass., 21 janvier 1834.)

II. — *Par qui et contre qui le partage peut-il être provoqué ?*

Pour faire un partage, il faut être majeur et maître de ses droits.

Il faut en outre être copropriétaire de la chose, soit à titre particulier, soit à titre universel.

Le tuteur du mineur ou de l'interdit ne peuvent provoquer un partage qu'avec l'autorisation du conseil de famille. La délibération du conseil n'a pas besoin d'être homologuée.

Si plusieurs mineurs ont des intérêts opposés dans le partage, il leur faut à chacun un tuteur *ad hoc*.

Un seul tuteur suffit pour tous les mineurs ayant le même intérêt.

Si le tuteur a lui-même dans le partage des intérêts opposés au mineur, un autre tuteur *ad hoc* doit être nommé au mineur.

Le mineur émancipé ne peut faire de demande en partage qu'avec l'assistance de son curateur.

Mais il ne pourrait faire un partage amiable, même avec l'assistance de ce curateur.

Sous le régime de la communauté, le mari peut provoquer le partage des biens de sa femme, lorsqu'ils tombent dans la communauté.

Si les biens étaient propres à la femme, le mari ne peut faire une demande qu'avec le concours de sa femme.

La question pour les biens dotaux est controversée.

Quant aux biens paraphernaux, l'action en partage appartient à la femme; il en est de même, si la femme est séparée de biens.

Mais la femme ne peut provoquer de partage, sans l'autorisation expresse de son mari.

Si la femme séparée de biens était mineure, son incapacité de mineure serait couverte quant aux choses mobilières.

Si la femme était majeure et le mari mineur, la femme devrait se faire autoriser par justice.

Quant aux biens indivis des absents, l'action en partage appartient aux héritiers envoyés en possession.

Les légataires universels ou à titre universel peuvent provoquer un partage ou y intervenir.

Il en serait de même pour le légataire particulier d'un immeuble indivis de la succession, cependant cette action est limitée à l'immeuble lui revenant.

Les enfants naturels peuvent intenter une action en partage; les créanciers personnels d'un copartageant, peuvent également le faire (Cod. Nap., art. 2205.)

### FORMES DU PARTAGE.

Il y a deux sortes de partages :

Le partage *amiable* et le partage *judiciaire*.

Le partage *amiable* ne peut avoir lieu qu'entre majeurs, présents et jouissant de l'exercice de leurs droits.

Le partage *judiciaire* est forcé, lorsque parmi les copartageants, il se trouve des mineurs, des interdits, des absents ou autres incapables.

Ou encore, lorsque les cohéritiers ne sont pas d'accord sur la manière de procéder.

Un pourvu de conseil judiciaire peut avec l'assistance de son conseil faire un partage amiable.

Le partage judiciaire se fait en justice et en suivant certaines formalités prescrites à peine de nullité.

Tout acte de partage fait amiablement, lorsque parmi les copartageants, il y en a d'incapables pour une cause quelconque, est un partage *provisionnel* qui peut toujours être attaqué par cet incapable.

*Partage amiable.* Tous les cohéritiers étant maîtres de leurs droits, il peut être procédé à un partage amiable, soit par acte authentique, soit par acte sous seing privé avec ou sans estimation par experts.

Si le partage a lieu par acte sous seing privé, il faut qu'il soit écrit en autant d'originaux qu'il y a de parties ayant un intérêt distinct.

Un partage *verbal* est nul. Cependant un acte semblable pourrait être admis, s'il y avait un commencement de preuve par écrit.

Un partage écrit est nul s'il n'est pas signé par toutes les parties.

*Formes.* — On établit d'abord les faits, c'est-à-dire : le décès de la personne dont il s'agit de partager la succession.

Le testament, s'il en a été fait un.

Les renonciations, ou les acceptations sous bénéfice d'inventaire.

La vente ou le partage des meubles, s'ils ont eu lieu.

La licitation des immeubles également, si elle a eu lieu.

Le compte de l'administration des biens de la succession.

Les dots, donations ou legs faits et rapportables.

Enfin les autres faits qui peuvent établir la situation.

—

On forme ensuite la *masse active* divisée en deux colonnes, celle des *fonds ou capitaux* et celle des *fruits ou revenus*.

La masse active comprend toutes les sommes dues à la succession, par les cohéritiers ou par des tiers, les intérêts de ces sommes, et les rapports dus par par chacun des cohéritiers.

Elle comprend en outre les immeubles, mais on est quelquefois obligé de séparer les meubles d'avec les immeubles.

Les intérêts, fruits ou revenus produits par les immeubles s'ajoutent à la masse active.

Cela fait, on passe à la *masse passive*, qui comprend toutes les dettes et les prélèvements à faire sur la sucession.

Les frais ordinaires sont :

Les frais d'inventaire, ceux de testament, les frais funéraires et de dernière maladie, les gages des domestiques, les loyers dus aux propriétaires.

Il faut encore y comprendre les legs particuliers faits par le défunt et les valeurs que quelques-uns des cohéritiers peuvent avoir à prélever.

Enfin les frais et honoraires du partage.

—

Puis la masse passive étant soustraite de la masse active, on partage le reliquat.

Avant d'arriver à cette division, on est quelquefois obligé de liquider les donations faites à quelques-uns des cohéritiers par le défunt, les dots qu'ils peuvent avoir reçues ou les legs excédant la quotité disponible.

Les lots peuvent ensuite être fixés de deux manières, soit pour être attribués aux cohéritiers, soit pour être tirés au sort. Les lots sont attribués forcément, lorsqu'ils se composent des rapports faits par tel ou tel héritier fictivement.

Lorsqu'il y a des mineurs ou des interdits, on ne peut prélever pour le paiement des dettes que des sommes d'argent ou des créances de pareilles sommes.

Quant à la composition des lots on en forme autant qu'il y a de cohéritiers venant de leur chef à la succession, ou par souches.

L'héritier chargé de faire les lots doit être nommé par tous les copartageants, sinon il faut un expert nommé judiciairement.

Tout en formant les lots, il faut en évitant les morcellements, faire entrer dans chacun d'eux autant que possible la même quantité de meubles, d'immeubles, de droits ou créances de même nature.

Les lots composés, on les tire au sort; cette forme n'est pas de rigueur.

L'enfant naturel a droit au tirage au sort et n'est pas réduit à recevoir le lot qu'il plaît aux autres héritiers de lui donner.

Les titres et papiers doivent être remis à chaque cohéritier propriétaire de l'objet le concernant.

Si une propriété est divisée, les titres restent entre les mains de celui qui en a la plus forte part, à la charge d'en aider ses copartageants quand il en est requis.

Quant aux papiers concernant toute l'hérédité, un

des copartageants est choisi ou désigné pour en être dépositaire sauf à en aider les copartageants à toute réquisition; s'il y a des difficultés le choix est réglé par le juge.

Le dépositaire des titres et papiers qui refuserait d'en aider les autres cohéritiers en ayant besoin, pourrait y être contraint en justice; il pourrait au besoin être condamné suivant les circonstances à des dommages-intérêts.

Les portraits de famille, les armes du père et des ancêtres, les manuscrits, les titres d'honneur, la correspondance, appartiennent à l'aîné de la famille.

Cependant si les manuscrits représentaient une valeur susceptible de produits, ils devraient être partagés ou licités.

*Partage judiciaire.*—Nous avons dit plus haut que le partage judiciaire était celui qui était fait avec certaines formalités de justice prescrites par la loi.

*Formes.* — La partie la plus diligente introduit une action devant le tribunal de l'ouverture de la succession ou de la situation des immeubles s'il s'agit d'un partage immobilier, ou encore devant le tribunal du domicile du défendeur au partage.

S'il y avait deux demandeurs, la poursuite appartient à celui qui aura fait le premier viser l'original de son exploit par le greffier du tribunal. Ce visa est daté du jour et de l'heure.

La demande en partage est portée à l'audience et instruite comme matière sommaire.

S'il y a des mineurs, des interdits ou des absents, elle doit être communiquée au ministère public.

Le jugement qui ordonne le partage commet un juge et un notaire, ce dernier est chargé de toutes les opérations du partage. C'est ordinairement le notaire détenteur de la minute de l'inventaire.

Le tribunal peut ordonner une expertise ou en dispenser.

S'il ordonne une expertise, il commet un ou trois experts pour y procéder.

Si tous les héritiers sont majeurs, ils peuvent eux-mêmes choisir leur expert.

Les experts prêtent serment soit devant le juge-commissaire, soit devant le juge de paix commis et ils procèdent ensuite dans les formes que nous avons indiquées plus haut au mot *expert*.

Les experts évaluent les immeubles. Pour cela ils peuvent consulter les baux, ils indiquent si les objets peuvent ou ne peuvent pas commodément se partager.

Si le partage est possible, ils indiquent les parts qu'on peut former et leur valeur, sans toutefois faire les lots, à moins d'ordre du tribunal.

La minute du rapport d'expert est déposée au greffe du tribunal.

Les meubles sont estimés par des commissaires-priseurs ou des experts.

La vente des meubles est quelquefois nécessaire lorsqu'il y a des créanciers.

A un jour indiqué les parties se rendent volontairement en l'étude du notaire commis.

Si elles n'étaient pas d'accord, la plus diligente fait sommer les autres à personne et à domicile d'avoir à se trouver tel jour, lieu et heure en l'étude du notaire pour assister aux opérations.

Les parties peuvent se faire assister de leurs avoués ou de leurs conseils.

Le notaire, une fois ses opérations ouvertes par les parties, procède seul et en leur absence; son travail est intitulé : *État de compte, liquidation et partage de la succession de.........*

Le travail une fois terminé, le notaire appelle les parties et dresse un procès-verbal de communication : si les parties font défaut, ce défaut doit être constaté.

S'il s'élève des contestations, le notaire en dresse procès-verbal et renvoie les parties devant le juge-commissaire.

Ce procès-verbal est dressé en minute par le notaire, qui le dépose au greffe du tribunal où il est retenu.

Le juge-commissaire en prend connaissance et renvoie les parties devant le tribunal, qui, après avoir entendu le rapport du juge-commissaire, les avoués, les avocats des parties et le ministère public, rend un jugement qui statue sur les difficultés. Ce jugement est susceptible d'appel ou d'opposition.

Les difficultés une fois levées, le poursuivant fait donner sommation aux autres copartageants de se trouver à heure fixe en l'étude du notaire pour clore les opérations.

Si toutes les parties sont présentes, majeures et d'accord, les opérations sont terminées.

Si les parties ne sont pas d'accord, ou s'il y a parmi elles des mineurs, des interdits, des absents, le partage doit être *homologué* par le tribunal.

Les juges examinent si toutes les formalités prescrites ont été remplies et si les intérêts des incapables ont été sauvegardés.

Pour arriver à l'homologation, le notaire remet à la partie la plus diligente une expédition du partage. Cette expédition est déposée au greffe et communiquée au procureur impérial, qui donne ses conclusions; puis le tribunal rend un jugement qui homologue ce partage et le rend exécutoire.

## EFFETS DU PARTAGE.

Chaque cohéritier est censé avoir succédé seul et immédiatement à tous les effets compris dans son lot ou à lui échus sur licitation, et n'avoir jamais eu la propriété des autres effets de la succession.

Dès lors, toutes les hypothèques, charges ou servitudes consenties par un des copropriétaires sur les biens de la succession depuis l'ouverture jusqu'au partage s'évanouissent relativement à tous les biens qui n'échoient pas au constituant.

Les cohéritiers demeurent respectivement garants les uns envers les autres, des troubles et évictions qui procèdent d'une cause antérieure au partage.

La garantie s'applique aux meubles comme aux immeubles, aux créances qui n'ont pu être recouvrées et aux dettes qui n'étaient pas à la charge du copartageant et qu'il a acquittées.

La garantie a encore lieu en cas d'éviction et en cas de lésion de plus du quart.

La garantie cesse si c'est par sa faute que le cohéritier subit une perte quelconque.

## PARTAGES

FAITS PAR PÈRE, MÈRE OU AUTRES ASCENDANTS ENTRE LEURS
DESCENDANTS.

Le droit accordé aux père et mère ou autres ascendants de partager eux-mêmes leurs biens entre leurs enfants, a surtout pour objet de leur donner le moyen de prévenir, les querelles et les contestations que le partage de leurs biens pourrait fait naître après leur mort entre leurs enfants.

Les père et mère et autres ascendants, dit la loi, peuvent faire, entre leurs enfants et descendants, la distribution et le partage de leurs biens.

Ces partages pourront être faits par actes entre vifs ou testamentaires, avec les formalités, conditions et règles prescrites pour les donations entre vifs et par testaments.

Les partages faits par actes entre vifs ne peuvent comprendre que les biens présents.

Si tous les biens que l'ascendant laissera au jour de son décès n'ont pas été compris dans le partage, ceux de ces biens qui n'auront pas été compris, seront partagés conformément à la loi.

Si le partage n'est pas fait entre tous les enfants qui existeront à l'époque du décès et les descendants de ceux prédécédés, le partage sera nul pour le tout. Il en pourra être provoqué un nouveau dans la forme légale, soit par les enfants ou descendants qui n'y auront reçu aucune part, soit même par ceux entre qui le partage aura été fait.

Le partage fait par l'ascendant, pourra être attaqué pour cause de lésion de plus du quart.

Il pourra l'être aussi dans le cas où il résulterait du partage et des dispositions faites par préciput, que l'un des copartagés aurait un avantage plus grand que la loi ne le permet.

L'enfant qui attaque le partage fait par l'ascendant, doit faire l'avance des frais de l'estimation et il les supporte en définitive, ainsi que les dépens de la contestation, si sa réclamation n'est pas fondée.

## PATENTE.

La patente est un impôt auquel est assujettie toute personne exerçant une profession, un commerce, une industrie, un métier quelconque.

Les droits de patente sont *fixes* ou *proportionnels*.

Les droits *fixes* sont déterminés pour chaque profession par un tarif modifié par les loi des 25 mars 1817, 15 mai 1818, 25 avril 1844 et 15 mai 1850. Ces droits sont gradués suivant le chiffre de la population des villes où sont établies les patentes.

Le droit *proportionnel* est fixé au vingtième de la valeur locative, non seulement des habitations, mais des usines, magasins, ateliers ou boutiques.

On n'est pas tenu d'avoir plusieurs patentes, lorsmême qu'on exerce plusieurs commerces, seulement on paie le droit le plus élevé.

Les patentes sont personnelles, chaque associé d'une maison de commerce est tenu d'avoir la sienne.

Cependant, si ces associés occupaient en commun la même maison, les mêmes ateliers, il ne serait dû qu'un droit de patente.

Ne sont pas assujettis à la patente :

1º Les fonctionnaires publics et employés salariés par l'État ;

2º Les laboureurs et cultivateurs, seulement pour la vente des récoltes provenant de leur terrain, ou du bétail qu'ils élèvent ;

3º Les commis, les journaliers et tous ouvriers travaillant pour autrui en ateliers ;

4º Les peintres, graveurs et sculpteurs qui ne vendent que le produit de leur art;

5º Les officiers de santé attachés aux hôpitaux ou au service des pauvres ;

6º Les sages-femmes ;

7º Les maîtres de poste aux chevaux ;

8º Les pêcheurs;

9º Les blanchisseuses, les savetiers, les tripiers;

10º Les associés en commandite, les caisses d'épargne et de prévoyance administrées gratuitement; les assurances mutuelles régulièrement organisées.

Tout patentable reçoit et paie une formule de patente; cette formule est expédiée par le directeur des contributions directes, sur des feuilles timbrées à 1 fr. 25 cent.; elle est visée par le maire et revêtue du sceau de la commune.

La contribution des patentes est payable par douzième et le recouvrement en est poursuivi comme celui des contributions directes.

Les demandes en décharge et réduction, remise et modération, sont communiquées aux maires. Elles sont présentées, instruites et jugées dans les formes et délais prescrits pour les autres contributions directes.

## PÊCHE.

—

La faculté de pêcher est réglée par des lois particulières. (Cod. Nap., 715.)

Il y a deux sortes de pêche : la pêche maritime et la
pêche fluviale.

### DE LA PÊCHE MARITIME.

Chacun a le droit de pêcher dans la mer. La pêche maritime se divise en *grande pêche*, si elle s'exerce en pleine
mer, ayant pour objet la morue, la baleine, le cacha-
lot ou tout autre poisson à huile ou à lard, ou même
le corail ;

Et en *petite pêche* ou *pêche côtière*, si elle s'exerce, ainsi
que son nom l'indique, sur les côtes de France, ayant
seulement pour objet le hareng, le maquereau, la
sardine, les huîtres et les moules.

La grande pêche est favorisée par l'État, qui accorde
des primes aux armateurs, commandants et hommes
d'équipage.

La pêche côtière est régie par un décret du 9 janvier
1852.

### DE LA PÊCHE FLUVIALE.

Le droit de pêche est exercé au profit de l'État :

1° Dans tous les fleuves, rivières ou canaux navigables ou flottables, entretenus par l'État ;

2° Dans les bras, noues, boires et fossés tirant leurs
eaux des fleuves ou rivières navigables ou flottables et où

l'on peut en tout temps pénétrer en bateau de pê-
cheur.

Quant aux rivières ou canaux non navigables, ni flottables, le droit de pêche appartient aux propriétaires
riverains jusqu'au milieu de la rivière.

La pêche au profit de l'État est exploitée, soit par
voie d'adjudication, soit par concession de licence à
prix d'argent.

Les contestations en cette matière sont portées devant
les tribunaux.

L'art. 3 de la loi du 15 avril 1829 porte : Tout individu qui se livrera à la pêche sur les fleuves et rivières navigables ou flottables, canaux, ruisseaux ou
cours d'eau quelconque, sans la permission de celui à
qui le droit de pêche appartient, sera condamné à une
amende de 20 fr. au moins et de 100 fr. au plus, indépendamment des dommages-intérêts.

Il y aura lieu, en outre, à la restitution du prix
du poisson qui aura été pêché en délit, et la confiscation des filets et engins de pêche pourra être prononcée.

Néanmoins, il est permis à tout individu de pêcher à
la ligne flottante, tenue à la main, dans les fleuves,
rivières et canaux navigables ou flottables, le temps du
frai excepté.

Ce temps est désigné par les préfets.

Il est interdit de placer dans les rivières navigables
ou flottables, canaux ou ruisseaux, aucun barrage,
appareil ou établissement quelconque de pêcherie,
ayant pour objet d'empêcher entièrement le passage du
poisson. Les délinquants sont punis d'une amende de
50 à 500 fr., condamnés à des dommages-intérêts et

les appareils ou établissements de pêche sont saisis et détruits.

Quiconque jette dans les eaux des drogues ou appâts de nature à enivrer le poisson ou à le détruire, est puni d'une amende de 30 fr. à 300 fr. et d'un emprisonnement d'un mois à trois mois.

## GARDE-PÊCHE.

Le Gouvernement veillant à la police de la pêche, a nommé des agents spéciaux, chargés de constater les délits. Ce sont les garde-pêche.

Ils sont assimilés aux gardes forestiers.

Nul ne peut exercer l'emploi de garde-pêche s'il n'est âgé de 25 ans accomplis.

Avant d'entrer en fonctions ils prêtent serment devant le tribunal de première instance de leur résidence et doivent faire enregistrer leur commission et leur prestation de serment aux greffes des tribunaux dans le ressort desquels ils doivent exercer leurs fonctions.

Ils peuvent êtres déclarés responsables des délits commis dans leurs cantonnements et passibles des amendes et indemnités encourues par les délinquants lorsqu'ils n'auront pas dûment constaté les délits.

Ils sont autorisés à saisir les filets et autres instruments de pêche prohibés, ainsi que le poisson pêché en délit.

Mais ils ne peuvent s'introduire sous aucun prétexte dans les maisons et enclos y attenant pour la recherche des filets prohibés.

Les délits sont prouvés par les procès-verbaux et à défaut par témoins.

Les procès-verbaux des garde-pêche revêtus de toutes les formes voulues, font foi jusqu'à inscription de faux.

---

## PENSIONS.

La pension est une prestation en argent ou en nature destinée à la subsistance d'une personne. La pension n'est pas la même chose que la rente viagère.

On distingue plusieurs sortes de pensions :

La pension alimentaire que les parents et alliés en ligne directe se doivent réciproquement. (Voyez *Aliments*.)

La somme que l'on paie pour être nourri et logé dans une maison s'appelle pension.

La dot de l'un des époux ou de tous deux consiste souvent en une pension qui leur est constituée par leurs père, mère, ou autres ascendants.

Les enfants élevés dans les établissements publics paient une pension qui comprend alors, outre la nourriture et le logement, l'éducation.

Les maîtres de pension ont un privilége pour le paiement d'une année au moins de pension.

On appelle encore pension, les rémunérations que l'État ou des administrations particulières accordent à quelques personnes à raison de services rendus.

*Pensions civiles.* Depuis le 1er janvier 1854, les pensions civiles sont à la charge de l'État.

Tous les fonctionnaires salariés par l'État ont droit

à une pension, mais ils supportent pendant leur exercice :

1º Une retenue de 5 % sur le chiffre du traitement fixe ou éventuel, ou rétributions.

2º Une retenue du douzième de ces mêmes rétributions lors de la première nomination ou dans le cas de réintégration, et du douzième de toute augmentation ultérieure ;

3º Les retenues pour cause de congé et d'absence ou par mesure disciplinaire.

Les retenues ont lieu pour congés de plus de quinze jours. Ce délai pourra être porté à un mois, si le fonctionnaire n'a obtenu aucun congé depuis trois ans.

Ces retenues n'ont pas lieu :

1º Sur les sommes allouées en compte-courant par le Trésor aux receveurs généraux des finances ;

2º Sur les sommes payées à titre d'indemnité pour frais de représentation, de stations navales, de gratifications éventuelles, de salaire de travail extraordinaire, indemnités de perte, frais de voyage ou remboursement de dépenses, etc.

Il y a plusieurs pensions civiles :

Les pensions d'ancienneté ;

Les pensions pour infirmité ;

Les pensions des veuves ;

Les secours annuels aux orphelins.

Le droit à la pension de retraite est acquis par ancienneté, à l'âge de soixante ans et après trente ans accomplis de service

Il suffit de cinquante-cinq ans d'âge et de vingt-cinq ans de services pour les fonctionnaires qui ont passé quinze ans dans la partie active des douanes, des contributions indirectes, des forêts ou des postes.

La pension est basée sur le chiffre du traitement et des divers émoluments soumis à retenues, dont l'ayant-droit a joui pendant les six dernières années de son exercice. Néanmoins pour vingt-cinq ans de services rendus dans la partie active, elle est de la moitié du traiment moyen, avec accroissement pour chaque année de service en sus, d'un cinquantième du traitement. En aucun cas elle ne peut excéder ni les trois-quarts du traitement moyen, ni le maximum déterminé par la loi.

Ces maximum varient de 750 fr. à 6,000 fr. pour les différents services.

Les enfants orphelins des fonctionnaires décédés pensionnaires, ne peuvent obtenir des secours à titre de reversion, qu'autant que le mariage dont ils sont issus a précédé la mise à la retraite de leur père.

Les services dans les armées de terre et de mer concourent avec les services civils, pour établir le droit à la pension et sont comptés pour leur durée effective, pourvu que la durée des services civils soit de douze ans, ou de dix ans dans la partie active.

### PENSIONS MILITAIRES OU DE LA MARINE.

Le droit à la pension de retraite pour les officiers, est acquis pour ancienneté par trente ans de service effectif.

Et pour les sous-officiers, caporaux, brigadiers et soldats à vinq-cinq ans accomplis de service effectif. (Loidu 26 avril 1855.)

Les années de service se comptent de l'âge auquel

la loi permet de contracter un engagement volontaire, c'est-à-dire dix-huit ans pour l'armée de terre et seize ans pour la marine.

La pension d'ancienneté se règle sur le dernier grade, lorsque le titulaire a au moins deux ans d'activité dans ce grade, autrement sur celui immédiatement inférieur.

La loi du 26 avril 1855 a augmenté de 165 fr. le maximum et le minimum de la pension de retraite accordé par la loi de 1831, aux sous-officiers, caporaux, brigadiers et soldats.

Les blessures et les infirmités résultant de la guerre ou du service commandé, donnent droit à la pension.

La pension pour cause de blessure ou infirmités, se règle par le grade dont le militaire est titulaire.

Les veuves des militaires morts en jouissance de cette pension de retraite ou en position de l'obtenir, ont droit à une pension viagère.

Les veuves n'ont droit à cette pension que si le mariage a été régulièrement autorisé, s'il a précédé de deux ans la cessation de l'activité, ou s'il a eu lieu avant les blessures.

La femme séparée de corps n'a pas droit à la pension, mais le convol en secondes noces laisse subsister ce droit.

La pension des veuves et des orphelins est fixée au quart du maximum de la retraite affectée au grade du mari, quelle que soit la durée de son activité dans ce grade. Cependant les veuves des maréchaux de France ont 6,000 fr.; les veuves des caporaux et soldats ne peuvent recevoir moins de 100 fr.

Les pensions militaires sont personnelles et viagères;

Elles sont inscrites comme dettes de l'État ;
Elles sont incessibles et insaisissables.

## PERCEPTEURS.

Les percepteurs sont les agents de l'administration des finances chargés de faire la recette des impôts.

Les percepteurs des contributions directes sont nommés par le ministre des finances.

Les percepteurs surnuméraires et les percepteurs de quatrième classe sont nommés sur la proposition des préfets.

Pour être nommé percepteur, il faut avoir exercé pendant deux ans comme surnuméraire, à moins qu'on ne justifie de sept années au moins de services administratifs ou militaires.

Les cautionnements à fournir par les percepteurs receveurs, avant leur entrée en fonctions, sont fixés savoir :

1° Contributions directes ;

10 pour % sur les premiers 100,000 fr.

6,50 pour % sur les 400,000 fr. suivants.

5 pour % sur l'excédant.

2° Pour les communes et établissements de bienfaisance, au dixième des recettes ordinaires portées au compte de l'année qui précède celle de la nomination du receveur.

## POIDS ET MESURES.

—

Le système métrique décimal a été établi par les lois des 1er août 1793, 18 germinal an III et 19 frimaire an VIII.

On ne l'appliqua d'abord qu'au département de la Seine et à quelques autres départements voisins, mais la loi du 4 juillet 1837 l'a rendu obligatoire pour toute la France, à dater du 1er janvier 1840.

Il a été appliqué à l'Algérie depuis le 1er mars 1843.

La Guyanne l'a adopté depuis le 12 mars 1818; le Sénégal, depuis le 22 novembre 1820; la Réunion, depuis le 5 janvier 1821 ; la Guadeloupe, depuis le 5 juin 1824, et la Martinique, depuis le 7 août 1827.

Ce système prend le nom de *métrique,* parce que toutes les mesures dérivent du mètre ; *décimal,* parce que toutes les mesures sont de dix en dix fois plus grandes ou plus petites.

Le mètre est la dixmillionième partie du quart du méridien terrestre.

La longueur du mètre est de 3 pieds, 11 lignes, 296 millièmes.

Les multiples décimaux des nouvelles mesures commencent par ces mots :

*Déca :* dix fois plus grand que l'unité.

*Hecto :* cent fois plus grand que l'unité.

*Kilo :* mille fois plus grand que l'unité.

*Myria :* dix mille fois plus grand que l'unité.

Les sous multiples par ceux-ci :

*Deci :* dix fois plus petit que l'unité.

*Centi :* Cent fois plus petit que l'unité.

*Milli :* Mille fois plus petit que l'unité.

### MESURES DE LONGUEUR.

L'unité des mesures de longueur est le *mètre*. Ses multiples sont : le décamètre, l'hectomètre, le kilomètre, le myriamètre ; ses sous-multiples sont : le décimètre, le centimètre, le millimètre ; le kilomètre et le myriamètre ne sont usités que pour mesurer la longueur des chemins.

### MESURES AGRAIRES.

L'unité de mesure agraire est l'*are*. L'are est un carré qui a dix mètres de côté, l'are renferme par conséquent cent mètres carrés.

Son multiple est l'*hectare*, c'est-à-dire cent ares ou dix mille mètres carrés.

Son sous-multiple est le *centiare* ou un mètre carré.

### MESURES DE CAPACITÉ.

L'unité de mesure pour les liquides et les grains ou autres matières sèches, est le *litre*, c'est-à-dire un décimètre cube.

Ses multiples sont : le *décalitre* (dix litres), l'*hectolitre*, le *kilolitre*.

Ces sous-multiples sont : le *décilitre*, le *centilitre*, le *millilitre*.

### MESURES DE SOLIDITÉ.

L'unité de volume pour le bois de chauffage est le *stère*, qui vaut un mètre cube.

Le seul multiple est le *décastère*, qui vaut dix mètres cubes.

### MESURE DE PESANTEUR OU POIDS.

L'unité de mesure de pesanteur est le *gramme*.

Le gramme est le poids dans le vide d'un centimètre cube d'eau distillée, prise à son maximum de densité, c'est-à-dire à la température de quatre degrés au-dessus de zéro du thermomètre centigrade.

Les multiples du gramme sont : le *décagramme* (dix grammes), l'*hectogramme* (cent grammes), le *kilogramme* (mille grammes). Le kilogramme est le poids d'un litre ou d'un décimètre cube d'eau distillée, le *myriagramme* ( cent kilogrammes) ou quintal métrique.

Le *millier* (mille kilogrammes), poids d'un mètre cube d'eau distillée ou du tonneau de mer.

—

Le système monétaire est également basé sur celui des poids et mesures.

La pièce de 1 fr., pèse cinq grammes, la pièce de 5 fr., vingt-cinq grammes.

### SURVEILLANCE ET VÉRIFICATION DES POIDS ET MESURES.

Dans chaque arrondissement, il y a au moins un vérificateur des poids et mesures, ayant son bureau au chef-lieu. S'il y a plusieurs vérificateurs, le préfet leur assigne leur résidence; il peut en outre, y avoir des vérificateurs-adjoints.

Ils sont nommés par le préfet et prêtent serment devant le tribunal de l'arrondissement.

Chaque bureau de vérification est pourvu d'un assortiment d'étalons, vérifiés et poinçonnés au ministère de l'agriculture et du commerce.

Les instruments de pesage dont se servent les marchands, sont vérifiés lorsqu'ils sortent de chez le fabricant ; ils sont en outre vérifiés périodiquement; chaque vérification est constatée par un nouveau poinçon.

Les vérifications périodiques se font tous les ans ou tous les deux ans ; mais à toute demande du maire, du préfet ou du procureur impérial, les vérificateurs sont tenus de faire ces vérifications.

Les vérificateurs constatent les contraventions et dressent des procès-verbaux qui font foi jusqu'à preuve contraire.

Ils peuvent saisir les instruments de pesage et de mesurage dont l'usage est interdit.

Les maires, adjoints, commissaires et inspecteurs de police doivent, dans le courant de l'année, faire plusieurs visites chez les marchands, pour examiner l'état de leurs poids et autres instruments de pesage. Ils constatent les délits et dressent des procès-verbaux,

## ÉNONCIATION DES POIDS ET MESURES DANS LES ACTES.

### AVIS ET ANNONCES. — CONTRAVENTIONS.

Depuis le 1er janvier 1840, toutes dénominations de poids et mesures autres que celles du système métrique décimal , sont interdites dans les actes publics, ainsi que dans les avis et annonces.

Ces dénominations sont également interdites dans les actes sous seing privé, les registres du commerce et autres écritures privées, produits en justice. (Loi du 4 juillet 1837.)

Un marchand qui sur ses étiquettes emploie le mot *sous* pour désigner le prix de la marchandise exposée devant la porte de son magasin est passible d'une amende. .

L'amende pour les officiers publics contrevenants, est de 20 fr., si ce sont des notaires; 10 fr. pour les autres officiers publics.

Elle est également de 10 fr. pour les actes sous seing privé produits en justice.

Ce sont les receveurs d'enregistrement qui constatent les contraventions et ils réclament immédiatement le montant de l'amende.

## CONVERSION

### DES ANCIENNES MESURES EN NOUVELLES.

| | | | |
|---|---|---|---|
| 1 livre ancienne, vaut............. | $0^{k}$ | 489 $^{g}$ | 5058 |
| 1 once — ............. | 0 | 030 | 5941 |
| 1 gros — ............. | 0 | 003 | 8242 |
| 1 grain — ............. | 0 | 000 | 0531 |

| | | |
|---|---|---|
| 1 toise ancienne, vaut............. | $1^{m}$, | 949036 |
| 1 pied — ............. | 0 | 324839 |
| 1 pouce — ............. | 0 | 027070 |
| 1 ligne — ............. | 0 | 002256 |

| | |
|---|---|
| 1 toise carrée, vaut.............. | 3ᵐ,798743 |
| 1 pied carré, vaut........... ..... | 0  105521 |
| 1 pouce  carré, vaut............. | 0  000733 |
| 1 ligne carrée, vaut............. | 0  000005 |

—

*Perche de 18 pieds.*

1 arpent de 100 perches carrées vaut.   0ʰ, 34189

*Perche de 20 pieds.*

1 arpent de 100  perches  carrées vaut.   0  42208

*Perche de 22 pieds.*

1 arpent de 100 perches vaut. . . . .   0  51072

## POLICE.

—

La police a essentiellement pour but de nous garantir de tous les accidents qui nous menacent de la part des choses, et de tous les attentats qui nous menacent de la part des hommes. (Perreau, *Législat. nat.*, p. 130.)

La police est *administrative* ou *judiciaire.*

La police administrative est celle qui est confiée aux préfets, sous-préfets, maires et autres autorités locales, pour le maintien habituel de l'ordre public, de la salubrité, etc.

La police judiciaire est confiée aux officiers de police judiciaire, aux tribunaux. Elle recherche les délits, en rassemble les preuves, instruit la procédure et prononce la punition des coupables.

La police se divise encore en police *municipale, rurale, correctionnelle* et *criminelle.*

La police *municipale* est chargée du maintien de l'ordre dans la cité. Elle veille à la sûreté, à la propreté et à la commodité de la voie publique ; ce qui comprend le nettoiement, l'éclairage, les dépôts de matériaux, les bâtiments en péril, l'exposition sur les fenêtres d'objets dangereux, le jet par les croisées de choses qui peuvent nuire ou endommager, ou causer des exhalaisons nuisibles, les étalages. En cette matière, les contraventions peuvent être passibles de peines de simple police ou de peines correctionnelles.

La police *rurale* a pour objet les délits ruraux, qui sont jugés soit par le tribunal de simple police, soit par le tribunal de police correctionnelle.

La police *correctionnelle* comprend toutes les infractions punies de plus de cinq jours de prison et de 15 fr. d'amende.

La police *criminelle* poursuit les crimes et délits emportant des peines afflictives ou infamantes.

Les lois de police et de sûreté générale obligent tous ceux qui habitent le territoire.

## PORTION DISPONIBLE.

On entend par portion disponible, la part des biens qu'on peut donner à titre gratuit ; l'autre partie s'appelle *réserve*.

### DE LA PORTION DISPONIBLE
#### LORSQU'IL Y A DES DESCENDANTS LÉGITIMES.

Les libéralités, soit par acte entre-vifs, soit par testament, ne peuvent excéder la moitié des biens du dis-

posant, s'il ne laisse à son décès qu'un enfant légitime;
le tiers, s'il en laisse deux; le quart, s'il en laisse trois
ou un plus grand nombre.

C'est le nombre des enfants existant au moment de
la mort du disposant qui détermine la portion disponible; il importe peu qu'il en ait eu un plus grand
nombre auquel il aurait survécu.

L'enfant naturel légitimé compte comme un enfant
légitime, et les enfants qu'il laisserait viennent par
représentation, lors même que la légitimation aurait eu
lieu après son décès.

L'enfant qui renonce à la succession compte tout de
même pour la fixation de la quotité disponible.

Sous le nom d'enfants sont compris les descendants,
à quelque degré que ce soit; néanmoins, ils ne sont
comptés que pour l'enfant qu'ils représentent dans la
succession du disposant.

## DE LA PORTION DISPONIBLE

### QUAND IL EXISTE DES ASCENDANTS.

Les libéralités par acte entre-vifs ou par testament ne
peuvent excéder la moitié des biens, si, à défaut d'enfant, le défunt laisse un ou plusieurs ascendants
dans chacune des lignes paternelle ou maternelle, et
les trois quarts s'il ne laisse d'ascendants que dans une
ligne.

A défaut d'ascendants et de descendants, les libéralités peuvent épuiser la totalité des biens.

Ainsi les ascendants et descendants en ligne directe
ont seuls droit à une réserve; les frères et sœurs n'en
·ont point.

De plus, lorsqu'il n'y a que des ascendants, le disposant peut donner à son conjoint : 1° la propriété de tout ce qu'il aurait pu donner à un étranger; 2° et en outre, l'usufruit de la totalité de la portion dont la loi prohibe la disposition au préjudice des héritiers, c'est-à-dire de la réserve légale, qui se trouve ainsi réduite à la nue-propriété de moitié, s'il y a des ascendants dans les deux lignes, ou d'un quart, s'il n'y a des ascendants que dans une ligne.

S'il y a des frères et sœurs du défunt, la réserve des père et mère est de la moitié de ce qu'elle serait s'il n'y avait ni frères ni sœurs.

Si le disposant a laissé des frères et sœurs ou des descendants d'eux, les ascendants autres que le père et la mère n'ont pas de réserve à réclamer.

Lorsque le père ou la mère survivant, à défaut de frères ou sœurs ou descendants d'eux, est en concurrence avec les collatéraux de l'autre ligne, il a l'usufruit du tiers de la moitié à laquelle il ne succède pas en propriété.

Il faut ajouter ici que, outre la réserve légale, les ascendants succèdent, à l'exclusion de tous autres, aux choses par eux données à leurs enfants ou descendants décédés sans postérité, si elles se trouvent en nature dans la succession.

Ce droit cesse quand l'enfant donataire a disposé, même par testament, des objets donnés.

Nous ne pensons pas que les père et mère aient droit à une réserve quelconque dans la succession de leurs enfants naturels.

## DE LA PORTION DISPONIBLE

### QUAND IL Y A DES ENFANTS NATURELS.

L'enfant naturel a droit à une réserve dans la succession de ses père et mère. Ce droit est ainsi réglé :

Si le père ou la mère a laissé des descendants légitimes, ce droit est d'un tiers de la portion héréditaire que l'enfant naturel aurait eue s'il eût été légitime; il est de la moitié lorsque les père et mère ne laissent pas de descendants, mais bien des ascendants ou des frères et sœurs; il est des trois quarts lorsque les père ou mère ne laissent ni descendants ni ascendants, ni frères ni sœurs.

S'il n'y a pas de parents légitimes au degré successible, la réserve de l'enfant naturel est de la moitié de la succession.

## DE LA PORTION DISPONIBLE

### POUR LES MINEURS.

Avant seize ans le mineur ne peut disposer d'aucune partie de ses biens; au-dessus de seize ans il peut donner, par testament seulement, la moitié de ce dont il pourrait disposer s'il était majeur.

Cependant le mineur peut, par contrat de mariage, donner à son conjoint tout ce qu'il pourrait lui donner s'il était majeur; mais il faut que le contrat soit passé en présence des personnes dont le consentement et l'assistance sont requis pour la validité du mariage. (Voyez *Mariage*.)

## DE LA PORTION DISPONIBLE

### ENTRE ÉPOUX.

L'époux peut, soit par par contrat de mariage, soit pendant le mariage, pour le cas où il ne laissera pas d'enfants ni descendants, disposer en faveur de l'autre époux, en propriété, de tout ce dont il pourrait disposer en faveur d'un étranger; et en outre, de l'usufruit de la totalité de la portion dont la loi prohibe la disposition au préjudice des héritiers à réserve.

Et pour le cas où l'époux donateur laisserait des enfants ou descendants, il pourra donner à l'autre époux ou un quart en propriété et un quart en usufruit, ou la moitié de tous les biens en usufruit seulement. (Voyez *Donations entre époux.*)

Lorsque l'époux ayant des enfants a excédé la quotité disponible, la disposition n'est pas nulle, elle est seulement réductible.

L'homme ou la femme qui, ayant des enfants d'un autre lit, contractera un second ou subséquent mariage, ne pourra donner à son nouvel époux, qu'une part d'enfant légitime le moins prenant, et sans que, dans aucun cas, ces donations puissent excéder le quart des biens.

---

## POSTE.

On entend par poste le service des relais et le transport des lettres et imprimés.

Le directeur général des postes et les administrateurs sont nommés par l'Empereur; les agents sont nommés par le Ministre des finances ; les directeurs qui n'ont que 1,000 fr. de traitement, les distributeurs et facteurs, sont nommés par le Préfet.

La poste a le monopole du transport des lettres et imprimés.

La distribution des correspondances et la levée des boîtes dans chaque commune ont lieu au moins une fois par jour.

Les lettres adressées *poste restante* sont distribuées au guichet des bureaux. L'identité des destinataires doit être vérifiée.

Les lettres doivent être remises personnellement aux destinataires, sauf en cas de faillite. Celles pour les prisonniers sont portées à la prison ; celles des militaires sont confiées aux vaguemestres.

## TAXE. — AFFRANCHISSEMENT.

La taxe des lettres affranchies voyageant de bureau à bureau est de 20 centimes par lettre simple.

Les lettres non affranchies sont taxées à 30 centimes.

Les lettres dont le poids excède 7 grammes et demi et qui pèsent moins de 15 grammes, sont taxées à 40 cent. si elles sont affranchies et à 60 cent. si elles ne le sont pas.

Les lettres ou papiers au-dessus de 15 grammes jusqu'à 100 grammes, sont taxés à 80 centimes en cas d'affranchissement, et 1 fr. 20 s'ils ne sont pas affranchis.

Les lettres ou paquets dont le poids dépasse 100 grammes, sont taxés à 80 centimes ou 1 fr. 20 par chaque 100 grammes ou fractions de 100 grammes excédant, selon qu'ils ont été ou n'ont pas été affranchis.

Les lettres d'un bureau pour une distribution et réciproquement, ou d'une commune pour une commune du même arrondissement postal, paient 10 centimes au-dessous de 7 gr. 1/2; 20 centimes de 7 gr. 1/2 à 15 gr.; 30 centimes de 15 à 30 grammes et 10 centimes en sus de 30 en 30 grammes.

L'affranchissement s'opère au moyen de l'apposition de timbres-poste.

Chacun peut affranchir soi-même ses lettres.

Toute lettre revêtue d'un timbre insuffisant est considérée comme non-affranchie et taxée comme telle, sauf réduction du prix du timbre.

Aucune lettre mise à la poste ne doit contenir ni or ou argent monnayé, ni bijoux ou matières précieuses.

Nulle indemnité n'est due pour la perte d'une lettre affranchie.

### LETTRES CHARGÉES. — ARTICLES D'ARGENT.

Chaque lettre chargée paie, en sus du port réglé ci-dessus pour la lettre ordinaire, une surtaxe de 20 centimes.

L'affranchissement est forcé.

Les lettres chargées sont présentées au bureau de poste sous enveloppe et scellées de deux cachets au moins en cire avec des initiales bien marquées; elles sont enregistrées, un bulletin est remis à l'expéditeur, le destinataire en donne un reçu.

En cas de perte d'une lettre chargée, la poste doit une indemnité de 50 fr. au destinataire.

Les objets précieux autres que l'or et l'argent monnayés peuvent être expédiés par la poste, leur valeur ne peut être moindre de 30 fr., ni excéder 1,000 fr.

Ces objets sont reçus à découvert, puis renfermés,

en présence du directeur des postes, dans une boîte portant le cachet de l'envoyeur, la poste y ajoute son cachet.

La boîte ne doit pas avoir plus de dix centimètres de longueur, huit centimètres de largeur et cinq centimètres d'épaisseur, ni peser plus de trois cents grammes.

Le coût du port est de 2 fr. p. % de la valeur déclarée.

En cas de perte, la poste rembourse le prix d'estimation.

Les sommes versées à la poste pour être payées dans tous les bureaux de l'empire, aux colonies et aux armées, prennent le nom d'articles d'argent.

En échange de la somme versée, la poste délivre un mandat qui ne peut, ni se négocier, ni se transmettre.

Les mandats de 200 fr. et au-dessous, sont payables à vue dans les bureaux qu'ils désignent.

Pour ceux au-dessus de ce chiffre, il faut l'avis préalable de l'administration.

Les mandats au nom des particuliers ne sont payables que pendant les deux mois de leur date ; s'ils sont au nom de militaires et marins employés en Europe, ils le sont pendant six mois.

Ils le sont pendant un an, pour les militaires, marins, colons déportés, transportés hors du territoire européen.

Les articles d'argent dont les mandats sont perdus ou égarés, sont payés sur l'autorisation de l'administration.

Les articles d'argent, valeurs cotées et autres objets quelconques trouvés dans les boîtes, deviennent la propriété de l'État, s'ils n'ont été réclamés dans les huit années qui ont suivi leur dépôt.

## IMPRIMÉS. — ÉCHANTILLONS. — PAPIERS D'AFFAIRES

Les journaux ou écrits périodiques paraissant au moins une fois par trimestre, sont taxés à 4 centimes pour chaque exemplaire de quarante grammes, avec augmentation de 1 centime par dix grammes en sus.

Les journaux uniquement consacrés aux lettres, aux sciences, aux arts, à l'agriculture, paraissant au moins une fois par trimestre, ne paient que 2 centimes par poids de vingt grammes et au-dessus, avec augmentation de 2 centimes par chaque dix grammes en sus.

Le port n'est que de moitié pour les journaux et ouvrages périodiques destinés pour l'intérieur du déparpartement dans lequel ils sont publiés.

Les circulaires, catalogues, avis divers et les imprimés autres que les journaux et écrits périodiques, sont taxés à 1 centime pour chaque exemplaire du poids de cinq grammes, avec augmentation de 1 centime par chaque cinq grammes ou fractions de cinq grammes en sus.

Le port des papiers de commerce ou d'affaires est de 50 centimes par chaque paquet de cinq cents grammes et au-dessous. Lorsque le poids dépasse cinq cents grammes, le port est augmenté de 2 cent. par chaque dix grammes ou fraction de dix grammes excédant.

Les imprimés affranchis ne doivent contenir, à moins d'autorisation spéciale, ni chiffre, ni aucune espèce d'écriture à la main, si ce n'est la date et la signature.

Il est expressément défendu d'y insérer des lettres ou mots ayant le caractère de correspondance.

## REBUTS.

Les lettres ou paquets dont on ne trouve pas les destinataires, ou qui sont refusés par eux, sont envoyés à l'administration.

Les lettres qui ne portent pas le timbre de la maison de commerce ou qui n'ont pas un caractère officiel, sont ouvertes et renvoyées à leurs auteurs.

Pour les lettres importantes, des procès-verbaux sont dressés et conservés pendant cinq ans.

Les journaux et imprimés affranchis sont rendus sans taxe aux imprimeurs.

Les lettres sont taxées pour être rendues à leurs auteurs.

## POSTE AUX CHEVAUX.

Les maîtres de poste sont nommés par l'administration.

Ils ont le privilége des relais et nul autre ne peut en établir, sous peine de leur payer le prix de la course.

Tout entrepreneur de voitures publiques et de messageries qui ne se sert pas des chevaux de la poste, est tenu de payer, par myriamètre et par cheval attelé à chacune de ses voitures, 25 centimes au maître des relais dont il n'emploie pas les chevaux, sous peine d'une amende de 500 fr.

Cependant il y a exception :

1º Pour les loueurs, allant à petites journées, c'est-à-dire faisant dix lieues de poste en vingt-quatre heures.

2º Pour les voitures non suspendues.

---

## PRÉCIPUT.

—

Préciput veut dire *prélèvement*. On distingue deux sortes de préciputs. Le préciput conventionnel et le préciput hors part.

—

*Le préciput conventionnel* est le prélèvement que, par suite d'une clause de leur contrat de mariage, les époux ou l'un d'eux seulement a le droit d'exercer sur la masse de la communauté, soit en argent, soit en effets mobiliers.

Le préciput conventionnel est un droit de communauté; il peut être stipulé en faveur de la femme, lors même qu'elle renoncerait à la communauté.

S'il existe des enfants issus d'un premier mariage, la réserve ne saurait être entamée par la convention de préciput.

—

On entend par *préciput hors part*, l'avantage accordé à l'un des héritiers en sus de sa part héréditaire, avec dispense d'en faire rapport à ses cohéritiers.

La clause de préciput et hors part, avec dispense de rapport, doit être *expresse*, elle ne saurait se supposer.

Mais la loi n'exige pas des termes sacramentels, il suffit

que l'intention soit clairement exprimée, pour que le
rapport n'ait pas lieu.

Les donations par préciput et hors part résultent,
soit de donations entre-vifs pures et simples, soit de
donations par contrat de mariage, soit enfin de dispositions testamentaires. (Voyez: *Portion disponible.* —
*Succession.* — *Testament.*)

## PRÉFETS.

—

Les préfets sont les subordonnés immédiats des ministres, les chefs de l'administration active dans chaque
circonscription départementale, les représentants de
leur département considéré comme être moral.

C'est le pouvoir exécutif qui nomme et révoque librement les préfets.

Aucune condition, même d'âge, n'est légalement prescrite pour être nommé préfet ; la qualité de citoyen
suffit, cette nomination est faite sur le rapport du ministre de l'intérieur.

Avant d'entrer en fonctions, les préfets prêtent serment entre les mains du chef de l'État, ou en celles du
commissaire délégué à cet effet.

La résidence du préfet est au chef-lieu de son département, il ne peut s'absenter de son département sans
une autorisation spéciale du chef de l'État.

Chaque année, il fait une tournée dans sa circonscription territoriale et il rend compte au ministre des
résultats de cette tournée.

En cas de mort d'un préfet, ou en cas de démission

ou de révocation, jusqu'à ce que le gouvernement ait pourvu à son remplacement, l'intérim est confié au plus ancien conseiller de préfecture.

———

Le préfet qui s'absente du chef-lieu, mais qui ne sort pas de son département, peut déléguer ses fonctions à un conseiller de préfecture ou au sécrétaire général de la préfecture, à son choix; cette délégation n'a pas besoin d'être approuvée par le ministre de l'intérieur.

Il en est de même en cas de maladie ou d'empêchement.

Si le préfet s'absente de son département, il en demande l'autorisation, et présente à l'approbation du ministre la personne à laquelle il délègue ses pouvoirs.

Dans d'autre cas et faute de délégation, c'est le plus ancien conseiller de préfecture, qui prend de droit l'administration du département.

Mais la personne déléguée ne peut, à son tour, déléguer ses pouvoirs.

———

Le préfet administre seul dans toute l'étendue de son département. Il correspond avec tous les ministres, il surveille tous les services publics et se trouve le chef de ceux qui n'ont pas de chefs spéciaux.

Le préfet a deux qualités : Il est agent du pouvoir central et représentant du département.

Comme agent du pouvoir central, il est chargé d'assurer l'exécution des lois, des décrets et des mesures de sûreté générale, il a la direction de la police du département.

Comme représentant du département, c'est le préfet qui figure en justice et dans les actes civils au nom du département, c'est lui qui a, auprès du conseil général, l'initiative de toutes les mesures intéressant le département, qui les défend dans son sein et qui préside seul à l'exécution de ses délibérations.

Le préfet agit de quatre manières différentes :

1° Par voie d'*information*, comme agent des communications réciproques entre la volonté publique et les intérêts particuliers ;

2° Par voie de *gestion*, pour les intérêts économiques de l'État et du département ;

3° Par voie de *tutelle administrative*, à l'égard des communes et des établissements publics ;

4° Par voie d'*autorité*, sur les choses et sur les personnes privées, principalement en matière de police.

—

Les actes d'*autorité* et de *tutelle administrative* portent le nom d'*arrêtés*; ils sont de deux sortes : ceux des préfets seuls, et ceux des préfets en conseil de préfecture.

Les arrêtés des préfets ne sont soumis à aucune forme de rigueur ; *ils comprennent habituellement trois choses*: l'énonciation des pièces produites, les motifs et le dispositif.

Les arrêtés pris en conseil de préfecture doivent en contenir la mention.

Avant d'être exécutés, ces arrêtés doivent être publiés par affiches, ou par insertion au *Recueil administratif* de la préfecture; s'ils n'ont qu'un caractère individuel, il suffit qu'ils soient notifiés à partie par huissier ou par un agent de police.

La contravention aux arrêtés des préfets est punie d'une amende de simple police.

Les arrêtés des préfets peuvent être réformés ; on peut, dans ce cas, s'adresser soit au préfet lui-même, soit au ministre, il n'y a pas de délai de rigueur.

En matière contentieuse, les arrêtés des préfets sont des jugements susceptibles d'être attaqués par les voies de recours que les lois déterminent, sous les conditions et dans les délais qu'elles fixent.

---

## PRESCRIPTION.

La prescription est un moyen d'acquérir ou de se libérer par un certain laps de temps.

La prescription est de droit civil et d'ordre public.

Il y a deux sortes de prescriptions : la prescription qui fait acquérir et la prescription qui libère.

On ne peut d'avance renoncer à la prescription, on peut renoncer à la prescription acquise.

Pour renoncer à la prescription, il faut être capable d'aliéner.

La prescription peut être opposée en tout état de cause; les créanciers, ou toute autre personne ayant intérêt à ce que la prescription soit acquise, peuvent l'opposer, encore que le débiteur ou le propriétaire y renonce.

Il n'y a que les choses qui sont dans le commerce qu'on puisse acquérir par prescription; les chemins, rues, routes à la charge de l'État ne sont pas susceptibles de prescription.

## DE LA POSSESSION.

Pour prescrire, il faut être en possession de la chose. Il faut encore que cette possession soit continue, non interrompue, paisible, publique, non équivoque et à titre de propriétaire.

Les actes de pure faculté, ceux de simple tolérance, ne peuvent fonder ni possession ni prescription. Si je suis propriétaire d'un terrain, et que pendant trente ans je ne bâtisse pas, mon voisin ne pourra se prévaloir de ce laps de temps pour m'empêcher de construire, prétendant qu'il a prescrit des droits de prospect sur ma propriété.

Car bâtir ou ne pas bâtir sur mon terrain sont des actes de pure faculté.

Les actes de violence ne peuvent fonder une possession capable d'opérer la prescription.

## DES CAUSES QUI EMPÊCHENT LA PRESCRIPTION.

Nous avons vu que pour prescrire il fallait posséder à titre de propriétaire.

Ceux qui possèdent pour autrui, ne prescrivent jamais par quelque laps de temps que ce soit. Ainsi le fermier, le dépositaire, l'usufruitier et tous autres qui détiennent précairement la chose du propriétaire ne peuvent la prescrire.

## DES CAUSES QUI INTERROMPENT LA PRESCRIPTION.

La prescription peut être interrompue naturellement ou civilement.

Naturellement, lorsque le possesseur est privé pendant plus d'un an de la jouissance de la chose, soit par l'ancien propriétaire, soit par un tiers.

Civilement, lorsqu'on empêche le possesseur de prescrire au moyen de la signification d'un commandement ou d'une simple citation en justice.

La citation en conciliation devant le juge de paix interrompt la prescription du jour de sa date, lorsqu'elle est suivie d'une assignation en justice donnée dans le mois qui suit le jour fixé pour la comparution si la partie assignée ne comparaît pas, ou si elle comparaît, du jour de la non conciliation.

La citation en justice, donnée même devant un juge incompétent, interrompt la prescription.

La prescription est encore interrompue par la reconnaissance que le débiteur ou le possesseur fait du droit de celui contre lequel il prescrivait.

### DES CAUSES QUI SUSPENDENT LE COURS DE LA PRESCRIPTION.

La prescription court contre toutes personnes, à moins d'exceptions établies par la loi.

Ainsi la prescription ne court pas contre les mineurs ou les interdits, parce qu'ils sont réputés incapables.

Elle ne court pas non plus entre époux; mais la prescription court contre la femme mariée, encore qu'elle ne soit point séparée de biens par le contrat de mariage ou en justice, à l'égard des biens dont le mari a l'administration, sauf son recours contre le mari.

Ainsi un tiers s'est mis en possession d'un fonds appartenant à la femme; comme son mari qui exerce ses droits peut interrompre la prescription, il n'y avait pas de raison pour la suspendre dans ce cas.

Néanmoins elle ne court point pendant le mariage à l'égard de l'aliénation d'un fonds constitué sous le régime dotal.

La prescription est encore suspendue pendant le mariage :

1º Dans le cas où l'action de la femme ne pourrait être exercée qu'après une action, ou la renonciation à la communauté.

2º Dans le cas où le mari ayant vendu le bien propre de la femme sans son consentement, est garant de la vente, et dans tous les autres cas où l'action de la femme réfléchirait contre son mari.

### DU TEMPS REQUIS POUR PRESCRIRE.

La prescription se compte par jour et non par heure.

Elle est acquise lorsque le dernier jour du terme est accompli.

### DE LA PRESCRIPTION DE TRENTE ANS.

Toutes les actions, tant réelles que personnelles, sont prescrites par trente ans, sans que celui qui allègue cette prescription soit obligé d'en rapporter un titre ou qu'on puisse lui opposer l'exception déduite de la mauvaise foi.

Après vingt-huit ans de la date du dernier titre le débiteur d'une rente peut être contraint de fournir à ses frais un titre nouveau à son créancier ou à ses ayants-cause.

## DE LA PRESCRIPTION DE DIX ET VINGT ANS.

Celui qui acquiert de bonne foi et par juste titre un immeuble, en prescrit la propriété par dix ans, si le véritable propriétaire habite dans le ressort de la Cour impériale, dans l'étendue de laquelle l'immeuble est situé ; et par vingt ans s'il est domicilié hors dudit ressort.

La bonne foi est toujours présumée ; c'est à celui qui allègue la mauvaise foi à la prouver.

Il suffit que la bonne foi ait existé au moment de l'acquisition.

Après dix ans, les architectes et les entrepreneurs sont déchargés de la garantie des gros ouvrages qu'ils ont faits ou dirigés.

## DE QUELQUES PRESCRIPTIONS PARTICULIÈRES.

Ces prescriptions résultent de la présomption du paiement, qui naît elle-même du besoin que les divers créanciers de ces sortes de dettes ont d'être promptement soldés et de l'habitude dans laquelle on est d'acquitter ces dettes sans retard et souvent sans exiger de quittance.

*Six mois.* Les actions des maîtres et instituteurs des sciences et arts, pour leçons qu'ils donnent au mois ;

Celles des hôteliers et traiteurs, à raison du logement et de la nourriture qu'ils fournissent ;

Celles des ouvriers et gens de travail, pour le paiement de leurs journées, fournitures et salaires ;

Se prescrivent par six mois.

*Un an.* L'action des médecins, chirurgiens et pharmaciens, pour leurs visites, opérations et médicaments ;

Celles des huissiers, pour le salaire des actes qu'ils signifient et des commissions qu'ils exécutent;

Celle des marchands, pour les marchandises qu'ils vendent aux particuliers non marchands;

Celle des maîtres de pension, pour le prix de la pension de leurs élèves et des autres maîtres pour le prix de l'apprentissage;

Celle des domestiques qui se louent à l'année, pour le paiement de leur salaire;

Se prescrivent par un an.

Néanmoins, ceux auxquels ces prescriptions sont opposées, peuvent déférer le serment à ceux qui les opposent, sur la question de savoir si la chose a été réellement payée.

Les prescriptions dont il s'agit, courent contre les mineurs et les interdits, sauf leur recours contre leurs tuteurs.

## PRÊT.

Le prêt est un contrat par lequel une personne qu'on appelle le *prêteur*, livre une chose à l'autre qu'on appelle l'*emprunteur*, pour qu'elle s'en serve et qu'elle la rende après s'en être servie ou qu'elle rende seulement quelque chose de même valeur, si la chose prêtée est fongible.

Il y a plusieurs sortes de prêts:

Le prêt à la grosse aventure;

Le prêt de consommation;

Le prêt sur gage;

Le prêt à intérêt;

Le prêt à usage.

# I.

## PRÊT A LA GROSSE AVENTURE.

Le prêt à la grosse aventure est celui consenti sur des objets exposés aux risques de la mer. Ainsi, il est convenu que si les objets arrivent à leur destination, sans accident ou avarie, le prêteur sera remboursé de son capital et des intérêts stipulés, mais si les objets viennent à périr par accident maritime, les droits seront éteints quant à l'action personnelle contre l'emprunteur et réduits seulement au produit des objets sauvés.

Les conditions essentielles à ce contrat sont d'abord le consentement des deux parties;

Ensuite une somme ou valeur fournie par le prêteur à l'emprunteur, soit en argent, soit en marchandises.

Le prêt doit être affecté sur le bâtiment même, sur les armements et les victuailles, ou sur le chargement en totalité ou en partie.

Il faut encore que la valeur des objets affectés au prêt, soit au moins égale au montant de la somme ou à la valeur des objets prêtés.

Enfin, il faut un *profit maritime*, stipulé en faveur du prêteur, ce profit peut être d'une somme déterminée ou d'une part dans les bénéfices à réaliser.

Le contrat à la grosse doit être fait par écrit, soit sous seing privé, soit devant notaire.

Il doit énoncer :

1º Le capital prêté :

2 La somme convenue pour le profit maritime;

3º Les objets sur lesquels le prêt est affecté;

4° Les noms du navire et du capitaine;

5° Les noms du prêteur et de l'emprunteur;

6° Si le prêt a eu lieu pour un voyage, pour quel voyage et pour quel temps;

7° Enfin, l'époque du remboursement.

Tout prêteur à la grosse en France est tenu de faire enregistrer son contrat dans les dix jours de sa date, sous peine de perdre son privilége.

Les actions relatives à ces contrats sont de la compétence des tribunaux de commerce.

## II.

### PRÊT DE CONSOMMATION.

C'est un contrat par lequel l'une des parties livre à l'autre, une certaine quantité des choses qui se consomment par l'usage, à la charge par cette dernière de lui en rendre autant de mêmes espèce et qualité.

Ce prêt diffère du prêt à usage, en ce que les choses qui en font l'objet sont fongibles, c'est-à-dire se consomment par l'usage.

Et qu'au lieu de ne concéder que l'usage et quelquefois un usage limité de la chose, il en transmet la propriété pleine et entière.

Dès lors, pour consentir un pareil contrat il faut être capable d'aliéner.

L'emprunteur est tenu de rendre la chose prêtée dans la même espèce et qualité, et si le prêt a été fait en argent, il n'est tenu de rendre que la somme numérique énoncée au contrat.

Si l'emprunteur ne peut rembourser la chose de même qualité, il doit en rendre la valeur en argent.

Enfin, si l'emprunteur ne rend pas les choses prêtées en leur valeur au terme convenu, il en doit l'intérêt du jour de la demande en justice.

## III.

### PRÊT SUR GAGE.

C'est celui à raison duquel le prêteur se fait remettre par l'emprunteur un objet mobilier, en garantie de la restitution de la chose prêtée. (Voyez *Gage.*)

## IV.

### PRÊT A INTÉRÊT.

Le prêt à intérêt se fait sous forme d'obligation ou de rente constituée.

C'est un contrat par lequel une *personne* remet à une autre une somme d'argent pour un temps déterminé et moyennant un profit stipulé pour le prêteur.

Ce genre de prêt était défendu autrefois, mais le Code Napoléon l'a reconnu en disant qu'il est permis de stipuler des intérêts pour simple prêt, soit d'argent, soit de denrées ou d'autres choses mobilières.

Le taux de l'intérêt conventionnel doit être fixé par écrit.

Il en est de même de la dette qui, faute d'écrit, ne pourrait être prouvée ni par témoins, ni par les livres et registres du créancier, même en matière commerciale.

Cet écrit peut être fait, soit par acte notarié, soit par simple billet souscrit par l'emprunteur.

Les intérêts doivent généralement se payer en argent, cependant on peut les stipuler payables en denrées.

Le taux de l'intérêt en matière civile est fixé à cinq pour cent; en matière commerciale, il est généralement de six.

## V.

### PRÊT A USAGE.

Le prêt à usage ou commodat est celui par lequel l'une des parties livre une chose à l'autre, à la charge par le preneur de la rendre après s'en être servi.

Ce contrat est gratuit; s'il y avait un prix stipulé, ce ne serait plus un prêt à usage, mais un contrat de louage.

Toutes choses qui ne se consomment pas par l'usage et qui sont dans le commerce, peuvent être l'objet du prêt à usage.

On ne peut se servir d'un objet prêté qu'à l'usage auquel il est destiné par sa nature ou la convention, à peine de dommages-intérêts.

L'emprunteur doit rendre la chose dans l'état où elle lui a été prêtée; mais le prêteur ne peut l'exiger avant l'époque convenue, ou à défaut de temps fixé, qu'après que la chose a servi à l'usage pour lequel elle a été empruntée.

L'emprunteur ne peut se retenir la chose en compensation de ce que pourrait lui devoir le prêteur. Mais si l'objet venait à être perdu et qu'il y eût lieu à des dommages-intérêts, la compensation pourrait alors avoir lieu.

L'emprunteur, dans tous les cas, n'est tenu que de sa faute.

Il ne doit pas supporter les détériorations arrivées par le seul fait de l'usage pour lequel la chose a été empruntée.

Si la chose prêtée avait des défauts tels qu'elle ait causé du préjudice à celui qui s'en est servi, le prêteur est responsable.

## PROCURATION.

C'est un acte par lequel, une personne charge une autre de la représenter et de régler ses intérêts dans une ou plusieurs affaires.

Celui qui donne procuration s'appelle *constituant*, *mandant* ou *commettant*.

Celui à qui la procuration est donnée s'appelle *fondé de pouvoirs* ou *mandataire*.

La procuration est *générale* quand elle contient pouvoir indéfini de gérer et administrer tous les biens et affaires du constituant.

La procuration *spéciale* est celle qui se borne à une affaire déterminée.

Les procurations peuvent presque toujours être données par acte sous seing privé ou même par simples lettres.

Mais la procuration doit être donnée par acte authentique :

1° Lorsqu'il s'agit de se désister de droits hypothécaires et de donner main-levée d'inscription;

2° Pour donner main-levée d'écrou ;

3° Lorsqu'on est partie dans un acte de l'état civil ;

4º Pour faire ou accepter une donation, soit entre vifs, soit par contrat de mariage. Et dans le dernier cas, il faut en outre que la procuration reste en minute dans l'étude du notaire rédacteur, qui n'en délivre qu'une expédition ;

5º Pour reconnaître un enfant naturel ;

6º Pour former une inscription de faux ;

7º Pour autoriser un avoué à faire un désaveu ;

8º Pour le prendre à partie ;

9º Pour toucher des arrérages de rentes sur l'État, dans les cas prévus par l'ordonnance du 1er mai 1816 ;

10º Pour agir en inscription de faux contre les procès-verbaux des préposés des douanes ou des contributions indirectes.

Les procurations en brevet, c'est-à-dire, dont il ne reste pas une minute dans l'étude du notaire, peuvent être délivrées en blanc, sans nom de mandataire.

Les procurations des militaires en campagne peuvent être dressées devant le conseil d'administration du corps. La procuration ainsi donnée est un acte authentique ; mais il faut que le militaire soit en pays ennemi ou au bivouac, et qu'il n'y ait pas de notaire.

Le mandat est gratuit de sa nature, cependant on peut y stipuler un salaire.

———

Pour consentir un mandat valable, il faut être capable ; le mineur, l'interdit, la femme non autorisée ne peuvent en consentir aucun. Il faut, pour qu'il soit valable, que le mineur soit émancipé et la femme séparée de biens.

En général on peut se faire représenter par un mandataire pour toute espèce d'affaires, il y en a cependant où cela n'est pas admis :

1° En matière d'interrogatoire sur faits et articles, on doit comparaître en personne;

2° En cas d'enquête;

3° Dans le cas où un serment doit être prêté par la partie;

4° En cas de demande en séparation de corps;

5° Lorsqu'il s'agit d'une cession de biens judiciaires.

En acceptant le mandat, le mandataire contracte trois obligations :

1° De gérer l'affaire dont il est chargé;

2° D'y apporter tout le soin qu'elle exige;

3° De rendre compte de sa gestion.

Il répond de sa faute si elle cause une perte quelconque à son mandant et peut être passible de dommages-intérêts.

Le mandataire ne peut acquérir l'immeuble qu'il est chargé de vendre, ni par lui ni, par personnes interposées; mais il peut devenir cessionnaire d'une créance sur celui dont il administre les biens.

Le mandataire peut se substituer une personne pour agir à sa place, mais il en répond :

1° Lorsqu'il n'a pas reçu le pouvoir de substituer;

2° Quand, avec ce pouvoir, il a choisi une personne incapable ou insolvable.

S'il y a plusieurs mandataires, il n'y a de solidarité entre eux que tout autant qu'elle est exprimée.

De son côté le mandant est tenu :

1º De rembourser au mandataire les frais et dépenses occasionnés par l'exécution du mandat ;

2º De payer le salaire qui aurait été convenu ;

3º De lui rembourser avec intérêts les avances qu'il aurait pu faire ;

4º De l'indemniser des pertes qu'il aurait pu essuyer à l'occasion de la gestion.

L'intérêt des avances faites par le mandataire lui est dû à partir du jour où ses avances sont constatées, et sans qu'on puisse lui opposer la prescription de cinq ans.

Lorsque le mandataire a été constitué par plusieurs personnes, elles sont *solidairement* débitrices envers le mandataire.

Quant aux obligations envers les tiers, le mandant est tenu d'exécuter les engagements contractés par le mandataire, conformément au pouvoir qui lui a été donné.

—

Le mandat finit par la révocation du mandataire; par la renonciation de celui-ci au mandat; par la mort, l'interdiction ou la déconfiture du mandant ou du mandataire.

Le mandat donné à une femme est annulé par son mariage arrivant postérieurement.

Le mandant peut révoquer sa procuration quand bon lui semble et contraindre, s'il y a lieu, le mandataire à lui remettre soit l'écrit sous seing privé qui la contient, soit l'original de la procuration si elle est en brevet, soit l'expédition s'il en a été gardé minute.

La constitution d'un nouveau mandataire pour la

même affaire vaut révocation du premier, à compter du jour où elle a été notifiée à celui-ci.

La procuration cesserait encore après dix ans d'absence du mandant si les héritiers de celui-ci obtenaient l'envoi en possession de ses biens.

## PROTÊT.

Le protêt est l'acte qui constate la non-acceptation ou le non-paiement d'une lettre de change, d'un billet à ordre ou de tout autre effet de commerce.

Le protêt faute d'acceptation n'est pas toujours indispensable.

Quant au protêt faute de paiement, il doit être fait dès qu'il y a refus de payer à l'échéance.

Ainsi, lors même que le débiteur payerait au moment du protêt, il doit en supporter les frais.

Si une partie de la dette seulement est payée à l'échéance, le protêt doit être fait pour le surplus.

Le protêt faute d'acceptation ne dispense pas du protêt faute de paiement, car dans l'intervalle le tireur peut avoir fait provision. (Cod. de Com. 163.)

La faillite du tiré ne dispense pas non plus du protêt.

Dans le cas de faillite de l'accepteur avant l'échéance, le porteur peut faire protester et exercer son recours, car la déclaration de faillite fait disparaître le bénéfice du terme.

La clause *retour sans protêt et sans frais* ne produit d'effet qu'entre les personnes qui l'ont consentie.

La mention *retour sans frais* ne dispense que du protêt.

Le porteur d'un effet de commerce sur papier non timbré ne peut se dispenser de faire protester dans le délai légal, sous prétexte qu'il ne doit pas faire l'avance de l'amende.

———

Le protêt doit être fait le lendemain du jour de l'échéance; il ne peut être fait avant sous peine d'être renouvelé au jour dit.

Si le lendemain de l'échéance était un jour *férié légal*, le protêt serait fait le jour suivant.

Une lettre de change payable à vue peut être protestée en tout temps, pourvu que ce soit avant l'expiration des cinq années qui opèrent la prescription.

———

Le protêt doit être fait à la requête du propriétaire de la lettre de change ou du billet à ordre.

———

Les protêts sont faits par des officiers ministériels porteurs de l'effet à protester qu'ils présentent eux-mêmes.

Le protêt doit être fait au dernier domicile du débiteur ou à son dernier domicile connu.

S'il y a eu acceptation, le protêt faute de paiement est fait au domicile de l'accepteur au moment de l'acceptation.

L'acte de protêt contient en tête la transcription littérale du titre, ensuite la sommation par l'officier ministériel, d'accepter ou de payer la lettre de change ou le billet à ordre. Enfin, il énonce la présence ou l'absence de celui qui doit payer, les motifs du refus de payer ou d'accepter et l'impuissance ou le refus de signer.

Il doit être laissé copie des protêts aux parties, et les notaires ou officiers ministériels sont tenus de les inscrire jour par jour et par ordre de dates sur un registre particulier.

---

Le protêt faute d'acceptation autorise le porteur à exiger des endosseurs une caution pour le paiement.

Le protêt faute de paiement donne au porteur un recours en garantie ou individuellement contre le tireur et chacun des endosseurs, ou collectivement contre les endosseurs et le tireur.

Le protêt doit être signifié au cédant avec assignation, s'il ne rembourse pas, de comparaître en jugement dans les quinze jours qui suivent la date du protêt.

Chacun des endosseurs jouit du même délai de quinzaine pour exercer son recours contre son cédant. Ce délai à l'égard des endosseurs court du lendemain de la date de la citation en justice.

---

A défaut de protêt régulier, le porteur est déchu de tout recours contre le tireur et les endosseurs.

---

## PURGE DES HYPOTHÈQUES.

---

La purge des hypothèques est l'accomplissement de certaines formalités destinées à affranchir les immeubles des priviléges et hypothèques qui les grèvent.

Tout acquéreur à titre onéreux ou gratuit d'un immeuble ou droit réel immobilier, a la faculté de l'affranchir au moyen de la purge des hypothèques ou des priviléges qui le grèvent.

Pour remplir cette formalité, l'acquéreur, après avoir fait transcrire son acte d'acquisition, dépose au greffe du tribunal civil de l'arrondissement où les biens sont situés une copie de son contrat.

Ensuite il fait notifier aux créanciers inscrits :

1º Extrait de son titre contenant la date et les qualités de l'acte, l'indication précise et complète du vendeur ou du donateur, la nature des biens, leur situation, le prix et les charges;

2º La notification doit contenir un extrait de la transcription de l'acte de vente ou de tout autre acte translatif de propriété ;

3º Elle présente un tableau sur trois colonnes : la première contient la date des hypothèques et celle des inscriptions; la seconde le nom des créanciers ; la troisième le montant de leurs créances inscrites.

Enfin, l'acquéreur doit déclarer par le même acte qu'il est prêt à acquitter sur-le-champ les dettes et charges hypothécaires jusqu'à concurrence seulement de son prix, sans distinction des dettes exigibles ou non exigibles.

On ne purge pas contre les créanciers dont l'inscription est périmée.

La signification doit être faite aux domiciles élus dans les inscriptions.

———

Les formalités de purge ont pour but d'affranchir le tiers détenteur de l'obligation de payer toutes les dettes hypothécaires ou de délaisser. (Cod. Nap. 2167, 2168.)

Les frais de purge sont à la charge de l'acquéreur de l'immeuble hypothéqué, à moins de conventions contraires.

## PURGE DES HYPOTHÈQUES LÉGALES.

Pourront les acquéreurs d'immeubles appartenant à des maris ou à des tuteurs, lorsqu'il n'existera pas d'inscription sur lesdits immeubles à raison de la gestion du tuteur ou des dots, reprises et conventions matrimoniales de la femme, purger les hypothèques sur les biens par eux acquis.

La loi du 23 mars 1855 n'a rien changé au mode de purger établi primitivement par le code Napoléon.

### *Formalités :*

1º Copie régulière de l'acte translatif de propriété est déposée au greffe du tribunal civil du lieu de la situation des biens.

2º Ce dépôt est notifié par huissier à la femme ou à ses ayants-droit, au tuteur ou au subrogé-tuteur, au mineur si le mineur est émancipé, enfin au procureur impérial.

3º Extrait de l'acte translatif de propriété demeure affiché pendant deux mois en l'auditoire du tribunal. Cet extrait contient la date de l'acte, les noms, prénoms, profession et domicile des contractants, la désignation de la nature et de la situation des biens, le prix et les autres charges de la vente.

4º De plus, publication doit être faite dans le journal de l'arrondissement pour les hypothèques légales inconnues.

Si, dans le cours de deux mois à dater du dépôt de l'expédition du contrat au greffe, il n'a pas été fait d'inscription du chef des femmes, mineurs, interdits, ou autres ayants-droit sur les immeubles vendus, ils passent à l'acquéreur sans aucune charge à raison des dots, reprises et conventions matrimoniales de la femme ou de la gestion du tuteur, et sauf le recours, s'il y a lieu, contre le mari ou le tuteur. (C. N. 2195.)

Le concours de la femme à la vente faite par le mari et surtout son obligation solidaire emporte renonciation à son hypothèque légale.

Cependant il est prudent de purger quand on peut craindre que la femme ait cédé son hypothèque légale à un tiers.

La dernière formalité de la purge légale est une réquisition d'État faite à l'expiration des deux mois de la notification, au bureau des hypothèques de l'arrondissement.

———

Les frais de purge légale sont à la charge de l'acquéreur.

Les formalités de purge légale sont très importantes et nous les recommandons à tous les acquéreurs qui tiennent à jouir paisiblement de leurs propriétés acquises.

———

## QUITTANCE.

———

C'est l'acte par lequel on reconnaît que quelqu'un s'est acquitté d'une obligation contractée.

———

Pour quittancer valablement, il faut être capable de recevoir, être en outre le créancier réel ou son fondé de pouvoir régulier.

Le créancier solidaire peut valablement quittancer une dette sans que ses cocréanciers puissent exercer aucun recours contre le débiteur commun. (C. Nap., 1197.)

Un huissier chargé de procéder à saisie des biens d'un débiteur peut valablement donner quittance des sommes qu'il reçoit.

Il en est de même des sequestres judiciaires et des envoyés en possession des biens d'un absent.

Au contraire, un curateur à une succession vacante doit faire verser les fonds à la Caisse des dépôts et consignations.

Les mineurs émancipés ne peuvent seuls quittancer que leurs intérêts et revenus. Pour recevoir un capital, il faut l'assistance de leur curateur; il en est de même de l'individu pourvu d'un conseil judiciaire.

La femme mariée doit être autorisée par son mari, sauf si elle est séparée de biens ou marchande publique, et encore s'il ne s'agit que de sommes mobilières.

Enfin, les débiteurs d'un failli ne peuvent se libérer qu'entre les mains du syndic.

—

Les quittances peuvent se faire par acte authentique ou sous signatures privées : c'est à celui qui paie à choisir la forme.

Les frais de la quittance sont toujours à la charge du débiteur, lors même que le créancier ne saurait pas signer, et nécessiterait par là une quittance notariée.

La preuve par témoins d'un paiement au-dessus de

150 fr. n'est pas admise, à moins qu'il y ait un commencement de preuve par écrit.

———

La quittance libère le débiteur ; si elle est faite sous forme authentique, elle fait foi jusqu'à inscription de faux ; si elle est sous seing privé, elle ne produit d'effet que tout autant qu'elle est reconnue par le créancier ou par ceux à qui on l'oppose.

La quittance régulière doit exprimer la somme payée, la cause de la dette et la date du paiement.

———

**RAPPORT D'EXPERTS** (Voyez *Experts*).

———

**RAPPORT A SUCCESSION** (Voyez *Succession, —
Portion disponible, — Partage*).

———

## RECONNAISSANCE D'ENFANT NATUREL.

———

L'enfant naturel ne peut être reconnu que par son père ou sa mère, ou leur fondé de pouvoir.

Un mineur peut reconnaître son enfant naturel sans l'assistance de son tuteur ou curateur ; il en est de même d'un pourvu de conseil judiciaire.

L'un des époux peut, pendant le mariage, reconnaître un enfant qu'il a eu avant le mariage d'un autre que de son conjoint ; seulement si c'est une femme, il lui faut l'autorisation de son mari.

Les enfants adultérins ou incestueux ne peuvent être reconnus.

La reconnaissance peut avoir lieu après le décès de l'enfant.

Un enfant naturel peut être valablement reconnu par un autre que la personne désignée dans son acte de naissance.

—

La reconnaissance d'un enfant naturel ne peut avoir lieu que dans son acte de naissance ou par acte authentique.

Si les père et mère sont présents à l'acte de naissance et qu'ils le signent ou déclarent ne le savoir, la reconnaissance a lieu.

Le père ou la mère peuvent se faire représenter par un mandataire ayant une procuration *notariée*, en brevet.

La reconnaissance du père sans celle de la mère n'a d'effet que vis-à-vis du père.

L'aveu de la mère résulte suffisamment :

1º De la qualité par elle prise dans un acte authentique de tutrice de son enfant mineur naturel ;

2º Ou lorsqu'elle assiste en qualité de mère naturelle de l'enfant à l'inventaire fait après le décès du père.

—

Lorsque la reconnaissance n'est pas faite par l'acte de naissance, elle ne peut avoir lieu que devant le maire, un notaire ou un juge de paix.

La reconnaissance faite devant un juge de paix doit être constatée par un jugement.

Une reconnaissance peut être faite dans un testament authentique.

Si la reconnaissance a lieu devant le maire, cet officier fait, en marge de l'acte de naissance, mention de la reconnaissance.

La reconnaissance faite par acte authentique devant notaire doit avoir lieu en présence de deux notaires ou d'un notaire assisté forcément de deux témoins instrumentaires présents à la lecture de l'acte et à la signature par la partie.

Une expédition régulière de cet acte est ensuite remise au maire, qui fait la mention en marge de l'acte de naissance.

———

La reconnaissance d'un enfant naturel lui donne des droits à la succession du père ou de la mère qui l'a reconnu. (Voyez *Successions*.)

———

## RECRUTEMENT.

———

Le recrutement des armées de terre et de mer s'effectue au moyen des appels, des engagements volontaires et des rengagements.

Nul n'est admis à servir dans l'armée française s'il n'est Français.

Est Français tout individu né en France d'un étranger qui, lui-même, y est né, à moins que dans l'année qui suit l'époque de sa majorité, il ne réclame la qualité d'étranger.

Sont exclus du service militaire les individus condamnés à une peine afflictive ou infamante et les individus condamnés à deux ans d'emprisonnement et placés ensuite sous la surveillance de la haute police.

Chaque année, une loi fixe le contingent à appeler. Ce contingent est ordinairement de 100,000 hommes; en temps de guerre, il peut être augmenté.

Le contingent assigné à chaque canton est fourni par un tirage au sort entre les jeunes Français qui ont leur domicile légal dans le canton et qui ont atteint l'âge de vingt ans révolus dans l'année précédente. (Loi du 21 mars 1852, art. 65.)

Les tableaux de recensement des jeunes gens sont dressés par les maires, soit d'après les registres de l'état civil, soit d'après les déclarations qui doivent être faites par les jeunes gens, leurs parents ou leurs tuteurs.

Ces tableaux sont affichés dans chaque commune.

Le tirage au sort a lieu au chef-lieu du canton, en séance publique, devant le sous-préfet, assisté des maires du canton.

Le tableau est lu à haute voix; les jeunes gens, leurs parents ou ayants-cause sont entendus dans leurs observations; le sous-préfet statue après avoir pris l'avis des maires.

Le sous-préfet inscrit en tête du tableau les jeunes gens coupables ou complices de fraudes ou manœuvres tendant à les faire omettre du tableau.

Les premiers numéros leur sont attribués de droit. Ces numéros sont, en conséquence, extraits de l'urne avant l'opération du tirage.

Les numéros sont comptés par le sous-préfet; chacun des jeunes gens vient ensuite au fur et à mesure qu'il est appelé en tirer un, qui est immédiatement proclamé et inscrit.

Les parents des absents, ou à leur défaut le maire de la commune, tirent à leur place.

La liste du tirage est publiée et affichée dans chaque commune.

*Conseils de révision.* — Un conseil composé du préfet, d'un conseiller de préfecture, d'un membre du conseil général, d'un membre du conseil d'arrondissement, d'un officier supérieur désigné par l'Empereur et d'un membre de l'intendance militaire, procède à la révision des opérations du recrutement et consigne les observations.

Les jeunes gens qui, d'après leurs numéros, sont appelés à faire partie du contingent, sont convoqués, examinés et entendus par le conseil de révision.

En cas d'infirmité, les gens de l'art sont consultés.

Les autres cas d'exemption ou de déduction sont jugés sur la production des pièces authentiques, ou à défaut, sur des certificats signés de trois pères de famille domiciliés dans le même canton dont les fils sont soumis à l'appel ou ont été appelés. Ces certificats doivent, en outre, être signés et approuvés par le maire de la commune du réclamant.

Le conseil de révision statue également sur les substitutions de numéros et les demandes de remplacement.

*Durée du service.* — La durée du service est de sept ans, qui comptent du 1er janvier de l'année où les jeunes gens ont été inscrits sur les registres matricules des corps de l'armée.

Le 31 décembre de chaque année, les soldats qui ont achevé leur temps reçoivent leur congé définitif.

Ne compte pas pour les années de service exigées le temps passé dans l'état de détention en vertu d'un jugement.

Les jeunes gens appelés au service reçoivent autant

que possible l'instruction prescrite pour les écoles primaires.

Avant l'âge de trente ans accomplis, nul n'est admis à un emploi civil ou militaire, s'il ne justifie qu'il a satisfait aux obligations imposées par la loi du recrutement.

## EXEMPTIONS.

Sont exemptés du service militaire les jeunes gens, savoir :

1o Ceux qui n'ont pas la taille d'un mètre cinquante six centimètres ;

2o Ceux que leurs infirmités rendent impropres au service militaire ;

3o L'aîné d'orphelins de père et de mère ;

4o Le fils unique, ou l'aîné des fils, ou à défaut de fils ou de gendre, le petit-fils unique ou l'aîné des petits-fils d'une femme actuellement veuve ou d'un père aveugle ou entré dans sa soixante-dixième année ;

5o Le plus âgé de deux frères appelés à faire partie du même tirage et désignés tous deux par le sort, si le plus jeune est reconnu propre au service ;

6o Celui dont un frère est sous les drapeaux à tout autre titre que pour remplacement ;

7o Celui dont un frère est mort en activité de service ou a été réformé ou admis à la retraite pour blessures reçues dans un service commandé.

Sont considérés comme ayant satisfait à l'appel :

1o Les jeunes gens engagés, sous la condition de rester le temps prescrit ;

2° Les jeunes marins et charpentiers de navires, perceurs, voiliers et calfats inscrits et immatriculés ;

3° Les élèves de l'école polytechnique ;

4° Les membres de l'instruction publique ;

5° Enfin les élèves des grands séminaires autorisés.

----

Les jeunes gens dont le travail est indispensable à leur famille peuvent obtenir de rester dans leurs foyers.

Les demandes doivent être adressées au préfet pendant la tournée du conseil de révision

Elles doivent être accompagnées d'un certificat du maire visé par le sous-préfet, constatant :

1° La position de la famille du jeune soldat ;

2° L'âge et la profession de ses parents ou les infirmités qui les empêchent de travailler ;

3° L'indigence de la famille et le montant des contributions auxquelles elle est imposée ;

4° Les motifs qui nécessitent le maintien du jeune soldat dans ses foyers.

## EXONÉRATION DU SERVICE MILITAIRE.

Les jeunes gens compris dans le contingent annuel obtiennent l'exonération du service au moyen de prestations versées à la caisse de la dotation de l'armée et destinées à assurer leur remplacement dans l'armée par la voie du rengagement d'anciens militaires. (Voyez *Engagement.*)

Le taux de la prestation annuelle est fixé chaque année par un arrêté du ministre de la guerre.

Les versements doivent être effectués dans les deux jours qui suivent les opérations du conseil de révision.

Les militaires sous les drapeaux peuvent se faire exonérer par le versement d'une prestation dont le taux est fixé par le ministre de la guerre.

## REMPLACEMENT.

Le remplacement n'est plus permis qu'entre frères, beaux-frères et parents jusqu'au sixième degré.

Pour pouvoir remplacer, il faut en outre :

1º Être libre de tout service militaire ;

2º Être âgé de dix-huit ans au moins ou trente ans au plus, ou de vingt à trente-cinq si le remplaçant a été militaire ;

3º N'être ni marié, ni veuf avec des enfants ;

4º Avoir la taille voulue ;

5º N'avoir pas été réformé du service militaire ;

6º Produire des certificats contenant le signalement du remplaçant, la durée du temps pendant lequel il a habité la commune, la déclaration qu'il jouit de ses droits civils et qu'il n'a jamais été condamné à une peine correctionnelle.

Si le remplaçant a été militaire, il doit en outre produire un certificat de bonne conduite du corps dans lequel il a servi.

———

Toutes fraudes et manœuvres pour se faire omettre du tableau du recrutement sont punies d'un emprisonnement d'un mois.

———

Les jeunes gens prévenus de s'être rendus impropres au service militaire, soit temporairement, soit d'une manière permanente, dans le but de se soustraire aux obligations imposées par la loi du recrutement, sont déférés aux tribunaux par les conseils de révision, et s'ils sont reconnus coupables, ils ont punis d'un emprisonnement d'un mois à un an.

---

# RÉDHIBITOIRES

## (VICES ET ACTIONS).

On nomme vices rédhibitoires les défauts cachés de la chose vendue, qui la rendent impropre à l'usage auquel on la destine, ou qui diminuent tellement cet usage que l'acheteur ne l'aurait pas acquise ou n'en aurait donné qu'un prix moindre s'il les avait connus.

Les vices rédhitoires sont principalement relatifs aux animaux et la loi du 26 mai 1838. les a déterminés d'une façon toute spéciale.

Sont réputés vices rédhibitoires et donnent ouverture à l'action résultant de l'art. 1641 du Code Napoléon dans les ventes ou échanges des animaux domestiques, sans distinction de localités où les ventes ou échanges auront lieu, savoir :

Pour le cheval, l'âne ou le mulet :

La fluxion périodique des yeux ;

L'épilepsie ou mal caduc ;

La morve, le farcin ;

Les maladies anciennes de poitrine ou *les vieilles courbatures*;

L'immobilité, la pousse, le cornage chronique, le tic sans usure des dents, les hernies inguinales intermitentes, la boiterie intermittente pour cause de vieux mal.

Pour l'espèce bovine :

La phthisie pulmonaire ou pommelière, l'épilepsie ou mal caduc, les suites de la non-délivrance, le renversement du vagin ou de l'utérus, après le port chez le vendeur.

Pour l'espèce ovine :

La clavelée :

Cette maladie reconnue chez un seul animal entraîne la rédhibition de tout le troupeau.

La rédhibition n'a lieu que si le troupeau porte la marque du vendeur.

Le sang de rate :

Cette maladie n'entraîne la rédhibition du troupeau qu'autant que, dans le délai de la garantie, sa perte constatée s'élèverait au quinzième au moins des animaux achetés.

Le délai pour intenter l'action rédhibitoire est, non compris le jour de la livraison, de trente jours pour le cas de fluxion périodique des yeux et d'épilepsie ou mal caduc.

Il est de neuf jours pour tous les autres cas.

Si dans ce délai l'animal a été conduit hors du domicile du vendeur, il est augmenté d'un jour par cinq myriamètres de distance du domicile du vendeur au lieu où l'animal se trouve.

Si, pendant la durée des délais ci-dessus indiqués, l'animal vient à périr, le vendeur n'est pas tenu de la garantie, à moins que l'acheteur ne prouve que la perte de l'animal provient de l'une des maladies sus-énoncées.

Le vendeur est dispensé de la garantie résultant de la morve ou du farcin pour le cheval, l'âne et le mulet et de la clavelée pour l'espèce bovine, s'il prouve que 'animal depuis la livraison a été mis en contact avec des animaux atteints de ces maladies.

---

## RÉGIME DOTAL.

—

En fait de mariage, le droit commun de la France est le régime de la communauté. Le régime dotal est une exception; il ne peut résulter que d'une stipulation expresse.

Le régime de la communauté établit une société entre les époux; sous le régime dotal, au contraire, tous les biens sont distincts et séparés. Le mari administre ceux que la femme se constitue en dot. Les autres biens de la femme lui sont paraphernaux, elle en conserve la jouissance et l'administration.

Pour que les biens de la femme soient dotaux, il faut :

1º Un contrat de mariage contenant une déclaration expresse que les époux adoptent le régime dotal;

2º Que tous les biens de la femme soient *constitués* en dot.

On peut faire au régime dotal telles modifications que les époux croiraient convenables, notamment :

1º Création d'une société d'acquêts;

2º Permission d'aliéner tout ou partie des immeubles dotaux, à charge d'emploi ou sans emploi, etc.

Si la dot est mise en péril, la femme peut demander sa séparation de biens.

—

La constitution de dot a lieu sous le régime dotal comme sous le régime de la communauté; elle peut comprendre tous les biens présents de la femme, ou une partie de ses biens présents et à venir, ou un objet individuel, ou tous ses biens présents et à venir.

La dot ne peut être ni constituée, ni augmentée pendant le mariage.

Les constructions ou améliorations faites par le mari sur le bien dotal sont frappées de dotalité.

La constitution en termes généraux de tous les biens de la femme ne comprend pas les biens à venir.

Si les père et mère constituent conjointement une dot sans distinguer la part de chacun, elle sera censée constituée par portions égales.

Si la dot est constituée par le père seul pour droits paternels et maternels, la mère quoique présente au contrat ne sera point engagée, et la dot demeurera en entier à la charge du père.

Si le survivant des père et mère constitue une dot pour biens paternels et maternels sans spécifier les portions, la dot se prendra d'abord sur les droits du futur époux dans les biens du conjoint prédécédé et le surplus sur les biens du constituant.

Ceux qui constituent une dot sont tenus à la garantie des objets constitués.

Les intérêts de la dot courent de plein droit du jour du mariage contre ceux qui l'ont promise, encore qu'il y ait terme pour le paiement, s'il n'y a stipulation contraire.

L'immeuble acquis des deniers dotaux n'est pas dotal si la condition d'emploi n'a pas été stipulée dans le contrat de mariage. Le mari peut en disposer comme de deniers dotaux, sauf restitution à la dissolution du mariage.

## DES DROITS DU MARI SUR LES BIENS DOTAUX.

Le mari a seul l'administration des biens dotaux pendant le mariage; il a seul le droit d'en poursuivre les détenteurs ou débiteurs, d'en percevoir les fruits et les intérêts et de recevoir le remboursement des capitaux. (Cod. Nap., 1549.)

La femme sous ce régime ne pourrait se réserver l'entière administration de sa dot; cependant il peut être convenu qu'elle touchera annuellement sur ses seules quittances une partie de ses revenus pour son entretien ou ses besoins personnels.

Le mari peut, sans le concours de sa femme, poursuivre les débiteurs de la dot et actionner en désistement les détenteurs des immeubles; il peut également intenter toutes actions personnelles ou réelles y relatives; cependant il ne peut procéder seul au partage définitif des biens dotaux : un pareil partage serait provisionnel.

Si le mari était mineur, il ne pourrait faire toutes ces poursuites ou recevoir le remboursement des sommes dotales sans l'assistance de son curateur.

Le mari n'est pas tenu de fournir caution pour la réception de la dot s'il n'y a pas été assujetti par le contrat. Si la dot consiste en objets mobiliers évalués dans le contrat, sans déclaration que l'estimation n'en fait pas vente, le mari en devient propriétaire et n'est débiteur que du prix donné au mobilier.

C'est tout le contraire s'il s'agit d'immeubles : l'estimation n'emporte vente que tout autant qu'il y aurait convention expresse.

—

Le mari est tenu, à l'égard des biens dotaux, de toutes les obligations de l'usufruitier.

Ainsi, il est obligé de faire dresser inventaire des meubles et état des immeubles constitués en dot, sauf lorsque la donation faite par un tiers contient un état estimatif ou que le contrat de mariage renferme la désignation des meubles et immeubles.

Les frais de cet inventaire sont à la charge du mari.

Il doit administrer en bon père de famille, faire faire toutes les réparations d'entretien qui sont à sa charge; quant aux grosses réparations qu'il est chargé de faire, il en répète le prix lors du paiement de la dot.

Il est responsable de toutes prescriptions acquises et détériorations survenues par sa négligence.

## INALIÉNABILITÉ DE LA DOT.

Les immeubles constitués en dot ne peuvent être aliénés ou hypothéqués pendant le mariage, ni par le mari, ni par la femme, ni par les deux conjointement, sauf quelques exceptions.

Ces immeubles étant inaliénables, ils ne peuvent être saisis pour dettes contractées par le mari et la femme ou par tous les deux conjointement.

Les immeubles dotaux d'une femme marchande publique sont également inaliénables.

Cependant si la femme dotale commettait quelque délit ou employait des moyens frauduleux pour tromper des tiers de bonne foi, elle pourrait être poursuivie même sur ses immeubles dotaux.

L'immeuble dotal est inaliénable même après la séparation de biens.

Et si, malgré la défense d'aliéner, la femme ou le mari, ou tous deux conjointement, vendaient l'immeuble dotal, la femme ou ses héritiers auraient le droit de faire révoquer l'aliénation après la dissolution du mariage, sans qu'on pût leur opposer aucune prescription pendant sa durée. La femme seule aurait le même droit après la séparation de biens.

Le mari lui-même pourrait, encore qu'il ait concouru à la vente, demander la nullité du contrat; mais il doit le faire pendant le mariage.

Si, dans l'acte de vente, le mari n'a pas déclaré que l'immeuble vendu était dotal, il est responsable vis-à-vis de l'acquéreur de la nullité de la vente et des dommages-intérêts que cette nullité peut entraîner.

La femme dotale peut, par une convention expresse, affecter ses paraphernaux à la garantie de la vente de son bien dotal. (C. cass., 4 juin 1854.)

Les immeubles dotaux inaliénables d'après le contrat de mariage sont imprescriptibles pendant le mariage, à moins que la prescription n'ait commencé avant.

Ils deviennent néanmoins prescriptibles après la séparation de biens, quelle que soit l'époque à laquelle la prescription a commencé.

## EXCEPTION A LA RÈGLE DE L'INALIÉNABILITÉ DE LA DOT.

L'immeuble dotal est aliénable, lorsque, par suite d'une stipulation expresse du contrat, il a été estimé avec déclaration que cette estimation en transportait la propriété au mari. Le mari devient alors seulement débiteur de l'évaluation donnée à l'immeuble.

La femme peut encore dans son contrat de mariage se réserver le droit de vendre ses immeubles dotaux.

Dans ce cas, la vente est presque toujours permise à charge de remploi, et cette condition oblige les tiers.

A défaut de remploi, quand il est exigé, la vente peut être annulée.

La faculté de vendre le bien dotal emporte celle d'échanger.

Il n'en est pas de même de celle d'hypothéquer; cette faculté doit être expressément réservée dans le contrat de mariage.

Lorsque la vente est permise par le contrat, le prix de vente est un bien dotal inaliénable, dès lors il ne peut être employé, par exemple, au paiement des dettes contractées par les époux.

La femme peut, avec l'autorisation de son mari, ou, à son refus, avec permission de justice, donner ses biens dotaux pour l'établissement des enfants qu'elle aurait d'un mariage antérieur; mais si elle n'est autorisée que par justice, elle doit réserver la jouissance à son mari. (Art. 1555, C. N.)

Elle peut aussi, avec l'autorisation de son mari, donner ses biens dotaux pour l'établissement des enfants communs.

Par établissement des enfants, on entend non-seulement un mariage, mais encore tout ce qui assure à un enfant une existence indépendante, une industrie lucrative, un état, une position où il puisse attendre l'avenir.

L'immeuble dotal peut encore être aliéné avec permission de justice et aux enchères après trois affiches :

1° Pour tirer de prison le mari ou la femme;

2° Pour fournir des aliments à la famille;

3° Pour payer les dettes de la femme ou de ceux qui ont constitué la dot, lorsque ces dettes ont une date certaine antérieure au contrat de mariage;

4° Pour faire de grosses réparations indispensables à l'immeuble dotal;

5° Enfin, lorsque cet immeuble se trouve indivis avec des tiers et qu'il est reconnu impartageable.

Dans tous ces cas, l'excédant du prix au-dessus des besoins reconnus reste dotal et il en est fait emploi comme tel au profit de la femme.

## RESTITUTION DE LA DOT.

La dot étant donnée au mari pour l'aider à supporter les charges du mariage, il doit la rendre, soit à la femme, soit à ses héritiers lors de la dissolution du mariage ou en cas de séparation de biens.

Si la femme était mineure, elle ne pourrait recevoir la restitution de sa dot qu'avec l'assistance d'un curateur.

Mais pour rembourser une dot, il faut que le mari l'ait reçue.

Quant aux objets mobiliers, la preuve que le mari les a reçus peut résulter, soit du contrat de mariage, soit de l'inventaire qu'il est obligé de faire faire pour les objets qui sont échus pendant le mariage. Faute d'inventaire, la femme pourrait faire preuve par témoins.

Le paiement de la dot se prouve encore par la quittance ou la reconnaissance donnée par le mari.

Si le mariage a duré dix ans depuis l'échéance des termes pris pour le paiement de la dot, la femme ou ses héritiers pourront la répéter contre le mari après la dissolution du mariage, sans être tenus de prouver qu'il l'a reçue, à moins qu'il ne justifiât de diligences inutilement faites pour s'en procurer le paiement.

Le mari serait également déchargé de la dot, même sans avoir rempli de formalités, s'il prouve qu'à l'époque de son exigibilité, le débiteur de cette dot était dans l'impossibilité de payer.

Les biens acquis par la femme mariée sous le régime dotal avec l'autorisation de son mari sont censés achetés avec les fonds de ce dernier, et sont par conséquent sa propriété personnelle; la femme ne peut les réclamer.

Si la dot consiste en immeubles, ou en meubles non estimés par le contrat de mariage, ou bien mis à prix avec déclaration que l'estimation n'en ôte pas la propriété à la femme, le mari ou ses héritiers peuvent être contraints de la restituer sans délai après la dissolution du mariage.

Si elle consiste en une somme d'argent ou en meubles mis à prix par le contrat sans déclaration que l'estimation n'en rend pas le mari propriétaire, la restitution n'en peut être exigée qu'un an après la dissolution;

et si cette dissolution provient de la mort de la femme, les intérêts de la dot sont dus depuis le jour du décès.

Si les meubles dont la propriété reste à la femme ont dépéri par l'usage et sans la faute du mari, il ne sera tenu de rendre que ceux qui resteront et dans l'état où ils se trouveront.

Néanmoins, la femme peut, dans tous les cas, retirer les linges et hardes à son usage, sauf à précompter leur valeur lorsque ces linges et hardes auront été primitivement constitués avec estimation.

Si la dot comprend des obligations ou constitutions de rentes qui ont péri ou souffert des retranchements qu'on ne puisse imputer à la négligence du mari, il est quitte en restituant les contrats.

Si un usufruit a été constitué en dot, le mari ou ses héritiers ne sont obligés, à la dissolution du mariage, que de restituer le droit d'usufruit et non les fruits échus durant le mariage.

Le mari doit les intérêts de la dot depuis le jour de la dissolution du mariage, ou depuis la séparation de biens.

Lorsque le mari est mort, la femme a le choix d'exiger les intérêts de sa dot pendant l'an du deuil, ou de se faire fournir des aliments pendant le même espace de temps aux dépens de la succession du mari; mais, dans ces deux cas, l'habitation durant cette année et les habits de deuil doivent lui être fournis par la succession et sans imputation sur les intérêts à elle dus.

——

A la dissolution du mariage, le mari et la femme, ou leurs héritiers, se partagent les fruits des immeubles dotaux à proportion du temps qu'il a duré pendant la dernière année. L'année commence à partir du jour où le mariage a été célébré.

Si le mari était insolvable et n'avait ni art, ni profession lorsque le père a constitué une dot à sa fille, celle-ci ne sera tenue de rapporter à la succession de son père que l'action qu'elle a contre celle de son mari pour s'en faire rembourser.

Mais si le mari n'est devenu insolvable que depuis le mariage,

Ou s'il avait une profession qui lui tenait lieu de bien,

La perte de la dot tombe uniquement sur la femme.

## RÉMÉRÉ

### OU FACULTÉ DE RACHAT.

La faculté de rachat ou *réméré* est un pacte par lequel le vendeur se réserve de reprendre la chose vendue moyennant la restitution du prix principal et le remboursement de tous les frais et autres impenses faites par l'acquéreur.

Malgré la stipulation de réméré la vente est parfaite, ainsi :

1° La chose vendue avec pacte de rachat est aux risques de l'acquéreur ;

2° L'acquéreur exerce tous les droits de son vendeur ;

3° Il peut prescrire tant contre le véritable maître que contre ceux qui prétendraient des droits ou hypothèques sur la chose vendue ;

4° Il doit remplir les formalités de purge ;

5º Il peut opposer le bénéfice de la discussion aux créanciers de son vendeur.

## DURÉE ET MODE DE L'EXERCICE DU RÉMÉRÉ.

La faculté de rachat ne peut être stipulée pour un terme excédant cinq ans; si elle a été stipulée pour un terme plus long elle est réduite à ce terme de cinq ans.

Ce terme est de rigueur et ne saurait être prolongé par le juge.

Faute par le vendeur d'avoir exercé son action en réméré dans le temps prescrit, l'acquéreur, de plein droit, demeure propriétaire incommutable, sans qu'il soit tenu de mettre le vendeur en demeure ou d'obtenir jugement.

Ce délai court contre toutes personnes, même contre le mineur, sauf s'il y a lieu, le recours contre qui de droit.

Le vendeur à pacte de rachat peut exercer son action contre un second acquéreur, quand même la faculté de réméré n'aurait pas été déclarée dans le second contrat.

Le vendeur doit faire connaître à son acquéreur l'intention où il est d'user de la faculté qu'il s'est réservée.

Il doit rembourser :

1º Le prix principal de la vente;

2º Les frais et loyaux coûts de la vente, tels que les droits d'enregistrement, les frais du contrat, ceux de transcription et de notification;

3º Les réparations nécessaires et celles qui ont augmenté la valeur du fonds jusqu'à concurrence de cette augmentation.

Jusqu'à complet acquittement de tous ces frais, l'acquéreur ne peut être tenu de rendre à son vendeur l'immeuble dont il jouit.

De son côté l'acquéreur doit tenir compte au vendeur des détériorations survenues par sa faute.

L'exercice de la faculté de rachat résoud la vente et réintègre le propriétaire dans tous ses droits.

Les hypothèques qui auraient pu le grever du chef de l'acquéreur s'éteignent.

Cependant les baux que ce dernier aurait faits sans fraude devraient être maintenus.

---

## REMISE DE DETTE.

—

La remise de dette est une manière d'éteindre les obligations.

En général, tout créancier peut faire remise de sa dette à son débiteur, pourvu que ce ne soit pas en fraude de ses créanciers.

La remise volontaire du titre original sous signature privée par le créancier au débiteur fait preuve de la libération.

La remise de la grosse du titre fait présumer la libération, jusqu'à preuve contraire.

Si la remise de la dette est le résultat d'une donation, il faut nécessairement que cette donation soit acceptée par le débiteur; et la remise de la dette n'existe qu'après cette acceptation.

La remise ou décharge conventionnelle au profit de l'un des codébiteurs solidaires libère tous les autres, à moins que le créancier n'ait expressément réservé ses droits contre ces derniers.

Dans ce dernier cas, il ne peut plus répéter la dette que déduction faite de la part de celui auquel il a fait la remise.

La remise ou décharge conventionnelle accordée au débiteur principal libère les cautions. Il n'en est pas de même de celle accordée à la caution ; elle ne libère pas le débiteur principal, et celle accordée à l'une des cautions ne libère pas les autres.

---

## RENONCIATION.

La renonciation est l'abandon d'un droit ou d'une prétention.

Pour renoncer, il faut être capable d'aliéner.

On ne peut renoncer à une succession avant son ouverture.

L'exécution volontaire d'un acte emporte renonciation aux moyens et exception que l'on pouvait opposer contre cet acte.

La renonciation verbale est valable lorsque le contrat est verbal.

Il y a plusieurs sortes de renonciations, nous ne nous occuperons que des principales.

### I.

#### RENONCIATION A COMMUNAUTÉ.

Après la dissolution de la communauté, la femme, ses

héritiers ou ayants-cause, ont la faculté d'y renoncer; toute convention contraire est nulle.

La femme pourrait d'avance et par son contrat de mariage, renoncer à la communauté moyennant le paiement d'une somme fixe, c'est ce que l'on appelle *forfait de communauté*.

La renonciation est indivisible, elle comprend toute la communauté, elle est irrévocable en ce sens que la femme y devient complètement étrangère.

—

Le droit de répudier la communauté n'appartient qu'à la femme ou à ses héritiers; le mari étant responsable de son admistration ne saurait la répudier.

Cette faculté accordée à la femme lui appartient même lorsqu'elle est séparée de biens.

La femme mineure ne peut renoncer qu'avec l'assistance de son curateur.

Les créanciers de la femme peuvent accepter ou répudier la communauté.

La femme ou ses héritiers qui veulent conserver la faculté de renoncer doivent s'abstenir de toute acceptation soit expresse, soit tacite. (Voyez *Acte d'héritier.*)

La femme survivante qui veut conserver la faculté de renoncer à la communauté, doit, dans les trois mois du décès, faire faire un inventaire régulier de tous les biens de la communauté.

—

La renonciation doit être expresse, sauf en cas de séparation de corps.

La renonciation se fait au greffe du tribunal de première instance de l'arrondissement du domicile du mari, lors de la dissolution de la communauté.

On se fait habituellement assister d'un avoué, mais la présence de cet officier ministériel n'est pas de toute rigueur.

Les frais de renonciation sont à la charge du renonçant.

———

La femme ou ses héritiers qui renoncent, perdent tous leurs droits sur les biens de la communauté et même sur le mobilier que la femme peut avoir apporté dans cette communauté, si elle n'a stipulé dans son contrat de mariage qu'elle le reprendrait en renonçant.

Cette faculté réservée à la femme ne lui profite pas pour le mobilier qu'elle a reçu pendant le mariage.

Si elle n'est stipulée qu'en faveur de la femme, elle ne profite pas aux enfants; et si elle est stipulée au profit de la femme et des enfants, elle ne profite pas aux héritiers collatéraux.

## II.

### RENONCIATION A DONATION.

Jusqu'à ce qu'une donation soit acceptée expressément, celui à qui elle est faite a le droit d'y renoncer.

Mais une fois la donation acceptée, elle ne peut être répudiée qu'en vertu d'une nouvelle convention faite entre le donateur et le donataire et sans préjudice des droits acquis aux tiers.

Quant aux donations de biens à venir par contrat de mariage aux époux ou entre époux, le donataire peut y renoncer au décès du donateur, mais pas avant.

## III.

### RENONCIATION A UN LEGS.

On ne peut pas renoncer à un legs pour une partie et l'accepter pour l'autre.

La renonciation à un legs peut être expresse ou tacite ; elle n'a pas besoin d'être acceptée.

## IV.

### RENONCIATION A SUCCESSION.

C'est un acte par lequel un héritier renonce aux droits qu'il a sur une succession ouverte.

La renonciation doit être gratuite et être faite au profit de tous les héritiers.

La renonciation ne peut avoir lieu qu'après l'ouverture de la succession; elle doit être faite par l'héritier habile à succéder.

L'héritier ne peut être contraint de renoncer pendant le temps qui lui est accordé pour faire inventaire et délibérer.

S'il renonce dans le délai, les frais faits sont à la charge de la succession.

Mais les délais expirés, il peut être poursuivi et les frais sont à sa charge.

Par suite de la renonciation de l'héritier du premier degré, l'héritier du second degré est censé avoir toujours été héritier.

La faculté de renoncer se prescrit par trente ans.

—

L'héritier qui a accepté soit expressément, soit tacitement ne peut renoncer qu'en faisant révoquer son acceptation.

S'il a diverti ou recélé des effets de la succession, il ne peut plus y renoncer ; il est héritier pur et simple, malgré sa renonciation sans pouvoir prétendre aucune part dans les objets divertis ou recélés.

Le mineur émancipé, l'interdit, le pourvu d'un conseil judiciaire, la femme mariée, ne peuvent renoncer à une succession sans l'autorisation des personnes qui donnent la validité à leurs engagements.

Un tuteur ne peut renoncer à une succession sans l'autorisation du conseil de famille.

Si un héritier présomptif décède sans avoir pris qualité, ses héritiers peuvent accepter ou répudier de leur chef.

———

La renonciation à une succession ne se présume pas : elle doit être expresse.

Elle est faite au greffe du tribunal de l'arrondissement dans lequel la succession s'est ouverte.

On peut se faire représenter par un mandataire muni d'un pouvoir authentique; la procuration reste annexée au registre des déclarations.

———

L'héritier qui renonce est censé n'avoir jamais été héritier.

Il n'est tenu d'aucune charge de la succession.

En renonçant il peut retenir le don ou réclamer le legs qui lui a été fait, jusqu'à concurrence de la portion disponible.

Sa part accroît à ses cohéritiers.

## RENTES

PERPÉTUELLES ET VIAGÈRES.

La constitution de rente est un contrat par lequel une des parties remet à l'autre une somme qu'elle s'interdit d'exiger, à la charge par l'emprunteur de payer un in- térêt annuel; c'est cet intérêt qui s'appelle rente.

La rente peut être *perpétuelle* ou *viagère*.

Si la rente est perpétuelle, l'emprunteur et ses héri- tiers sont tenus de la servir à perpétuité, à moins qu'il ne veuille se libérer en remboursant le capital.

Si la rente est viagère, l'emprunteur ne la paie que jusqu'à la mort de la personne sur la tête de laquelle la rente est établie.

La rente perpétuelle est toujours rachetable; cepen- dant on peut convenir que le rachat ne sera pas fait avant un délai qui ne peut excéder dix ans, ou sans avoir averti le créancier, aux termes déterminés d'a- vance.

Mais si la rente perpétuelle est établie pour le prix de la vente d'un immeuble, le délai peut être de trente ans.

Le débiteur d'une rente constituée en perpétuelle, peut être contraint au rachat:

1º S'il cesse de remplir ses obligations pendant deux années;

2º S'il ne fournit pas au prêteur les sûretés promises par le contrat.

Le créancier de la rente peut alors, si son titre est exécutoire, contraindre le débiteur à lui rembourser le capital sans qu'il soit nécessaire d'obtenir un jugement contre lui; il n'en serait pas de même si le titre n'était pas exécutoire.

Le débiteur, pour que le créancier puisse exiger son remboursement, doit-il être mis en demeure de satisfaire à son obligation? La jurisprudence distingue si la rente est *quérable*, c'est-à-dire, si le créancier est obligé d'aller toucher le montant de la rente chez le débiteur; ou si elle est *portable*, c'est-à-dire, si le débiteur est obligé de porter la rente au domicile du créancier; dans le premier cas, le débiteur doit être mis en demeure, car il doit être averti légalement d'exécuter son obligation. Dans le second cas, il n'est pas nécessaire qu'il soit mis en demeure, car il ne pouvait, sous aucun prétexte, se dispenser de porter la rente.

Le capital de la rente perpétuelle devient exigible en cas de faillite ou de déconfiture du débiteur, le créancier ne trouvant plus de sûreté pour le paiement de la rente.

Le contrat de constitution de rente n'est assujetti à aucune forme particulière. On peut, à la rigueur, le rédiger par acte sous seing privé, mais à raison de la nature de cet acte, il est prudent d'employer la forme authentique. Cette forme est de toute nécessité lorsqu'on veut stipuler une garantie hypothécaire, ou lorsque la rente est constituée gratuitement.

Les arrérages des rentes perpétuelles et notamment tout ce qui est payable par année ou à des termes périodiques plus courts, se prescrivent par cinq ans.

Les rentes peuvent s'éteindre par la prescription, c'est-à-dire, par trente années écoulées depuis leur création sans aucun paiement d'arrérages.

## RENTE VIAGÈRE.

La rente viagère est celle dont la durée est subordonnée à l'événement du décès d'une ou plusieurs personnes indiquées au contrat.

La rente viagère peut être constituée à titre onéreux, moyennant une somme d'argent, ou pour une chose mobilière, ou pour un immeuble. Dans ce cas les parties peuvent choisir, pour la rédaction de l'acte, la forme qu'elles préfèrent, soit sous seing privé, soit par acte devant notaire.

La rente viagère peut être constituée à titre gratuit, par donation entre-vifs ou par testament. Dans ce cas, elle doit être revêtue des formes prescrites par la loi.

La rente viagère étant un contrat aléatoire, en ce sens que, suivant l'existence du rentier, elle est plus ou moins onéreuse, la loi n'en a pas fixé le taux.

La rente viagère n'est pas rachetable comme la rente perpétuelle; le constituant ne peut s'en libérer à moins d'une convention formelle en offrant de rembourser le capital et en renonçant à la répétition des arrérages payés, et il est tenu de servir la rente pendant toute la vie de la personne ou des personnes sur la tête desquelles elle a été constituée, quelle que soit la durée de la vie de ces personnes et quelqu'onéreux qu'ait pu devenir le service de cette rente.

Le créancier peut toutefois demander la résiliation du contrat, si le constituant ne lui donne pas les sûretés stipulées pour son exécution, ou si les sûretées données venaient à s'évanouir; il n'est pas tenu du reste à restituer, dans ce cas, les arrérages qu'il a perçus.

Comme toutes les prestations annuelles, les arrérages des rentes viagères se prescrivent par cinq ans.

Les rentes viagères s'éteignent par la mort de la personne sur la tête de laquelle elles ont été constituées.

La rente viagère ne s'éteint pas par la mort civile du propriétaire, le paiement doit en être continué pendant sa vie naturelle. Aujourd'hui, cette question est tranchée, la mort civile étant abolie.

Comme la rente perpétuelle, elle est susceptible de se prescrire par le non-paiement des arrérages durant trente ans.

Le contrat de vente d'un immeuble, à charge de rente viagère, n'est pas soumis à l'action en rescision pour cause de lésion à raison de sa nature aléatoire.

Les créanciers du propriétaire de la rente viagère ont le droit de la saisir, comme tous les autres biens. Elle ne peut être stipulée insaisissable, que lorsqu'elle est constituée à titre gratuit.

## RENTES SUR L'ÉTAT.

Ce sont les rentes créées par le gouvernement comme représentation des intérêts annuels de capitaux empruntés ou de dettes contractées, sans aucun engagement de sa part de rembourser à une époque déterminée.

Les rentes perpétuelles sur l'État sont de 3 pour cent, 4 pour cent. et 4 et demi pour cent.

Elles sont nominatives ou au porteur.

Elles sont meubles par la détermination de la loi, mais en certains cas elles peuvent être immobilisées et de plus devenir inaliénables.

Elles peuvent être inaliénables lorsqu'elles sont affec-
tées à la constitution d'un majorat, ou, en cas de régime
dotal, lorsque la rente fait partie de la dot ou qu'elle a
été achetée en remploi d'un bien dotal si le contrat le
permettait.

Il en est de même pour les comptables envers l'État,
qui ne peuvent disposer de leurs rentes sur l'État avant
l'apurement de leur compte, à moins d'un cautionnement par eux fourni.

Les rentes sur l'État sont insaisissables.

La transmission des rentes sur l'État s'opère par
vente, par succession, donation, legs ou échange.

Pour vendre, il faut nécessairement recourir au ministère d'un agent de change.

Lorsqu'il n'y a pas d'agent de change dans un chef-
lieu de département, les notaires peuvent les remplacer.

Pour transférer, il faut être capable d'aliéner.

Les rentes sur l'État se vendent au comptant ou à
terme.

## REPRISES MATRIMONIALES.

Les reprises matrimoniales sont les biens restés, la
propriété personnelle des époux et qu'ils ont droit de
reprendre à la dissolution du mariage.

On appelle encore reprises les indemnités dues à l'un
des époux, ou les choses et sommes qu'il doit prélever
à titre de préciput conventionnel.

L'époux reprend dans la communauté :

1° Ses biens propres existant en nature ou les prix de
vente ;

2º Les valeurs ou objets mobiliers constatés dans le contrat de mariage.

3º Le montant des obligations qu'il a contractées dans l'intérêt de la communauté.

La femme qui s'est obligée solidairement avec le mari pour les affaires de la communauté, ou pour les affaires personnelles du mari, est censée n'être que sa caution solidaire.

Les condamnations prononcées contre l'un des époux pour crime emportant mort civile, ne frappent que sa part de la communauté et ses biens personnels.

En cas de faillite ou de déconfiture du mari, les créanciers de la femme peuvent exercer les droits de leur débitrice jusqu'à concurrence du montant de leur créance.

Les récompenses dues par la communauté aux époux portent intérêt de plein droit du jour de la dissolution de la communauté.

La femme qui renonce à la communauté a le droit de reprendre en nature les linges et hardes à son usage personnel et ce sans délai.

Quant aux immeubles, les époux ont droit de reprendre ceux qu'ils possédaient au jour du mariage et ceux qui leur sont advenus depuis, à titre de succession ou de donation.

Chaque époux reprend en argent :

1º Les sommes portées dans le contrat de mariage ;

2º Celles qui lui sont advenues en propre depuis ;

3º La valeur des objets mobiliers stipulés propres et dont il n'a pas exercé la reprise en nature ;

4º Enfin les sommes qu'il a dépensées pour le compte

de la communauté et en général les indemnités qui lui sont dues par cette communauté.

En cas d'acceptation ou de partage de communauté, la reprise du prix des immeubles vendus s'exerce par la voie du prélèvement.

Les prélèvements de la femme s'exercent avant ceux du mari, d'abord sur l'argent comptant, ensuite sur le mobilier et enfin sur les immeubles de la communauté.

La femme ou ses héritiers ont le choix des immeubles.

Celui des époux qui emploie le prix de son bien personnel à éteindre le passif de son conjoint, a droit d'exercer sa créance sur les biens personnels de ce conjoint.

## REQUÊTE CIVILE.

La requête civile est une voie extraordinaire pour attaquer un jugement en dernier ressort devant le tribunal même qui l'a rendu.

Il y a deux espèces de requêtes civiles :

La *principale*, qui attaque directement un jugement ;

L'*incidente*, par laquelle on attaque un jugement à l'occasion d'une instance dans le cours de laquelle une partie le fait valoir.

Il y a lieu à requête civile dans les cas suivants :

1° Dol personnel, c'est-à-dire allégation par une partie d'un fait qui est faux, ou dissimulation d'une pièce décisive.

2º Violation soit avant, soit pendant le jugement, de formalités prescrites à peine de nullité;

3º Prononciation sur choses non demandées;

4º Adjudication de plus qu'il n'a été demandé;

5º Omission de prononcer sur un des chefs la demande;

6º Contrariété de jugements rendus entre les mêmes parties;

7º Contrariétés dans les dispositions d'un même jugement;

8º Omission de communication au ministère public, dans les cas où la loi l'exige;

9º Jugement rendu sur des pièces reconnues fausses depuis;

10º Productions de pièces décisives retrouvées depuis ce jugement;

11º Défaut de défense, ou défense non valable.

———

On ne peut attaquer par la requête civile que les jugements rendus en dernier ressort par les tribunaux civils, les cours impériales ou les arbitres, soit contradictoirement soit par défaut.

———

*Formes.* — La requête civile est signifiée avec assignation, dans les trois mois, à l'égard des majeurs, du jour de la signification, à personne ou domicile du jugement attaqué. Ce délai est augmenté suivant les distances. A l'égard des mineurs, ce délai ne court que du jour de la signification faite depuis leur majorité.

La requête civile est portée au tribunal où le jugement a été rendu.

La requête civile autre que celle dans l'intérêt de

l'État n'est pas reçue si, préalablement, il n'a été consigné 300 fr. pour amende, 150 fr. pour dommages-intérêts de la partie, sauf règlement.

Cette consignation est réduite à moitié si le jugement est par défaut, et au quart s'il s'agit de jugement rendu par les tribunaux de première instance.

La requête civile n'empêche pas l'exécution du jugement attaqué.

Toute requête civile est communiquée au ministère public.

Si la requête civile est rejetée, le jugement attaqué est maintenu de droit, et le demandeur est condamné aux amendes et dommages-intérêts, s'il y a lieu.

La condamnation à l'amende n'a pas lieu :

1º Si le rejet n'est que partiel ;

2º Si le demandeur a acquiescé au premier jugement, ou s'est désisté de la requête ;

3º S'il n'a pas présenté la requête.

## RÉSERVE LÉGALE.

C'est la portion de biens dont on ne peut disposer à titre gratuit au préjudice de ses héritiers en ligne directe.

Ceux qui ont droit à une réserve sont :

1º Les enfants ou descendants légitimes, les enfants adoptifs ou légitimés ;

2º Tous les ascendants ; mais l'ascendant le plus proche dans chaque ligne recueille à l'exclusion des autres.

La quotité de la réserve des enfants ou descendants varie suivant leur nombre.

Si le disposant n'a laissé qu'un enfant légitime, elle est de la moitié des biens.

S'il en a deux, elle est des deux tiers.

Elle est des trois quarts s'il a trois enfants ou un plus grand nombre. (Voyez *Portion disponible*.)

## RÉSILIATION, RÉSOLUTION.

L'acte par lequel des parties annulent volontairement une convention faite entre elles s'appelle *résiliation*. Si cette annulation est ordonnée en justice, l'acte prend le nom de *résolution*.

Le simple consentement des parties suffit pour faire résilier un contrat. Cependant si des stipulations y avaient été faites au profit d'un tiers et que ce tiers eût déclaré vouloir en profiter, il faudrait encore son consentement.

En matière de bail, la résiliation volontaire faite dans l'intérêt de l'une des parties donne droit à l'autre à une indemnité qui est ordinairement fixée au tiers du prix de bail pour le temps qui reste à courir.

La résolution volontaire laisse subsister du premier contrat ce qui a existé pour le passé; la résolution forcée anéantit le contrat primitif.

En général, la résolution est une condition sous-entendue dans les contrats synallagmatiques, pour le cas où l'une des parties ne satisfera pas à ses engagements, par exemple si un acquéreur ne paie pas son prix.

Lorsqu'il s'agit de vente de denrées ou d'effets mobiliers ou de tout autre article de commerce, la non-délivrance de la chose à l'époque déterminée amène forcément la résolution du contrat.

La partie envers laquelle l'engagement n'a point été exécuté a le choix ou de forcer l'autre à l'exécution de la convention ou d'en demander la résolution avec des dommages-intérêts.

La résolution n'a pas lieu de plein droit, elle doit être demandée en justice.

## RETOUR.

C'est le droit qu'a un donateur, en cas de prédécès du donataire, de reprendre les choses qu'il a données.

Le droit de retour est *conventionnel* ou *légal*.

Il est *conventionnel* quand il résulte d'une stipulation expresse de la donation ; *légal* quand il résulte des stipulations de la loi en dehors de toute convention.

Le droit de retour ne peut être stipulé qu'au profit du donateur seul ; s'il était stipulé au profit de ses héritiers, il y aurait une substitution prohibée.

L'effet du droit de retour est de faire rentrer les biens donnés francs et exempts de toutes les dettes, charges ou hypothèques du chef du donataire. Cependant, en cas d'insuffisance des biens de ce dernier, pour la garantie des reprises de sa femme, ou si les biens donnés l'ont été dans le contrat de mariage, l'hypothèque légale de la femme du donataire les grève.

Les biens frappés du droit de retour ne peuvent être donnés par testament par le donataire.

Quant au retour légal, la loi porte que l'ascendant

succède, à l'exclusion de tous autres, aux choses par lui données. Ainsi, il est héritier, il a la saisine des choses par lui données et n'est pas obligé d'en demander la délivrance; il peut n'accepter que sous bénéfice d'inventaire; enfin, il jouit de tous les droits d'un héritier et est soumis aux mêmes charges.

Le droit de retour légal peut être exercé par les héritiers de l'ascendant, si toutefois l'ascendant a survécu au donataire mort sans postérité.

L'ascendant reprend toutes les choses par lui données qui se retrouvent en nature dans la succession, et à leur défaut, le prix qui peut être dù.

L'ascendant ne peut être obligé de rembourser les impenses faites par le donataire qu'eu égard à l'augmentation qu'elles ont causée à l'immeuble et non à raison de ce qu'elles ont coûté.

## RETRAIT SUCCESSORAL.

C'est la faculté qu'on a d'écarter du partage un étranger cessionnaire des droits d'un copartageant.

Toute personne, même parente du défunt, qui n'est pas son successible et à laquelle un cohéritier aurait cédé son droit à la succession, peut être écartée du partage, soit par tous les cohéritiers, soit par un seul, en lui remboursant le prix de la cession. (C. Nap., 841.)

Cependant, il n'y a pas lieu au retrait successoral lorsque l'objet de la cession est une part dans un corps certain et déterminé. (Merlin, *Droits successifs*, nº 9, et Delaporte; cass., 9 septembre 1806, 10 août 1840.)

Le retrait successoral ne peut être exercé que par un héritier et non pas toutefois par l'héritier du cédant; il peut l'être par un légataire universel.

Mais en remboursant le prix de la cession, la question de savoir si des intérêts lui sont dus dépend des circonstances.

## RÉVOCATION DE DONATIONS. (Voyez *Donation*.)

## ROUTES,

### CHEMINS VICINAUX ET AUTRES.

On désigne ordinairement par route le chemin que l'on suit pour aller d'un lieu à un autre; mais dans la législation administrative, on appelle ainsi les grands chemins.

Les routes se divisent en deux grandes catégories : les routes impériales et les routes départementales.

### ROUTES IMPÉRIALES.

Les routes impériales se subdivisent, en outre, en trois classes.

Chaque fois qu'une route nouvelle est ouverte, la loi qui en ordonne la construction doit indiquer la classe à laquelle elle appartient.

Les routes impériales de première et de seconde classe sont construites et entretenues aux frais de l'État.

Les frais de construction et d'entretien des routes de

troisième classe sont supportés concurremment par l'État et les départements qu'elles traversent.

## ROUTES DÉPARTEMENTALES.

Les routes départementales sont les grandes routes qui ne sont pas comprises dans les tableaux des routes impériales. Elles sont établies par un décret, sur le vote des conseils généraux, d'après la loi du 7 juillet 1833, art. 3, et une loi du 20 mars 1835.

L'exécution des travaux des routes départementales est placée sous la surveillance d'une commission prise parmi les membres des conseils de département, d'arrondissement et municipaux et parmi les particuliers; le président et le secrétaire de cette commission sont nommés par le préfet.

## LARGEUR DES ROUTES.

Le décret de 1811 n'a rien déterminé relativement à la largeur des routes; on reste donc, à cet égard, dans les termes de l'arrêt du conseil, du 16 février 1776.

Il résulte que les routes impériales de première classe ont environ quatorze mètres de large (42 pieds); celles de seconde, douze mètres (36 pieds), et celles de troisième, dix mètres (30 pieds).

Quant aux routes départementales, elles ont de huit à dix mètres, suivant les circonstances; le tout sans comprendre les fossés ou les empâtements des talus ou glacis.

## CHEMINS VICINAUX.

Les chemins vicinaux légalement reconnus sont à la charge des communes, sauf les dispositions de la loi du 21 mai 1836, art. 7, qui porte :

« En cas d'insuffisance des ressources ordinaires des communes, il sera pourvu à l'entretien des chemins vicinaux, à l'aide, soit des prestations en nature dont le maximum est fixé à trois journées de travail, soit de centimes spéciaux en addition au principal des quatre contributions directes et dont le maximum est fixé à cinq. Le conseil municipal pourra voter l'une ou l'autre de ces ressources et toutes les deux concurremment; le concours des plus imposés ne sera pas nécessaire dans les délibérations prises pour l'exécution du présent article. »

Tout habitant, chef de famille ou d'établissement, à titre de propriétaire, de régisseur, de fermier ou de colon partiaire, porté au rôle des contributions directes, pourra être appelé à fournir chaque année une prestation de trois jours :

1º Pour sa personne et pour chaque individu mâle valide âgé de dix-huit ans au moins et de soixante ans au plus, membres ou serviteurs de famille et résidant dans la commune ;

2º Pour chacune des charrettes ou voitures attelées, et en outre, pour chacune des bêtes de somme, de trait, de selle, au service de la famille ou de l'établissement dans la commune.

La prestation sera appréciée en argent, conformément à la valeur qui aura été attribuée annuellement pour la commune, par le conseil général, sur les propositions des conseils d'arrondissement.

La prestation pourra être acquittée en nature ou en argent, au gré du contribuable.

Toutes les fois que le contribuable n'aura pas opté dans les délais prescrits, la prestation sera de droit exigible en argent.

La prestation non rachetée en argent pourra être convertie en tâche, d'après les bases et évaluations de travaux préalablement fixés par le conseil municipal.

Lorsqu'un chemin vicinal intéresse plusieurs communes, le préfet, sur l'avis des conseils municipaux, désigne les communes qui doivent concourir à sa construction et à son entretien, et fixe la proportion dans laquelle chacune d'elles y contribue.

### CHEMINS VICINAUX DE GRANDE COMMUNICATION.

Les chemins vicinaux peuvent, selon leur importance, être déclarés chemins vicinaux de grande communication par le conseil général, sur l'avis des conseils municipaux, des conseils d'arrondissement et sur la proposition du préfet. Sur les mêmes avis et propositions, le conseil général détermine la direction de chaque chemin vicinal de grande communication, et désigne les communes qui doivent contribuer à sa construction ou à son entretien.

Le préfet fixe la largeur et les limites du chemin et détermine annuellement la portion dans laquelle chaque commune doit concourir à l'entretien de la ligne vicinale dont elle dépend; il statue sur les offres faites par les particuliers, associations de particuliers ou de communes.

Les chemins vicinaux de grande communication et, dans les cas extraordinaires, les autres chemins vicinaux pourront recevoir des subventions sur les fonds départementaux.

Il est pourvu à ces subventions au moyen des centimes facultatifs ordinaires du département et de centimes spéciaux votés annuellement par le conseil général.

Les communes acquittent la portion des dépenses mises à leur charge au moyen de leurs revenus ordinaires, et en cas d'insuffisance, au moyen de deux journées de prestation sur les trois journées autorisées, ainsi que nous l'avons dit ci-dessus par la loi du 21 mai 1836 et des deux tiers des centimes votés par le conseil municipal.

Les travaux d'ouverture et de redressement des chemins vicinaux sont autorisés par arrêté du préfet.

## SAISIE.

On entend par saisie l'acte par lequel on met sous la main de la justice des biens ou des objets dans l'intérêt, soit du saisissant, soit de tous autres ayants-droit.

Il y a diverses espèces de saisie ; nous allons nous en occuper successivement.

# I.

## SAISIE-ARRÊT OU OPPOSITION.

C'est la saisie faite par un créancier contre son débiteur entre les mains d'un tiers, débiteur de ce dernier.

Toutes sommes ou objets dus par un tiers à un débiteur sont susceptibles d'être saisis par le créancier.

On ne peut saisir qu'une portion du traitement d'un fonctionnaire public ou des officiers des troupes et commissaires des guerres.

On ne peut jamais saisir :

1º Les provisions alimentaires accordées en justice ; les pensions pour aliments ;

2º Les rentes ou pensions dues par l'État ;

3º Les traitements des ecclésiastiques ;

4º Les soldes de retraite ou traitements de la Légion d'Honneur ;

5º Les biens affectés à des dotations ;

6º Les valeurs transportées par lettres de change ou billets à ordre ;

7º Les lettres confiées à la poste ;

8º Les chevaux, ustensiles et équipages destinés au service des postes.

On peut saisir et arrêter le cautionnement des officiers ministériels, agents de change ou courtiers de commerce.

---

On peut saisir en vertu d'un titre authentique ou sous seing privé, ou simplement avec une permission du juge.

Tout exploit de saisie-arrêt fait en vertu d'un titre doit énoncer le titre et la somme pour laquelle elle est faite.

Si l'on procède en vertu d'une permission du juge, il en est donné copie en tête de l'exploit, le tout à peine de nullité.

L'huissier signataire d'une saisie-arrêt est tenu de justifier de l'existence du saisissant à l'époque où le pouvoir de saisir a été donné, à peine d'interdiction et de dommages-intérêts.

Le saisissant doit, dans le délai de huitaine, outre les délais de distance, dénoncer la saisie au débiteur et l'assigner en validité, à peine de nullité.

Dans un même délai de huitaine, la demande en validité doit être dénoncée au tiers saisi. Cette demande est portée devant le tribunal du domicile du saisi.

En matière commerciale, c'est le tribunal *civil* qui statue sur la demande en validité de la saisie-arrêt.

La demande en validité de saisie est dispensée du préliminaire de conciliation.

———

La saisie-arrêt, valablement dénoncée et contre-dénoncée, a pour effet, à l'égard du débiteur saisi, d'affecter la créance saisie au paiement des droits du saisissant.

Le tiers saisi ne peut plus disposer de la somme; il ne pourrait même pas compenser la créance s'il était devenu créancier depuis la saisie, ou volontairement ou sans aucun fait de sa part.

## II.

### SAISIE-BRANDON.

C'est un acte par lequel un créancier saisit les fruits pendant par racine appartenant à son débiteur, pour les faire vendre et se faire payer sur le prix.

Pour procéder à une saisie-brandon, il faut être porteur d'un titre exécutoire ; et si la dette exigible n'est pas une somme d'argent, il est sursis, après la saisie, à toutes poursuites ultérieures jusqu'à ce que l'appréciation en ait été faite.

On peut saisir toute espèce de fruits pendant par branches ou par racines, même les coupes de bois taillis, les arbres en pépinière, les bois de haute futaie mis en coupes réglées.

La saisie-brandon ne peut être faite qu'environ six semaines avant la maturité des fruits, pour éviter de trop grands frais de gardien.

Le procès-verbal de saisie désigne chacune des pièces où les fruits sont saisis et la nature de ces fruits. Notification de cette saisie est faite au maire de la commune.

Le garde champêtre est établi gardien ; s'il est présent, copie de la saisie lui est remise.

La vente est annoncée au moins huit jours à l'avance par plusieurs affiches ; elle se fait un dimanche ou un jour de marché.

Quant aux autres formalités, voir ci-après *Saisie-exécution*.

## III.

### SAISIE-EXÉCUTION.

C'est l'acte par lequel on place sous les mains de la justice divers objets d'un débiteur destinés à être vendus.

Tous les biens meubles du débiteur, hors ceux exceptés par la loi, peuvent être saisis-exécutés. En ce nombre sont compris les billets de banque, les actions au porteur et les reconnaissances du mont-de-piété.

On ne peut saisir le lit garni servant au coucher du débiteur et de ses enfants vivant avec lui et les vêtements dont il est couvert.

Ne sont saisissables que pour certaines créances :

1o Les objets que la loi déclare immeubles par destination ;

2o Les livres, machines et instruments relatifs à la profession du saisi ou servant à l'enseignement, jusqu'à concurrence de la somme de 300 fr., au choix du saisi ;

3o Les outils servant à la profession d'un artisan ;

4o Les farines et menues denrées servant à la consommation du saisi et de sa famille pendant un mois ;

5o Une vache ou trois brebis, ou deux chèvres, au choix du saisi, avec ce qui est nécessaire pour leur entretien pendant un mois ;

6o Les effets abandonnés au failli par un concordat homologué.

Cependant tous ces objets peuvent être saisis :

1o Pour prix de fabrication, vente ou réparation de ces objets ;

2° Pour fermages et loyers;

3° Enfin pour aliments et loyers personnels du saisi.

*Formalités.* — Un jour au moins avant la saisie, on fait au débiteur un commandement avec notification du titre et élection de domicile dans la commune de l'exécution.

La saisie se fait en présence de deux témoins.

Le procès-verbal, outre la forme prescrite pour tous les exploits, contient :

1° Itératif commandement de payer;

2° Désignation détaillée des objets saisis;

3° Indication du jour de la vente.

Ce procès-verbal est immédiatement signé, un gardien est nommé. On lui laisse copie de la saisie; même copie est remise à l'instant au débiteur.

Une femme peut être gardienne; mais il faut, en général, choisir des gens solvables.

En général, l'huissier n'est pas responsable du gardien, même lorsqu'il l'a choisi.

S'il n'y a point d'effets saisissables chez le débiteur, l'huissier dresse un procès-verbal de carence.

S'il y a déjà eu une saisie, l'huissier procède à un recolement des meubles et objets saisis sur le vu de la copie du gardien; puis il fait sommation au premier saisissant d'avoir à opérer la vente dans la huitaine.

——

La vente est fixée au moins à huit jours après la notification de la saisie au débiteur; dans tous les cas, ce dernier doit y être appelé.

Elle doit avoir lieu un dimanche ou un jour de marché; des publications doivent être faites au moins un jour d'avance par affiches et par la voie des journaux.

S'il y a des objets de prix, les publications doivent être réitérées.

Toutes ces formalités sont prescrites à peine de nullité.

## IV.

### SAISIE IMMOBILIÈRE.

C'est la saisie des immeubles d'un débiteur, vendus au profit de ses créanciers.

Pour pouvoir saisir, il faut être créancier en vertu d'un titre authentique exécutoire.

La saisie est dirigée contre le débiteur personnellement; s'il s'agit d'un bien de la communauté, la poursuite est faite contre le mari.

En cas de faillite, les créanciers hypothécaires seuls ont le droit de saisir immobilièrement.

Cette saisie, qui prend le nom d'*expropriation forcée*, ne peut s'exercer que sur des immeubles.

La discussion du mobilier est inutile lorsqu'il est évidemment insuffisant pour payer la dette.

Le créancier hypothécaire ne peut saisir que les immeubles qui sont affectés à sa créance, et ce n'est qu'en cas d'insuffisance qu'il peut faire saisir les autres.

*Formes.* — Les formalités ordinaires de la saisie sont :

1º Commandement;

2º Saisie;

3º Dénonciation au saisi;

4° Transcription de la saisie et de la dénonciation au bureau des hypothèques;

5° Dépôt du cahier des charges au greffe;

6° Notification de ce dépôt au saisi, avec sommation d'assister aux publication et lecture de ce cahier;

7° Pareille sommation faite aux créanciers inscrits et spécialement au vendeur non payé, afin qu'il ait à former sa demande en résolution;

8° Mention de ces exploits de notification et sommation, au bureau des hypothèques, en marge de la transcription de la saisie;

9° Le jugement qui donne acte de la publication, statue sur les incidents et fixe le jour de l'adjudication;

10° Les annonces dans l'un des journaux à ce destinés des conditions de l'enchère et du jour de l'adjudication;

11° Les affiches et placards contenant la même indication;

12° Enfin l'adjudication.

L'huissier qui procède à la saisie doit être porteur :

1° De la *grosse du titre* en vertu duquel il agit;

2° D'un pouvoir spécial du créancier;

Le tout à peine de nullité.

Du jour où la saisie est transcrite, le saisissant a le droit de poursuivre la vente par préférence à tous autres.

Le saisi devient le gardien de ses biens; il ne peut ni les aliéner, ni les dégrader.

Les créanciers et l'adjudicataire peuvent faire annuler les baux n'ayant pas date certaine.

Enfin, les fruits deviennent immeubles et sont distribués, avec le prix de vente, aux créanciers par ordre d'hypothèques.

---

## SCELLÉS.

C'est un acte par lequel un magistrat constate qu'il a apposé son sceau sur les entrées d'un logement ou d'un meuble, pour empêcher d'y pénétrer et conserver ce qu'il renferme. Le procès-verbal qu'il dresse décrit sommairement tout ce qui est renfermé dans le lieu où est le meuble fermant à scellé.

Le scellé peut s'apposer, soit avant, soit après l'inhumation.

L'apposition des scellés a lieu dans les cas suivants :

1° Si une personne est disparue ;

2° Si une personne est morte sans parents ou enfants naturels ;

3° Si tous les héritiers ne sont pas présents ;

4° S'il y a parmi eux des mineurs ou des interdits ;

5° S'il y a un conjoint survivant ;

6° S'il y a des créanciers qui aient titres exécutoires ou permission du juge ;

7° S'il y a une demande en interdiction, quand il n'y a auprès du défendeur personne pour veiller sur lui ;

8° Quand celui chez qui on va exécuter se trouve absent et qu'il y a des papiers chez lui ;

9° S'il s'agit d'une demande en séparation de la part de la femme ;

10° Quand un débiteur est en faillite.

## APPOSITION DES SCELLÉS.

Ceux qui ont droit de requérir l'apposition des scellés sont :

1º Les ayants-droit dans la succession ou dans la communauté;

2º Les créanciers à titre exécutoire autorisés par une permission, soit du président du tribunal de première instance, soit du juge de paix du canton où le scellé doit être apposé ;

3º Les personnes qui demeuraient avec le défunt ou les serviteurs et les domestiques;

4º Les prétendants-droit et les créanciers mineurs émancipés qui n'ont pas besoin pour cela de l'assistance de leurs curateurs;

5e Les parents du mineur, si ce mineur n'est pas émancipé et s'il n'a pas de tuteur ou si le tuteur est absent.

## LEVÉE DES SCELLÉS.

La levée des scellés peut être requise par tous ceux qui ont intérêt à cette levée, tels que les héritiers, les créanciers, les parents ou alliés des mineurs, le tuteur ou le subrogé-tuteur; en un mot, tous ceux qui ont le droit de faire apposer les scellés sont autorisés à en requérir la levée, excepté les personnes étrangères qui demeuraient avec le défunt, ses serviteurs ou domestiques qui n'ont le droit de requérir l'apposition que pour la conservation des biens dans l'intérêt des héritiers.

## SÉPARATION DE BIENS.

On entend par séparation de biens l'état de deux époux jouissant chacun séparément de leurs biens.

Il y a deux sortes de séparations de biens : la séparation *contractuelle* et la séparation *judiciaire*.

## I.

### DE LA SÉPARATION CONTRACTUELLE.

Les époux peuvent stipuler dans leur contrat de mariage qu'ils seront séparés de biens ; la femme, dans ce cas, a la libre administration de tous ses biens ; elle perçoit ses revenus.

Chacun des époux contribue aux charges du mariage dans les proportions indiquées par le contrat, et s'il n'est rien dit à cet égard, la femme contribue à ces charges jusqu'à concurrence du tiers de ses revenus.

La femme séparée de biens peut aliéner ses meubles sans l'autorisation de son mari ; mais cette autorisation lui est absolument nécessaire pour l'aliénation de ses immeubles.

A défaut d'autorisation donnée par le mari, la femme doit se faire autoriser par justice.

Si la femme mariée sous le régime de la séparation de biens abandonne à son mari la totalité de ses revenus, celui-ci, à la dissolution du mariage, n'est tenu qu'à la représentation des fruits existants ; il n'est pas comptable de ceux qui ont été consommés.

## II.

### DE LA SÉPARATION JUDICIAIRE.

La séparation de biens peut résulter d'un jugement
La femme peut demander sa séparation de biens :

1º Lorsque sa dot est mise en péril;

2º Lorsque les affaires de son mari sont dans un désordre tel qu'il donne lieu de craindre que ses biens soient insuffisants pour couvrir les reprises de la femme.

Les créanciers de la femme ne peuvent sans son contentement demander la séparation de biens, à moins que le mari ne soit en faillite ou en déconfiture.

La séparation de biens hors contrat de mariage, ne peut résulter que d'un jugement.

La demande en séparation de biens est dispensée du préliminaire de conciliation.

Si le mari est en faillite, elle doit être dirigée contre les syndics, à peine de nullité.

Elle est portée au tribunal du domicile du mari, et doit être précédée d'une autorisation accordée par le président du tribunal à la femme.

Extrait de la demande en séparation de biens est insérée :

1º Sur un tableau à ce destiné en l'auditoire du tribunal civil, du tribunal de commerce, à la chambre des notaires et des avoués, que le mari soit ou non commerçant;

2º Dans le journal désigné du département, et ce, sous quelque régime que la femme soit mariée.

Toutes ces formalités sont prescrites à peine de nullité.

Le jugement n'est prononcé qu'un mois après les publications.

Il est rendu publiquement et affiché, à peine de nullité.

Il doit être exécuté dans la quinzaine de sa date à peine de nullité, soit par une saisie, soit par un payement fait par le mari à sa femme du montant de ses reprises, au moyen d'un acte authentique qu'on appelle un *bail en payement*.

Dans le cas où le mari est en faillite, la femme exécute le jugement de séparation, en le remettant aux syndics avec un état de ses reprises et de ses titres.

Les créanciers du mari peuvent contester la demande en séparation de biens et se pourvoir contre elle, si elle a été prononcée en fraude de leurs droits.

—

La séparation de biens dissout la communauté à dater du jour de la demande. La femme reprend la libre administration de ses biens, elle peut faire tous actes d'administration, passer des baux de neuf ans, quittancer les revenus, vendre ses bois taillis et faire de modiques emprunts.

Cependant pour aliéner ou hypothéquer ses biens, acquérir à titre gratuit ou onéreux, ester en justice, elle doit se faire autoriser par son mari, attendu que la séparation de biens ne détruit pas la puissance maritale.

La séparation de corps ou de biens ne donne pas ouverture aux droits de survie de la femme, elle ne peut les exercer qu'à la mort de son mari.

## SÉPARATION DE CORPS.

—

Comme la séparation de biens, la séparation de corps ne peut être prononcée que par un jugement.

Les causes qui peuvent donner lieu à la séparation corps, sont :

1º L'adultère ;

2º Les excès sévices ou injures graves ;

3º La condamnation de l'un des époux à une peine infamante.

L'adultère du mari n'est une cause de séparation que s'il a tenu sa concubine dans la maison commune.

Les excès, sévices ou injures ne sont une cause de séparation que lorsqu'ils présentent un caractère habituel et assez grave.

Serait encore une cause de séparation, le refus par la femme d'habiter avec son mari, ou le refus par le mari de la recevoir en lui fournissant ce qui lui est nécessaire pour les besoins de la vie, selon ses facultés et son état.

—

La réconciliation des époux éteint la demande en séparation de corps. La grossesse de la femme survenue pendant l'instance opère la réconciliation et rend la femme non recevable à continuer les poursuites. Cependant, cela peut devenir une question de fait.

—

La demande en séparation de corps est portée devant le tribunal du domicile des époux.

Le demandeur adresse une requête au président,

dans laquelle, il expose sommairement les faits, le président fait comparaître devant lui en personne les parties, sans assistance d'avoués ou de conseils; après une tentative de réconciliation restée inutile , le président renvoie les parties à se pourvoir devant le tribunal. La cause est instruite dans les formes ordinaires et jugée sur les conclusions du ministère public.

—

Pendant la poursuite en séparation de corps, la femme peut être autorisée à quitter le domicile conjugal et demander une pension alimentaire, proportionnée à la position du mari.

De plus, si elle gère seule un commerce nécessaire aux besoins de la famille, elle peut faire expulser son mari.

Elle peut demander l'apposition des scellés sur les objets dépendant de la communauté. La levée des scellés ne peut alors être faite qu'avec un inventaire.

Quant aux enfants, ils restent avec le mari, à moins que le tribunal n'en ordonne autrement.

—

La séparation de corps entraîne toujours séparation de biens; l'effet remonte au jour de la demande.

La communauté est dissoute par la séparation de corps; la femme peut l'accepter ou y renoncer.

La femme séparée de corps pour cause d'adultère, doit être condamnée par le même jugement à la peine portée par la loi; le mari peut arrêter l'effet de cette condamnation en consentant à reprendre sa femme.

La femme qui succombe dans une demande de séparation de corps, supporte seule les frais qu'elle a faits.

Les enfants sont confiés à l'époux qui n'a pas succombé, à moins que le tribunal, dans l'intérêt des enfants n'en ordonne autrement.

La séparation de corps cesse par la réunion volon-
lontaire des époux ; mais la communauté ne se réta-
blit entre eux qu'au moyen d'un acte authentique, dont
une expédition doit être affichée en l'auditoire du tribunal de première instance.

## SEQUESTRE.

Sequestre signifie consignation d'une chose litigieuse
en mains tierces, pour la conserver à qui elle appartient.

On appelle encore sequestre la personne chargée de
la garder.

Le sequestre est ou conventionnel ou judiciaire.

### SEQUESTRE CONVENTIONNEL.

Le sequestre conventionnel est le dépôt fait par une
ou plusieurs personnes d'une chose contentieuse entre
les mains d'un tiers qui s'oblige de la rendre, après la
contestation terminée, à la personne qui sera jugée
devoir l'obtenir.

Le sequestre peut avoir pour objet non seulement
des objets mobiliers, mais même des immeubles.

### SEQUESTRE JUDICIAIRE.

La justice peut ordonner le sequestre :

1º Des meubles saisis sur un débiteur ;

2º D'un meuble ou d'une chose mobilière dont la
propriété ou la possession est litigieuse entre deux ou
plusieurs personnes ;

3º Des choses qu'un débiteur offre pour sa libération.

Le sequestre judiciaire diffère peu du sequestre conventionnel. La principale différence est que, pour le sequestre judiciaire, le gardien est nommé par la justice, soit d'office, soit sur la désignation des parties, et que, de plein droit, il lui est accordé un salaire, tandis que, pour le sequestre conventionnel, le gardien est nommé par les parties et n'est point salarié de droit.

## SERVITUDE.

Une servitude est une charge imposée sur un héritage pour l'usage et l'utilité d'un héritage appartenant à un autre propriétaire.

La servitude est une chose essentiellement incorporelle qui n'a aucune existence sur la propriété qui s'en trouve grevée.

La servitude ne peut exister que sur un fonds et en faveur d'un autre fonds, et ne peut être imposée à une personne ni en faveur d'une personne.

Les servitudes consistent à souffrir et à laisser faire et jamais à faire, parce qu'elles ne pèsent que sur les héritages et que les héritages ne peuvent être soumis à l'obligation de faire.

De ce que la servitude est un droit d'un fonds sur un fonds, il résulte nécessairement qu'il faut qu'il y ait deux héritages, et de plus, que la servitude s'exerce sur un fonds dont on n'est pas propriétaire.

C'est à titre de propriété et non de servitude que le

propriétaire de deux immeubles jouit de l'utilité que l'un des deux peut retirer de l'autre; la servitude ne commence que lorsque les deux fonds cessent de se trouver dans la même main.

L'héritage auquel la servitude est due s'appelle *héritage dominant;* celui qui la doit, *héritage servant.*

Les servitudes n'établissent aucune prééminence d'un héritage sur l'autre; elles dérivent ou de la situation naturelle des lieux ou des obligations imposées par la loi ou des conventions entre les propriétaires.

§ I. — *Servitudes qui dérivent de la situation des lieux.*

Les fonds inférieurs sont assujettis envers ceux qui sont plus élevés à recevoir les eaux qui en découlent naturellement sans que la main de l'homme y ait contribué.

Le propriétaire inférieur ne peut point élever de digue qui empêche cet écoulement; le propriétaire supérieur ne peut rien faire qui aggrave la servitude du fonds inférieur.

Le principe que le propriétaire du fonds supérieur ne peut rien faire qui aggrave la servitude dont est grevé le fonds inférieur, quant à l'écoulement naturel des eaux, est applicable alors même que les deux fonds sont séparés par la voie publique. Dans ce cas, comme dans celui où les deux héritages se joignent, il n'est pas permis au propriétaire supérieur de faire sur son fonds des travaux qui, en dirigeant les eaux sur la voie publique, ont pour résultat de porter dommage au propriétaire inférieur.

Ce qui distingue particulièrement les servitudes qui

dérivent de la situation des lieux, c'est qu'elles existent par la seule position des héritages, sans autres titres.

On en distingue trois :

1° Les obligations qui concernent les eaux ;

2° Le droit des propriétaires voisins de se contraindre réciproquement au bornage de leurs propriétés contiguës ;

3° La faculté de clore un héritage pour le soustraire à la vaine pâture et au parcours.

### § II. — Servitudes établies par la loi.

Les servitudes établies par la loi ont pour objet l'utilité publique ou communale ou l'utilité des particuliers.

Celles établies pour l'utilité publique ou communale ont pour objet le marche-pied le long des rivières navigables ou flottables, la construction ou réparation des chemins et autres ouvrages publics et communaux.

Tout ce qui concerne cette espèce de servitude est déterminé par des lois ou des règlements particuliers.

### § III. — Servitudes établies par le fait de l'homme.

Il est permis aux propriétaires d'établir sur leurs propriétés ou en faveur de leurs propriétés telles servitudes que bon leur semble, pourvu néanmoins que les servitudes établies ne soient imposées ni à la personne, ni en faveur de la personne même, seulement à un fonds et pour un fonds, et pourvu que ces servitudes n'aient d'ailleurs rien de contraire à l'ordre public.

Les servitudes sont établies ou par l'usage des bâtiments ou par celui des fonds de terre. Celles de la première espèce s'appellent *urbaines*, soit que les bâtiments auxquels elles sont dues soient situés à la ville ou à la campagne; celles de la seconde espèce se nomment *rurales*.

Les principales servitudes *urbaines* sont : que le bâtiment d'un voisin soutiendra le bâtiment de l'autre; qu'on pourra appuyer des poutres sur son mur; qu'il recevra sur son terrain l'égout des toits; qu'on pourra avoir des fenêtres, des balcons donnant sur sa propriété sans conserver la distance requise; qu'il ne pourra pas élever son bâtiment de manière à nuire aux jours et vues.

Les servitudes *rurales* sont celles qui résultent du droit de passage sur le fonds voisin; cette servitude peut varier selon qu'on a le droit de passer à pied, avec des troupeaux ou avec des charriots; le droit d'aqueduc, c'est-à-dire le droit de conduire de l'eau à traver le terrain d'autrui; celui de puiser de l'eau, de mener boire un troupeau, etc.

Les servitudes sont ou *continues* ou *discontinues*.

Les servitudes continues sont celles dont l'usage est ou peut être continuel, sans avoir besoin du fait actuel de l'homme, telles sont : les conduites d'eau, les égouts, les vues et autres de cette espèce.

Les servitudes discontinues sont celles qui ont besoin du fait actuel de l'homme pour être exercées, tels sont : les droits de passage, de pacage et autres semblables.

Cette division est fort importante parce que les servitudes continues ou discontinues ne s'établissent pas de la même manière. En effet, les servitudes continues et apparentes peuvent s'acquérir par titre ou par prescription, tandis que les autres ne peuvent s'acquérir que par titres.

Les servitudes sont *apparentes* ou *non-apparentes* :

Les servitudes apparentes sont celles qui s'annoncent par des ouvrages extérieurs tels qu'une porte, une fenêtre, un aqueduc ;

Les servitudes non apparentes sont celles qui n'ont pas de signes extérieurs de leur existence, comme, par exemple, la prohibition de bâtir sur un fonds, ou de ne bâtir qu'à une hauteur déterminée.

Même importance pour cette division.

### § IV. — Comment s'établissent les servitudes.

Les servitudes continues et apparentes s'acquièrent par titres ou par la possession de trente ans.

Les servitudes continues non apparentes et les servitudes discontinues apparentes ou non apparentes ne peuvent s'établir que par titres; la possession même immémoriale ne suffit pas pour les établir.

Celui à qui est due une servitude a droit de faire tous les ouvrages nécessaires pour en user et la conserver.

Si l'héritage pour lequel la servitude a été établie vient à être divisé, la servitude reste due pour chaque portion, sans néanmoins que la condition du fonds assujetti soit aggravée.

Le propriétaire du fonds débiteur de la servitude ne peut rien faire qui tende à en diminuer l'usage ou à la rendre plus incommode. De son côté, celui qui a un droit de servitude ne peut en user que suivant son titre, sans pouvoir faire, ni dans le fonds qui doit la servitudo, ni dans le fonds à qui elle est due, de changement qui aggrave la condition du premier.

### § V. — Comment s'éteignent les servitudes.

Les servitudes cessent lorsque les choses se trouvent en tel état qu'on ne peut plus en user.

Elles revivent si les choses sont rétablies de manière qu'on puisse en user, à moins qu'il ne se soit écoulé un espace de temps suffisant pour faire présumer l'extinction de la servitude.

Ainsi, lorsque l'eau revient à la source qui avait été tarie, lorsque la rivière se retire du chemin qu'elle avait inondé, lorsque le mur abattu est reconstruit, toutes les servitudes revivent. Cependant, lorsqu'il s'est écoulé trente ans pendant lesquels il était impossible d'exercer la servitude, celle-ci est éteinte par prescription.

## SOCIÉTÉS.

La société est un contrat par lequel deux ou plusieurs personnes conviennent de mettre quelque chose en commun dans la vue de partager le bénéfice qui pourra en résulter (Cod. Nap. 1832).

Pour faire un acte de société, il faut être capable de contracter.

Ce contrat est de droit naturel, de bonne foi, synallagmatique, commutatif, non solennel et consensuel.

Dans le contrat de société, il faut qu'elle ait un objet

licite, que chaque associé apporte de l'argent, des biens
ou une industrie, enfin qu'elle soit contractée dans
l'intérêt commun des parties.

———

Les sociétés sont *civiles* ou *commerciales, universelles*
ou *particulières*.

Il y a deux sortes de sociétés universelles : la société
de tous biens présents et la société universelle de
gains.

La société de *tous biens présents* est celle pour laquelle
les parties mettent en commun tous les biens meubles et immeubles qu'elles possèdent actuellement et
les profits qu'elles pourront en tirer.

Elles peuvent aussi y comprendre toute espèce de
gains; mais les biens qui pourraient leur revenir par
succession, donation ou legs n'entrent dans cette société que pour la jouissance. Toute stipulation tendant
à y faire entrer la propriété de ces biens est prohibée,
sauf entre époux et conformément à ce qui est réglé
à leur égard.

La société universelle de gains renferme tout ce que
les parties acquerront par leur industrie, à quelque
titre que ce soit, pendant le cours de la société : les
meubles que chacun des associés possède au temps du
contrat y sont aussi compris; mais leurs immeubles
personnels n'y entrent que pour la jouissance seulement.

La simple convention de société universelle faite sans
autre explication n'emporte que la société universelle de
gains.

La société *particulière* est celle par laquelle deux ou
plusieurs personnes se réunissent, soit pour une entre-

prise désignée, soit pour l'exercice de quelque métier ou profession.

Les sociétés commerciales sont des sociétés particulières.

Les sociétés particulières se divisent en deux grandes classes, les sociétés *civiles* et les sociétés commerciales.

## DES SOCIÉTÉS CIVILES.

Les sociétés civiles sont celles qui n'ont pas pour objet des opérations commerciales.

Ainsi sont des sociétés civiles, celles qui ont pour objet :

L'exploitation des produits de la terre ;

L'exploitation d'une mine ;

Un cheptel ;

L'exploitation par un auteur de sa propriété littéraire.

La construction d'un marché par les citoyens d'une ville ;

L'exploitation d'un brevet de maître de poste, etc.;

La société commence du jour du contrat, à moins que ce contrat ne désigne une autre époque.

S'il n'y a pas de convention sur la durée de la société, elle est censée contractée pour toute la vie des associés, ou s'il s'agit d'une affaire dont la durée soit limitée, pour tout le temps que doit durer cette affaire.

Toutes sociétés doivent être rédigées par écrit, dès que leur objet est d'une valeur de plus de 150 fr., la preuve testimoniale n'étant admise que jusqu'à ce chiffre.

Chaque associé est débiteur envers la société de tout ce qu'il a promis d'y apporter.

Lorsque cet apport consiste en un corps certain et que la société en est évincée, l'associé en est garant envers la société de la même manière qu'un vendeur l'est envers son acheteur.

Les intérêts courent de plein droit contre l'associé débiteur envers la société d'une somme qu'il s'était engagé à fournir et de celles qu'il a prises dans la caisse sociale pour les faire tourner à son profit particulier.

## DES SOCIÉTÉS COMMERCIALES.

Les sociétés commerciales sont celles qui ont pour objet des actes de commerce.

Les compagnies d'assurances contre l'incendie et autres ne sont pas des sociétés commerciales.

En matière commerciale, les associés sont solidaires; ils ne le sont pas en matière civile.

Tant que dure une société commerciale, les immeubles qui en font partie ne peuvent être hypothéqués en faveur ni des créanciers personnels, ni de la femme de l'un des associés, au préjudice de la société elle-même. Ces derniers ont jusqu'à la dissolution un droit de préférence assuré, nonobstant toutes inscriptions antérieures.

### § I. — De la société en nom collectif.

La société en nom collectif est une société commerciale entre deux ou plusieurs personnes faisant le commerce sous une raison sociale.

Les noms des associés peuvent seuls faire partie de la raison sociale.

Les associés en nom collectif indiqués dans l'acte de société sont solidaires pour tous les engagements de la société, encore qu'un seul des associés ait signé, pourvu que ce soit sous la raison sociale.

La solidarité est tellement de l'essence de la société en nom collectif, que chacun des associés est tenu de la totalité des dettes et que chacun des associés ayant la gestion des affaires sociales peut exiger des débiteurs la totalité des sommes dues à la société.

### § II. — De la société en commandite.

C'est celle qui se contracte entre un ou plusieurs associés responsables et solidaires et un ou plusieurs associés simples bailleurs de fonds que l'on nomme *commanditaires* ou *associés en commandite*.

La société en commandite est régie sous un nom social qui doit être nécessairement celui d'un ou de plusieurs des associés responsables et solidaires. Le nom d'un *commanditaire* ne peut jamais faire partie de la raison sociale; autrement il deviendrait associé en nom collectif et serait solidairement tenu des engagements de la société.

L'associé commanditaire n'est passible des pertes que jusqu'à concurrence des fonds qu'il a dû verser à la société.

Il ne peut faire aucun acte de gestion, ni être employé pour les affaires de la société, même en vertu de procuration; sinon, il devient solidairement tenu des dettes de la société à quelque chiffre qu'elles arrivent.

Un associé commanditaire peut valablement stipuler à raison de sa mise sociale, un prélèvement de 10 p. % avec partage dans le surplus du bénéfice.

En cas de faillite d'une société en commandite, la déclaration du failli doit contenir le nom et l'indication de chacun des associés solidaires.

## SOCIÉTÉS EN COMMANDITE PAR ACTIONS.

Les sociétés commerciales peuvent diviser leur capital social en actions négociables ou au porteur; il suffit qu'il y ait alors un ou plusieurs associés ou gérants solidairement responsables.

Les sociétés en commandite ne peuvent diviser leur capital en actions ou coupons d'actions de moins de 100 fr. lorsque ce capital n'excède pas 200.000 fr., et de moins de 500 fr. lorsqu'il est supérieur

Elles ne peuvent être définitivement constituées qu'après la souscription de la totalité du capital social et le versement par chaque actionnaire du quart au moins du montant des actions par lui souscrites. Cette souscription et ces versements sont constatés par une déclaration du gérant, dans un acte notarié. A cette déclaration sont annexés la liste des souscripteurs, l'état des versements faits par eux et l'acte de société. (Loi du 7 juillet 1856, art. 1er.)

Les actions des sociétés en commandite sont nominatives jusqu'à leur entière libération. (*Ibid.*, art. 2.)

Les souscripteurs d'actions dans les sociétés en commandite sont, nonobstant toute stipulation contraire, responsables du paiement du montant total des actions par eux souscrites.

Les actions ou coupons d'actions ne sont négociables qu'après le versement des deux cinquièmes.

Un conseil de surveillance, composé de cinq actionnaires au moins, est établi dans chaque société en commandite par actions. Ce conseil est nommé par l'assemblée générale des actionnaires, immédiatement après la constitution définitive de la société et avant toute opération sociale.

Est nul et de nul effet à l'égard des intéressés toute société en commandite par actions constituée contrairement à ce qui est dit ci-dessus.

Les membres du conseil de surveillance vérifient les livres, la caisse, le portefeuille et les valeurs de la société; ils font chaque année un rapport à l'assemblée générale sur les inventaires et les distributions de dividendes.

Le conseil de surveillance peut convoquer l'assemblée générale; il peut aussi provoquer la dissolution de la société.

Tout membre d'un conseil de surveillance est responsable avec les gérants solidairement et par corps:

1º Lorsque, sciemment, il a laissé commettre dans les inventaires des inexactitudes graves, préjudiciables à la société ou aux tiers;

2º Lorsqu'il a, en connaissance de cause, consenti à la distribution de dividendes non justifiés par des inventaires sincères et réguliers.

L'émission d'actions ou de coupons d'actions d'une société constituée contrairement aux art. 1 et 2 de la loi du 7 juillet 1856, que nous avons relatés ci-dessus, est punie d'un emprisonnement de huit jours à six mois et d'une amende de 500 fr. à 1,000 fr., ou de l'une de ces peines seulement.

Est puni des mêmes peines le gérant qui commence les opérations sociales avant l'entrée en fonctions du conseil de surveillance.

Sont punis d'un emprisonnement d'un an à cinq ans et d'une amende de 50 fr. à 3,000 fr. :

1° Ceux qui, par simulation de souscription ou de versements ou par la publication faite de mauvaise foi de souscriptions ou de versements qui n'existent pas, ont obtenu ou tenté d'obtenir des souscriptions ou des versements;

2° Ceux qui, pour provoquer des souscriptions ou des versements, ont, de mauvaise foi, publié les noms des personnes désignées, contrairement à la vérité, comme faisant ou devant être attachées à la société à un titre quelconque;

3° Les gérants qui, en l'absence d'inventaires ou au moyen d'inventaires frauduleux, ont opéré entre les actionnaires la répartition des dividendes non réellement acquis à la société.

## DE LA SOCIÉTÉ ANONYME.

La société anonyme n'existe pas sous un nom social; elle est qualifiée par la désignation de l'objet de son commerce.

Les associés ne sont passibles que de la perte du montant de leur intérêt dans la société.

Elle est administrée par des mandataires à temps, révocables, associés ou non associés, salariés ou gratuits. Ces mandataires sont choisis et élus par les intéressés ou actionnaires réunis en assemblée.

Les administrateurs ne sont responsables que de l'exécution du mandat qu'ils ont reçu. Ils ne contractent, à raison de leur gestion, aucune obligation personnelle, ni solidaire, relativement aux engagements de la société.

Le capital de la société anonyme se divise en actions et même en coupons d'actions d'une valeur égale.

L'action peut être établie sous la forme d'un titre au porteur; alors la cession s'opère par la tradition du titre.

La société anonyme ne reposant sur la solvabilité personnelle d'aucun associé ne peut exister qu'avec l'autorisation de l'Empereur et avec l'approbation de l'acte qui la constitue. Cette approbation est donnée par un décret.

Les sociétés anonymes sont surveillées par un commissaire du gouvernement.

### DE LA SOCIÉTÉ EN PARTICIPATION.

Outre les diverses sociétés ci-dessus, la loi reconnaît encore les associations commerciales en participation.

Ces associations ont pour objet une ou plusieurs opérations de commerce déterminées.

Les membres d'une société en participation ne sont point tenus solidairement des obligations souscrites par chacun d'eux pour l'objet de l'association. Ils ne sont tenus que de leurs engagements personnels.

Cependant, si tous les participants avaient signé l'engagement, ils seraient obligés même solidairement.

## DISPOSITIONS GÉNÉRALES.

Les sociétés en nom collectif et en commandite doivent être constatées par actes publics ou sous signature privée.

Dans le cas d'acte sous seing privé, il faut autant de doubles que de parties intéressées.

Les sociétés en commandite et par actions qui ne se sont pas faites en autant de doubles qu'il y a d'actionnaires ne sont pas nulles pour cela ; il faut que l'un des doubles soit déposé en l'étude d'un notaire.

Les sociétés anonymes ne peuvent être formées que par acte public.

Aucune preuve par témoins ne peut être admise outre et contre le contenu des actes de société, ni sur ce qui serait allégué avoir été dit avant l'acte, lors de l'acte ou depuis, encore qu'il s'agisse d'une somme inférieure à 150 fr.

Les actes de société doivent être publiés.

A cet effet, extrait des actes de société en nom collectif et en commandite doit être remis dans la quinzaine de leur date au greffe du tribunal de commerce, dans l'arrondissement duquel est établie la maison du commerce social, pour être transcrit sur les registres et affiché pendant trois mois dans la salle des audiences.

Si la société a plusieurs maisons de commerce situées dans divers arrondissements, la remise, la transcription et l'affiche de cet extrait seront faites au tribunal de commerce de chaque arrondissement.

Chaque année, dans la première quinzaine de janvier, les tribunaux de commerce désignent, au chef-lieu de leur ressort et à défaut dans la ville la plus voisine, un ou plusieurs journaux où doivent être insérés dans la quinzaine de leur date les extraits d'actes de société en nom collectif ou en commandite, et règlent le tarif de l'impression de ces extraits.

Il est justifié de cette insertion par un exemplaire du journal, certifié par l'imprimeur, légalisé par le maire et enregistré dans les trois mois de sa date.

Toutes ces formalités sont prescrites à peine de nullité.

L'extrait doit contenir :

Les noms, prénoms, qualités et demeures des associés autres que les actionnaires ou commanditaires;

La raison de commerce de la société;

La désignation de ceux des associés autorisés à gérer, administrer et signer pour la société;

Le montant des valeurs fournies ou à fournir par actions ou en commandite;

L'époque où la société doit commencer, celle où elle doit finir.

—

Ces extraits sont signés, pour les actes publics, par les notaires, et pour les actes sous seing privé, par tous les associés en nom collectif, et par tous les associés, solidaires ou gérants, si la société est en commandite.

L'acte du gouvernement qui autorise les sociétés anonymes doit être affiché avec l'acte d'association et pendant le même temps.

—

Les sociétés de commerce, tant qu'elles existent, doivent être assignées en leur maison sociale, et s'il n'y en a pas, en la personne ou au domicile de l'un des associés.

Toutes contestations entre associés, pour raison de la société, sont soumises à la compétence des tribunaux de commerce (Loi du 25 juin 1856).

Toutes les actions contre les associés non liquidateurs, leurs veuves ou leurs héritiers, se prescrivent par cinq ans.

———

La société en nom collectif est dissoute de droit par la mort de l'un des associés.

La société en commandite est dissoute également par la mort de l'un des commanditaires, sauf si c'est une société par actions.

La mort d'un des associés ne dissout jamais la société anonyme.

La faillite d'un associé en nom collectif serait un motif suffisant pour ses coassociés à l'effet de demander la dissolution de la société.

———

Lorsqu'une société est dissoute, un ou plusieurs associés sont nommés liquidateurs.

Le liquidateur doit dresser un inventaire de toutes les marchandises et effets mobiliers, argent, lettres de change, valeurs, dettes actives et passives.

Ensuite il procède au recouvrement des dettes actives, fait vendre les marchandises jusqu'à concurrence de ce qui est nécessaire pour solder le passif.

Vient ensuite la liquidation de ce dont chaque associé est créancier ou débiteur envers la société, aux comptes de ce qui est dû par la société pour déboursés ou obligations personnelles contractées pour fait de la société ; enfin le partage de la masse active restant, déduction faite de tout le passif.

---

## SOCIÉTÉ D'ACQUÊTS.

Dans leur contrat de mariage les époux peuvent stipuler qu'ils mettront en commun seulement les biens qu'ils acquerront pendant le mariage : c'est ce qu'on appelle la société d'acquêts.

Une société d'acquêts peut être stipulée, soit sous le régime dotal, soit sous le régime de séparation de biens. On peut même, sans adoption d'aucun autre régime, stipuler dans un contrat de mariage qu'il y aura entre les époux une société d'acquêts.

Sous le régime dotal avec société d'acquêts, les biens paraphernaux sont administrés par la femme, et les économies qu'elle peut faire sur ces biens tombent dans la société d'acquêts.

---

L'actif de la société d'acquêts comprend les acquisitions de meubles et d'immeubles faite par les époux, ensemble ou séparément, pendant le mariage ; les récompenses résultant du payement des dettes par eux contractées avant le mariage ; les grosses réparations faites aux biens de chacun d'eux ; enfin leurs économies, leurs revenus ou le fruit de leurs travaux.

L'actif de la société d'acquêts ne comprend pas les biens meubles ou immeubles que les époux avaient avant le mariage, ceux qui leur ont été donnés en payement de la dot, ceux qui leur échoient par donation, succession ou autrement pendant le mariage.

On peut stipuler dans le contrat que les époux auront deux parts inégales dans la société ; s'il n'est rien dit, le partage se fait par moitié.

S'il est dit dans le contrat de mariage que tout l'actif de la communauté d'acquêts appartiendra au survivant des époux, cette clause n'est applicable que lors du décès de l'un des époux. En cas de séparation de biens, la communauté se partage.

La société d'acquêts finit par la dissolution du mariage ou la séparation de biens.

La femme renonçante reprend sa dot sans être tenue d'aucune dette contractée par le mari pendant la communauté ; ces dettes sont payées sur les biens du mari, si les acquêts se trouvent insuffisants.

On prélève donc sur les biens de la société : la dot de la femme et ses apports, le prix des biens des époux vendus depuis le mariage, les dettes contractées pendant la société, enfin le préciput stipulé. Le restant de la masse se partage entre les époux, par moitié, ou d'après les proportions indiquées au contrat de mariage.

## SOCIÉTÉS DE SECOURS MUTUELS.

Ce sont des associations qui ont pour but d'assurer des secours temporaires à leurs membres malades, blessés ou infirmes, quelquefois de leur donner une pension de retraite et de pourvoir aux frais de leurs funérailles.

Ces sociétés se divisent en trois catégories :

Les sociétés libres,
Les sociétés reconnues,
Les sociétés approuvées.

Les sociétés LIBRES ne peuvent se former au-delà de vingt membres sans une autorisation préalable du préfet du département, et à Paris, du préfet de police.

*Sociétés* RECONNUES. — C'est au moyen d'un décret que ces sociétés sont reconnues comme établissements d'utilité publique.

Elles se composent de membres honoraires payant leurs cotisations, sans profiter des avantages de la société, et des membres participants, payant leur cotisation et profitant des avantages.

Pour être reconnues, les sociétés doivent se soumettre aux conditions suivantes :

1° Ne pas promettre des secours en cas de chômage, ni des pensions de retraite ;

2° Avoir cent membres au moins et deux mille au plus ;

3° Établir le chiffre des cotisations dues par chaque sociétaire, d'après les tables de maladie et de mortalité dressées ou approuvées par le gouvernement;

4° S'interdire d'apporter aucune modification aux statuts ou au règlement et de dissoudre la société sans l'autorisation préalable du gouvernement. (Loi de 1850.)

La société reconnue est placée sous la surveillance de l'autorité municipale; elle peut recevoir des donations et legs.

Les donations et legs au-dessous de 5,000 fr. peuvent être acceptés avec l'autorisation du préfet; au-dessus de ce chiffre, il faut l'autorisation de l'Empereur.

Les sociétés reconnues peuvent être suspendues par le préfet quand elles sortent des conditions de sociétés mutuelles de bienfaisance.

Elles sont dissoutes par le gouvernement en cas d'inexécution des statuts, de contravention aux lois et au décret du 14 juin 1851, ou de diminution du nombre des membres au-dessous du minimum fixé.

Le président de chaque société est nommé par l'Empereur.

*Sociétés* APPROUVÉES. — Dans chaque commune où l'utilité en est reconnue par le préfet, après avis du conseil municipal, il est créé une société de secours mutuels.

L'approbation est donnée à ces sociétés, savoir : dans le département de la Seine, par le ministre de l'intérieur, et dans les autres départements, par les préfets.

Ces sociétés jouissent de divers avantages :

1° Faculté d'affermer des immeubles, de posséder des objets mobiliers, de recevoir avec l'approbation du préfet des dons et legs inférieurs à 5,000 fr.;

2° Obligation par la commune de leur fournir un local pour les réunions, ainsi que les livres et registres de comptabilité;

3° Exemption des droits de timbre et d'enregistrement;

4° Autorisation de faire aux caisses d'épargne des dépôts de fonds égaux à la totalité de ceux qui seraient permis au profit de chaque sociétaire individuellement;

5° Réduction des deux tiers du droit municipal sur les convois dans les villes où ce droit existe;

6° Possibilité pour chaque sociétaire de se servir de son diplôme comme passeport et comme livret;

7e Faculté de verser à la caisse générale des retraites, au nom des membres actifs, les fonds restés disponibles à la fin de chaque année;

8o Enfin, réserve à leur profit de la subvention de dix millions affectés aux sociétés de secours mutuels.

Ce n'est qu'un an au moins après leur admission dans la société que les membres peuvent recevoir un diplôme : le préfet de police et les maires peuvent s'opposer à la délivrance de ces diplômes.

Les sociétés approuvées peuvent être suspendues ou dissoutes par le préfet seul, pour mauvaise gestion, inexécution des statuts ou violation des dispositions du décret.

## SOLIDARITÉ.

La solidarité est un droit ou une obligation commune à plusieurs et que chacun des créanciers ou des débiteurs solidaires peut exercer ou doit remplir.

Lorsqu'il y a solidarité entre les créanciers, chacun d'eux peut exiger le total de la créance, et le paiement fait par le débiteur à l'un d'eux le libère vis-à-vis tous les autres.

Lorsqu'il y a solidarité entre les débiteurs, chacun d'eux est tenu envers le créancier pour la totalité de la dette.

La solidarité ne se présume pas; il faut qu'elle soit expressément stipulée. La renonciation de deux débiteurs au bénéfice de division équivaut à une clause expresse de solidarité.

La solidarité résulte ou des termes du contrat ou d'une disposition testamentaire ou de la loi.

Les principaux cas de solidarité légale sont :

1º Si une femme ayant des enfants mineurs d'un premier lit se remarie après avoir été maintenue dans la tutelle, son second mari est solidairement responsable avec elle de l'administration des biens des enfants mineurs postérieurement au mariage.

2º Lorsque plusieurs personnes ont ensemble emprunté la même chose, elles en sont solidairement responsables ;

3º Lorsqu'un seul mandataire a été constitué par plusieurs personnes pour une même affaire, chacune d'elles est tenue solidairement envers lui des effets du mandat ;

4º Les syndics d'une faillite sont solidaires entre eux, à raison de leur gestion. (Cass., 18 janvier 1814.)

5º En matière commerciale, la solidarité est de droit entre coassociés en nom collectif pour les engagements de la société :

6º Les endosseurs des lettres de change ou d'un billet à ordre sont cautions solidaires de l'accepteur.

—

Le débiteur solidaire qui a payé la dette commune ou une part plus forte que celle dont il est tenu a recours contre ses codébiteurs.

Si l'un des débiteurs solidaires est insolvable, la perte se répartit au marc le franc entre tous les débiteurs solvables.

—

## SUBROGATION.

—

C'est la substitution d'un tiers dans les droits, actions, priviléges et hypothèques d'un créancier que ce tiers vient de désintéresser.

Elle est *conventionnelle* ou *légale* :

*Conventionnelle*, quand elle s'opère par le consentement du créancier ou par celui du débiteur ;

*Légale*, quand elle résulte du fait seul du paiement.

—

Lorsque le créancier recevant son paiement d'une tierce-personne la subroge dans ses droits, actions, priviléges et hypothèques contre le débiteur, cette subrogation doit être expresse, faite en même temps que le paiement, et *dans le même acte* ; cette dernière condition est de rigueur.

—

Lorsque le débiteur emprunte une somme à l'effet de payer sa dette et de subroger le prêteur dans les droits du créancier, il faut, pour que cette subrogation soit valable, que l'acte d'emprunt et la quittance soient passés par-devant notaires ; que, dans l'acte d'emprunt, il soit constaté que la somme a été empruntée pour le paiement et que, dans la quittance, on mentionne l'origine des deniers.

—

. La subrogation légale est celle qui, lorsque, d'ailleurs, elle ne nuit à personne, est accordée de plein droit, sans stipulation et par la seule force de la loi, d'après l'intention présumée de l'homme, à celui qui a payé une dette qu'on ne pouvait proprement appeler la sienne, mais que, néanmoins, il avait intérêt ou qu'il pouvait être contraint de payer pour un autre. (Toullier, n° 138.)

Cette subrogation a lieu :

1° Au profit de celui qui étant lui-même créancier, paie un autre créancier qui lui est préférable, à raison de ses privilèges ou hypothèques;

2° Au profit de l'acquéreur d'un immeuble qui emploie le prix de son acquisition au paiement des créanciers auxquels cet héritage était hypothéqué;

3° Au profit de celui qui, étant tenu avec d'autres ou pour d'autres au paiement de la dette, avait intérêt de l'acquitter;

4° Au profit de l'héritier bénéficiaire qui a payé de ses deniers les dettes de la succession.

———

Un droit d'hypothèque peut être cédé ou aliéné comme tout autre droit mobilier ou immobilier.

Si l'obligation est à ordre, l'endossement transmet l'hypothèque.

Pour pouvoir subroger un titre dans une hypothèque, il faut être capable d'aliéner ou de recevoir.

La femme non mariée sous le régime dotal peut céder ses créances matrimoniales et subroger un tiers dans le bénéfice de son hypothèque légale, même pour ses créances éventuelles et futures.

Elle peut encore renoncer, au profit d'un tiers, au bénéfice de son hypothèque légale.

Mais, dans l'un et l'autre cas, le créancier, depuis la loi de 1855, est tenu de faire inscrire régulièrement la subrogation que la femme fait à son profit. A défaut par lui de le faire, il serait primé par un créancier postérieur qui aurait rempli la formalité. La femme cédante ne saurait s'en prévaloir contre le créancier.

## SUCCESSION.

On entend par succession la transmission des biens et droits actifs ou passifs d'un défunt à une personne vivante qu'il désigne ou qui est désignée par la loi et qu'on appelle héritier.

### DE L'OUVERTURE DES SUCCESSIONS.

Les successions ne s'ouvrent plus aujourd'hui que par la mort naturelle d'un individu, la mort civile ayant été abolie.

C'est au moment même de la mort que la succession est ouverte. Ce moment est quelquefois incertain, et s'il n'y a pas de preuve du moment précis, la loi l'établit de la manière suivante :

Quand plusieurs personnes, respectivement appelées à la succession l'une de l'autre, périssent dans un même événement sans qu'on puisse reconnaître laquelle est décédée la première, la présomption de survie est déterminée par les circonstances du fait, et à leur défaut, par la force de l'âge ou du sexe.

Si ceux qui ont péri ensemble avaient moins de quinze ans, le plus âgé est présumé avoir survécu.

S'ils étaient tous au-dessus de soixante ans, le moins âgé est présumé avoir survécu ; si les uns avaient moins de quinze ans et les autres plus de soixante, les premiers sont présumés avoir survécu.

—

Les héritiers légitimes sont saisis de plein droit des biens du défunt ; ils sont tenus de payer les dettes et les charges de la succession, de délivrer les dons et legs faits par le défunt.

S'il y a plusieurs héritiers légitimes, ils ne sont tenus des dettes et charges de la succession que pour leur part et portion *virile*.

Le légataire universel venant à la succession avec des héritiers légitimes supporte sa portion des dettes.

Les créanciers de la succession peuvent demander la séparation du patrimoine du défunt d'avec ceux de ses héritiers.

———

Pour succéder, il faut exister au moment de l'ouverture de la succession. Ainsi, sont incapables de succéder :

1° Celui qui n'est pas encore conçu ;

2° L'enfant qui n'est pas né viable.

### DES DIVERS ORDRES DE SUCCESSION.

Les successions sont déférées aux enfants et descendants du défunt, à ses ascendants, à ses parents collatéraux, dans l'ordre et suivant les règles ci-après déterminées.

Toute succession échue à des descendants ou à des collatéraux, se divise en deux parties égales, l'une pour les parents de la ligne paternelle, l'autre pour les parents de la ligne maternelle. Les parents utérins ou consanguins ne sont pas exclus par les germains, mais ils ne prennent part que dans leur ligne. Les germains prennent part dans les deux lignes ; il ne se fait une dévolution d'une ligne à l'autre que lorsqu'il ne se trouve aucun ascendant ni collatéral dans l'une des deux lignes.

La ligne paternelle est celle qui comprend tous les parents du père du défunt.

Cette division entre les lignes paternelle et maternelle est fondée sur cette considération que les biens du défunt proviennent ordinairement de ses parents dans l'une et l'autre ligne.

Les frères *germains* sont ceux qui sont issus d'un même père et d'une même mère;

Les frères *consanguins* sont ceux qui sont du même père et de mères différentes;

Les frères *utérins* sont ceux qui ont la même mère et des pères différents.

Les frères germains sont issus tout à la fois des parents paternels et maternels.

Les frères utérins ne tiennent qu'à la ligne maternelle; les frères consanguins à la ligne paternelle seulement.

La proximité de parenté s'établit par le nombre de générations; chaque génération s'appelle un degré.

La suite des degrés forme la ligne. On appelle *ligne directe* la suite des degrés entre personnes qui descendent les unes des autres; *ligne collatérale* la suite des degrés entre personnes qui ne descendent pas les unes des autres, mais qui descendent d'un auteur commun.

On divise la ligne directe en ligne directe *descendante* et en ligne directe *ascendante*. La première est celle qui lie le chef avec ceux qui descendent de lui; la deuxième est celle qui lie une personne avec ceux dont elle descend.

En ligne directe on compte autant de degrés qu'il y a de générations entre les personnes; ainsi le fils est, à l'égard du père, au premier degré, le petit-fils au second, et réciproquement du père et de l'aïeul à l'égard des fils et petits-fils.

En ligne collatérale, les degrés se comptent par les générations depuis l'un des parents jusques et non compris l'auteur commun, et depuis celui-ci jusqu'à l'autre parent. Ainsi deux frères sont au deuxième degré; l'oncle et le neveu sont au troisième; les cousins germains au quatrième.

### DE LA REPRÉSENTATION.

La *représentation* est une fiction de la loi dont l'effet est de faire entrer les représentants dans la place, dans le degré et dans les droits du représenté.

La représentation a lieu à l'infini dans la ligne directe descendante; elle est admise dans tous les cas, soit que les enfants du défunt concourent avec les descendants d'un enfant prédécédé, soit que tous les enfants du défunt étant morts avant lui, les descendants desdits enfants se trouvent entre eux en degrés égaux ou inégaux.

La représentation n'a pas lieu en faveur des ascendants; le plus proche, dans chacune des deux lignes, exclut toujours le plus éloigné. En ligne collatérale la représentation est admise en faveur des enfants et des descendants des frères ou sœurs du défunt, soit qu'ils viennent à la succession concurremment avec des oncles ou tantes, soit que tous les frères ou sœurs du défunt étant prédécédés, la succession se trouve dévolue à leurs descendants, en degrés égaux ou inégaux.

Quand la représentation est admise, le partage s'opère par souche; si une même souche a produit plusieurs branches, la subdivision se fait aussi par souche dans chaque branche, et les membres de la même branche partagent entre eux par tête.

### DES SUCCESSIONS DÉFÉRÉES AUX DESCENDANTS.

Les enfants ou leurs descendants succèdent à leurs père et mère, aïeuls ou aïeules ou autres ascendants, sans distinction de sexe ni de primogéniture, et encore qu'ils soient issus de différents mariages. Ils succèdent par égale portion et par tête, quand ils sont tous au premier degré et appelés de leur chef. Ils succèdent par souche, lorsqu'ils viennent tous ou partie par la représentation.

Ainsi les enfants mâles ne sont pas plus favorisés que les enfants de l'autre sexe, les aînés que les cadets. Toutes ces distinctions ont été proscrites, par la raison bien naturelle que tous les enfants du défunt ayant eu la même part à son affection, ils doivent avoir des droits égaux dans sa succession.

### DES SUCCESSIONS DÉFÉRÉES AUX ASCENDANTS.

Si le défunt n'a laissé ni postérité, ni frères, ni sœurs, ni descendants d'eux, sa succession se divise par moitié entre les ascendants de la ligne paternelle et les ascendants de la ligne maternelle. L'ascendant qui se trouve au degré le plus proche recueille la moitié affectée à sa ligne, à l'exclusion de tous les autres.

Les ascendants au même degré succèdent par tête.

Les ascendants succèdent, à l'exclusion de tous autres, aux choses par eux données à leurs enfants ou descendants décédés sans postérité, lorsque les objets donnés se trouvent en nature dans la succession. Si les objets ont été aliénés, les ascendants recueillent le prix qui peut en être dû. Ils succèdent aussi à l'action en reprise que pouvait avoir le donataire.

Lorsque les père et mère d'une personne morte sans postérité lui ont survécu, si elle a laissé des frères et sœurs ou descendants d'eux, la succession se divise en deux portions égales, dont la moitié seulement est déférée au père et à la mère, qui la partagent entre eux également; l'autre moitié appartient aux frères et sœurs ou descendants d'eux.

Dans le cas où la personne morte sans postérité laisse des frères, sœurs ou descendants d'eux, si le père ou la mère est prédécédé, la portion qui lui aurait été dévolue se réunit à la moitié déférée aux frères, sœurs ou à leurs représentants.

## DES SUCCESSIONS COLLATÉRALES.

En cas de prédécès des père et mère d'une personne morte sans postérité, les frères, sœurs ou leurs descendants sont appelés à sa succession à l'exclusion des ascendants ou autres collatéraux.

Si le père et la mère de la personne morte sans postérité leur ont survécu, les frères, sœurs ou leurs représentants ne sont appelés qu'à la moitié de la succession.

Si le père ou la mère seulement a survécu, ils sont appelés à recueillir les trois quarts.

A défaut de frères ou sœurs ou de descendants d'eux, et à défaut d'ascendants dans l'une ou l'autre ligne, la

succession est déférée par moitié aux ascendants sur-
vivants, et pour l'autre moitié, aux parents les plus
proches de l'autre ligne.

S'il y a concours de parents collatéraux au même degré, ils partagent par tête.

Dans le cas exposé dans le paragraphe ci-dessus, le
père ou la mère survivant a l'usufruit du tiers des biens
auxquels il ne succède pas en propriété.

Les parents au-delà du douzième degré ne succèdent
pas.

A défaut de parents au degré successible dans une
ligne, les parents de l'autre ligne succèdent pour le
tout.

## DES SUCCESSIONS IRRÉGULIÈRES.

Il y a trois sortes d'héritiers irréguliers :

1° Les enfants naturels ;

2° Le conjoint survivant ;

3° L'État.

*Droits des enfants naturels.* — Les enfants naturels
ne sont point héritiers ; la loi ne leur accorde de droit
sur les biens de leurs père ou mère décédés que lorsqu'ils ont été reconnus.

Le droit de l'enfant naturel sur la succession de ses
auteurs n'est donc point un droit héréditaire proprement dit. « C'est, dit Toullier, un droit comparable à
celui du légataire à titre universel. »

Du reste, les enfants naturels n'ont aucun droit sur les
biens des parents de leurs père et mère, avec lesquels
ils n'ont aucune relation de parenté civile.

Les droits s'exercent ainsi qu'il suit :

Ils prennent la totalité des biens composant l'hérédité de leurs père et mère, lorsque ceux-ci ne laissent point de parents au degré successible, c'est-à-dire au-delà du douzième degré.

Si le père ou la mère a laissé des descendants légitimes, le droit de l'enfant naturel est d'un tiers de la portion héréditaire qu'il aurait eue s'il eût été légitime; il est de la moitié lorsque le père ou la mère ne laisse pas de descendants, mais bien des ascendants ou des frères ou sœurs; il est des trois quarts lorsque le père ou la mère ne laisse ni descendants, ni ascendants, ni frères, ni sœurs, ni descendants de frères ou de sœurs.

*Des droits du conjoint survivant et de l'État.* — Lorsque le défunt ne laisse ni parent au degré successible, ni enfant naturel, les biens de sa succession appartiennent au conjoint qui lui survit.

Quoique le conjoint du défunt ne lui tienne plus par aucun lien de parenté civile ou naturelle, il était juste de lui déférer la succession par préférence à l'État.

A défaut de conjoint survivant, la succession est acquise à l'État; ce n'est qu'en l'absence ou au défaut de tous ayants-droit que l'État est appelé à succéder.

Les enfants naturels, l'époux survivant et l'État, appelés à succéder seuls, ne peuvent s'immiscer dans les biens qu'après avoir demandé l'envoi en possession au tribunal de première instance dans le ressort duquel la succession est ouverte; et le tribunal ne peut statuer sur la demande qu'après trois publications et affiches dans les formes usitées, et après avoir entendu le procureur impérial.

## SURENCHÈRE.

La surenchère est une enchère faite en sus du prix d'un immeuble vendu.

Il y a deux sortes de surenchères, celle du *dixième* et celle du *sixième.*

La surenchère du *dixième* s'applique aux ventes sur aliénation volontaire, et aux ventes judiciaires qui n'en sont pas exceptées par le Code de procédure. Elle s'applique aussi à la vente des immeubles d'un failli.

La surenchère du *sixième* est admise pour les ventes sur expropriation forcée, pour les ventes de biens de mineurs, pour les adjudications sur licitation et sur succession bénéficiaire.

Pour pouvoir surenchérir il faut être créancier hypothécaire ou privilégié inscrit sur l'immeuble vendu.

Une hypothèque légale inscrite permet de surenchérir.

Si l'inscription était nulle, le droit de surenchère n'existerait pas.

Il faut, en outre, pour surenchérir, être capable de s'engager.

En effet, la surenchère a pour résultat d'anéantir un acte consommé et de faire passer, si elle n'est pas couverte, la propriété sur la tête du surenchérisseur. De plus elle exige, à peine de nullité, constitution d'avoué près le tribunal devant lequel on la porte, l'offre d'une caution avec assignation à trois jours, devant le même tribunal, pour procéder à la réception.

*Formes.* — La réquisition de surenchère doit être

signifiée au nouveau propriétaire dans les quarante jours, au plus tard, de la notification du contrat faite par ce dernier, en y ajoutant deux jours par cinq myriamètres de distance entre le domicile élu et le domicile réel de chaque créancier requérant. (C. N. 2285.)

Le jour de la notification ne compte pas dans le délai de quarante jours.

La réquisition de mise aux enchères doit être signifiée dans le même délai au précédent propriétaire, débiteur principal.

Il est inutile de faire de semblables significations aux autres créanciers inscrits.

La notification doit être faite par un huissier commis, et doit contenir élection de domicile et constitution d'avoué, à peine de nullité.

Le surenchérisseur doit faire l'offre d'une caution jusqu'à concurrence du prix et des charges, et produire l'acte de soumission de cette caution. (C. P. 832.)

Il peut, à défaut de caution, offrir une somme en nantissement, ou des titres de rentes sur l'État.

La caution offerte doit être domiciliée dans le ressort de la cour où elle doit être reçue.

La surenchère une fois faite ne peut se rétracter; toutefois, le premier acquéreur peut rendre cette surenchère sans effet et conserver l'immeuble en payant le montant des créances inscrites en capital et intérêts.

—

La surenchère une fois formée, on procède à la revente, qui a lieu soit à la diligence du créancier qui la requiert, soit du nouveau propriétaire.

La vente a lieu dans les formes prescrites pour les expropriations forcées.

Lorsque l'acquéreur primitif se rend adjudicataire, le procès-verbal d'adjudication ne fait que confirmer la première vente.

Si, au contraire, c'est un tiers qui se rend adjudicataire, l'effet de l'adjudication est de résoudre les droits de l'acquéreur et de subroger à tout l'effet de la vente l'adjudicataire dont la propriété se trouve alors remonter au premier contrat.

Cette subrogation n'empêche pas le recours du premier acquéreur contre son vendeur : 1° pour la restitution du prix s'il l'a payé ; 2° pour celle des fruits s'il est obligé de les laisser à l'adjudicataire.

L'adjudicataire doit rembourser au premier acquéreur, les frais et loyaux coûts de son contrat, ceux de la transcription, notification et autres faits par lui pour parvenir à la revente ; ceux de procès-verbaux d'homologation et les frais de ces procès-verbaux.

Il doit encore payer les dépenses faites pour conserver l'immeuble.

### SURENCHÈRE SUR VENTE JUDICIAIRE.

Toute personne peut, dans les huit jours qui suivent l'adjudication, faire, par le ministère d'un avoué, une surenchère pourvu qu'elle soit du *sixième* au moins du prix principal de la vente.

La surenchère se fait par le ministère d'un avoué ; elle doit être faite dans les huit jours, non compris celui de l'adjudication. Ce délai peut être prolongé en cas de force majeure.

Cette surenchère doit être dénoncée dans les trois jours à peine de nullité.

Le surenchérisseur doit notifier la surenchère à l'avoué de la partie saisie, si elle en a constitué un.

La dénonciation contient avenir pour l'audience qui suit l'expiration de la quinzaine sans autre procédure.

Lorsqu'un notaire a été commis pour procéder à une vente judiciaire, la surenchère du sixième doit être faite au greffe du tribunal qui l'a commis et non au tribunal dans le ressort duquel il exerce ses fonctions.

Au jour indiqué, les enchères sont ouvertes et toute personne peut y concourir. S'il ne se présente pas d'enchérisseur, le surenchérisseur est déclaré adjudicataire.

## SURENCHÈRE

### DU DIXIÈME SUR LES VENTES APRÈS FAILLITE.

La surenchère après adjudication des immeubles du failli, sur la poursuite du syndic, n'a lieu qu'aux conditions et dans les formes suivantes :

La surenchère doit être faite dans la quinzaine.

Elle ne peut être au-dessous du dixième du prix principal d'adjudication.

Le dixième doit être pris non seulement sur le prix principal, mais sur les charges.

Elle est faite au greffe du tribunal civil et toute personne est admise à surenchérir.

Toute personne est également admise à concourir à l'adjudication par suite de surenchère.

Cette seconde adjudication est définitive et ne peut être suivie d'aucune surenchère.

## TACITE RECONDUCTION.

C'est la présomption de renouvellement d'un bail.

Si, à l'expiration des baux écrits, le preneur reste et est laissé en possession, il s'opère un nouveau bail dont l'effet est réglé par les dispositions relatives aux locations sans écrit.

C'est ce qu'on appelle *tacite reconduction*.

La tacite reconduction n'a pas lieu dans les baux *emphytéotiques*. (Voyez au mot *Bail*.)

Elle a lieu pour les baux à ferme et à loyer, et encore s'il s'agit de meubles, le locateur sera toujours libre de les reprendre et le locataire de les rendre, sans être tenu d'observer des délais.

La tacite reconduction fait présumer le consentement respectif des deux parties. Elle ne peut donc avoir lieu qu'entre parties capables de donner ce consentement.

Si le propriétaire fait donner congé en cas de bail non écrit, ou s'il fait sommation au locataire de vider les lieux en cas de bail écrit, il est évident que ce locataire ne peut se prévaloir de la tacite reconduction.

La tacite reconduction n'est point la continuation de l'ancien bail, mais bien un bail nouveau. Elle est censée faite pour le même prix et aux mêmes conditions que le bail précédent.

Cependant la caution donnée pour le bail ne s'étend pas à la prolongation.

Le propriétaire auquel il est dû des loyers, par suite

d'une tacite reconduction, n'a point de privilége pour les *loyers échus*, mais seulement pour une année à partir de l'expiration de l'année courante.

---

## TESTAMENT.

—

Un testament est un acte par lequel une personne dispose, pour le temps où elle n'existera pas, de tout ou partie de ses biens.

C'est un mode de transmission de propriété.

—

Pour faire un testament, il faut être sain d'esprit. Toutefois, le testament fait par un homme dans un état habituel d'imbécillité, mais pendant un intervalle lucide, peut être déclaré valable. C'est au légataire à prouver l'intervalle lucide et à détruire la présomption contraire.

Cependant, si le testateur avait été judiciairement in-'erdit, le testament, quoique fait pendant un intervalle lucide, serait nul.

Un aveugle ne peut faire qu'un testament public dans les formes prescrites pour cet acte.

Un sourd-muet ne peut tester que par testament olo-graphe ; il ne peut dicter son testament au notaire.

—

Au-dessous de seize ans, un mineur ne peut disposer ni par testament, ni par acte entre vifs. A seize ans accomplis, il peut disposer par testament de la moitié des biens qu'il pourrait donner étant majeur. (Voyez *Portion disponible*.)

Si le mineur a disposé de plus de la moitié de ses

biens pendant la minorité et qu'il meure majeur sans avoir refait d'autre testament, ce testament n'est valable que pour la moitié dont il pouvait disposer à l'époque où il a fait ce testament; il est nul pour le surplus.

La femme mariée, sous quelque régime que ce soit, peut tester sans l'autorisation de son mari, ni de la justice.

Un condamné à des peines afflictives ou infamantes ne peut disposer ni recevoir par donation ou testament. La loi de 1854 n'a rien changé à ce qui était avant sur cette matière.

———

Tout le monde peut recevoir par testament s'il n'en est déclaré incapable par la loi.

Sont incapables :

1º Les condamnés à une peine afflictive et infamante;

2º Ceux qui ne sont pas conçus au décès du testateur;

3º Les personnes incertaines.

Sont encore incapables de recevoir par testament :

1º Les docteurs en médecine ou en chirurgie, officiers de santé ou pharmaciens, sauf quelques exceptions;

2º Les ministres du culte;

3º Les tuteurs.

Enfin, les enfants naturels ne peuvent recevoir au-delà de ce que la loi leur assigne.

Les enfants adultérins ou incestueux ne peuvent recevoir que des pensions alimentaires.

Les témoins d'un testament public ne peuvent être légataires.

Les établissements publics ne peuvent recevoir de legs sans l'autorisation du gouvernement.

Une association religieuse non légalement autorisée ne peut recevoir de legs ni directement, ni par personne interposée.

Il y a trois sortes de testaments :
Le testament olographe ;
Le testament par acte public ;
Le testament mystique.

Il faut ajouter à ces trois formes principales :
1° Le testament militaire ;
2° Le testament fait en temps de peste ;
3° Le testament fait sur mer ;
4° Le testament fait en pays étranger.

## I.

### TESTAMENT OLOGRAPHE.

Le testament olographe est celui qui est écrit en entier, daté et signé de la main du testateur.

Le testament olographe étant, en définitive, un acte sous seing privé ne peut faire foi jusqu'à inscription de faux ; il peut être soumis à la vérification d'écriture.

Le testament olographe devant être écrit en entier de la main du testateur, il en résulte qu'un seul mot écrit par une main étrangère ferait annuler ce testament.

Il doit être daté, à peine de nullité ; il doit indiquer le lieu où il est passé, et enfin être revêtu de la signature du testateur ; la date peut être mise en chiffres, elle doit contenir le mois, le quantième et le millésime.

## II.

### TESTAMENT PAR ACTE PUBLIC.

Le testament par acte public est celui qui est reçu par deux notaires et deux témoins ou par un notaire et quatre témoins.

Un notaire ne peut recevoir un testament contenant des dispositions en sa faveur; il ne peut non plus recevoir de testament pour ses parents jusqu'au troisième degré ou contenant des dispositions en faveur de ces parents.

Un notaire peut valablement recevoir le testament de ses clercs ou serviteurs, ou dans lesquels ils sont institués légataires.

Le testament est soumis aux règles des actes notariés.

Il doit indiquer le nom, la résidence du notaire, les noms, prénoms, qualités et demeures des témoins instrumentaires, le lieu où le testament est écrit, la mention de la dictée par le testateur, puis de la lecture audit testateur; le tout en présence des témoins instrumentaires; enfin les signatures ou la déclaration par le testateur de ne savoir signer ou de ne le pouvoir; dans ce dernier cas, il faut indiquer le motif qui empêche le testateur de signer. Ces déclarations ont lieu en présence des témoins, et cela doit être constaté. Le tout à peine de nullité.

Il est gardé minute du testament par acte public, et le notaire ne peut le remettre même au testateur. Un testament en brevet serait nul.

Le testament doit être dicté par le testateur de façon

à ce que tous les témoins et le notaire le comprennent parfaitement. Un testament fait par interrogations et auxquelles le testateur répondrait par *oui* ou par *non* serait déclaré nul.

Il n'est cependant pas défendu au notaire d'aider le testateur pour l'arrangement de ses dispositions.

C'est le notaire lui-même, et non pas un de ses clercs, qui doit écrire le testament; s'il y a deux notaires, la loi n'empêche pas qu'ils écrivent tous les deux : ceci est prescrit à peine de nullité.

Si le testament contient quelques clauses additionnelles, mention de la lecture de ces additions doit être constatée d'une manière toute spéciale.

La date d'un testament notarié mise en chiffres n'annule pas le testament; elle donne seulement lieu à une amende.

## III.

### TESTAMENT MYSTIQUE.

Le testament *mystique* ou *secret* est celui que le testateur écrit ou fait écrire par une main étrangère et qu'il présente clos et cacheté à un notaire chez lequel il reste en dépôt.

Ceux qui ne savent lire et écrire, les aveugles de naissance, ne peuvent faire de testament mystique.

Cependant le testament mystique écrit par un aveugle, daté et signé pourrait valoir comme testament olographe.

Un sourd sachant lire peut faire un testament mystique.

*Formes.* — Lorsque le testateur voudra faire un testament mystique ou secret, il sera tenu de *signer* ses dispositions, soit qu'il les ait écrites lui-même, soit qu'il les ait fait écrire par un autre ; sera le papier qui contiendra ses dispositions ou le papier qui servira d'enveloppe s'il y en a une, clos et scellé. Le testateur le présentera ainsi clos et scellé au notaire et à six témoins au moins, ou il le fera clore et sceller en leur présence, et il déclarera que le contenu en ce papier est son testament écrit et signé de lui ou écrit par un autre et signé de lui. Le notaire en dressera l'acte de suscription. (C. N., 976.)

Le testament mystique peut être écrit, soit par le testateur lui-même, soit par le notaire qui dresse l'acte de suscription, soit par l'un des témoins.

Il n'est pas nécessaire qu'il soit daté; cependant c'est plus régulier. Il peut être écrit sur papier libre.

Le notaire dresse l'acte de suscription sur une feuille de papier timbré qui sert d'enveloppe au testament. Cet acte de suscription est une minute dont le notaire ne peut se dessaisir.

Pour être ouvert, le testament mystique, après le décès du testateur, doit être présenté au président du tribunal de première instance de l'arrondissement, qui en fait l'ouverture et la description en présence du notaire et de ceux des témoins qui se trouvent sur les lieux.

—

*Testament militaire.* — Les militaires en expédition, ou en quartier, ou en garnison hors du territoire français jouissent de certains priviléges pour la forme de leurs testaments.

Le testament militaire peut être reçu par un chef de

bataillon ou d'escadron ou par tout autre officier d'un grade supérieur, en présence de deux témoins, ou par deux sous-intendants militaires sans témoins, ou par un sous-intendant en présence de deux témoins.

Si le testateur est malade ou blessé, le testament peut être reçu par l'officier de santé en chef, assisté du commandant militaire chargé de la police de l'hospice.

Les témoins doivent être mâles, majeurs, n'être ni les commis, ni les délégués de celui qui reçoit le testament.

Le testament fait dans les formes ci-dessus devient nul six mois après que le testateur est revenu dans un lieu où il a eu la liberté d'employer les formes ordinaires.

Tout ce qui est dit ci-dessus ne peut pas s'appliquer aux militaires en France jouissant de toute leur liberté.

*Testament fait pendant une maladie contagieuse.* — Ceux qui sont dans un lieu avec lequel toute communication est interceptée à cause de la peste ou de toute autre maladie contagieuse, lors même qu'ils n'en seraient pas attaqués, peuvent tester devant le juge de paix ou devant l'un des officiers municipaux de la commune, en présence de deux témoins. (Cod. Nap., 985, 986.)

Ce testament est nul six mois après le rétablissement des communications ou la cessation de la cause qui avait nécessité cette forme.

*Testament fait sur mer.* — Les passagers, les marins, l'équipage, les troupes embarquées pour une expédition jouissent du privilége de faire leur testament dans des formes particulières.

Le testament fait sur mer peut être reçu, à bord des vaisseaux et autres bâtiments de l'État, par l'officier commandant le bâtiment ou, à son défaut, par celui qui le supplée dans l'ordre du service, l'un ou l'autre conjointement avec l'officier d'administration ou avec celui qui en remplit les fonctions ; et à bord des bâtiments de commerce, par l'écrivain du navire ou celui qui en fait les fonctions, l'un ou l'autre conjointement avec le capitaine, le maître ou le patron ou, à leur défaut, par ceux qui les remplacent. Dans tous les cas, le testament doit être reçu en présence de deux témoins et fait en double original.

Si le bâtiment aborde un port étranger où il y ait un consul, ceux qui ont reçu le testament sont tenus de déposer un des originaux, clos et cacheté entre les mains de ce consul qui le fait parvenir au ministre de la marine. Ce ministre en fait faire le dépôt au greffe de la justice de paix du domicile du testateur.

Le testament fait sur mer ne peut contenir aucune disposition en faveur des officiers du vaisseau, s'ils ne sont parents du testateur.

Ce testament n'est valable que tout autant que le testateur meurt en mer ou dans les trois mois qu'il est descendu à terre et dans un lieu où il a pu le refaire dans les formes ordinaires.

---

## TITRE NOUVEL.

—

C'est l'acte par lequel un débiteur reconnaît l'existence de sa dette et s'oblige à payer. C'est un acte qui a pour but principal d'empêcher la prescription.

Après vingt-huit ans de la date du dernier titre, le débiteur d'une rente ou d'une somme capitale quelconque peut être contraint à fournir, à ses frais, un titre nouvel à ses créanciers ou ayants-cause.

C'est celui qui s'est obligé personnellement, ou son acquéreur, ses héritiers ou ayants-cause qui doivent fournir le titre nouvel.

Pour pouvoir passer un titre nouvel, il faut être capable d'aliéner. Ainsi, un tuteur, un mineur même émancipé, une femme mariée ne peuvent consentir un titre nouvel.

Le mari, maître de la communauté, doit être assisté de sa femme pour consentir titre nouvel d'une rente due par cette dernière, car cet acte engage les biens personnels de la femme.

Les frais du titre nouvel sont à la charge du débiteur.

### ( Loi du 23 mars 1855).

Pour consolider le crédit immobilier, il était important de donner toute la publicité possible aux mutations diverses que subit la propriété. C'est ce qu'a essayé de faire la loi du 23 mars 1855 qui, si elle ne satisfait pas tous les intérêts, est au moins un premier pas fait dans une bonne voie.

L'art. 1er est ainsi conçu :

« Sont transcrits au bureau des hypothèques de la situation des biens :

» 1° Tout acte entre vifs translatif de propriété immobilière ou de droits réels susceptibles d'hypothèques;

» 2° Tout acte portant renonciation à ces mêmes droits;

» 3° Tout jugement qui déclare l'existence d'une convention verbale de la nature ci-dessus exprimée;

» 4° Tout jugement d'adjudication autre que celui rendu sur licitation au profit d'un cohéritier ou d'un copartageant. »

Sont également transcrits :

Tout acte constitutif d'antichrèse, de servitude, d'usage et d'habitation;

Tout acte portant renonciation à ces mêmes droits;

Tout jugement qui en déclare l'existence en vertu d'une convention verbale;

Les baux d'une durée de plus de dix-huit ans;

Tout acte ou jugement constatant, même pour un bail de moindre durée, quittance ou cession d'une somme équivalente à trois années de loyer ou de fermage non échus.

Jusqu'à la transcription, les droits résultant des actes et jugements énoncés aux articles précédents ne peuvent être opposés aux tiers qui ont des droits sur l'immeuble et qui les ont conservés en se conformant aux lois.

Les baux qui n'ont pas été transcrits ne peuvent jamais leur être opposés pour une durée de plus de dix-huit ans.

Tout jugement prononçant la résolution ou rescision d'un acte transcrit doit, dans le mois à dater du jour où il a acquis l'autorité de la chose jugée, être mentionné en marge de la transcription faite sur le registre.

L'avoué qui a obtenu ce jugement est tenu, sous peine de 100 fr. d'amende, de faire opérer cette mention en remettant un bordereau rédigé et signé par lui au conservateur, qui lui en donne récépissé. (Art. 4.)

Le conservateur, lorsqu'il en est requis, délivre, sous sa responsabilité, l'état *spécial* ou *général* des transcriptions et mentions prescrites ainsi qu'il est dit ci-dessus.

A partir de la transcription, les créanciers privilégiés ou ayant des hypothèques aux termes des art. 2123, 2127 et 2128 du Cod. Nap., ne peuvent prendre utilement inscription sur le précédent propriétaire.

Cependant le vendeur ou le copartageant peuvent utilement inscrire les privilèges à eux conférés par les art. 2103 et 2109 du même Code, dans les quarante-cinq jours de l'acte de vente ou de partage, nonobstant toute transcription d'actes faits dans ce délai.

L'action résolutoire établie par l'art. 1654 du Code Nap., ne peut être exercée après l'extinction du privilège du vendeur, au préjudice des tiers qui ont acquis des droits sur l'immeuble du chef de l'acquéreur et qui se sont conformés aux lois pour les conserver.

Si la veuve, le mineur devenu majeur, l'interdit relevé de l'interdiction, leurs héritiers ou ayants-cause, n'ont pas pris inscription dans l'année qui suit la dissolution du mariage ou la cessation de la tutelle, leur hypothèque ne date, à l'égard des tiers, que du jour des inscriptions prises ultérieurement.

Dans le cas où les femmes peuvent céder leur hypothèque légale ou y renoncer, cette cession ou cette renonciation doit être faite par acte authentique et les cessionnaires n'en sont saisis, à l'égard des tiers, que par l'inscription de cette hypothèque prise à leur profit ou par la mention de subrogation en marge de l'inscription préexistante.

Les dates des inscriptions ou des mentions déterminent l'ordre dans lequel ceux qui ont obtenu des cessions ou renonciations exercent les droits hypothécaires de la femme.

Cette loi est exécutoire depuis le 1er janvier 1856.

## TRANSPORT DE CRÉANCE.

C'est l'acte par lequel on cède à quelqu'un une créance ou tout autre droit incorporel.

Celui qui fait le transport se nomme le *cédant*, celui au profit de qui il est fait se nomme le *cessionnaire*.

Tout ce qui est dans le commerce peut être l'objet d'un transport.

Cet acte peut être fait dans la forme authentique ou sous seing-privé, comme la vente ordinaire. Cependant la forme authentique est préférable, car elle permet au cessionnaire de faire substituer son nom sur le registre des inscriptions hypothécaires à celui du cédant, et de procéder au besoin à la saisie-immobilière.

Le prix convenu doit être énoncé, et quelle qu'en soit la vileté, le cédant ne peut jamais exercer d'action en rescision pour cause de lésion.

Le cessionnaire, aussitôt que la délivrance lui a été faite, est irrévocablement saisi vis-à-vis du cédant de la créance ou du droit de transport, c'est-à-dire que le cédant ne pourrait valablement en céder la propriété à un autre.

Cette délivrance s'opère par la remise du titre, mais il en est autrement à l'égard des tiers, tels que les créanciers du cédant, ou le débiteur lui-même.

Postérieurement au transport, ces créanciers auraient encore le droit de faire des saisies-arrêts entre les mains du débiteur, et celui-ci pourrait valablement se libérer soit entre leurs mains, soit entre celles de son créancier originaire.

D'un autre côté, si le cédant tombait en faillite, les syndics pourraient faire annuler le transport, en sorte que le cessionnaire, en cas d'insolvabilité de ce créancier, éprouverait une perte irréparable.

Pour obvier à cet inconvénient, deux moyens sont offerts au cessionnaire : il peut faire intervenir le débiteur dans l'acte, afin qu'il accepte le transport, et dans ce cas, l'acte doit nécessairement être authentique; ou bien il peut lui signifier le même transport.

Le cessionnaire se trouve alors saisi à l'égard des tiers d'une manière incommutable.

La signification faite au débiteur, par le cédant, produirait le même effet.

C'est à la personne ou au domicile réel du débiteur que doit être faite la signification.

L'effet du transport est de mettre le cessionnaire au lieu et place du cédant, et de lui conférer tous les droits qui appartiennent à son vendeur.

Si donc, il s'agit d'une créance, le transport comprend tous les accessoires de cette créance, tels que caution, priviléges et hypothèques.

Le cédant est tenu de deux obligations :

1º Il doit délivrer l'objet transporté;

2º Il est tenu de la garantie.

Le cédant ne répond de la solvabilité du débiteur que lorsqu'il s'y est engagé, et jusqu'à concurrence seulement du prix qu'il a retiré de la créance.

Du reste, lorsqu'il a promis la garantie de la solvabilité du débiteur, cette promesse ne s'entend que de la solvabilité actuelle et non de la solvabilité future à moins d'une stipulation expresse.

## TUTELLE, TUTEUR.

La tutelle est la charge imposée à quelqu'un par la loi, ou par la volonté de l'homme en vertu des dispositions de la loi, d'administrer gratuitement la personne et les biens d'un incapable.

Le tuteur est celui qui exerce cette charge.

## I.

### DE LA TUTELLE DES PÈRE ET MÈRE.

Le père est, durant le mariage, administrateur des biens personnels de ses enfants mineurs. Après la dissolution du mariage, arrivée par la mort de l'un des époux, la tutelle des enfants mineurs et non émancipés appartient de plein droit au survivant des père et mère.

Le père, cependant, peut modifier la tutelle de la mère s'il la juge incapable d'administrer seule les biens de ses enfants; mais il ne pourrait, dans aucun cas, la lui enlever entièrement. Quant à la tutelle du père, elle ne peut jamais être limitée.

Si lors du décès du mari, la femme est enceinte, il sera nommé un curateur au ventre par le conseil de famille. A la naissance de l'enfant, la mère en deviendra tutrice, et le curateur en sera de plein droit subrogé-tuteur.

La mère n'est point tenue d'accepter la tutelle; néanmoins, en cas de refus de sa part, elle doit en remplir les fonctions jusqu'à ce qu'elle ait fait nommer un tuteur.

Si la mère tutrice veut se remarier, elle doit avant l'acte de mariage convoquer le conseil de famille, qui décide si la tutelle doit lui être conservée. A défaut de cette convocation, elle perd la tutelle de plein droit et son nouveau mari est solidairement responsable de toutes les suites de la tutelle qu'elle conserve indûment.

Si le conseil de famille convoqué par la mère, lui conserve la tutelle, il lui donne pour cotuteur le nouveau mari qui devient solidairement responsable avec la femme de la gestion postérieure au mariage.

Nous avons vu plus haut que le père, ou à la dissolution du mariage, le survivant des père et mère ont la jouissance des biens de leurs enfants jusqu'à l'âge de dix-huit ans accomplis ou jusqu'à l'émancipation qui pourrait avoir lieu avant cet âge.

## II.

### DE LA TUTELLE DÉFÉRÉE PAR LE PÈRE ET LA MÈRE.

Le droit de choisir un tuteur parent ou étranger n'appartient qu'au dernier vivant des père et mère.

La mère remariée et non maintenue dans la tutelle des enfants mineurs de son premier mariage, ne peut leur choisir un tuteur.

Si la mère remariée avait été maintenue dans la tutelle, le choix qu'elle pourrait faire d'un tuteur ne serait valable que tout autant qu'il serait confirmé par le conseil de famille.

Le tuteur élu par le père ou la mère n'est pas tenu d'accepter la tutelle, s'il n'est d'ailleurs dans la classe des personnes qu'à défaut de cette élection spéciale, le conseil de famille eût pu en charger.

### III.

#### DE LA TUTELLE DES ASCENDANTS.

Cette tutelle se nomme légitime parce qu'elle est déférée par la loi.

Lorsqu'il n'a pas été choisi au mineur, un tuteur par le dernier mourant des père et mère, la tutelle appartient de droit à son aïeul paternel; à défaut de celui-ci, à son aïeul maternel, et ainsi en remontant, de manière que l'ascendant paternel soit toujours préféré à l'ascendant maternel du même degré.

Si, à défaut d'aïeul paternel et d'aïeul maternel du mineur, la concurrence se trouvait établie entre deux ascendants du degré supérieur qui appartinssent tous deux à la ligne paternelle du mineur, la tutelle passera de droit à celui des deux qui sera l'aïeul paternel du père du mineur.

Si la même concurrence a lieu entre deux bisaïeuls de la ligne maternelle, la nomination sera faite par le conseil de famille, qui ne pourra néanmoins que choisir l'un de ces deux ascendants.

## IV.

### DE LA TUTELLE DES ENFANTS ADMIS DANS LES HOSPICES.

C'est encore une sorte de tutelle légitime, puisque la loi désigne à l'avance, d'une manière générale et absolue, le tuteur de ces enfants.

Cette tutelle appartient de droit à l'un des membres de la commission des hospices désigné par une autre commission, qui remplit l'office de conseil de famille.

## V.

### DE LA TUTELLE DÉFÉRÉE PAR LE CONSEIL DE FAMILLE, OU TUTELLE DATIVE.

Cette tutelle se nomme *dative*, du mot latin *dare*, donner.

Le conseil de famille (Voyez ce mot) auquel est laissé le droit de la donner est une assemblée composée des parents ou alliés du mineur, et présidée par le juge de paix.

Lorsqu'un enfant mineur, non émancipé, reste sans père ni mère, ni tuteur élu par ses père et mère, ni ascendant mâle, comme aussi lorsque le tuteur de l'une des qualités ci-dessus exprimées, se trouve dans le cas des exclusions dont il sera ci-après parlé, ou valablement excusé, il est pourvu par le conseil de famille à la nomination d'un tuteur.

Ce conseil est convoqué, soit sur la réquisition et à la diligence des parents du mineur, de ses créan-

ciers ou d'autres parties intéressées, soit même d'office
sur la poursuite du juge de paix du domicile du mineur.

Toute personne peut dénoncer au juge de paix le
fait qui donne lieu à la nomination d'un tuteur. (Voyez
*Conseil de famille.*)

## VI.

### EFFETS ET RESPONSABILITÉ.

Le tuteur agit et administre en cette qualité du jour
de sa nomination, si elle a eu lieu en sa présence, sinon, du jour qu'elle lui aura été notifiée.

La tutelle est une charge personnelle qui ne passe
pas aux héritiers du tuteur. Ceux-ci ne sont seulement
responsables que de la gestion de leur auteur, et s'ils
sont majeurs, ils seront tenus de la continuer jusqu'à la
nomination d'un nouveau tuteur.

## VII.

### DU SUBROGÉ-TUTEUR.

Le subrogé-tuteur est la personne chargée, dans toute
tutelle, de veiller aux intérêts du pupille et de les défendre lorsqu'ils sont en opposition avec ceux du tuteur.

Dans toutes les tutelles naturelles ou légitimes, le
père, la mère ou l'ascendant tuteur doivent, avant d'entrer en fonctions, faire convoquer le conseil de famille
pour la nomination du subrogé-tuteur, et s'ils s'ingè-
rent dans cette gestion avant d'avoir rempli cette formalité, le conseil de famille convoqué, soit sur la
réquisition des parents, soit d'office par le juge de paix,

peut, s'il y a lieu, leur retirer la tutelle, sans préjudice des indemnités dues au mineur.

Dans les autres tutelles, la nomination du subrogé-tuteur a lieu immédiatement après celle du tuteur.

Hors le cas où le conseil de famille ne se trouve composé que de frères germains, qui appartiennent tout à la fois à la ligne paternelle et à la ligne maternelle, le subrogé-tuteur doit être pris dans celle des deux lignes à laquelle n'appartient pas le tuteur.

Le tuteur ne peut, en aucun cas, voter pour la nomination du subrogé-tuteur qui est appelé à surveiller sa gestion ; il ne peut non plus, par la même raison, en provoquer la destitution ni voter dans les conseils de familles convoqués pour cet objet.

Les fonctions de subrogé-tuteur cessent à la même époque que celles de tuteur.

Le subrogé-tuteur doit obliger l'époux commun survivant à faire inventaire, sous peine d'être avec lui solidairement tenu de toutes les condamnations qui peuvent être prononcées au profit des mineurs.

Cet inventaire doit avoir lieu contradictoirement avec lui ou avec son mandataire spécial.

Il est tenu sous sa responsabilité personnelle et sous peine de tous dommages-intérêts, de veiller à ce qu'il soit pris inscription sans délai sur les biens du tuteur pour raison de sa gestion, même de faire faire cette inscription.

Ses biens ne sont grevés d'aucune hypothèque légale.

C'est contre le subrogé-tuteur que le tuteur doit former sa demande en réduction de l'hypothèque générale ue la loi accorde au pupille sur ses biens.

## VIII.

### DES CAUSES QUI DISPENSENT DE LA TUTELLE.

La tutelle est une charge publique instituée dans l'intérêt particulier du mineur, que personne ne peut refuser sans excuse ou dispense légitime.

Néanmoins, tout citoyen non parent ni allié du mineur ne peut être forcé d'accepter la tutelle que dans le cas où il n'existerait pas, dans la distance de quatre myriamètres, des parents ou alliés en état de gérer la tutelle.

Sont dispensés de la tutelle :

Les membres de la famille impériale ;

Les grands dignitaires ou grands officiers, les ministres, conseillers d'État, les sénateurs, les conseillers à la cour des comptes ;

Les individus âgés de soixante-cinq ans accomplis, et celui qui aura été nommé avant cet âge, pourront à soixante-dix ans, se faire décharger de la tutelle.

Tout individu atteint d'une infirmité grave et dûment justifiée pourra s'en faire décharger si cette infirmité est survenue depuis sa nomination.

Sont encore dispensées les personnes chargées déjà de deux tutelles ;

Celles qui ont cinq enfants légitimes.

## IX.

### I. L'INCAPACITÉ, DES EXCLUSIONS ET DESTITUTIONS DE LA TUTELLE.

Ne peuvent être tuteurs ni membres des conseils de famille :

1º Les mineurs, excepté le père et la mère;

2º Les interdits;

3º Les femmes autres que la mère et les ascendantes;

4' Tous ceux qui ont ou dont les père et mère ont avec le mineur un procès dans lequel l'état de ce mineur, sa fortune, ou une partie notable de ses biens sont compromis.

La condamnation à une peine afflictive et infamante emporte de plein droit l'exclusion de la tutelle. Elle emporte de même la destitution, dans le cas où il s'agirait d'une tutelle antérieurement déférée.

Sont encore exclus de la tutelle, et même destituables s'ils s'ont en exercice :

1º Les gens d'une inconduite notoire;

2º Ceux dont la gestion attesterait l'incapacité ou l'infidélité.

Tout individu exclu ou destitué d'une tutelle ne peut être membre du conseil de famille.

Toutes les fois qu'il y a lieu à une destitution du tuteur, elle est prononcée par le conseil de famille, convoqué à la diligence du subrogé-tuteur, ou d'office par le juge de paix.

# X.

### DE L'ADMINISTRATION DU TUTEUR ET DES COMPTES DE TUTELLE.

Le tuteur prend soin de la personne du mineur et le représente dans tous les actes civils.

Il administre ses biens en bon père de famille et répond des dommages-intérêts qui pourraient résulter d'une mauvaise gestion.

Il ne peut ni acheter les biens du mineur, ni les prendre à ferme, à moins que le conseil de famille n'ait autorisé le subrogé-tuteur à lui en passer bail.

Il ne peut non plus accepter la cession d'aucun droit ou créance contre son pupille.

Dans les dix jours qui suivent la nomination dûment connue de lui, le tuteur requiert la levée des scellés, s'ils ont été apposés, il fait procéder immédiatement à l'inventaire des biens du mineur.

Dans le mois qui suit la clôture de l'inventaire, le tuteur, autre que le père ou la mère, doit faire vendre aux enchères, par un officier public, et après des affiches et publications dont le procès-verbal de vente fait mention, tous les meubles autres que ceux que le conseil de famille l'aura autorisé à conserver en nature.

Le tuteur, même le père ou la mère, ne peut emprunter pour le mineur, ni aliéner ou hypothéquer ses biens immeubles sans y être autorisé par le conseil de famille.

Cette autorisation n'est accordée que pour cause d'une nécessité absolue ou d'un avantage évident.

Dans le premier cas, le conseil de famille n'accorde son autorisation qu'après examen d'un compte présenté par le tuteur, établissant que les revenus du mineur sont insuffisants. Le conseil de famille indique les immeubles qui devront être vendus de préférence et fixe en outre les conditions qu'il juge convenables.

Les délibérations du conseil de famille relatives à cet objet ne sont exécutées qu'après que le tuteur en aura demandé l'homologation devant le tribunal de première instance, qui statue en la chambre du conseil, après communication faite au procureur impérial.

La vente est faite publiquement, en présence du subrogé-tuteur et aux enchères, devant le tribunal, ou par un notaire à ce commis et après trois affiches apposées pendant trois dimanches consécutifs aux lieux accoutumés dans le canton.

Le tuteur ne peut accepter ou répudier une succession échue au mineur sans une autorisation préalable du conseil de famille.

L'acceptation ne peut avoir lieu que sous bénéfice d'inventaire.

La donation faite au mineur ne peut être acceptée par le tuteur qu'avec l'autorisation du conseil de famille.

Toute transaction faite par le tuteur au nom du mineur n'est valable qu'autant que le conseil de famille l'aura autorisée et que cette autorisation aura été homologuée par le tribunal.

Les tuteurs, même les père et mère, sont comptables de leur gestion.

Le compte définitif du tuteur est rendu au mineur devenu majeur, et aux frais de ce dernier. Le tuteur fait l'avance de ces frais.

Tout traité qui pourrait intervenir entre le tuteur et le mineur devenu majeur est nul s'il n'a été précédé de la reddition du compte détaillé, et de la remise des pièces justificatives; le tout constaté par un récépissé de l'ayant-compte, dix jours au moins avant le traité.

Le mineur créancier de son tuteur est tenu, dans l'année qui suit sa majorité, de prendre inscription contre son tuteur au bureau des hypothèques, pour la conservation de ses droits, faute par lui de remplir cette formalité, son rang comme créancier ne remonte qu'au jour de son inscription.

## USUFRUIT.

L'usufruit est le droit de jouir des choses dont un autre a la propriété comme le propriétaire lui-même, mais à la charge d'en conserver la substance.

L'usufruit est *légal* ou *conventionnel*.

L'usufruit légal a lieu :

1° Au profit des père et mère sur les biens de leur enfant en vertu de la puissance paternelle;

2° Au profit de la communauté sur les biens des deux époux, et du mari sur les biens de sa femme en cas de mariage sous le régime dotal.

L'usufruit conventionnel peut être établi par actes entre vifs ou testamentaires.

L'usufruit est un droit personnel en ce qu'il ne peut se séparer de la personne au profit de laquelle il est créé et meurt avec elle; il est, en outre, un droit réel attaché à une chose, et si cette chose est immobière, il est susceptible d'hypothèques. Toutes les formalités prescrites pour la purge des priviléges et hypothèques doivent être remplies de la part de celui qui acquiert un pareil droit.

L'usufruit peut être établi sur toute espèce de biens meubles et immeubles.

Si une maison léguée en usufruit vient à être incendiée, l'usufrutier n'a droit ni sur le sol, ni sur les matériaux. (C. N. 624.)

L'usufruit peut être établi :

1º Purement et simplement ;

2º A jour certain ou à terme ;

3º Sous condition ;

4º D'une manière alternative ;

5º A titre singulier ;

6º A titre universel.

Si l'usufruit est établi purement et simplement, le légataire est tenu d'en demander la délivrance; il n'a droit aux revenus qu'à dater du jour de cette demande.

L'usufruit qui est établi au profit d'une commune ou d'un établissement public est limité à trente ans. (C. N. 619.)

L'usufruit peut être constitué au profit de plusieurs personnes, pour jouir collectivement ou successivement l'une après l'autre.

### DES DEVOIRS DE L'USUFRUITIER.

L'usufruitier ne peut entrer en jouissance qu'après avoir fait dresser, en présence du propriétaire ou lui dûment appelé, un inventaire des meubles ou un état des immeubles sujets à usufruit.

Cependant, le testateur qui lègue l'usufruit de ses biens peut dispenser de faire faire l'inventaire et même de fournir caution. M. Proudhon pense que cette dispense de faire inventaire est simplement pour décharger l'usufruitier des frais d'inventaire, mais que ce dernier est tenu de remplir cette formalité.

L'état des immeubles est du reste toujours une mesure de prudence de laquelle on ne peut se dispenser.

L'inventaire est fait aux frais de l'usufruitier.

En cas de défaut d'inventaire, l'usufruitier légal est

déchu de son droit; le simple usufruitier ne serait tenu à des dommages-intérêts qu'en cas de soustractions ou de fraudes de sa part.

———   •

La seconde obligation de l'usufruitier est de donner *caution*, de jouir en bon père de famille. (Cod. Nap., 601.)

Cette obligation pèse sur tous les usufruitiers, même sur l'époux qui est donataire ou légataire de son conjoint.

Cette obligation de fournir caution souffre quatre exceptions :

1o Lorsque l'usufruitier en a été dispensé par l'acte même constitutif de l'usufruit;

2o Les père et mère qui ont l'usufruit légal des biens de leurs enfants, sont dispensés de fournir caution;

3o et 4o Le donateur ou le vendeur qui s'est réservé l'usufruit de la chose donnée ou vendue, n'est pas tenu de fournir caution.

La dispense de fournir caution est une faveur purement personnelle et non transmissible aux héritiers ou ayants-droit de l'usufruitier.

Toutefois, il a été jugé que la dispense de caution accordée par le tuteur à l'usufruitier pouvait être modifiée et déclarée sans effet, lorsque l'état des choses ou l'insolvabilité notoire de l'usufruitier pouvait faire craindre pour la conservation de la chose soumise à l'usufruit (Cour de Lyon, 15 janvier 1836).

Si l'usufruitier ne trouve pas de caution, les immeubles sont donnés à ferme ou mis en sequestre; les sommes comprises dans l'usufruit sont placées, les denrées vendues et le prix en provenant est pareillement placé.

Les intérêts de ces sommes, appartiennent en ce cas, à l'usufruitier.

S'il s'agit d'immeubles qui dépérissent par l'usage, le propriétaire peut exiger qu'ils soient vendus, pour le prix être placé comme celui des denrées. Cependant, l'usufruitier peut réclamer une partie des meubles pour son usage.

## DES DROITS DE L'USUFRUITIER.

L'usufruitier jouit comme le propriétaire lui-même ; il a droit à tous les produits annuels et périodiques, à tous les avantages qui peuvent résulter de la possession.

L'usufruitier n'est pas obligé de jouir par lui-même comme cela a lieu pour le droit d'usage, il peut donner à ferme à un autre, vendre ou céder son droit à titre gratuit.

Ainsi l'acquéreur d'un droit d'usufruit venant à décéder, ses héritiers profitent de l'usufruit jusqu'au décès de l'usufruitier en titre.

Les fruits naturels ou industriels pendants par branches ou par racines au moment ou l'usufruit est ouvert, appartiennent à l'usufruitier. Ceux qui sont dans le même état au moment où finit l'usufruit, appartiennent au propriétaire.

Les fruits civils, c'est-à-dire les arrérages de rentes viagères, intérêts de capitaux, prix de loyers, etc., sont réputés s'acquérir jour par jour et appartiennent à l'usufruitier dans la proportion de la durée de son droit.

Si l'usufruit porte sur des biens indivis, la licitation

ou le partage auxquels procédent entre eux les nu-propriétaires, n'empêchent pas l'exercice de l'usufruit.

L'usufruit établi sur des choses fongibles, c'est-à-dire qui se consomment par l'usage, telles que les denrées, les vins, etc., donne à l'usufruitier le droit de les consommer, à la charge d'en payer l'estimation à la fin de l'usufruit, ou d'en rendre une quantité égale et de même bonté.

En fait de créances, l'usufruitier n'a droit qu'aux intérêts et si pendant la durée de son droit, il en est qui soient remboursées, l'usufruitier peut user des capitaux, sauf à les restituer à la fin de son usufruit.

Si l'usufruit comprend des choses, qui, sans se consommer de suite, se détériorent peu à peu par l'usage, comme le linge, les meubles meublants, etc., l'usufruitier a le droit de s'en servir pour l'usage auquel elles sont destinées et n'est obligé à les rendre à la fin de l'usufruit que dans l'état où elles se trouvent, non détériorées par son dol ou sa faute.

Celui qui a un droit d'usufruit sur des animaux, ne peut les employer que pour les usages auquels ils avaient été destinés. Ainsi le travail, les laitages, les laines, le croît, sont la propriété de l'usufruitier, toujours sans abus.

Un usufruitier jouissant d'une maison ne pourrait, de son chef, changer la distribution des appartements.

Tout ce qui peut tendre à opérer de plus grandes dégradations dans les bâtiments, à rendre l'habitation moins saine ou à les exposer à de plus grands dangers d'incendie, est interdit à l'usufruitier.

Il a le droit de jouir de tous les effets mobiliers que

39

le propriétaire y a attachés à perpétuelle demeure. (Cod. Nap., 524.)

Il peut faire à la maison toutes améliorations utiles, n'entraînant pas de gros travaux.

Si l'usufruit comprend des bois taillis, l'usufruitier est tenu d'observer l'ordre et la quotité des coupes, conformément à l'aménagement ou à l'usage constant des propriétaires.

L'aménagement d'une forêt peuplée de taillis, se rapporte à quatre choses principales, qui sont : 1º l'ordre; 2º la quotité; 3º l'âge des coupes; 4º le nombre de baliveaux qui doivent être réservés.

Quant aux arbres plantés pour l'ornement, ou pour l'ombre, ou pour en recueillir quelques genres de fruits, l'usufruitier ne peut les faire abattre.

Si l'usufruitier fait une coupe prématurée, les bois coupés sont sa propriété, mais c'est un abus de confiance auquel le propriétaire peut s'opposer. Si au contraire il a négligé de faire les coupes en temps voulu, il n'a aucune indemnité à réclamer. Il n'en serait pas de même, si par une cause indépendante de sa volonté, l'usufruitier avait été empêché de faire la coupe.

L'usufruitier profite encore, toujours en se conformant aux époques et à l'usage des anciens propriétaires, des parties de bois de *haute futaie* qui ont été mises en coupes réglées, soit que ces coupes se fassent périodiquement sur une certaine étendue de terrain, soit qu'elles se fassent d'une certaine quantité d'arbres pris indistinctement sur toute la surface du domaine. Mais il faut que l'usage de ces coupes soit bien constant.

Les arbres fruitiers qui meurent, ceux qui sont arrachés ou brisés par accident appartiennent à l'usufruitier, à la charge de les remplacer par d'autres.

L'usufruitier jouit encore des mines et carrières qui sont en exploitation à l'ouverture de l'usufruit. Quant aux mines, carrières ou tourbières non ouvertes, l'usufruitier n'y a aucun droit.

L'usufruitier recueille le produit des ruches. Il a le droit de pêche dans les ruisseaux, il peut chasser dans les bois et sur les fonds soumis à son usufruit. Enfin, il a le produit des garennes et des étangs empoissonnés, à la charge, quant aux étangs, de les empoissonner de nouveau, conformément à l'usage des lieux.

## DES OBLIGATIONS DE L'USUFRUITIER.

L'usufruitier doit jouir en bon père de famille;

Faire les réparations;

Acquitter les charges qui, par leur nature, pèsent sur la jouissance.

Jouir en bon père de famille, c'est jouir dans un esprit de conservation.

L'usufruitier n'est tenu qu'aux réparations d'entretien, et le propriétaire est en droit de l'actionner pour le faire condamner à procurer ces réparations.

Les grosses réparations demeurent à la charge du propriétaire, à moins qu'elles n'aient été occasionnées par le défaut d'entretien depuis l'ouverture de l'usufruit.

Les grosses réparations sont celles des gros murs et des voûtes, le rétablissement des poutres et des couvertures entières.

Celui des digues et des murs de soutènement ou de clôture, aussi en entier.

Toutes les autres réparations sont d'entretien.

## DE L'EXTINCTION DE L'USUFRUIT.

L'usufruit s'éteint :

1° Par la mort de l'usufruitier ;

2° Par l'expiration du temps fixé pour sa durée ou l'événement de la condition résolutoire ;

3 Par la consolidation ;

4° Par le non-usage ;

5° Par la perte totale de la chose ;

6° Par la renonciation de l'usufruitier ;

7° Par la résolution du droit de celui qui a concédé l'usufruit ;

8° Enfin, par abus de jouissance.

La mort naturelle ou civile éteint l'usufruit ; c'est au propriétaire à prouver le décès. Quant à la mort civile, si l'usufruit était établi pour la durée de la vie naturelle de l'individu, sa mort civile ne l'éteindrait pas.

L'usufruit s'éteint par le non-usage pendant trente ans.

## COMPTE DE L'USUFRUIT.

L'usufruitier doit rendre compte de sa jouissance. Ce compte porte sur quatre objets principaux :

1° Les meubles qui lui avaient été remis ;

2° Les créances et le remboursement des capitaux qu'il aurait reçus ;

3° Les choses fongibles qu'il avait reçues ;

4° Enfin, l'état des immeubles dont il a eu la jouissance.

---

## USUFRUIT LÉGAL.

—

C'est l'usufruit qui appartient au père pendant le mariage et après la dissolution du mariage au survivant des père et mère sur les biens de leurs enfants mineurs.

L'usufruit légal cesse à l'égard de la mère dans le cas d'un second mariage.

Le défaut d'inventaire des biens de la communauté, après la mort de l'un des époux laissant des enfants mineurs, fait perdre au survivant la jouissance de leurs revenus. Le délai pour faire l'inventaire est de trois mois, il peut être prolongé par le juge.

L'usufruit légal porte sur tous les biens des enfants; les charges de cet usufruit sont :

1° Celles auxquelles sont tenus les usufruitiers;

2° La nourriture, l'entretien, l'éducation des enfants selon leur fortune;

3° Le paiement des arrérages ou intérêts des capitaux;

4° Les frais funéraires et ceux de dernière maladie.

—

L'usufruit légal finit lorsque les enfants ont atteint l'âge de dix-huit ans, il finit encore par l'émancipation accordée aux enfants avant cet âge.

Enfin, l'usufruit peut cesser par la renonciation du père et de la mère.

## VENTE.

C'est un contrat par lequel une personne s'oblige à livrer une chose à une autre personne qui, de son côté, s'oblige à la payer.

C'est un contrat consensuel, c'est-à-dire qui se forme par le consentement de deux parties; il est synallagmatique, car le vendeur et l'acheteur s'obligent réciproquement l'un envers l'autre.

C'est en outre un contrat commutatif, car l'intention du vendeur est de recevoir en argent l'équivalent de ce qu'il livre en nature.

De là il résulte que trois choses sont de l'essence de la vente : 1° une chose que le vendeur s'oblige à livrer; 2° un prix que l'acquéreur s'oblige à payer; 3° le consentement réciproque des parties.

### DE CEUX QUI PEUVENT ACHETER OU VENDRE.

Tous ceux auxquels la loi ne l'interdit pas peuvent acheter ou vendre (Cod. Nap. 1594). Ainsi, les prohibitions doivent être expresses.

D'abord les mineurs sont incapables de vendre et d'acheter, puisqu'ils ne peuvent contracter.

Les mineurs, même émancipés, ne peuvent vendre leurs immeubles sans remplir certaines formalités judiciaires.

Les femmes mariées ne peuvent aliéner ou acquérir à titre gratuit ou onéreux, sans le consentement du mari ou de justice.

Les interdits, les pourvus d'un conseil judiciaire sont frappés d'une incapacité relative.

Un mort civilement peut acheter et vendre.

Le saisi ne peut aliéner l'immeuble saisi immobiliérement; la nullité de la vente en ce cas est de droit.

Un failli ne peut vendre, car il est dessaisi de ses biens.

L'héritier bénéficiaire, le curateur à une succession vacante, les syndics d'une faillite ne peuvent vendre qu'en remplissant certaines formalités judiciaires.

Un contrat de vente entre époux ne peut avoir lieu que dans les trois cas suivants :

1° Celui où l'un des époux cède des biens à l'autre séparé judiciairement d'avec lui, en paiement de ses droits;

2° Celui où la cession que le mari fait à sa femme, même non séparée, a une cause légitime telle que le remploi de ses immeubles aliénés ou de deniers à elle appartenant, si ces immeubles ou deniers ne tombent pas en communauté;

3° Celui où la femme cède des biens à son mari en paiement d'une somme qu'elle lui avait remise en dot et lorsqu'il y a exclusion de communauté.

## DES CHOSES QUI PEUVENT ÊTRE VENDUES.

Tout ce qui est dans le commerce peut être vendu, lorsque des lois particulières n'en ont pas prohibé l'aliénation.

On peut vendre, non seulement ce qu'on possède actuellement, mais encore les choses futures, c'est-à-dire celles qu'on peut avoir par la suite; telles que les fruits d'une propriété, le croît d'un animal, les produits d'une fabrique.

Ces ventes sont conditionnelles et ne produisent d'effet que tout autant que les fruits ou les produits viennent à se réaliser.

On ne peut pas vendre la succession d'une personne vivante.

Des biens dotaux ne peuvent être vendus que dans des cas prévus par la loi.

Les droits d'usage, d'habitation, le droit de retrait successoral, le droit à des aliments, les pensions alimentaires, les soldes de retraite, de réforme, etc., qui sont des droits purement personnels, ne peuvent être vendus.

Il y a des choses qui ne sont pas dans le commerce et qui peuvent être vendues : les offices ministériels, les brevets d'imprimeur, de libraire et de maître de poste.

On ne peut pas vendre la chose d'autrui. Une pareille vente est nulle ; de plus, si l'acheteur ignorait que son vendeur n'était pas propriétaire de l'objet de la vente, il peut exiger, en certains cas, des dommages-intérêts.

Cependant on peut vendre du blé ou du vin qu'on n'a pas, pourvu qu'on ne précise pas que c'est le blé ou le vin de telle personne.

La vente d'une chose appartenant à autrui, ratifiée par le véritable propriétaire, est parfaitement bonne.

Si la chose vendue était *périe* en totalité au moment de la vente, cette vente serait nulle.

*Formes de la vente.* — La vente peut être faite par acte authentique ou sous seing privé, et même verbalement, pourvu qu'il ne s'agisse que d'une valeur inférieure à 150 fr.

La vente d'un navire doit être faite par écrit; la cession d'un brevet d'invention doit être faite devant notaire.

Une vente même d'immeubles peut être faite purement et simplement ou sous conditions soit *suspensives*, soit *résolutoires*.

Les conditions suspensives qui dépendent de la seule volonté de l'une des parties, sont nulles; par exemple, une vente qui serait faite, *si le vendeur ou l'acheteur le veut.*

La condition suspensive ne fait que retarder l'effet de la vente.

La condition résolutoire l'anéantit complétement.

*Vente d'objets mobiliers.* — Si des objets mobiliers sont vendus en bloc, la vente est pure et simple, elle est parfaite par le seul consentement des parties, il n'est pas nécessaire de rien compter, mesurer ou peser.

Si des marchandises sont vendues au poids, au compte ou à la mesure, la vente n'est pas parfaite jusqu'à ce qu'elles aient été pesées, comptées ou mesurées.

A l'égard des choses qu'on est dans l'usage de goûter avant d'en faire l'achat, il n'y a pas de vente tant que l'acheteur ne les a pas goûtées et agréées.

*Prix.* — Le prix de la vente doit être déterminé, il doit consister en argent, sinon il n'y aurait pas vente, mais bien échange.

De plus, le prix doit être *sérieux* et *certain*; sérieux, c'est-à-dire être en valeur à peu près l'équivalent de la chose vendue ; certain, c'est-à-dire que la vente que je ferais *pour le prix qu'on m'offrira*, serait nulle.'

Mais on peut toujours, pour la fixation d'un prix, s'en rapporter à l'arbitrage d'un tiers.

Nous ajouterons ici que depuis la loi du 23 mars 1855, tout acquéreur qui veut être réellement propriétaire doit faire transcrire au bureau des hypothèques de la situation des biens (s'il s'agit d'immeubles ou de droits immobiliers), une expédition ou une copie de son contrat d'acquisition, la propriété ne repose sur sa tête qu'à partir de cette formalité. (Voir *Transcription.*)

De son côté, le vendeur qui veut conserver son privilége pour le prix lui restant dû, doit faire remplir cette même formalité. Le conservateur, lors de la transcription, prend inscription d'office au profit du vendeur et ce dernier doit renouveler cette inscription tous les dix ans pour conserver son rang et son privilége.

## DES OBLIGATIONS DU VENDEUR.

Le vendeur est tenu d'expliquer clairement ce à quoi il s'oblige. Tout pacte obscur et ambigu s'interprète contre lui. (C. N. 1602.)

Le vendeur est tenu de deux obligations principales :

1° Celle de délivrer la chose qu'il vend ;

2° Celle de la garantir.

La délivrance est le transport de la chose vendue en la puissance et possession de l'acheteur, de telle façon que si à l'époque de la délivrance, quelqu'autre se trouvait en possession de la chose vendue, l'acheteur serait fondé à se pourvoir contre le vendeur soit en résolution, soit en dommages-intérêts.

Relativement aux immeubles, l'obligation de la délivrance est remplie de la part du vendeur lorsqu'il a remis les clefs s'il s'agit d'un bâtiment, ou lorsqu'il a remis les titres de propriété.

La délivrance des effets mobiliers s'opère, ou par la tradition réelle, — ou par la remise des clefs des bâtiments qui les retiennent, — ou même par le seul consentement des parties.

La tradition est très importante en fait de vente de meubles, car entre deux acheteurs la préférence est due à celui qui a été mis en possession le premier.

La vente d'un terrain comprend la cession des constructions élevées sur ce terrain, à moins d'une réserve expresse de la part du vendeur.

Le vendeur est tenu de délivrer la chose avec les accroissements qui sont survenus depuis la vente.

Les frais de la délivrance sont à la charge du vendeur et ceux de l'enlèvement à la charge de l'acheteur, s'il n'y a eu stipulation contraire.

Le vendeur n'est pas tenu de délivrer la chose, si l'acheteur n'en paie pas le prix et que le vendeur ne lui ait point accordé de délai pour le paiement.

La chose doit être délivrée en l'état où elle se trouve au moment de la vente. Depuis ce jour tous les fruits appartiennent à l'acquéreur.

L'obligation de délivrer la chose comprend les accessoires et tout ce qui a été destiné à son usage perpétuel.

Le vendeur est tenu de délivrer la contenance telle

qu'elle est portée au contrat sous les modifications ci-après exprimées :

Si la vente d'un immeuble a été faite avec indication de la contenance à raison de tant la mesure, le vendeur est obligé de délivrer à l'acquéreur, s'il l'exige, la quantité indiquée au contrat, et si la chose ne lui est pas possible ou si l'acquéreur ne l'exige pas, le vendeur est obligé de souffrir une diminution proportionnelle du prix.

Si, au contraire, dans le cas de l'article précédent, il se trouve une contenance plus grande que celle exprimée au contrat, l'acquéreur a le choix de fournir le supplément du prix ou de se désister du contrat, si l'excédant est d'un vingtième au-dessus de la contenance déclarée.

Dans tous les cas où l'acquéreur a le droit de se désister du contrat, le vendeur est tenu de lui restituer, outre le prix, s'il l'a reçu, les frais de ce contrat.

L'action doit être intentée dans l'année à compter du jour du contrat, à peine de déchéance.

———

La garantie en fait de vente est l'obligation où est le vendeur de répondre à l'acquéreur de la possession paisible de la chose vendue et des défauts cachés de cette chose.

La garantie est de la nature de la vente; pour qu'elle existe, il n'est pas nécessaire qu'elle soit expressément stipulée.

Le vendeur est tenu de la garantie à raison des défauts cachés de la chose vendue qui la rendent impropre à l'usage auquel on la destine, ou qui diminuent tellement cet usage que l'acheteur ne l'aurait pas acquise ou n'en aurait donné qu'un moindre prix s'il les avait connus.

Le vendeur, cependant, n'est pas tenu des vices apparents et dont l'acheteur a pu se convaincre lui-même; il est tenu des vices cachés quand même il ne les aurait pas connus, à moins que dans ce cas il n'ait stipulé qu'il ne sera obligé à aucune garantie.

L'action résultant des vices rédhibitoires doit être intentée par l'acquéreur, dans les délais fixés par la loi sur les vices et actions rédhibitoires (Voyez ce mot).

Elle n'a pas lieu dans les ventes faites par autorité de justice.

### DES OBLIGATIONS DE L'ACHETEUR.

La principale obligation de l'acheteur est de payer le prix au jour et au lieu réglé par la vente.

S'il n'a rien été réglé à cet égard lors de la vente, l'acheteur doit payer au lieu et dans le temps où doit se faire la délivrance.

Si l'acheteur ne paie pas le prix, le vendeur peut demander la résolution de la vente.

En matière de vente de denrées et effets mobiliers, la résolution de la vente a lieu de plein droit et sans sommation, au profit du vendeur après l'expiration du terme convenu.

### DE LA RÉSOLUTION DE LA VENTE POUR CAUSE DE LÉSION.

Si le vendeur a été lésé de plus de sept douzièmes dans le prix d'un immeuble, il a le droit de demander la rescision de la vente, quand même il aurait expressément renoncé dans le contrat à la faculté de demander cette rescision et qu'il aurait déclaré donner la plus-value.

Pour savoir s'il y a lésion de plus de sept douzièmes, il faut estimer l'immeuble suivant son état et sa valeur au moment de la vente. Il est évident qu'on ne doit avoir aucun égard aux améliorations ou détériorations survenues depuis. Pour savoir si au moment de cette vente il y a eu lésion, il faut estimer l'immeuble tel qu'il était alors et d'après la valeur des immeubles à cette époque.

La demande n'est plus recevable après l'expiration de deux années à compter du jour de la vente.

Ce délai court contre les femmes mariées, contre les absents, les interdits et les mineurs venant du chef d'un majeur qui a vendu.

Ce délai court aussi et n'est pas suspendu pendant la durée du temps stipulé pour le pacte de rachat.

La preuve de lésion ne peut être admise que par jugement et dans le cas seulement où les faits articulés seraient assez vraisemblables et assez graves pour faire présumer la lésion.

Cette preuve est faite par trois experts nommés d'office, à moins que les parties ne se soient accordées pour les nommer tous les trois conjointement.

Le rescision pour cause de lésion n'a pas lieu en faveur de l'acheteur.

## VENTE JUDICIAIRE.

Il y a deux sortes de ventes judiciaires, celles qui

ont lieu par expropriation forcée , et celles qu'on pourrait appeler ventes volontaires judiciaires, telles sont :

Les ventes de biens de mineurs, des interdits, des femmes mariées sous le régime dotal, les ventes sur licitation, les ventes des biens dépendant des successions bénéficiaires.

Toutes ces ventes sont soumises à des formalités spéciales indiquées dans le Code de procédure civile au titre de la *Vente des immeubles des mineurs et des licitations*, nous y renvoyons.

## VOITURIER.

On entend par voituriers, ceux qui font profession de transporter des marchandises ou autres objets, soit par terre, soit par eau.

Les voituriers par terre et par eau sont assujettis, pour la garde et la conservation des choses qui leur sont confiées, aux mêmes obligations que les aubergistes.

Ils répondent non seulement de ce qu'ils ont déjà reçu dans leur bâtiment ou voiture, mais encore de ce qui leur a été remis sur le port ou dans l'entrepôt pour être placé dans leur bâtiment ou voiture.

Ils sont responsables de la perte et des avaries des choses qui leur sont confiées, à moins qu'ils ne prouvent qu'elles ont été perdues ou avariées par cas fortuit ou force majeure.

Les voituriers sont garants de la perte des objets à transporter, hors le cas de force majeure.

Si, par l'effet de la force majeure, le transport n'est pas effectué dans le délai convenu, il n'y a pas lieu à indemnité contre le voiturier pour cause de retard.

La réception des objets transportés et le paiement du prix de la voiture éteignent toute action contre ce voiturier.

En cas de refus ou contestation pour la réception des objets transportés, leur état est vérifié et constaté par des experts nommés par le président du tribunal de commerce, ou à son défaut, par le juge de paix et par ordonnance au bas d'une requête.

Le dépôt ou sequestre, et ensuite le transport dans un dépôt public, peuvent être ordonnés.

La vente peut être faite en faveur du voiturier jusqu'à concurrence du prix de la voiture.

Les mêmes dispositions sont communes aux maîtres de bateaux, entrepreneurs de diligences ou de voitures publiques.

Toutes actions contre le commissionnaire et le voiturier à raison de la perte ou de l'avarie des marchandises sont prescrites après six mois pour les expéditions faites dans l'intérieur de la France, et après un an pour celles faites à l'étranger, le tout, à compter pour le cas de perte, du jour où le transport des marchandises aurait dû être effectué; et pour les cas d'avaries, du jour où la remise des marchandises aura été faite, sans préjudice des cas de fraude ou d'infidélité.

Lorsqu'une personne reçoit des ballots ou des marchandises qui paraissent avoir éprouvé des avaries, elle doit les faire constater. A cet effet, elle s'adressera au président du tribunal civil ou de commerce, au commissaire de police ou au juge de paix, pour les requérir de faire vérifier par des hommes de l'art l'état des ballots ou marchandises.

Cette requête doit être faite sur papier timbré.

(Voyez *Lettre de voiture*).

---

## VUE (Droit de)

On entend par *vues* toute espèce d'ouverture pouvant plus ou moins directement faciliter les moyens de regarder hors de l'édifice pour lequel on les a faites.

Il ne faut pas confondre *vues* avec *jours*.

Les *jours* sont des ouvertures bien moins considérables servant seulement à éclairer l'intérieur d'un bâtiment.

Le propriétaire d'un mur mitoyen peut, avec le consentement du propriétaire voisin, pratiquer dans ce mur des jours ou fenêtres à fer maillé (c'est-à-dire garnies d'un grillage en fer) et à verre dormant.

On appelle ainsi le verre incrusté dans un châssis, scellé au mur et ne pouvant s'ouvrir.

Ces fenêtres doivent être garnies d'un treillis de fer, dont les mailles ont un décimètre (environ trois pouces) d'ouverture au plus.

Elles ne peuvent être établies qu'à vingt-six décimètres (huit pieds) au-dessus du plancher du sol de la chambre qu'on veut éclairer, si c'est le rez-de-chaussée; à dix-neuf décimètres (six pieds) au-dessus du plancher, pour les étages supérieurs.

D'après ce qui précède, on comprend que ces jours ne donnent pas le droit de regarder dans le fonds du voisin.

40

Le droit de vue est le droit de recevoir du jour et de regarder sur le sol voisin.

Les vues sont *directes* ou *obliques*.

*Directes*, lorsqu'elles s'exercent par des ouvertures faites dans un mur parallèle à la ligne de séparation de deux héritages ; *obliques* ou *de côté*, lorsque les ouvertures sont pratiquées dans un mur qui fait angle droit avec cette ligne.

Il n'est pas permis d'avoir des vues directes ou fenêtres d'aspect, des balcons, terrasses ou autres semblables saillies, sur l'héritage clos ou non clos de son voisin, s'il n'y a entre le mur où on les pratique et ledit héritage, dix-neuf décimètres (six pieds) de distance, et des vues obliques ou de côté que si la distance est de six décimètres (deux pieds). (C. N. 678.)

La distance de six pieds n'est pas obligatoire si la fenêtre est ouverte sur une rue ou chemin public, même n'ayant pas cette largeur.

Quand les deux propriétés sont séparées par des murs, haies ou fossés, si ces clôtures appartiennent à un seul, la ligne séparative est à l'extrémité extérieure de ces clôtures ; si les clôtures sont mitoyennes, la ligne se trouve au milieu de l'épaisseur de la clôture.

Il faut observer que dans les vues obliques, si on pratique un balcon ou une autre saillie, le côté de ce balcon ou de cette saillie forme une vue directe qui doit alors être à la distance voulue.

Si le mur à partir duquel la distance doit être comptée appartient au propriétaire qui fait pratiquer des fenêtres, et que plus tard le voisin acquière la mitoyenneté de ce mur (ce qui fait que la distance ne devant plus compter qu'à partir du milieu de l'épaisseur du mur serait moindre que celle voulue par la loi), ce dernier serait obligé de supporter les vues existantes.

Mais si le bâtiment dans lequel se trouvent ces vues, venait à être détruit, il faudrait, en le reconstruisant, qu'elles soient reculées à la distance requise.

L'obligation d'observer les distances peut cesser par l'acquisition de la servitude de vue, par titre ou par prescription.

FIN.

# FORMULES.

## CONTRAT D'APPRENTISSAGE.

—

Entre les soussignés          M.          Chevalier ,
demeurant à                d'une part;

M. Charles Masson, propriétaire, demeurant à
d'autre part;

Il a été convenu ce qui suit :

M. Chevalier a pris en apprentissage pour cinq années entières et consécutives, à partir d'aujourd'hui, le sieur Émile
Masson, âgé de seize ans, demeurant  .          etc., fils
mineur du sieur Charles Masson et de dame Henriette Delatuilerie, son épouse.

Promettant le sieur Chevalier de lui enseigner, pendant lesdites cinq années, son métier de menuisier, et généralement
toutes les méthodes, pratiques et manières d'œuvres dudit
métier, et tout ce qui le concerne; s'obligeant en outre de le
nourrir, loger et chauffer d'une manière convenable.

De son côté, ledit sieur Masson fils, assisté de son père, a
promis d'apprendre de son mieux tout ce qui lui sera montré
par ledit sieur Chevalier; de lui obéir en tout ce qu'il lui com-
mandera de licite et d'honnête; de travailler à son profit;
d'éviter de lui faire aucun dommage; enfin de ne point s'absenter, ni aller travailler ou demeurer ailleurs pendant lesdites cinq années.

Il est exprimé que si le sieur Masson fils venait à s'absenter, ledit sieur Masson son père serait tenu de le chercher et faire chercher; et après l'avoir trouvé, de le ramener chez ledit sieur Chevalier, pour y achever le temps qui resterait à expirer de son apprentissage.

M. Masson certifie d'ailleurs que son fils est fidèle et de bonnes mœurs.

Ce traité est fait moyennant la somme de 600 fr., que le sieur Chevalier reconnaît avoir reçue dudit sieur Masson père, en espèces, dont quittance.

Ainsi convenu fait double à          le          18   .
    *Signatures.*

---

### *Enregistrement.*

Les brevets d'apprentissage s'enregistrent au droit fixe de 1 fr. et le décime.

---

## CONGÉ D'ACQUIT.

---

Le soussigné Ange Chevalier, menuisier, demeurant, etc. a déclaré que le          18     s'est terminé le temps d'apprentissage qu'Émile Masson, fils mineur de M. Charles Masson et de feu dame Henriette Delatuilerie, devait faire chez lui, ainsi qu'il avait été arrêté en un brevet d'apprentissage, passé entre le comparant et M. Masson père; que pendant tout ce temps ledit Émile Masson a fidèlement rempli ses devoirs d'apprenti, au moyen de quoi le comparant lui a consenti son congé d'acquit d'apprentissage; reconnaissant également que M. Masson père lui a fait les paiements auxquels il s'était obligé par cette convention.

En foi de quoi j'ai signé le présent à          le          18   .
    *Signature du patron.*

---

## BAIL A LOYER.

Entre les soussignés,

M. Pierre Bonnard, propriétaire rentier, demeurant à
d'une part ;

M. Auguste Mège, négociant, demeurant à
rue                          , d'autre part ;

Il a été convenu ce qui suit :

M. Bonnard remet, à titre de bail à loyer, à M   Mège, qui
accepte ,

Les lieux ci-après désignés, dépendants d'une maison sise
à                    rue de                  , n°    , savoir :

Au deuxième étage, à gauche, sur le devant, un appartement composé de quatre pièces, antichambre, salon, salle à
manger, chambre à coucher ;

Au troisième, à droite, sur le devant, cuisine et chambre
de domestique ;

Un berceau de cave, le troisième à gauche en entrant. Ensemble, 1° le droit de passage pour aller aux appartements,
par l'escalier étant à gauche de la porte cochère ; 2° le droit
de prendre de l'eau, la pompe étant dans la cour.

Ainsi que ces lieux se trouvent exister, sans aucune exception ni réserve ; le preneur déclarant les connaître parfaitement, et n'en désirant ici une plus ample désignation.

Ce bail est fait aux charges et conditions suivantes, que le
preneur s'oblige d'exécuter et pour raison desquelles il ne
pourra prétendre aucune indemnité :

1° De garnir les lieux loués de meubles suffisants pour répondre des loyers ;

2° De les entretenir et de les rendre en bon état de réparations locatives à la fin du bail, et suivant l'état qui en aura
été dressé aux frais du preneur lors de son entrée en jouissance ;

3° De souffrir les grosses réparations, s'il convient d'en faire pendant la durée du bail;

4° De ne pouvoir mettre de poêles dans les lieux loués qu'en conduisant les tuyaux dans l'intérieur des cheminées ;

5° De laisser à la fin du présent bail et dans l'état où ils se trouveront les décors ou constructions utiles, tels que tentures et armoires qu'il aura fait faire ou appliquer dans les lieux pendant le cours du bail, sans pouvoir, pour raison des décors et constructions, répéter aucun remboursement ni aucune indemnité ;

6° De payer exactement les contributions mobilières et personnelles et de satisfaire à toutes les charges de ville et de police dont les locataires sont ordinairement tenus, de sorte que le bailleur ne puisse être inquiété ni recherché à cet égard; de faire au bailleur le remboursement de la contribution des portes et fenêtres ;

7° De payer annuellement entre les mains du bailleur, pour la contribution aux gages du portier, en quatre paiements aux époques fixées pour le paiement du loyer, 5 centimes par franc du loyer annuel ;

8° De ne pouvoir céder son droit au présent bail, etc ;

9° De payer les frais des présentes, etc. ;

En outre, le présent bail est fait moyennant un loyer annuel de 3,000 fr., que le preneur s'oblige de payer au bailleur à                , en sa demeure, en quatre paiements égaux, de trois mois en trois mois, aux quatre termes d'usage, à compter du                ; en sorte que le premier paiement aura lieu le                , et le second le,                suivant; pour continuer de terme en terme et d'année en année jusqu'à la fin du bail.

Le défaut de paiement de deux termes successifs à leurs échéances entraînera de droit la résiliation du présent bail, si bon semble au bailleur.

De son côté, M. Bonnard s'oblige de tenir les lieux clos et couverts, en ce qui le concerne, suivant la loi; comme aussi il s'oblige à faire construire une cheminée dans l'antichambre, et à faire pratiquer une alcôve et deux cabinets dans la chambre à coucher, etc.; le tout conformément au devis que les parties en ont dressé à l'instant et signé.

Ces travaux et constructions seront faits par le bailleur dans le délai de deux mois à partir du

Ainsi convenu et fait double, à      le      18 .

*Signature des deux parties.*

---

### *Enregistrement.*

Les baux à ferme ou à loyer ou biens meubles ou immeubles sont soumis au droit de 20 centimes par 100 francs sur le prix cumulé de toutes les années.

Le droit de cautionnement de ces baux n'est que de moitié.

---

## BAIL A FERME.

Entre les soussignés,

M. Louis Revol de Grigny, propriétaire-rentier, demeurant à      d'une part ;

M. Jacques Simian, cultivateur demeurant à d'autre part ;

Il a été convenu ce qui suit :

M. de Grigny remet à titre de bail à ferme au sieur Simian qui accepte :

Une propriété de dix-sept hectares huit ares trente-cinq centiares environ, située dans la commune de arrondissement de

Terroir de      composée de plusieurs corps de bâtiments, grange, écurie, hangars et dix-sept pièces diverses, dont suit la désignation :

1° Une terre labourable d'une contenance d'environ un

hectare trente-six ares soixante-quinze centiares, sise au terroir de          , confinant : au levant, M.          ;
au midi,          ; au couchant,          , et au nord,
M.          ;

2° Une prairie d'une contenance, etc.

Le tout parfaitement connu du preneur. Ce bail est fait aux clauses et conditions suivantes que le preneur s'engage à exécuter et pour raison desquelles, il ne pourra répéter aucune indemnité ni aucune diminution sur le fermage ci-après stipulé, savoir :

1° De garnir et tenir le corps de ferme garni de meubles et effets, grains, fourrages, chevaux, bestiaux, instruments aratoires et ustensiles de ferme suffisants pour répondre des fermages ; de l'habiter lui-même avec sa famille, et d'y resserrer toutes les productions de la culture ;

2° D'entretenir les bâtiments et de les rendre à la fin du bail en bon état de toutes réparations locatives, et conformément à l'état des lieux qui aura été dressé entre les parties, aux frais des preneurs, lors de leur entrée en jouissance ; d'entretenir également de toutes réparations le pressoir qui se trouve dans le corps de ferme et les ustensiles de ce pressoir et de rendre le tout en bon état à la fin du bail, sauf aux preneurs à rembourser alors la diminution de valeur, ou à recevoir l'augmentation qui serait survenue, ainsi qu'il résultera de la prisée qui aura été faite par l'état des lieux et de celle qui sera faite à la fin du bail, suivant l'usage ; de tenir le jardin en bon état de culture ;

3° De souffrir que les grosses réparations soient faites, et lorsqu'elles s'effectueront, de fournir gratuitement les voitures et faire les charrois nécessaires pour l'approche et le transport des matériaux et le déblaiement des gravats et immondices ; il est observé, à l'égard des voitures et charrois qu'il ne pourra être exigé à la fois plus de deux voitures à trois chevaux et que ces voitures ne s'éloigneront pas de plus de quatre myramètres du domicile des preneurs ;

4° De ne pouvoir faire aucune espèce de changement, sous quelque prétexte que ce soit, à la destination des bâtiments qui aura été constatée par l'état des lieux, sans la permission expresse et par écrit des bailleurs;

De veiller à ce que le colombier soit constamment peuplé et productif et d'ailleurs de faire en sorte qu'à la fin du bail il se trouve encore garni de cinquante paires de pigeons en état de produire;

6° De fumer, au besoin, les prairies et la partie du clos étant en pré; de les entretenir à faux courante et en bonne nature de fauche; d'entretenir et de regarnir les haies qui leur servent de clôture;

7° De cultiver, façonner et provigner les vignes dans les temps et saisons convenables et suivant l'usage des lieux, même de les replanter, si besoin est; de les garnir, et de les rendre garnies d'échalas à la fin du bail;

8° De cultiver, labourer, fumer et ensemencer les terres labourables dans les temps et saisons convenables, suivant l'ordre des soles établies lors de son entrée en jouissance, et de rendre les terres en bon état et par soles;

9° De ne pouvoir marner aucune des pièces de terre sans l'agrément exprès et par écrit des bailleurs;

10° De faire mesurer et décrire par un arpenteur assermenté, lors de son entrée en jouissance, le corps de ferme et ses dépendances, ainsi que les terres et héritages présentement affermés, et de fournir aux bailleurs, en sa demeure à            , dans le courant des années 18   et 18   , le procès-verbal qui aura été rédigé par l'arpenteur, et les plans coloriés qu'il aura dû dresser, lesquels plans seront indicatifs, pour chaque pièce, de la contenance, du lieu particulier de situation des tenants et aboutissants par aspect de soleil, du nombre et de l'essence des arbres, avec l'indication approximative de leur âge et encore, s'il s'agit de terre labourable, du grain dont elle se trouvait ensemencée ou pour lequel elle était disposée au moment de l'arpentage, ou de l'état de jachère où elle se trouvait alors. Tous les frais, sans exception, auxquels ces opérations donneront lieu, seront entièrement à la charge du preneur.

La remise des biens et héritages présentement affermés devra s'opérer à la fin du présent bail d'après le plan et le mesurage ;

11° D'écheniller et soigner les arbres plantés sur les héritages aux époques d'usage ou fixées par les règlements; de labourer au pied, au moins une fois l'an, les arbres fruitiers, et d'élaguer à leur profit les arbres susceptibles de l'être dans les temps et saison convenables, et sans les étêter; mais, dans tous les cas, de n'élaguer les arbres susceptibles de l'être que dans le courant des années ci-après indiquées, savoir : les ormes dans le courant des années 18   et 18  , et les saules et peupliers dans le courant des années 18   et 18   (mais, dans tous les cas, de n'élaguer les arbres susceptibles de l'être que deux fois dans le cours du présent bail, en les laissant à la fin de la jouissance avec une pouce de deux ans) ; et au surplus, de ne procéder à l'élagage des arbres plantés sur les grandes routes qu'après avoir obtenu l'autorisation nécessaire des autorités compétentes;

12° De mettre en bon état de défense les arbres que le bailleur fera planter sur les héritages pendant le cours du bail, et de détruire les gourmands ou rejetons que les arbres produiraient, M. de Grigny se réservant le droit indéfini de planter des arbres dans les pièces en prés et en vignes, indistinctement et même dans les pièces de terre labourable; mais, dans ces dernières pièces, sur les bords des chemins seulement;

13° De planter, en remplacement des arbres fruitiers qui viendraient à mourir même dans les jardins, d'autres arbres fruitiers de pareilles et aussi bonnes espèces, de planter de même, en remplacement des arbres à élagage qui viendraient à mourir, d'autres arbres susceptibles d'être élagués, de faire ces plantations dès qu'il y aura lieu sans néanmoins pouvoir arracher aucun arbre, quoique mort, si ce n'est avec le consentement exprès et par écrit des bailleurs, qui se réservent au surplus les arbres morts ;

14° D'observer à l'égard des bois, savoir : quant aux pâturage des bestiaux, les lois et règlements, et quant à la coupe, soit pour l'âge, soit pour les réserves, soit pour le mode d'exploitation, l'usage du pays, ou à défaut d'usage constant et reconnu, les règles imposées aux adjudicataires des bois de l'État ;

15° De curer, nettoyer et entretenir en bon état les fossés existants sur les biens présentement affermés, et la mare et le puits étant dans la cour ; de rafraîchir et de renouveler les rigoles ou sangsues dans les prairies ; de contribuer par travail au charroi, s'il y a lieu, au curage de la rivière de          , si ce curage est mis par les règlements et de cette manière à la charge des riverains; et au surplus, de faire en sorte, à l'égard de tous les curages, que le bailleur ne puisse être recherché ni inquiété; faire également la vidange de la fosse d'aisances;

16° De faire annuellement pour le bailleur, et aux époques qui lui conviendrait, dix journées de voiture, savoir : six journées d'une voiture attelée de trois chevaux, et quatre journées d'une voiture attelée de deux chevaux ; de faire pendant ces journées les charrois et transports qui conviendront au bailleur.

Il est arrêté, à l'égard de ces journées, qu'elles commenceront avec le lever du soleil et se termineront à son coucher, et qu'elles ne seront plus exigibles dès que l'année pour laquelle elles seront dues sera écoulée, à moins qu'elles n'aient été demandées judiciairement dans le courant de l'année ; il est d'ailleurs entendu, à l'égard de tous les charrois à faire par les preneurs, commme charge du présent bail, qu'ils ne pourront être exigés dans les temps de semailles et de récolte, et que le preneur ne pourra répéter aucune indemnité pour nourriture et hébergement des chevaux et charretiers ;

17º De fournir et livrer annuellement au bailleur, à        ,
en sa demeure, aux époques de sa demande, quatre dindons,
deux douzaines de poulets gras et quinze douzaines de pi-
geonneaux, le tout vif et en plumes ;

18º De laisser, à la fin du présent bail, pour l'exploitation
alors à s'ouvrir des biens présentement affermés : 1º le fumier nécessaire pour amender le tiers des terres labourables
qui seront alors en jachère ; 2º et le corps de ferme, aux
époques ci-après, savoir : au jour de la Saint-Martin-d'hiver
        , une écurie, grenier pour les fourrages, et loge-
ment pour les charretiers, tant pour les coucher que pour leur
préparer et leur donner leurs repas ; et au jour de la saint
Jean-Baptiste        , tout le surplus des bâtiments du
corps de ferme ; les preneurs recevront ainsi les bâtiments
aux époques correspondantes ;

19º De payer en l'acquit des bailleurs, en sus et par augmentation du fermage, toutes les contributions auxquelles les
biens présentement affermés pourront être imposés du 1er
janvier 18        au 1er janvier 18        ; ensemble les centimes
additionnels et subventions des contributions, sous quelques
dénominations que les uns ou les autres soient établis, et
encore qu'ils soient mis par la loi à la charge du bailleur, et
de rapporter chaque année quittance du tout à celui-ci : sont
comprises sous la dénomination de contributions publiques
les dépenses de curage de la rivière de        qui seraient
réparties entre les riverains par l'autorité supérieure ;

20º De ne pouvoir céder son droit au présent bail, en tout
ou en partie même par forme de sous-location, sans le consentement exprès et par écrit du bailleur, à peine de résiliation de bail, si bon semble à celui-ci et de tous dommages-
intérêts ;

21º De ne pouvoir non plus, sans le consentement exprès
et par écrit du bailleur, et sous les mêmes peines que celles
qui viennent d'être exprimées, échanger avec d'autres personnes l'exploitation en totalité ni en partie des héritages
affermés ;

22° De maintenir des distinctions visibles et apparentes entre chaque pièce voisine ou contiguë de celles présentement affermées et que le preneur acquerrait ou prendrait à ferme de personne autre que le bailleur;

23° De s'opposer à toutes usurpations et à tous empiétements; de diriger et exercer à cet effet, comme mandataires du bailleur, en vertu du pouvoir général présentement conféré au preneur, toutes actions possessoires, de traduire et répondre devant tous les juges et tribunaux, procéder, élire domicile;

24° De ne pouvoir répéter contre le bailleur aucune indemnité quelconque, ni aucune diminution soit sur le fermage, soit sur les charges du présent bail, pour cause de gelée, grêle, coulure, sécheresse, stérilité, inondation, et autres cas fortuits prévus et imprévus;

25° Et enfin de payer les frais des présentes.

Outre ces charges, clauses et conditions, le présent bail est fait moyennant 8,000 fr. de fermage annuel, que le preneur s'oblige de payer au bailleur, à          , en sa demeure, ou, pour lui, au porteur de ses pouvoirs, en trois paiements égaux, aux fêtes de Noël, Pâques et saint Jean-Baptiste, après la récolte; de faire le paiement du premier fermage, le jour de Noël 18    , le second, à Pâques 18    , et le troisième à la saint Jean-Baptiste de l'année suivante, pour ainsi continuer de terme en terme et d'année en année jusqu'à la fin du bail; le fermage de la dernière année néanmoins payable, par exception, en deux termes égaux, aux fêtes de Noël 18 et Pâques 18    , avant que les preneurs soient sortis de la ferme et en aient enlevé aucun meuble et ustensile.

Tous ces paiements seront faits en espèces métalliques au cours de ce jour, sans aucun papiers, billets ni effets publics représentatifs du numéraire, dont le cours, même forcé, serait introduit en vertu de lois ou ordonnances, au bénéfice desquelles le preneur déclare renoncer d'honneur.

Il est expressément stipulé que le défaut de paiement de

deux termes successifs (*ou de deux années successives*) de fermage à leurs échéances, entraînera de droit, si bon semble au bailleur, la résiliation du présent bail pour le 11 novembre qui suivra le jour du commandement qu'il aura fait faire, et qui sera demeuré sans effet, sans préjudice des dommages-intérêts qu'il aurait en outre à répéter. Ce cas arrivant, la résiliation sera déclarée de droit et sur la simple demande du bailleur en vertu de la présente stipulation, sans qu'il puisse être accordé, en faveur du preneur, soit directement soit indirectement, aucun délai ni sursis.

Il est encore stipulé que, si par l'effet de quelque acte d'une autorité supérieure, soit pour la formation d'un chemin, soit pour toute autre cause, soit même par l'effet d'un bornage avec les propriétaires voisins, la masse totale des héritages présentement affermés éprouve quelque diminution, il sera fait sur le fermage ci-dessus fixé, une déduction de 60 fr. par chaque hectare de terre dont la culture se trouvera enlevée aux preneurs, lesquels ne pourront prétendre à aucune autre indemnité vis-à-vis des bailleurs.

Ainsi convenu et promis fidèlement exécuter.

Fait et signé double à      le        18 .

*Signature des parties.*

—

## Enregistrement.

(Voir la formule qui précède.)

NOTA. Nous avons tâché de réunir dans cette formule toutes les clauses et conditions générales d'un grand bail à ferme. C'est à ceux qui s'en serviront à savoir choisir ce qui peut les concerner.

## BAIL (Prorogation de)

Entre les soussignés,

M. Pierre              , propriétaire, demeurant à         ,
M. Claude          , agriculteur, demeurant à           ,
Il a été convenu ce qui suit :

Le bail fait par M. Pierre           , à M. Claude
pour         années consécutives qui ont commencé le
pour finir le          à raison de         fr. par an, d'une
maison située à           , suivant acte sous seing privé en
date à         du        ,

Sera continué pour         années qui commenceront à
courir le        pour finir à pareille époque de l'année 18  .

Cette continuation de bail est consentie moyennant pareille
somme de         que le preneur s'oblige de payer au bailleur pour chacune desdites années aux époques et de la manière convenues au bail sus-énoncé et aux charges et conditions qui y sont portées.

Fait double à           le

(Signatures).

## BILAN (Modèle de).

Bilan ou état de situation des affaires de commerce de
Machabée Lévy, négociant à         pour être présenté
à ses créanciers à l'effet de leur faire connaître le montant de
son actif et de son passif actuels.

### CHAPITRE Ier.

#### ACTIF.

1o Mobilier d'habitation, linge et argenterie évalués,

ci.................................................. 6,000 »

2° Immeubles,

Une maison sise à      , rue      d'une
valeur de............................... 36,000 »

Un corps de bâtiment à      servant de
magasin avec usine sur le derrière, de la valeur
de................................. ........... 22,000 »

     3° Argent en caisse..................... 600 »

     4° Marchandises en magasin............... 9,000 »

     5° Dettes actives.

     *Recouvrements certains.*

| | | |
|---|---:|---:|
| M. Dumas................ | 1,200 » | |
| M. Lafond ............... | 600 » | |
| M. Arnaud, argent avancé.... | 25,000 » | 27,800 » |

     *Recouvrements incertains.*

| | | |
|---|---:|---:|
| M. Joseph ............... | 300 » | |
| M. François............... | 800 » | |
| M. Lan.................. | 500 » | 1,600 » |

     *Recouvrements désespérés.*

| | | |
|---|---:|---:|
| M. Dubuisson, en faillite.... . | 60,000 » | |
| M. Rocher............... | 1,200 » | |
| Etc..... ............... | » » | 61,200 » |

Total de l'actif......    163,700 »

## CHAPITRE II.
### PASSIF.

1° Fournitures diverses, etc.................. » »

2° Traitement des employés................. » »

3° Location des bâtiments................... » »

Total.........    » »

L'actif étant de....................... 163,700  »
Le passif de ............................       »    »
                                        _____
        Reste en faveur de l'actif.......    »    »
                                        _____

Affirmé sincère et véritable à Mulhouse, le
                        (*Signature.*)

## BILLET (simple).

Je reconnais devoir à M.          la somme de cinq cents
francs que je promets de lui payer le premier juillet prochain
(*pour marchandises fournies ou argent prêté*).
    Fait à              le
                    *Bon pour cinq cents francs.*
                        (*Signature*).

NOTA. Quand le billet n'est pas écrit en entier de la main du souscripteur, il faut lui faire mettre avant la signature un *Bon pour*        *francs.*

### *Enregistrement.*

Le billet simple est soumis au droit d'enregistrement de un
pour cent et le décime.

## BILLET A ORDRE.

Fin mars prochain je payerai à l'ordre de M. Dumas et au
domicile de M.            , banquier à            la somme
de mille francs, valeur reçue en marchandises.
    Lyon, le
                    *Bon pour mille francs.*
                        (*Signature*).

(Même observation que pour le billet simple pour le *Bon*).

## *Enregistrement.*

Le droit pour les billets à ordre est de cinquante centimes par cent outre le décime.

---

## COMPROMIS.

Nous soussignés,

M.          (*noms*, *prénoms*, *qualité et demeure*), d'une part;

Et M.          (*noms*, etc.), d'autre part.

Voulant mettre un terme aux contestations qui se sont élevées entre nous, avons convenu de nous en rapporter au jugement de deux arbitres.

L'arbitre choisi par M.          est M. V.          , négociant, demeurant à

L'arbitre choisi par M.          est M. X.          , fabricant, demeurant à

Lesquels ont déclaré accepter l'un et l'autre la mission que nous leur avons confiée.

Tous pouvoirs leur sont donnés de juger chaque point de nos contestations relativement à          (telle chose) en premier ressort; *ou bien* en dernier ressort, renonçant à nous pourvoir contre leur décision, par appel, requête civile ou cassation.

Ils décideront d'après les règles du droit, *ou bien* ils prononceront comme amiables compositeurs sans être astreints à suivre les formes voulues par la loi.

En cas de partage d'opinion sur un ou plusieurs points, ils feront vider le partage par un tiers-arbitre, qui sera désigné par M. le Président du tribunal civil, auquel il sera présenté requête à cet effet par la partie la plus diligente.

Si l'un des arbitres, pour une cause quelconque, refusait ou se trouvait dans l'impossibilité de remplir sa mission, la partie qui l'aura désigné, sera forcée d'en choisir un autre dans la huitaine du refus ou de l'empêchement ; passé ce délai, l'arbitre sera choisi par le président du tribunal.

Toutes les notes, mémoires, défenses, observations, titres et pièces devront être produits aux arbitres dans la huitaine de ce jour ; faute de les produire, les arbitres sont autorisés à juger d'après les pièces qu'ils ont entre les mains et qui sont : (*énoncer les pièces et leur nombre*).

Fait double à         le

(Signatures).

—

### *Enregistrement.*

Un compromis qui ne contient aucune obligation de somme et valeur donnant lieu à un droit proportionnel est soumis au droit fixe de 3 fr.

———

## COMPTE DE TUTELLE.

—

Compte de l'administration que M.      a eu de la personne et des biens de M. Louis     , demeurant à actuellement majeur (ou émancipé par acte en date du      et assisté de son curateur) comme ayant été tuteur dudit M. Louis, depuis le      jusqu'au

### CHAPITRE I<sup>er</sup>. — **Recettes**.

#### *Année 186 .*

*2 avril.* 1° Reçu la somme de 6,000 fr. provenant de la vente du mobilier faite après le décès de M. François      père dudit Louis, par procès-verbal de      commissaire-priseur *ou* notaire à      le      ...    6,000  »

*6 mai.* 2° Reçu de R.     , le montant de la location du magasin qu'il occupe à......    1,000  »

*24 juin.* 3° Reçu de N.     pour intérêts de la somme de 10,000 fr. à lui prêtée par le défunt le    ...................    500  »

( *Continuer l'énumération* ).

Total des recettes....    7,500  »

## CHAPITRE II. — Dépenses.

### *Année 186 .*

*8 avril.* 1° Payé à M. X.    , notaire, à    pour ses frais et honoraires............................    600  »

*1er mai.* 2° Payé pour nourriture, entretien du mineur et pour son apprentissage..........    1,000  »

Etc., etc.

Total des dépenses.....    1,600  »

Les recettes étant de ...................    7,500  »
Les dépenses de.......................    1,600  »

Le reliquat est de......    5,900  »

Affirmé sincère et véritable à    le    et fait double.

( *Signature du tuteur* ).

### *Enregistrement.*

Droit fixe de 2 fr. et le décime.

## COMPTE DE TUTELLE (Récépissé de)

—

Je soussigné Louis          , dessinateur, demeurant à rue

Reconnais que M. Joseph A.          , mon ancien tuteur m'a remis cejourd'hui un double du compte de tutelle me concernant ainsi que les pièces justificatives à l'appui, qui sont :

1° Une liasse de pièces concernant mes dépenses personnelles, telles qu'entretien et instruction, etc., etc.

Le tout pour être par moi examiné pendant les délais voulus par la loi

Fait à          le

( *Signature* ).

NOTA. Ce récépissé se met à la fin du compte de tutelle, qui doit en conséquence être fait double; le tout est enregistré et ce n'est que dix jours près la date de l'enregistrement que le tuteur peut obtenir sa décharge.

—

### *Enregistrement.*

Droit fixe de 2 fr. et le décime.

———

## COMPTE DE TUTELLE (Arrêté de).

—

Les soussignés,

Joseph A.          , propriétaire, demeurant à ancien tuteur de Louis,

Et ledit Louis          , dessinateur, demeurant à rue

Observent :

Que suivant acte sous seing privé en date du enregistré le          , M. Joseph A.          a rendu à

M. Louis       le compte de l'administration qu'il a eue de sa personne et de ses biens; qu'à l'appui de ce compte se trouvaient jointes toutes les pièces justificatives.

M. L.        , ayant examiné ce compte, déclare l'approuver en son entier et reconnaît que le reliquat lui restant dû s'élève à la somme de 5,900 fr.

Laquelle somme de 5,900 fr. M. L.        reconnaît avoir à l'instant reçue de M. Joseph A.        , son ancien tuteur, dont quittance.

Fait double à       le
( *Signatures des deux parties*).

### Enregistrement.

Arrêté de compte de tutelle ne contenant aucune obligation de somme, ou valeur, droit fixe 2 fr. et le décime.

## ÉCHANGE DE MEUBLES.

Entre les soussignés ,
M. Louis A.        , ébéniste, demeurant à
Et M. Charles C.        , propriétaire, demeurant à
Il a été convenu ce qui suit :
Louis A.        cède à titre d'échange à Charles C. qui accepte, les meubles dont la désignation suit :

1°
2°

De son côté Charles C.        cède à Louis A.        les meubles ci-après :

1°
2°

Cet échange est fait sans soulte ni retour (*ou* avec une soulte de 50 fr. que M. Louis A.         , a de suite payée à M. Charles C.         qui en passe quittance).

Ainsi convenu et fait double à         le         18  .

(*Signatures.*)

*Enregistrement.*

Droit proportionnel de 2 fr. par 100.

## ÉCHANGE D'IMMEUBLES.

Entre les soussignés,

M. Paul R.         , propriétaire, demeurant à

M. Joseph C.         , propriétaire, demeurant à

Il a été convenu ce qui suit :

M. Paul C.         cède à titre d'échange avec garantie de tous troubles, dettes, évictions, priviléges et hypothèques, à M. Joseph C.         qui accepte :

Une pièce de terre de dix hectares, complantée de noyers et mûriers, située à         , commune de         , confinant : au levant,         ; au midi,         ; au couchant,         , et au nord

Du reste parfaitement connue de M. Joseph C.         qui est propriétaire voisin.

M. Paul est propriétaire de cette terre comme héritier de M         ou par suite de l'acquisition qu'il en a faite de M. suivant acte du         reçu M⁰         , notaire à

De son côté M. Joseph C.         cède à titre de contre-échange à M. Paul R.         , qui accepte :

Trente-cinq hectares de bois taillis et haute-futaie situés à         , commune de         , confinant, etc.

M. Joseph C.         est propriétaire de ces bois par suite de l'acquisition qu'il en a faite de M.         , suivant acte du         , reçu M⁰         , notaire à

Chacun des coéchangistes jouira des immeubles échangés dès ce jour aux charges et conditions d'usage. Ils en paieront dès ce jour les contributions et charges de toute nature.

Ces échanges sont faits de part et d'autre sans soulte ni retour (*ou* moyennant une soulte de 2,000 fr. que M. Joseph C.　　　　a à l'instant payée à M. Paul R.　　　　qui le reconnaît et lui en passe quittance).

Les parties déclarent que la valeur des objets échangés est de, savoir :

La terre, de

Le bois, de

Chaque échangiste a retiré un extrait des titres de propriété le concernant.

Ainsi convenu fait double à　　　　　　le

(Signatures).

---

### *Enregistrement.*

Les échanges d'immeubles doivent être enregistrés dans les trois mois de leur date sous peine du double droit.

Le droit est de 2 fr. 50 c. pour 100 sur la valeur de l'un des immeubles.

Il est dû un droit de 5 fr. 50 c. par 100 sur la soulte.

---

### GAGE (Contrat de)

---

Entre les soussignés　　　　　.　　　M. Louis Vidal, propriétaire demeurant à　　　　　　, d'une part ;

M. Benoît Favre, propriétaire cultivateur, demeurant à　　　　　, d'autre part ;

Il a été convenu ce qui suit :

M. Favre, voulant garantir tant en principal qu'intérêts et

accessoires le paiement d'une obligation par lui souscrite à M. Vidal suivant acte sous seing privé en date du

enregistré, a à l'instant remis en gage audit Vidal, qui accepte, les objets dont la désignation suit : .

(Désigner les objets article par article).

Ces objets remis en nantissement sont affectés par privilège spécial au paiement de l'obligation sus-énoncée.

De son côté M. Vidal, aussitôt après l'acquittement de la dette dont s'agit, s'oblige à rendre et restituer tels qu'il les a reçus les objets dont il a été ci-dessus parlé.

Fait à double à

(Signatures.)

### *Enregistrement.*

Le droit de gage est de 50 cent. par 100, sur le montant de l'obligation principale.

---

## LETTRE DE CHANGE.

*Paris 20 décembre 1861.*          B. P. 2,000 f.

A trente jours de date, il vous plaira payer par cette première de change, à l'ordre de M.          demeurant à          la somme de DEUX MILLE FRANCS valeur reçue comptant, que passerez sans autre avis de votre serviteur.                    *Signer ici.*

*A M. Henri Giroud, négociant à Marseille.*

---

### *Enregistrement.*

Les lettres de change sont soumises au timbre proportionnel comme des billets.

Elles sont soumises au droit de 25 c. par cent, payé lors du protêt faute de paiement ou d'acceptation.

## LETTRE DE VOITURE.

—

A la garde de Dieu et sous la conduite de Jacques Bondat, voiturier de Chambéry à Bonneville, il vous plaira recevoir, marqués et numérotés comme ci-contre, deux ballots laine, pesant brut quatre vingts kilogrammes.

Ce qu'ayant reçu sans manque, dommages ou avaries, dans le délai de trois jours sous peine de perdre un tiers du prix de la voiture, vous lui payerez six francs et lui rembourserez soixante-dix centimes pour timbre de la présente.

J'ai l'honneur de vous saluer.

Jules GIRARD.

A M. Michel, négociant à Bonneville (Haute-Savoie).

—

### Enregistrement.

Le droit d'enregistrement sur les lettres de voiture est de 1 fr.; il est payé par la personne à laquelle les envois sont faits.

La lettre de voiture doit être écrite sur papier au timbre de 35 centimes.

## MAIN-LEVÉE.

—

Je soussigné Charles Reymond, propriétaire, demeurant à Grenoble, déclare par les présentes donner main-levée pure et simple de la saisie-exécution faite à ma requête par exploit de M. Perrot, huissier près le tribunal civil de Grenoble, en date du                    de divers meubles et objets mobiliers appartenant au sieur Charles Bruh et garnissant les lieux que ce dernier occupe dans une maison, sise à Grenoble, rue

Consentant que ladite saisie soit considérée comme nulle et non avenue et que tous gardiens soient valablement déchargés envers moi.

Grenoble, le                    186 .

*Enregistrement.*

Droit fixe de deux francs et le décime.

---

## MANDAT.

*Lyon, le 5 janvier 1862.*                    B. P. 500 fr.

Fin courant il vous plaira payer contre le présent mandat à M. Laurent ou à son ordre, la somme de
que passerez sans autre avis, (ou suivant avis) de
votre serviteur.

BOREL.

*M. Julien, négociant à Tullins.*

---

## MANDAT
( autre formule ).

A vue (ou à huit jours de vue), il vous plaira payer contre le présent mandat à mon ordre, la somme de
que passerez sans autre avis de                    votre dévoué.

BLANC.

*M. Charrel, banquier à Nîmes.*

---

## MARCHÉS ET DEVIS.

Les soussignés :

M. Pierre Dumont, entrepreneur de bâtiments, demeurant
à                    d'une part ;

M. Louis Laneuville, propriétaire rentier, demeurant à d'autre part :

Ont fait le marché suivant :

M. Dumont s'engage et s'oblige envers M. Laneuville à construire et édifier, d'après les plans et suivant le devis dressé par M.                , architecte, demeurant à lesquels plans et devis demeureront ici annexés après avoir été certifiés sincères et approuvés par les sus-nommés,

Une maison composée de caves voûtées, rez-de-chaussée et trois étages, sur le terrain que possède M. Laneuville à                , rue                •

En conséquence M. Dumont fournira les pierres de taille, moellons, chaux, sable, plâtre, briques, gravier, ouvriers, échafaudages et outils nécessaires pour tout ce qui concerne sa profession relativement à la construction de la maison dont s'agit.

Les travaux devront commencer le                époque à laquelle le terrain sera mis à la disposition de M. Dumont; ils continueront sans interruption et devront être terminés le                , sous peine de                d'indemnité par chaque jour de retard.

Ce marché est fait moyennant la somme de cinquante cinq mille francs que M. Laneuville promet et s'oblige payer à M. Dumont; savoir : 20,000 après l'élévation du premier étage, 20,000 à la fin des travaux et après que lesdits travaux auront été vérifiés par l'architecte, quant aux 15,000 restant ils seront payés dans le délai de trois ans, et sous la condition qu'aucun mouvement ne se sera produit.

Tous les matériaux fournis devront être de bonne qualité et les travaux exécutés d'après toutes les règles de l'art.

Fait à double à                le                186    •

*Enregistrement.*

Les marchés et devis soumis à l'enregistrement sont frappés du droit proportionnel de un franc pour 100 sur le montant de la somme portée.

## PARTAGE.

FORMULE D'UN ACTE DE PARTAGE AVEC ATTRIBUTION DE LOTS ENTRE DEUX FRÈRES ET UNE SŒUR MARIÉE.

Les soussignés :

1° Louis D                propriétaire cultivateur, demeurant à

2° M. Joseph D            propriétaire cultivateur, demeurant à

3° Mme Eugénie D          épouse assistée et autorisée de M. Jules P   menuisier, demeurant ensemble à

Tous majeurs et maîtres de leurs droit, habiles à se dire et porter héritiers chacun pour un tiers de M. François D   leur père, en son vivant propriétaire demeurant à

Voulant procéder au partage amiable et à la liquidation des droits de la succession dudit François D   déclarent que les seuls biens composant ladite succession sont ceux ci-après énoncés et ils en ont fait ainsi qu'il suit l'estimation à l'amiable.

### MASSE A PARTAGER.

### I. — MASSE ACTIVE.

1° Argent trouvé en caisse à la mort de François D., deux

mille deux cents francs ....................    **2,200 fr.**

2° Meubles meublants, linge, ustensiles de ménage, estimés six cent huit francs .........    608

3° Une propriété située à      composée de maison d'habitation et d'exploitation, cave, écurie, remise, cour, jardin et verger, le tout d'un seul tènement, d'une contenance totale de quarante deux ares, situé à     confinant au levant N      au midi M      au couchant M.      estimée huit mille francs ..........................    8,000

4° Une vigne de la contenance de situé à     mas de     confinée au levant par     au midi par au couchant par     et au nord par estimée sept mille cinq cents francs ..........    7,500

5° Une terre labourable etc.

6° Une terre et bois etc.

(*Continuer la désignation*).

7° Une somme en espèces, de dix huit cents francs, avancée à Mᵐᵉ Eugénie D     lors de son mariage avec M. Jules P     et dont elle doit le rapport ......................    1,800

                TOTAL ......    **20,108 fr.**

## II. — MASSE PASSIVE.

La masse passive comprend :

1° La somme de quatre cent quatre-vingt francs payés pour frais funéraires et de dernière maladie, et le deuil de la veuve, ci ..............................    **480 fr.**

2° La somme de quatorze cents francs due à

               *A reporter* ....    **480 fr.**

Report.... 480 fr.

M. Pierre L            pour prêt par lui fait au défunt, suivant acte obligatoire du 18        reçu Me        notaire à        ci. 1,400 *(Continuer l'énumération).*

La masse passive s'élève à...... 1,880 fr.

### BALANCE.

La masse active étant de................ 20,108 fr.
La masse passive de.................... 1,880

Le reliquat à partager est de dix huit mille deux cent vingt huit francs................ 18,228 fr.

Dont le tiers pour chaque héritier est de six mille soixante seize francs................ 6,076 fr.

### FORMATION DES PARTS ET ATTRIBUTION DES LOTS.

I. — Il revient à Louis D        pour son tiers, six mille soixante seize francs................ 6,076 fr.

Pour lui fournir cette somme les cohéritiers lui abandonnent :

1° La propriété située à        composée de maison d'habitation, cour et verger, portée sous l'art. 3 de la masse active où elle est estimée ci ........................... 8,000 fr.

Mais comme il ne lui revient que 6,076 fr........................ 6,076

Il devra..... 1,924 fr.

II. — Il revient à Joseph D        pour son tiers, six mille soixante seize francs..................    6,076 fr.

Pour lui fournir cette somme, ses cohéritiers lui attribuent :

1° La moitié à prendre au levant et séparée du surplus par une ligne droite du nord au midi, de la vigne située à        de la contenance de        portée sous l'art. 4 de la masse active, ladite moitié d'une valeur de    3,750 fr.

2° Les meubles meublants, article 2 de la masse, évalués........    608

3° Une somme de 1,718 fr. à prendre sur l'argent comptant trouvé au décès et porté art. 1er de la masse active...................    1,718

Total égal........  6,076 fr.    6,076

Balance............    »

III. — Il revient à Mme Eugénie D    épouse P pour son tiers, six mille soixante seize francs...    6,076 fr.

Pour lui fournir cette somme, il lui est attribué :

1° Le rapport qu'elle a à faire, de la somme de dix huit cents francs, art. 7 de la masse active.........................    1,800 fr.

2° La moitié à prendre au couchant, et séparée du surplus par une ligne droite du nord au midi de la vigne située à    de la contenance de

A reporter...  1,800 fr.    6,076 fr.

| | | |
|---|---:|---:|
| *Report*.... | 1,800 fr. | 6,076 fr. |
| portée sous l'art. 4 de la masse active, ladite moitié d'une valeur de | 3,750 | |
| 3° La somme en espèces de 482 fr. reliquat de 2,200 fr. portée sous l'art. 1er de la masse, ci......... | 482 | |
| 4° Enfin la somme de 44 fr. à valoir sur celle de 1,924 fr. due par Louis D       ci-dessus...... | 44 | |
| Total....... | 6,076 fr. | 6,076 |
| Balance....... | | » |

Le total des attributions se trouve ainsi de la somme de dix huit mille deux cent vingt huit francs.

Et comme il reste entre les mains de Louis D sur sa soulte une somme de 1,880 f. par lui due, il l'emploiera à acquitter le passif ci-dessus s'élevant à semblable somme et il en décharge ses cohéritiers.

Il s'engage à faire ces paiements dans le plus bref délai ; quant au quarante quatre francs attribués à Mme P ils ont été par lui à l'instant payés ainsi que le sieur et la dame P       le reconnaissent, dont quittance.

Chacun des copartageants jouira dès ce jour des choses comprises dans son lot; il en payera dès ce jour les charges et impôts de toute nature.

Ils se sont également fait remise des titres de propriété les concernant, quant à celui concernant la vigne partagée, il demeure entre les mains de Joseph D attributaire d'une moitié de cette vigne, à la charge d'en aider sa sœur et de le lui prêter à toute réquisition et sur son chargé.

Les copartageants se garantissent tout ce que de droit en matière de partage.

Ainsi fait à triple à       le

*Signatures*
*des trois partageants et du mari d'Eugénie.*

---

## PARTAGE.

### AVEC TIRAGE AU SORT DES LOTS.

—

(Ce partage ne diffère du précédent qu'en ce que au lieu d'une attribution de part, les lots sont formés par tous les cohéritiers ou par un seul désigné et l'on continue ainsi ) :

### FORMATION DES LOTS :

1er *Lot :* Il comprendra, etc.

2me *Lot :* Il comprendra, etc.

Ces lots ainsi formés il a été procédé au tirage au sort en la manière accoutumée et cette opération a donné le résultat suivant :

Le 1er lot est échu à

Le 2me lot est échu à

   Etc.

*(Et on termine comme ci-dessus).*

—

## Enregistrement

Le droit sur le partage est de 5 fr. et le décime. Il est dû sur les soultes un droit proportionnel de 4 fr. par 100, plus le décime, outre tous plus amples droits suivant les conventions insérées.

## PRÊT.

### 1° *Prêt de consommation.*

Entre les soussignés :

M. Pierre Vial, propriétaire, demeurant à

M. André Luc, propriétaire, demeurant à

Il a été convenu ce qui suit :

M. Vial remet à titre de prêt à M. Luc, qui accepte, deux hectolitres de vin de Bordeaux, cru de

Ce prêt est fait jusqu'à fin novembre de la présente année. A cette époque M. Luc s'engage à rendre à M. Vial deux hectolitres de vin de Bordeaux de même nature, qualité et bonté.

Fait à double à                    le                    18

(Signatures.)

---

### 2° *Prêt à intérêt.*

Entre les soussignés :

*(Préambule de la formule précédente).*

M. Luc reconnaît devoir à M. Vial, acceptant, la somme de deux mille francs pour prêt de pareille somme qu'il lui a faite à l'instant, en espèce de cours; laquelle somme de deux mille francs M. Luc s'oblige à rendre et rembourser à M. Vial en mêmes espèces, dans trois ans à partir de ce jour et de lui en payer de six en six mois, les intérêts au taux du cinq pour cent par an.

Fait double à                    le                    18

(Signatures.)

Nota.— Lorsque la remise des fonds a lieu à l'instant, l'acte qui constate le prêt n'a pas besoin d'être signé à double, il n'y a plus qu'une obligation, celle contractée par l'emprunteur de rendre le capital et de payer les intérêts.

### 3° *Prêt à usage.*

Entre les soussignés :

(*Préambule des formules précédentes*).

M. Luc prête à M. Vial, qui le reconnaît, deux chevaux pour s'en servir dans le voyage que ce dernier se propose de faire à        dans le délai de      (*tant de jours*).

M. Vial s'oblige à rendre à M. Luc, aussitôt son voyage terminé et au plus tard dans le délai ci-dessus, les deux chevaux dont s'agit et pendant tout ce temps de les nourrir, remiser et panser conformément aux usages.

Ainsi convenu, fait à double à        le

            (*Signatures.*)

---

### *Enregistrement.*

Le prêt de consommation, en argent, soit gratuit, soit à intérêt, est assujetti au droit de 1 franc par 100 et le décime.

---

## PROCURATION.

### 1° *Pour recevoir des loyers.*

Je soussigné Jules Rey, propriétaire, demeurant à donne pouvoir :

A M. Régis Dumas, régisseur d'immeubles, demeurant à

De, pour moi et en mon nom, toucher, exiger et recevoir de qui il appartiendra les loyers de la maison que je possède à        rue        régler tous comptes, faire ou accepter toutes imputations, de toutes sommes reçues donner quittance et décharge.

A défaut de paiement de quelques locataires, faire toutes poursuites pour le recouvrement desdits loyers, citer et comparaître devant tous juges de paix, traiter, se concilier, sinon assigner devant tous juges compétents, obtenir jugements, les faire exécuter.

Aux effets ci-dessus passer et signer tous actes et généralement faire ce qui sera nécessaire, quoique non prévu aux présentes, promettant aveu.

Fait à                                le

(*Signature.*)

----

## 2° *Pour vendre des immeubles.*

Je soussigné Jules Rey, propriétaire demeurant à donne pouvoir :

A M. Léon Rémy, arbitre de commerce, demeurant à

De, pour moi et en mon nom, vendre aux personnes et aux prix, charges, clauses et conditions que le mandataire avisera, diverses parcelles de terrain que je possède, situées à consistant en : (*Désigner les parcelles*), fixer toutes époques d'entrée en jouissance, le mode et l'époque de paiement du prix, le recevoir soit comptant soit aux époques déterminées.

De toutes sommes reçues passer quittances valables, consentir toutes cessions et subrogations, mais sans garantie, remettre tous titres et pièces.

En cas de difficultés quelconques ou à défaut de paiement, intenter toutes actions en résolution de la vente, citer et comparaître devant tous juges de paix, traiter, transiger, se concilier, sinon se pourvoir devant tous juges et tribunaux compétents, obtenir jugements et arrêts, les faire exécuter par tous les moyens et voies de droit ou s'en désister.

Aux effets ci-dessus, etc. (*Voir la formule précédente*).

### 3° *Pour gérer une maison de commerce.*

Je soussigné M                demeurant à
donne pouvoir à M

De, pour moi et en mon nom, gérer et administrer tant activement que passivement toutes mes affaires commerciales et notamment ma maison de commerce de
établie à

En conséquence toucher et recevoir toutes les sommes qui me sont, ou pourront m'être dues à tel titre et pour telle cause que ce soit, entendre, débattre, clore et arrêter tous comptes, en fixer les reliquats, les payer ou recevoir.

Continuer et faire toutes les opérations de mon commerce, acheter et vendre toutes marchandises, se charger de toutes commissions et fournitures, passer tous marchés, les exécuter, souscrire tous billets à ordre, effets de commerce et autres engagements, tirer ou accepter toutes traites ou lettres de change, signer tous endossements ou avals, recevoir, payer ou arrêter tous comptes courants ou autres, faire tous protêts, dénonciations, comptes de retour, signer tous mandats sur la banque de France, signer la correspondance.

De toutes sommes reçues donner quittances et décharges, remettre tous titres et pièces, etc.

(On peut ajouter ici le pouvoir relatif aux faillites. Voir la formule ci-après).

Aux effets ci-dessus... (*Voir les formules précédentes*).

---

### 4° *Procuration générale.*

Je soussigné
Donne pouvoir à M.             demeurant à
De, pour moi et en mon nom, gérer et administrer tant

activement que passivement toutes mes affaires et biens présents et à venir.

En conséquence recevoir tous loyers et fermages, intérêts, arrérages de rente et autres revenus échus et à échoir. Recevoir également tous capitaux qui me sont ou pourront m'être dus, par billets, lettres de change, reconnaissance, obligations, contrats, constitutions, partage, transaction, jugement et autres titres de quelque nature que ce soit.

Louer ou affermer par écrit ou verbalement, pour le temps et aux prix, charges, clauses et conditions que le mandataire avisera, tout ou partie des biens meubles et immeubles qui m'appartiennent ou m'appartiendront par la suite, passer, renouveler ou résilier tous baux avec ou sans indemnité, faire dresser tous états de lieux, les approuver, donner et accepter tous congés, vendre toutes coupes de bois ainsi que toutes récoltes. Faire faire toutes réparations et constructions, arrêter tous devis et marchés à ce sujet, régler tous mémoires d'ouvriers ou entrepreneurs, en solder le montant. Prendre à loyer par bail ou autrement tous appartements pour le temps et aux prix que le mandataire avisera.

Acquitter toutes les sommes que je pourrais devoir, notamment toutes impositions et contributions, faire toutes réclamations en dégrèvements, présenter à cet effet toutes pétitions et tous mémoires.

Faire tous emplois de fonds, soit en placements sur l'État ou sur particuliers, soit en acquisition d'immeubles, accepter toutes cessions et transports et toutes constitutions de rentes perpétuelles ou viagères, passer et accepter tous titres nouvels, m'obliger au paiement du prix que mon mandataire fera.

Vendre tout ou partie des biens meubles ou immeubles qui m'appartiennent ou pourront m'appartenir, aux personnes et aux prix, clauses, charges et conditions que mon mandataire avisera, recevoir le prix de ces ventes, faire tous échanges, payer ou recevoir toutes soultes.

Recueillir toutes successions et legs échus ou qui pourront m'échoir, requérir toutes oppositions ou levées de scellés ou s'y opposer, procéder à tous inventaires et ventes de meubles, choisir tous officiers publics, faire dans le cours de ces opérations tous dires, protestations et réserves, prendre connaissance des forces et charges des successions, les accepter purement et simplement ou sous bénéfice d'inventaire, même y renoncer, faire à tous greffes qu'il appartiendra tous dires et déclarations nécessaires.

Faire toutes déclarations pour acquitter les droits de mutation, payer le montant de ces droits.

Faire procéder à l'amiable ou en justice, à tous comptes, liquidations et partages des biens meubles ou immeubles qui m'appartiennent ou pourront m'appartenir; choisir tous experts, composer les masses, faire ou exiger tous rapports, consentir et exercer tous prélèvements, former les lots, les tirer au sort ou les distribuer à l'amiable, fixer toutes soultes, les payer ou recevoir, faire et accepter tous abandonnements, cessions et transports, laisser tout objets en commun, prendre part à tous arrangements de famille, ainsi qu'à toutes transactions.

Entendre, débattre, clore et arrêter tous comptes avec tous créanciers, débiteurs ou dépositaires, en fixer les reliquats, les payer, ou recevoir.

En cas de faillite de quelque débiteur prendre part à toutes assemblées et délibérations de créanciers, nommer tous syndics et agents, signer tous concordats et contrats d'union et d'atermoiement, s'y opposer, produire tous titres et pièces, affirmer la sincérité des créances qui pourraient m'être dues, contester ou admettre celles des autres créanciers, faire toutes remises, recevoir tous dividendes.

De toutes sommes reçues ou payées donner ou exiger toutes quittances et décharges, consentir mentions et subrogations avec ou sans garantie, donner main-levée de toutes saisies ou oppositions, remettre ou se faire remettre tous titres et pièces.

Retirer de tous bureaux de poste, de tous roulages et messageries tous paquets et lettres chargées ou non chargées à mon adresse en donner décharge.

En cas de difficultés quelconques ou à défaut de payement..... (Voir la 1re formule.)

### Enregistrement.

Droit fixe 2 fr. et le décime.

Si plusieurs personnes ayant un intérêt commun et indivis, passent ensemble procuration, il n'est dû qu'un seul droit de 2 fr. et le décime.

## QUITTANCE.

### 1° D'une somme due par obligation.

Je soussigné Jules Rey, propriétaire, demeurant à reconnais avoir reçu en espèces du sieur Charles Déchaux, charron, demeurant à     la somme de *quatorze cents francs*, montant d'une obligation qu'il m'avait souscrite le     devant M•     notaire à
Et je m'engage à toute réquisition et aux frais du sieur Déchaux de donner main-levée de l'inscription prise à mon profit contre lui à la sûreté de ladite créance.

Fait à     le     18
(*Signature.*)

### 2° D'un prix de vente.

Je soussigné Jules Rey, propriétaire, demeurant à reconnais avoir reçu de M. Charles Déchaux, charron et propriétaire, demeurant à     la somme de *deux mille francs* en principal, pour prix de la vente d'une pièce de terre, située à     que je lui ai vendue par acte du            reçu M<sup>e</sup>          notaire à

Dont quittance

Fait à          le          18

                        (*Signature.*)

### 3° *D'un terme de loyer.*

Je soussigné Jules Rey, propriétaire, demeurant à reconnais avoir reçu de M. Charles Déchaux, demeurant à      la somme de *deux cent cinquante francs* pour le premier trimestre échu le      du loyer d'un appartement (*ou d'un magasin*) qu'il occupe dans ma maison située à      dont quittance, sans préjudice aux nouveaux trimestres courants.

Fait à          le          18

                    (*Signature.*)

*Enregistrement.*

Droit de 50 c. par cent et le décime.

## RENTE VIAGÈRE.

##### CONSTITUTION DE RENTE VIAGÈRE A TITRE ONÉREUX.

Entre les soussignés :

M. S              d'une part ;

M. G             d'autre part ;

Il a été convenu ce qui suit :

M. S          déclare créer et constituer au profit de M. G          sur sa tête et pendant sa vie, une rente annuelle de *douze cents francs* qu'il s'oblige de lui payer et porter par moitié de six en six mois, en son domicile à partir du          de sorte que le premier semestre sera exigible le       , le deuxième le et ainsi de suite d'année en année jusqu'au décès de M. G ou jusqu'à l'amortissement de ladite rente.

La présente constitution de rente est faite moyennant le prix de 8,000 fr. que M. G          a à l'instant compté à M. S          ainsi que ce dernier le reconnaît et en passe quittance.

Fait double à          le          18

*(Signature des parties.)*

## TESTAMENT.

### 1° *Par un mari au profit de sa femme.*

J'institue pour mon héritière et légataire universelle M<sup>me</sup> Anaïs Giroud, mon épouse, demeurant avec moi.

Paris, le          18

*(Signature.)*

### 2° *Par un mari au profit de sa femme, s'il y a des enfants.*

Je lègue à M<sup>me</sup> Anaïs Giroud, mon épouse, demeurant avec moi, un quart en propriété et un quart en usufruit de tous les biens que je laisserai à mon décès.

*Ou :* Je lègue à M<sup>me</sup>          l'usufruit de la moitié de tous mes biens.

Paris, le          18

*(Signature.)*

### 3° *Par un père qui veut avantager un de ses enfants.*

Je lègue en préciput et hors part à Jules D          mon fils aîné, ma propriété de

Le reste de ma fortune sera partagé par égales parts entre mes enfants.

Lyon, le          18

*(Signature.)*

### 4° Testament d'une personne sans enfants ni autres héritiers à réserve.

Je lègue à M.                              , (désigner l'objet)
pour en jouir dès mon décès, aux charges de droit.

Je lègue à M<sup>me</sup>                 mes bijoux et mon mobilier,
situé à

Je lègue, etc.

Je nomme pour exécuteur testamentaire M
demeurant à                       que je charge de délivrer les legs
que j'ai faits ci-dessus.

Je révoque tous autres testaments et codiciles antérieurs
voulant que celui-ci soit seul exécuté.

Nîmes, le                                18
                                   (Signature.)

---

### 5° Autres formules.

1° Je lègue à M                       la moitié de ma succession.

2° J'institue pour mes légataires universels M. Adrien D
       et Charles D            frères, demeurant à
et en cas de prédécès de l'un deux, le survivant recueillera
seul ma succession.

---

### Enregistrement.

Le testament olographe doit être enregistré dans les trois
mois du décès, le droit est de 5 fr. et le décime; passé trois
mois il est perçu double droit.

Il doit être écrit sur timbre ou visé pour timbre, sinon à sa
présentation à l'enregistrement on perçoit une amende de
5 fr.

## TRANSPORT DE CRÉANCES.

Entre les soussignés :

M. Jules Desgranges, limonadier, demeurant à
d'une part;

M. Louis Roux, propriétaire, demeurant à
d'autre part;

Il a été convenu ce qui suit :

M. Desgranges cède et transporte avec garantie à M. Roux,
qui accepte :

Une somme capitale de 6,000 fr. due audit Desgranges par
le sieur Bouvier, maître maçon, demeurant à
aux termes de l'acte du                              reçu M•
notaire à                      ensemble tous les intérêts à partir de ce
jour, et il subroge ledit M. Roux dans tous les droits, actions,
priviléges et hypothèques résultant à son profit contre ledit
sieur Bouvier de l'acte sus-énoncé.

Et de suite M. Desgranges a remis à M. Roux, qui le reconnaît et en passe décharge, le titre de la créance dont s'agit.

Ce transport est fait et accepté moyennant pareille somme
de 6,000 fr. que M. Roux a à l'instant comptée à M. Desgranges, ainsi que ce dernier le reconnaît et en passe quittance.

Fait double à                    le                    18
(*Signature des parties.*)

*Enregistrement.*

Le droit est de 1 fr. par cent et le décime.

## VENTE.

### VENTE DE MEUBLES.

Entre les soussignés :
(*Préambule de la formule précédente.*)

M. Desgranges vend à M. Roux, qui accepte, les objets mobiliers dont le détail suit :

(*Désigner les objets*).

Lesquels objets ont été à l'instant remis au pouvoir de l'acquéreur, qui le reconnaît.

Cette vente est faite moyennant le prix de
que M. Desgranges reconnaît avoir reçu de M. Roux, auquel il passe quittance.

(*Ou bien*) Cette vente est faite moyennant le prix de
que M. Roux promet et s'oblige de payer au vendeur dans le délai de trois mois de ce jour et en sa demeure.

Si, par suite du défaut de paiement à l'époque indiquée, l'acquéreur rendait l'enregistrement du présent, nécessaire, il en supporterait tous les frais.

Fait double à       le       18

(*Signature des parties.*)

—

### Enregistrement.

Droit de 2 fr. par cent et le décime.

Il en serait de même d'une récolte, d'une coupe de bois ; il n'y a que la désignation qui change.

---

### VENTE D'UN FONDS DE COMMERCE.

Entre les soussignés :

M. André Blanc, négociant, demeurant à
d'une part ;

M. Louis Brun, négociant, demeurant à
d'autre part.

Il a été convenu ce qui suit :

M. Blanc vend à M. Brun, qui accepte, le fonds de commerce de nouveautés qu'il exerce à       rue n°   ensemble la clientèle et l'achalandage qui en dépendent et les marchandises qui en font partie et dont suit le détail.

*(Détail des marchandises avec estimation).*

Pour l'acquéreur jouir et disposer du tout à partir du jour où M. Blanc lui en fera livraison.

Cette vente est faite moyennant la somme de laquelle somme M. Blanc promet et s'oblige payer et porter au vendeur le

De plus M. Blanc cède à M. Brun, son droit au bail des lieux où s'exploite le dit commerce, comprenant : deux ares de magasin, etc., à la charge par M. Brun de se conformer à toutes les clauses et conditions dudit bail, dont il déclare avoir une parfaite connaissance et notamment de payer à qui de droit, aux époques habituelles de                    et de                    le prix de la location, arrivant à la somme de

Comme conséquence de la vente qui précède, M. Blanc s'interdit désormais de tenir ou faire tenir un fonds de commerce semblable à celui présentement vendu et ce dans toute l'étendue de la ville de

Fait double à               le               18

*(Signature des parties.)*

---

*Enregistrement.*

2 fr. par cent et le décime.

---

## VENTE D'IMMEUBLES.

Entre les soussignés :

M. Louis Luc, ancien avoué, propriétaire, demeurant à d'une part ;

M. Gabriel Simon, négociant, demeurant à d'autre part ;

Il a été convenu ce qui suit :

M. Luc a déclaré vendre 'avec garantie conformément à la loi, à M. Simon, qui accepte, une maison, composée de caves voutées, rez-de-chaussée, trois étages et ses dépendances, située à            rue            ayant pour confins au levant M            mur mitoyen entre deux, au midi la rue au couchant la rue            et au nord M mur mitoyen, encore entre deux.

Pour en jouir et disposer dès ce jour, à la charge d'en payer les impôts de toute nature à partir de la même époque.

Cette maison appartenait au vendeur pour l'avoir recueillie dans la succession de M. Jean Luc, son père, décédé, elle lui a été attribuée à son lot dans le partage de la succession dont s'agit, fait le            suivant acte reçu Me notaire à

Cette vente est faite aux conditions suivantes :

1° M. Simon prendra la maison dans l'état où elle se trouve actuellement, déclarant la bien connaître ;

2° Il entretiendra les baux écrits ou verbaux qui existe et particulièrement le bail de M

3° Il supportera toutes les servitudes passives qui peuvent exister sauf à s'en défendre et à se prévaloir de celles actives s'il en existe le tout à ses périls et risques.

La présente vente est faite moyennant le prix de que M. Simon promet et s'oblige payer au vendeur, savoir :
            fr. le            ,            fr. le            , avec intérêts du tout au cinq pour cent l'an, courant dès ce jour, exigibles par moitié de six en six mois.

S'il convenait à M. Simon de déposer la présente convention chez un notaire, M. Luc promet de se présenter à toutes réquisitions pour intervenir à l'acte de dépôt qui en sera dressé par le notaire et de reconnaître sa signature pour donner à cet acte le caractère d'acte authentique.

L'acquéreur fera sans délai transcrire les présentes conventions au bureau des hypothèques de

Ainsi convenu, fait double à                                  le

*(Signature des parties.)*

FIN DES FORMULES.

# TABLE DES MATIÈRES.

FIN DE LA TABLE.

Grenoble. Imp. Alliez.

www.ingramcontent.com/pod-product-compliance
Lightning Source LLC
Chambersburg PA
CBHW031442210326

41599CB00016B/2090